全国电力行业“十四五”规划教材

“十四五”职业教育系列教材

工程技术经济

第二版

主编　朱　颖　张加瑄

编写　张志勇　高越嵩　杨　坤

李　婷　苗　青

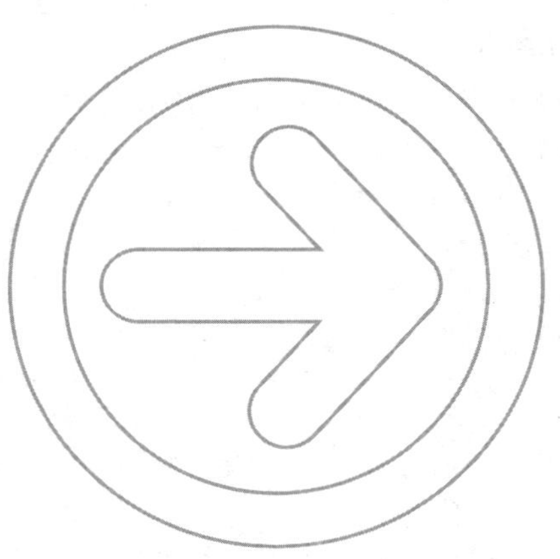

中国电力出版社
CHINA ELECTRIC POWER PRESS

内 容 提 要

全书共十二章，主要包括工程经济学的基础理论和工程经济评价实际应用两部分内容。理论部分介绍了工程与经济的关系、工程技术的经济分析、资金时间价值、企业基础财务数据分析、技术预测等内容，涵盖了经济学的基础知识体系。实际应用部分介绍了工程项目经济评价方法、投资方案选择、可行性研究、国民经济评价、工程项目风险与不确定性分析、机械设备更新经济分析等内容，特别重点介绍了公用事业项目的经济评价、建筑设计方案的经济评价和施工方案的经济评价。书中引入了大量的实例及工程案例，并附有大量的练习题，便于学生在掌握基础知识的同时，加强实践技能的训练。全书内容全面，重点突出，实用性强。

本书主要作为高职高专工程管理、工程造价等专业基础课教材，也可供建筑企业管理人员学习参考。

图书在版编目（CIP）数据

工程技术经济 / 朱颖，张加瑄主编. -- 2版. 北京：中国电力出版社，2025. 1. -- ISBN 978-7-5198-8582-3

Ⅰ. F062.4

中国国家版本馆 CIP 数据核字第 2025ZP7558 号

出版发行：中国电力出版社
地　　址：北京市东城区北京站西街 19 号（邮政编码 100005）
网　　址：http://www.cepp.sgcc.com.cn
责任编辑：熊荣华（010-63412543）
责任校对：黄　蓓　李　楠
装帧设计：赵姗姗
责任印制：吴　迪

印　　刷：廊坊市文峰档案印务有限公司
版　　次：2014 年 9 月第一版　　2025 年 1 月第二版
印　　次：2025 年 1 月北京第一次印刷
开　　本：787 毫米×1092 毫米　16 开本
印　　张：15.5
字　　数：386 千字
定　　价：56.00 元

前　言

党的二十大报告提出了加快建设教育强国的战略目标和加快建设高质量教育体系的具体要求。高等教育是我国教育体系的重要组成部分，以高质量教育体系支撑教育强国建设，是新时代中国高等教育的使命任务。打造高质量教育体系，推进高等教育发展，是新时代新征程加快建设教育强国、顺应广大人民群众对高等教育美好期待的基础工程和重要途径。高等教育体系在教育体系中具有引领性、先导性作用，在加快建设高质量教育体系中应走在时代前列。职业教育作为国民教育体系和人力资源开发的重要组成部分，担负着培养多样化人才、传承技术技能、促进就业创业的重要职责，是建设高质量教育体系的重要内容，应在助力经济社会高质量发展、促进人的全面发展等方面大有作为。职业教育与经济社会发展联系紧密，建设高质量教育体系应当从服务建设现代化产业体系、全面推进乡村振兴、促进区域协调发展等需要出发，把推动职业教育高质量发展作为建设高质量教育体系的重要抓手。

工程技术经济是以面向 21 世纪高职高专教学内容为依据，按照培养高等技术经济应用型人才为主线的要求，力求体现目前我国在工程经济分析和建设项目经济评价中的实践内容。工程技术经济是工程经济的理论和方法在工程实践中的具体应用，它以建设工程项目为对象，研究工程技术方案的经济效益，通过计算、分析、比较和评价，以求最佳工程技术方案。

本书是在国家大力发展高等职业教育的前提下编写的。近年来，职业教育迅速发展，全国范围内越来越多的职业院校开设了工程管理、工程造价等专业，工程技术经济学作为这类专业的主要课程，教材的编写、更新就显得尤为重要。本教材在内容的选取上，注重理论的系统性和工程的实践性，以及专业内部学科之间的交叉性，充分体现了高等职业教育“以理论为基础，以应用为目的”的原则。在结构体系上，始终以“理论+实践”为主线，各章节均采用了大量的实例及工程案例，便于学生理解和掌握，教材实用性和可操作性强。

本书由山东城市建设职业学院朱颖、张加瑄任主编，各章编写分工如下：第一章、第九章由高越嵩编写，第二章、第五章、第六章由朱颖编写，第三章由张加瑄、李婷共同编写，第四章由李婷编写，第七章、第八章由张志勇编写，第十章及附录由张加瑄编写，第十一章、第十二章由杨坤编写，课后习题和部分案例由济南润朋企业管理咨询有限公司苗青编写。

本书既可作为高职高专院校的教材，也可作为建筑行业专业培训的辅导书使用。

本书在编写过程中参考了大量的书籍及资料，在此向有关作者表示感谢！限于编者学识，书中难免有疏漏和不足之处，敬请读者和专家同行批评指正。

山东城市建设职业学院
朱颖　张加瑄
2024.7

第一版前言

工程经济学是工程经济的理论和方法在工程实践中的具体应用，它以建设工程项目为对象，研究工程技术方案的经济效益，通过计算、分析、比较和评价，以求最佳工程技术方案。

本书是以面向21世纪高职高专教学内容为依据，按照培养高等技术经济应用型人才为主线的要求，力求体现目前我国在工程经济分析和建设项目经济评价中的实践内容。

本书是在国家大力发展高等职业教育的前提下编写的。近年来，职业教育的迅速发展，全国范围内越来越多的职业院校都开设了工程管理、工程造价等专业，工程技术经济学作为该专业的主要课程，教材的编写、更新就显得尤为重要。本书在内容的选取上，注重理论的系统性和工程的实践性及专业内部学科之间的交叉性，充分体现了高职教育“以理论为基础，以应用为目的”的原则，在结构体系上，始终以“理论+实践”为主线，大多数章节均采用了大量的实例及工程案例，便于学生理解和掌握。教材实用性和可操作性强。

本书由山东城市建设职业学院张加瑄任主编，各章编写分工如下：第一章、第十一章由高越嵩编写，第三章、第五章、第七章由朱颖编写，第二章、第六章、第十三章、第十四章及附表由张加瑄编写，第四章、第八章、第九章由张志勇编写，第十章、第十二章由山东电力技术经济研究院张连宏编写，第十五章由张志勇、梁雪峰编写，第十六章由邢台职业技术学院苑敏编写。

本书第五章工程项目经济评价方法是以《建设项目经济评价方法与参数》（第三版）为主要依据编写的，它反映了投资项目经济评价的新要求、新内容，体现了前瞻性。教材第十三章、第十四章突出了建筑工程设计方案、施工方案的经济评价，体现了实用性。既可以作为高职院校的专业教材又可作为建筑行业专业培训的辅助教材使用。

本书在编写过程中参考了大量的书籍及资料，在此向有关作者一并表示感谢！由于编者学识及掌握的资料有限，书中难免有疏漏和不足之处，敬请读者、专家和同行们批评指正！

山东城市建设职业学院　张加瑄

2014年7月

目　录

工程技术经济

电子题库

第一章　概　　论

思政育人目标：

2016 年 7 月 1 日，习近平总书记在庆祝中国共产党成立 95 周年大会上明确提出：中国共产党人“坚持不忘初心、继续前进”，就要坚持“四个自信”，即“中国特色社会主义道路自信、理论自信、制度自信、文化自信”。2023 年 3 月 5 日，习近平总书记在参加江苏代表团审议时强调，我们的教育要善于从五千年中华传统文化中汲取优秀的东西，同时也不摒弃西方文明成果，真正把青少年培养成为拥有“四个自信”的孩子。

党的二十大报告提出，“深入实施科教兴国战略、人才强国战略、创新驱动发展战略”“加快建设教育强国、科技强国、人才强国”，这为推动职业教育高质量发展提供了强大动力。要深刻领会社会主义市场经济对于提高社会经济效益水平、提高社会经济发展质量的重要性，把握社会主义市场经济的核心要义，理解市场调节与计划干预的辩证关系，增强社会主义市场经济的理论自信、行为自觉。

课程教学目标：

准确把握经济效益理论的深刻内涵，辩证分析技术与经济的关系，增强自觉运用经济效益理论指导实践的能动性。

第一节　技术经济学的研究对象和特点

一、技术经济学的概念

技术经济学是介于自然科学与社会科学之间的边缘科学，是根据现代科学技术和经济发展的需要，在自然科学和社会科学的发展过程中互相渗透、互相促进，逐渐形成发展起来的，是技术学和经济学的交叉学科。技术经济学研究的不是纯技术，也不是纯经济，而是两者之间的关系，即把技术与经济结合起来进行研究，以选择最佳技术方案。

技术经济学研究技术的经济效果问题，研究技术与经济的关系及其最佳结合方式，它是在技术满足社会需求发展规律的基础上，研究制定和评选各种技术政策、技术方案和技术措施的理论方法和科学手段，是研究科学技术在生产过程中运用、发展和合理组合，经济效果评价及其现实条件和影响因素规律性的科学。通过对各种实践活动的技术分析、经济比较和效益评价，寻求技术与经济的最佳结合，从多种方案中选出技术先进、经济合理的最优方案。简单地说，技术经济学是应用经济方法分析技术方案的学科。技术经济学研究的主要目的是将技术更好地应用于经济建设，包括新技术和新产品的开发研制、各种资源的综合利用、发展生产力的综合论证。

二、技术经济学的研究对象

技术经济学是一门研究技术和经济最佳结合，协调发展的条件、规律、效果及实现途径的科学。它的研究对象主要有三个：

第一，技术经济学是研究技术实践的经济效果，寻求提高经济效果的途径与方法的科学。

随着社会化大生产的发展，技术已从各种生产工具、装备和工艺等物质手段，即物化形态的“硬技术”，发展到“广义技术”。广义技术是指把科学知识、技术能力和物质手段等要素结合起来所形成的一个能够改造自然的运动系统，包括硬技术与软技术。

尽管技术具有广义性及应用的普遍性，但使用技术是有经济上的限度的，这个限度取决于使用技术的经济效果。所谓经济效果，是指人们在生产活动中劳动消耗与所取得的效果的比较，也就是投入与产出的对比。任何技术的采用，都必须消耗和占用人力、物力和财力。由于资源的有限性，特别是一些自然资源的不可再生性，要求人们有效地利用各种资源，以满足人类社会不断增长的物质文化生活的需要。而技术经济学就是研究在各种技术的使用过程中如何以最小的投入取得最大的产出的一门学问，即研究技术的经济效果的学问。

研究技术的经济效果，往往是在技术方案实施前，通过对各种不同的技术政策、技术方案、技术措施的经济效果进行计算、分析、比较和评价，从而选出技术上先进、经济上合理的最优方案。在研究技术的经济效果最优化过程中，我们通常借鉴西方国家的“可行性研究”的内容和方法。可行性研究内容的引入丰富了技术经济评价的理论与方法。研究技术的经济效果，不仅应用在投资项目实施前的科学论证上，还广泛应用于产品设计开发中的经济效果比较和分析，如设备更新、原料选择、工艺选择等领域。

第二，技术经济学是研究技术和经济的相互关系，探讨技术与经济相互促进、协调发展途径的科学。

技术与经济是相互促进、相互制约的。在现代社会生产中，技术与经济是同时存在的统一体，在任何生产过程的实现中都不能彼此分离。经济是技术发展的决定因素，它为技术发展指明方向、创造条件、提出任务；技术是经济发展的手段，是提高社会劳动生产率、节约物质资源最有力的手段。技术是手段，经济是实现技术的物质基础和目的，它们存在于一个相互制约、相互作用、相互促进的社会整体之中。技术经济的研究就是要从这对矛盾关系中寻找一条协调发展的途径，以实现经济快速、持续地发展。

技术与经济的协调发展包含两层含义。首先，技术的发展要量力而行，不能脱离实际，不能好高骛远。其次，协调的目的是发展，因此在处理技术与经济的关系时，发展是中心问题。要创造条件去争取可能条件下的发展速度，如果按部就班，那么，落后国家、落后企业就永远只能跟在发达国家、先进企业的后面。所以，技术与经济的协调发展过程是以发展为中心、在发展中协调、在协调中发展的动态过程。技术经济学是研究技术与经济相互关系及其矛盾对立统一的科学，它通过各种实践活动的技术分析、经济比较和效益评价，寻求技术与经济的最佳结合，实现技术与经济的协调发展。

第三，技术经济学是研究如何通过技术创新推动技术进步，进而获得经济增长的科学。

1912年，美籍奥地利经济学家约瑟夫·阿罗斯·熊彼得在《经济发展理论》中首先提出创新的概念。他认为，技术创新是一种“创造性的破坏”，它实现了生产要素和生产条件的新组合。

技术创新包括新产品的生产、新生产技术在生产过程中的应用、开辟原材料的新的供应来源、开辟新市场和实现企业的新组织。技术创新强调新的技术成果在商业上的第一次运用，强调技术对经济增长的作用。各工业发达国家都想尽各种办法，利用各种经济技术政策，力图形成一种推动技术创新的机制与环境。

经济增长是指一国范围内年生产的商品和劳务总量的增长，通常用国民收入或国民生产总值的增长来表示。经济增长可以通过多种途径来实现，例如，可以通过增加投入要素、投资、劳动力的投入等来实现经济增长，也可以通过提高劳动生产率，即提高单位投入资源的产出量来实现经济增长。十分明显，资金和劳动力投入的增长速度会直接影响经济增长的速度。但是各国的经济发展历史也表明，经济增长的速度与科学技术的发展也有着密切的关系。

企业层面，同样存在技术创新。在这个不进则退的社会，没有技术创新的企业，就是在等待消亡。技术创新能力直接构成企业的核心竞争力，是决定企业生死存亡的关键。美国王安电脑公司曾盛极一时，王安本人也曾名列美国第五大富豪，由于该公司未及时跟上电脑转型创新步伐，最后它败给了 IBM 公司和苹果公司，濒临破产。

综观世界、国家与企业的兴衰交替，可以得出一个明确的结论：技术与经济这种相互促进、相互制约的关系，使任何技术的发展和应用都不仅是一个技术问题，而且是一个经济问题。因此，对我们而言，技术经济学面临的一项重要任务是，从实际出发，研究我国技术创新的规律及其与经济发展的关系。研究的具体问题包括：技术如何有效地作用于经济，才能更好地促进经济的发展；如何衡量技术对经济的影响程度；在不同技术发展水平条件下，如何扩大这些影响，加速这些影响，以便使这些技术更好地推动经济，相互作用，产生连锁效应，促进经济发展；等等。

三、技术经济学的特点

1. 综合性

技术经济学是一门交叉学科，具有很强的综合性。它研究的既不是单纯的技术问题，也不是单纯的经济问题，而是研究技术的经济合理性，即技术与经济的关系问题。技术经济学不仅包括经济学学科的知识，还涉及工程技术、经济管理、社会科学和其他自然科学等综合学科的知识。此外，就技术方案的评价指标来看，通常是多目标的，既有技术指标，又有经济指标，还有综合指标。由此可见，该学科所涉及的对象是一个复杂的系统。

2. 系统性

技术经济学的综合性特点决定了该学科的系统性特点。所谓系统，就是指由若干个要素组成的既互相联系又互相制约的、为实现一个共同目标而存在的有机集合体。所有的技术和经济问题都不是孤立的。一个工程项目的技术方案是一个系统，它又包括若干子系统，如市场预测系统、工艺设计系统、设备动力系统、经济效益评价系统等。对于任何一个技术方案，既要放到整个社会的技术经济的大系统中去研究，又要考虑技术方案这个系统内各子系统和子系统内的各要素之间的关系。因此，一种系统的思维方法是学好该学科必须具备的方法。

3. 预测性

技术经济分析的基本研究活动，往往是在事件发生之前对其进行预先的分析和评价，从中选择最优方案。因此，任何一个方案在实施之前均存在一些未知因素、未知数据和预想不到的偶然情况。这就决定了技术经济分析的大部分信息是由预测估计推断来的。由此可见，技术方案的建立，首先要加强技术经济预测。通过预测，可以使技术方案更加接近于实际，避免盲目性。

然而研究过程中所使用的数据资料往往是类似方案的历史统计资料及现状调查数据，是通过各种预测方法进行推断得到的，这些数据资料与方案未来的实际情况不完全相符。因此，在工程技术经济分析中，需要采用科学的预测方法和手段，对那些不确定的因素和数据进行分析和处理，以避免或降低决策风险。

4. 计量性

计量性是技术经济分析的一大特性。经济效益本身就具有定量的概念，只有算出量的大小，才能为决策者提供评价方案优劣的依据，从而从多个可行方案中选出一个最优方案。所以，技术经济学这门学科在对各种技术方案进行客观、合理、完善的评价时，需要做到定性和定量相结合，但主要是以定量分析为主，用定量分析的结果，为定性分析提供科学的依据。

5. 实用性

技术经济学是一门应用科学，是来自实践并为实践服务的科学。技术经济学所研究的对象是国民经济生产实践中提出来的实际工程项目和各种技术经济方案，它所采用的理论和方法是为了解决发展经济中的实际问题。因此，它研究的课题、分析的方案均来源于生产建设实际，并紧密结合生产技术和经济活动进行。它所分析和研究的成果又直接用于生产，并通过实践来验证分析的结果是否正确，是一门实用性很强的学科。

第二节 技术经济学的研究内容及方法

从技术经济学的研究对象和特点不难看出，技术经济学的研究范围极为广泛，研究内容极为丰富，技术经济学的研究方法也是多种多样的。

一、技术经济学的研究内容

技术经济学的研究范围十分广泛，不仅包括社会再生产过程中生产、交换、分配、消费各个环节的技术经济问题，也包括科学技术进步中的技术经济问题。随着科学技术的进步、经济建设的发展、相邻学科的互相渗透，技术经济学研究的内容不断拓宽，主要包括自身体系和外部体系两大体系。

（一）自身体系研究

自身体系的研究即技术经济学学科本身的建设。包括技术经济学自身建设的研究、研究对象的研究、理论基础的研究以及评价指标体系和评价方法的研究。

（二）外部体系研究

外部体系的研究包括宏观技术经济研究和微观技术经济研究。

1. 宏观技术经济研究

从宏观方面来看，国民经济的各个组成部分，如工业、农业、商业、基本建设、交通运输和邮电、市政建设和建筑业，环境保护和教育卫生、科学研究和国防以及生产经营活动的各个阶段，试验研究、勘测考察、规划设计、建设施工和生产运行等一切工作中都有带全局性的技术经济问题。宏观技术经济研究的主要内容有：

（1）经济发展的速度、比例、效果、结构及其最佳比例关系的研究。对国民经济发展速度究竟以多少为宜，比例关系怎么安排，效果（效益）、比例速度之间是否协调发展，社会结构、生产结构如何布局等进行研究。

（2）技术进步对经济增长贡献的研究。考察和分析经济增长中来源于生产率的提高和来源于资源投入量的增加及各自所占的比重，以确定生产率的提高（技术进步）对经济增长做出的贡献。

（3）生产力的合理布局、合理转移及其论证分析。从宏观经济来看，生产力的合理布局、合理转移问题，是技术经济研究的一个重要问题。

（4）投资选择、投资结构与投资效益问题的研究。在资金紧张的情况下，如何合理地安排资金的投向、投资的结构、投资的规模，应从技术经济研究的角度，根据国民经济的发展规划以及各部门的具体情况综合加以考虑。

（5）各种资源的开发、生产供应、运输以及综合利用的研究。用技术经济的理论与方法研究、分析和比较资源的开发与节流、生产与供应、储存与运输的最优选择，以及资源的节约与替代等一系列问题。此外还有产业结构与产业政策的选择与研究、中长期综合发展规划的论证与研究等。

2. 微观技术经济研究

从微观方面来看，它包含新建成或改造某一个企业、机构或工程技术方案、技术措施的经济效果分析、比较、论证和选用问题。微观技术经济研究的主要内容有：

（1）技术引进和吸收外资的技术经济论证。不仅要研究技术引进的规模、方式、资金以及技术的选择，并在科学分析的基础上进行决策，还要研究外资的利用与偿还、利用外资前的可行性研究与事后的经济评价等问题，以实现外资利用有选择、有计划、有目标、有效益的目的。

（2）产品方向的确定、原材料路线的选择与论证。在进行技术经济研究与论证的基础上，在产品的开发、产品的研制、产品的不断发展方面，确定“拳头”产品，以获取良好的经济效益。

（3）技术设备的选择、使用、更新与改造的论证。选择先进适用的技术设备、技术适当的更新与改造的时机等都是技术经济研究的重要课题。

（4）新工艺的选择采用和新产品开发的论证与经济评价。企业要对所采用的新工艺进行分析与论证，新产品的研制和开发可给企业带来多大的效益也要进行技术经济论证。

二、技术经济学的研究方法

（一）技术经济研究方法的类型

1. 经济效益分析法

经济效益分析法是通过定性分析和定量计算相结合的方法比较待选技术方案的优劣，并依经济效益大小作为方案选优的重要依据。具体说来，该方法又因分析指标性质不同而分为时间分析法、价值分析法、比率分析法、总量分析法、差额分析法等。

2. 方案比较分析法

该方法对投资、产量、时间、费用等不同的各种项目或方案进行比较计算，并依据一定的指标标准对不同方案进行分析比较，选出最优方案。

3. 直观判断分析法

该方法是以技术经济分析人员的主观经验和直观判断为依据的一种分析方法。该方法主要以“评分”或“加权”作为分析评价标准，最后以总分多少判断方案优劣。常用的方法有加法评分法、乘法评分法、加权评分法等。

4. 综合分析法

综合分析法是指采用系统分析、综合分析的研究方法和思维方法，对技术的研制、应用与发展进行估计。综合分析法分两种情况。一种是多指标综合分析法，如综合考虑投资、费用、寿命、收益率、净现值等指标的分析法；另一种是多因素综合分析法，如综合考虑技术、经济、社会、生态等因素的分析法。

5. 效果分析法

效果分析法是通过劳动成果与劳动消耗的对比分析、效益与费用的对比分析等方法，对技术方案的经济效果和社会效果进行评价。

（二）技术经济分析步骤

（1）确定分析目标。目标视分析对象不同而异，大致按分析对象分为国家（宏观）、地区或部门（中观），以及企业或项目方案（微观）目标。目标内容为工厂选址或确定项目的经济规模，选择设备或确定工艺路线等。

（2）调查研究、收集资料。针对技术经济问题和目标进行调查研究，总结过去、分析现状、预测未来；收集技术、经济、财务、成本、环境、社会条件和状态等资料。

（3）设计各种可能的方案。为实现同一目标，可有不同的方案。为此，应根据目标要求和各种资料尽量列出各种可能的方案，以备比较，从中选优。

（4）拟定技术经济分析评价指标。根据设计方案和目标内容拟定或选择该问题所用的分析评价指标并加以量化，以便于计算和比较。

（5）方案综合分析评价。通过定性分析和定量计算，找出各个方案的利弊优劣，然后进行综合分析和评价。

（6）确定最优方案。通过综合分析评价，若方案满意，则确定最优方案。否则，检查方案和指标是否合理。

（7）完善方案。

第三节　技术经济学的产生与发展

技术经济学是根据现代科学技术和社会经济发展的需要，在自然科学和社会科学的发展过程中互相渗透、互相促进，逐渐形成和发展起来的。技术经济学是一门由我国学者创立的新兴学科，是中国经济学家和广大技术经济工作者在广泛借鉴、吸收国内外经济理论、科技成果和相关学科有益成果，密切联系和总结我国经济建设实践经验的基础上逐渐形成的交叉学科。因此，要介绍技术经济学的产生，理论上应从我国谈起。不过在西方国家，早在100多年前就出现了工程经济学。这是与我国技术经济学科相对应的一门科学。

一、技术经济学在国外的产生和发展

19世纪以前的西方国家，技术相当落后，技术推动经济发展的速度极为缓慢，人们看不到技术对经济的积极促进作用，只是就技术论技术。19世纪以后，科学技术迅猛发展，蒸汽机、发电机、计算机等的兴起和普及，带来了巨大的经济繁荣。其间，一些工程经济学的论著相继出现。

1887年美国的惠灵顿在《铁路布局的经济理论》一书中，用资本化的成本分析方法来选择铁路的最佳长度或路线的曲率，并提出工程利息的概念，最早在工程领域开展经济评价工作。《铁路布局的经济理论》是第一部工程经济学的著作。惠灵顿对工程经济下了第一个简明的定义——一门少花钱多办事的艺术。自惠灵顿之后，很多工程经济学的专家进一步做了大

量的研究工作。

20 世纪 20 年代，戈尔德曼在《财务工程学》一书中指出:“这是一种奇怪而遗憾的现象……在工程学书籍中，没用或很少考虑……分析成本以达到真正的经济性……”也是他提出了复利计算方法。

20 世纪 30 年代，经济学家们注意到了科学技术对经济的重大影响，技术经济的研究也随之展开，逐渐形成一门独立的学科。1930 年，系统化学科学者格兰特出版了《工程经济原理》一书，该书奠定了经典工程经济学的基础。格兰特在该书中剖析了古典工程经济的局限性，并且以复利为基础讨论了投资决策的理论和方法。该书作为教材被广为引用，他的贡献也得到了社会的承认，被誉为“工程经济学之父”。

从惠灵顿到格兰特历经了 40 多年，一门独立的、系统化的工程经济学科得以形成。“二战”后，各国都很重视技术进步对经济增长的促进作用。随着数学和计算技术的发展，特别是运筹学、概率论、数理统计等方法的应用，以及系统工程、计量经济学、最优化技术的飞跃发展，工程经济学得到了长足的发展。1978 年，布西出版了《工业投资项目的经济分析》一书，全面系统地总结了工程项目的资金筹集、经济评价、优化决策以及项目的风险和不确定性分析等。1982 年，里格斯出版了《工程经济学》一书，更加系统地阐明了货币的时间价值、货币管理、经济决策和风险与不确定性分析等。

二、技术经济学在我国的产生和发展

我国的技术经济学诞生于 20 世纪 50 年代，是一门具有中国特色的学科。

20 世纪 50 年代中叶是技术经济学在我国的开创时期。当时，我国处于解放初期，在经济建设方面主要学习前苏联，对于重点项目的技术经济论证以及项目、规划、选址设计等各个环节的不同程度的技术经济分析受到经济决策机关和广大技术人员的重视。这些项目取得了较好的经济效益，为新中国的经济建设起到非常重要的作用。但当时的技术经济论证是静态的，技术经济只是技术应用的一种分析方法。

1978 年召开技术经济和管理现代化科学规划工作会议，制定了《技术经济和管理现代化理论与方法研究规划（1978—1985 年）（草案）》，成立了国家领导的中国技术经济研究会。1981 年国务院成立了技术经济研究中心。各大院校设置了技术经济专业，相应的硕士点和博士点也陆续开设。1983 年原国家计划委员会颁发《关于建设项目可行性研究的试行管理办法》，把可行性研究列为基本建设中一项必不可少的重要程序。1987 年原国家计划委员会和原建设部发布《建设项目经济评价方法与参数（第一版）》，1993 年发布了第二版。到今天，技术经济在我国正处于蓬勃发展时期。

第四节　经济与技术的关系

一、经济

现代社会对经济的理解由于其使用的角度不同而不同。其一，用作“国民经济”时，是指社会再生产的整个过程，包括生产、交换、分配、消费等经济活动；或作国民经济的组成理解，如农业经济、工业经济等。其二，用作“经济基础”时，是指社会生产关系的总和，是上层建筑赖以建立起来的经济基础。其三，用作“经济、不经济”时，是指节约或节省，含效益之意。根据其活动范畴与运行机制不同，经济可划分为宏观经济与微观经济，也可划分为宏观经济、中观经济（准宏观经济）及微观经济三个层次。

随着科技进步及市场经济的发展，人们形成了大经济观。所谓“大经济”，是视经济为一个动态的、开放的大系统，系统内各生产要素协调组合，人流、物流、信息流有序运行，形成经济与科技、社会协调发展的运行机制与体制。对外与世界经济联网接轨，进行能量、信息的交换互补，在市场机制的作用下，不断优化系统内的产业结构、产品结构与技术结构，保证经济持续稳定地发展。现代化的大经济具有科技化、信息化、系统化、效益化的特点。

二、技术

技术发展的历史，就是人类社会发展的历史。在古希腊，亚里士多德曾把技术看作制作的技术。18 世纪末，法国科学家狄德罗指出：“技术是为某一目的共同协作组成的各种工具和规则体系。”该定义的要点包括以下几个方面：

（1）技术是“有目的的”。

（2）技术实现是通过广泛“社会协作”来完成的。

（3）技术存在两种表现形式，即“工具”或硬件，“规则”或软件。

（4）技术是成套的“知识体系”。

20 世纪 90 年代，人们关于技术的理解更加深入，认为技术涵盖了各种不同要素。直到今天，技术更多地被定义为硬件、软件、组件以及其他无形资产之间相互作用的结果。

技术是人类在认识自然和改造自然的实践中，按照科学原理及一定的经验需要和社会目的而发展起来的，用以改造自然的劳动手段、知识、经验和技巧。它包括实验技术、生产技术、服务技术、管理技术，具体表现为硬技术与软技术的统一所组成的多要素、多层次的复杂体系。硬技术即物质形态的技术，或称为物化的科学技术，泛指人们在劳动过程中用以改变或影响劳动对象的一切物质资料，其基础与核心是劳动工具。软技术是指知识形态的技术，包括工艺规程、制造技术、图纸资料、生产组织、管理技术等。

三、经济与技术的关系

技术和经济是人类社会进行物质生产过程中始终并存的两个方面，两者相互促进又相互制约，形成对立统一的关系。

1. 技术进步是经济发展的重要条件和手段

技术的变革为人类利用自然、创造财富提供了有利条件，技术进步提高了传统产业的技术装备程度和工艺水平，大大减轻了劳动强度，改善了劳动条件和劳动安全度，从深度和广度上扩大了资源的合理利用和科学开发。技术进步推动新型工业和产业的产生，改善了产品结构和产业结构。技术进步还促进经济信息的传播交流和商品流动，推动着经济社会的发展和信息时代的进步。

2. 技术的发展受经济条件的制约

技术的进步不能脱离经济社会基础。影响技术进步的因素除了来自科学技术内部外，也来自资金、人力、物力等经济因素。一个国家、部门、地区或企业的发展速度在很大程度上取决于它的经济实力。

3. 技术和经济是协调统一的

任何技术既不能无限制地追求经济效果，也不能片面要求技术先进性。两者需要实现合理的统一。两者的发展要相互依靠。与此同时，由于科技与经济的不同特性，它们又具有相互制约和矛盾的一面。具体表现在：

（1）技术研究、开发、应用与经济可行性的矛盾。缺乏足够的资金，就不能进行重大领域的科学研究或引进他人的先进技术为己所用。直接看来，这是经济对技术的制约，从后果来看，将使技术与经济陷入双重落后的困境。

（2）技术先进性与适用性的矛盾。技术的先进性反映技术的水平和创新程度，技术的适用性则反映技术适应使用者的生产与市场需要的程度。先进的技术不一定适用，适用的技术不一定最先进。技术只有在对使用者适用、为使用者所掌握、具有增值价值的使用价值时，才会受到人们青睐。

（3）技术效益的滞后性及潜在性与使用者渴望现实盈利的矛盾。技术成果的应用会带来超额利润，但其应用有一个吸收、消化、创新的过程，不一定会立竿见影带来效益；而投资者期望尽快得到资金回报，从而可能将资金另辟蹊径，使技术得不到应用。

（4）技术研究开发应用效益与风险的矛盾。技术研究开发应用的效益与风险是并存的。研究开发应用一旦成功，就会因掌握了技术与市场的领先优势而赢得超额利润。但研究开发应用过程也充满风险，包括技术选择失策、开发失败、时机滞后、技术供求关系变化、竞争失利、技术应用达不到预期效益等。

（5）技术研究开发应用成本与新增效益的矛盾。往往技术越先进付出的代价越高，因此存在支付成本与预期效益的矛盾。技术先进性与经济性的对应关系，往往决定着技术方案的选择。

第五节 建筑产品生产的技术经济特点

从产品生产角度考虑，建筑物的建造过程本身就是一个建筑产品的生产过程。建筑产品的生产同一般的工业生产相比，具有一系列的技术经济特点。

一、建筑产品的特点

建筑产品的使用功能、结构形式，以及所用材料的物理力学性能的特殊性，决定了建筑产品的特殊性。其特点如下：

1. 建筑产品在空间上的固定性

大部分的建筑产品是在选定的地点上建造和使用，与选定地点的土地不可分割，从建造开始直至拆除均不能移动。所以，建筑产品的建造和使用地点在空间上具有固定性。

2. 建筑产品的多样性

建筑产品不但要满足各种使用功能的要求，而且要体现出建造地区的民族风格、物质文明和精神文明，同时受到地区的自然条件因素的限制，使建筑产品在规模、结构、构造、形式、基础和装饰等方面变化纷繁，因此建筑产品的类型具有多样性。

3. 建筑产品体积庞大

无论是复杂的建筑产品，还是简单的建筑产品，为了满足其使用功能的需要，并结合建筑材料的物理力学性能，需要大量的物质资源，占据广阔的平面与空间，因而建筑产品的体积庞大。

4. 建筑产品的综合性

建筑产品是一个完整的固定资产实物体系，不仅土建工程的艺术风格、建筑功能、结构构造、装饰做法等方面堪称一种复杂的产品，而且工艺设备、采暖通风、供水供电、卫生设备等各类设施错综复杂。

二、建筑产品生产的特点

由于建筑产品地点的固定性、类型的多样性和体积庞大等特点，决定了建筑产品生产的特点与一般工业产品生产的特点相比具有自身的特殊性。

1. 建筑产品生产的流动性

建筑产品地点的固定性决定了建筑产品生产的流动性。一般的工业产品是在固定的工厂、车间内进行生产，而建筑产品的生产是在不同的地区，或同一地区的不同现场，或同一现场的不同单位工程，或同一单位工程的不同部位组织工人、机械围绕着同一建筑产品进行生产。因此，建筑产品的生产在地区与地区之间、现场之间和单位工程不同部位之间流动。

2. 建筑产品生产的单件性

建筑产品地点的固定性和类型的多样性决定了建筑产品生产的单件性。一般的工业产品是在一定的时期里，统一的工艺流程中进行批量生产，而具体的一个建筑产品应在国家或地区的统一规划内，根据其使用功能，在选定的地点上单独设计和单独施工。即使是选用标准设计、通用构件或配件，由于建筑产品所在地区的自然、技术、经济条件的不同，建筑产品的结构或构造、建筑材料、施工组织和施工方法等要因地制宜地加以修改，从而使各建筑产品生产具有单件性。

3. 建筑产品生产的地区性

建筑产品的固定性决定了同一使用功能的建筑产品因其建造地点的不同必然受到建设地区的自然、技术、经济和社会条件的约束，使其结构、构造、艺术形式、室内设施、材料、施工方案等方面均各异。因此，建筑产品的生产具有地区性。

4. 建筑产品生产周期长

建筑产品的固定性和体积庞大的特点决定了建筑产品生产周期长。建筑产品体积庞大，其建成必然耗费大量的人力、物力和财力。同时，建筑产品的生产全过程还要受到工艺流程和生产程序的制约，各专业、工种间必须按照合理的施工顺序进行配合和衔接。此外，由于建筑产品地点的固定性，使得施工活动的空间具有局限性，从而导致建筑产品生产具有生产周期长、占用流动资金大的特点。

5. 建筑产品生产的露天作业多

建筑产品地点的固定性和体积庞大的特点，决定了建筑产品生产露天作业多。体积庞大的建筑产品不可能在工厂、车间内直接进行施工，即使建筑产品生产达到了高度的工业化水平，也只能在工厂内生产加工部分构件或配件，仍然需要在施工现场进行总装配后才能形成最终的建筑产品。因此，建筑产品的生产具有露天作业多的特点。

6. 建筑产品生产的高空作业多

建筑产品体积庞大，决定了建筑产品生产具有高空作业多的特点。特别是随着城市现代化的发展，高层建筑物的施工任务日益增多，使得建筑产品生产高空作业的特点日益明显。

7. 建筑产品生产组织协作的综合复杂性

由上述建筑产品生产的特点可以看出，建筑产品生产的涉及面广。在建筑企业的内部，它涉及工程力学、建筑结构、建筑构造、地基基础、水暖电、机械设备、建筑材料和施工技术等学科的专业知识，要在不同时期、不同地点和不同产品上组织多专业、多工种的综合作业。在建筑企业的外部，它涉及不同种类的专业施工企业，还有城市规划，征用土地，勘察设计，消防，公用事业，环境保护，质量监督，科研试验，交通运输，银行财政以及机具设备，物质材料，电、水、热、气的供应，劳务等社会各部门和各领域的复杂协作配合，从而使建筑产品生产的组织协作关系综合复杂。

价值引领

“东数西算”工程全面带动经济发展

2022 年年初，国家发展和改革委员会、中央网信办、工业和信息化部、国家能源局联合印发通知，同意在京津冀、长三角、粤港澳大湾区、成渝、内蒙古、贵州、甘肃、宁夏等地启动建设国家算力枢纽节点，并规划了 10 个国家数据中心集群。至此，全国一体化大数据中心体系完成总体布局设计，“东数西算”工程正式全面启动。

所谓“东数西算”，“数”指的是数据；“算”指的是算力，即对数据的处理能力。作为数字经济发展的核心生产力，算力是国民经济发展的重要基础设施。“东数西算”就是通过构建数据中心、云计算、大数据一体化的新型算力网络体系，将东部算力需求有序引导到西部，优化数据中心建设布局，促进东西部协同联动。

实施“东数西算”工程，对于推动数据中心合理布局、优化供需、绿色集约和互联互通等意义重大。实施“东数西算”工程，一是有利于提升国家整体算力水平。通过全国一体化的数据中心布局建设，扩大算力设施规模，提高算力使用效率，实现全国算力规模化、集约化发展。二是有利于促进绿色发展。加大数据中心在西部布局，实施“东数西算”工程，将大幅提升绿色能源使用比例，就近利用西部绿色能源，同时通过技术创新、以大换小、低碳发展等措施，持续优化数据中心能源使用效率。三是有利于扩大有效投资。数据中心产业链条长、投资规模大、带动效应强，通过算力枢纽和数据中心集群建设，将有力带动产业上下游投资。四是有利于推动区域协调发展。通过算力设施由东向西布局，将带动相关产业有效转移，促进东西部数据流通、价值传递，延展东部发展空间，推进西部大开发形成新格局。

思考与启示

党的二十大报告指出，要坚持创新在我国现代化建设全局中的核心地位。随着数字经济时代的新基建不断完善，各类新技术、新产业、新业态、新模式竞相涌现，必将激发全社会创新创造的活力，促进经济社会发展质量改革、效率提升。

本章小结

本章主要介绍技术经济学是介于自然科学与社会科学间的边缘科学，是根据现代科学技术和经济发展的需要，在自然科学和社会科学的发展过程中互相渗透、互相促进，逐渐形成发展起来的，是技术学和经济学的交叉学科。

技术经济学的研究对象是建筑工程技术的经济性问题，主要有三个方面：第一，技术经济学是研究技术实践的经济效果，寻求提高经济效果的途径与方法的科学。第二，技术经济学是研究技术和经济的相互关系，探讨技术与经济相互促进、协调发展途径的科学。第三，技术经济学是研究如何通过技术创新推动技术进步，进而获得经济增长的科学。

技术经济学的主要特点包括综合性、系统性、预测性、计量性和实用性。

技术经济学的研究内容主要包括自身体系和外部体系两大体系。技术经济学的研究方法的类型有经济效益分析法、方案比较分析法、直观判断分析法、综合分析法、效果分析法等。

技术经济分析步骤：确定分析目标，调查研究、收集资料，设计各种可能的方案，拟定技术经济分析评价指标，方案综合分析评价，确定最优方案，完善方案。

经济与技术是协调统一的关系。任何技术既不能无限制地追求经济效果，也不能片面要求技术先进性。两者需要实现合理的统一。与此同时，它们又具有相互制约和矛盾的一面。技术研究、开发、应用需要经济的支持，无度的技术开发又会影响技术的经济性，同时，技术效益的滞后性及潜在性与使用者渴望现实盈利存在矛盾等。

建筑产品的特点有空间上的固定性、建筑产品的多样性、建筑产品体积庞大、建筑产品的综合性。建筑产品生产的特点有建筑产品生产的流动性、建筑产品生产的单件性、建筑产品生产的地区性、建筑产品生产周期长、建筑产品生产的露天作业多、建筑产品生产的高空作业多、建筑产品生产组织协作的综合复杂性。

1．试述技术经济学的概念。

2．试述技术经济学的研究对象。

3．技术经济学的特点有哪些？

4．技术经济学的研究内容和研究方法是什么？

5．简述技术和经济的相互关系。

第二章　现金流量与资金的时间价值

思政育人目标：

理解资金时间价值对于不断满足人们日益增长的物质文化需要和推进人类自身再生产的重要意义，深刻领会、全面把握资金时间价值的背景、前提。深刻理解我国改革开放基本国策的重大意义，通过开放、引进外资，弥补我国社会主义建设的资本不足，为做大做强国民经济总量的盘子、提高综合国力提供资本支撑。理解资本分配的理论依据，增强改革开放基本国策的理论自信、行为自觉。

课程教学目标：

准确把握资金时间价值理论的深刻背景，准确把握资金时间价值的相关参数和计算方法，增强自觉运用资金时间价值理论指导实践的能动性。

第一节　资金的时间价值及有关概念

资金存在时间价值，在扩大再生产和资金流通过程中，资金随时间变化而产生的增值，以及在银行储蓄中所获取的利息，都是资金时间价值的具体体现。资金的时间价值告诉我们，一定的资金在不同的时点上具有不同的价值，资金必须与时间相结合才能体现出其真实的价值。

一、资金时间价值的内涵

在工程经济分析中，无论是技术方案所发挥的经济效益还是所消耗的人力、物力和自然资源，最后基本上是以货币形态，即资金的形式表现出来。资金运动反映了物化劳动和活劳动的运动过程，而这个过程也是资金随时间运动的过程。因此，在进行工程经济分析时，不仅要着眼于方案资金量的大小，而且要考虑资金发生的时点。因为今天可以用来投资的一笔资金，即使不考虑通货膨胀的因素，也比将来同等数量的资金更有价值。在市场经济条件下，资金是一种可以流通的稀缺资源。无论资金借方还是贷方，都注重资金的盈利能力。要使资金盈利，资金借方和贷方都必须等待。贷方按一定利率借出资金，等待一段时间，可以获得超出原有金额的额外增量。同样，借方可用更高的利率把所借到的资金转借出去或将所借资金转化为生产性资产，以获得更多的收益。由此看来，资金是时间的函数，资金随时间的推移而增值，其增值的这部分资金就是原有资金的时间价值。为理解资金的时间价值的内涵实质和经济意义，应首先明确下列有关基本概念。

二、基本概念

（一）利息和利率

1. 利息

广义上讲，利息是占用资金（或放弃使用资金）所付出的代价。利息体现着资金的盈利能力，是对贷方管理费用的支付和对贷方承担的风险与因贷出资金而失去的使用机会所支付的补偿费用；也是借方为获得某些投资机会所付出的代价，否则，借方将会因缺少资金而失去投资盈利机会。

$$I=F-P \tag{2-1}$$

式中 I——利息；

F——还本付息总额；

P——本金。

在经济分析中，利息常常被看成资金的一种机会成本。这是因为如果一笔资金投入某一工程项目中，就相当于失去了在银行产生利息的机会，也就是说，使用资金要付出一定的代价，当然投资于项目是为了获得比银行利息更多的收益。从投资者的角度来看，投资就是为了在未来获得更大的收益而对目前的资金进行某种安排。很显然，未来的收益应当超过现在的投资，正是这种预期的价值增长才能刺激人们从事投资。

2. 利率

利率是指在一定时间内，所获利息与本金之比。利率实质上是资金预期达到的生产率的一种量度。利率通常由国家根据国民经济发展状况统一制定，利率作为一种经济杠杆可对资金进行宏观调控。

$$i=\frac{I}{P}\times 100\% \tag{2-2}$$

式中 i——利率；

I——一定时间内的利息；

P——借款本金。

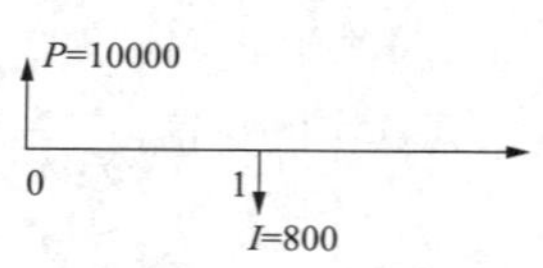

图 2-1 ［例 2-1］现金流量图

用于表示计算利息的时间单位称为计息周期，计息周期通常为年、半年、季、月。

【例 2-1】 某人年初从银行借款 10000 元，年末向银行付息 800 元，求这笔借款的年利率（见图 2-1）。

解：

$$i=\frac{I}{P}\times 100\%=\frac{800}{1000}\times 100\%=8\%$$

3. 利率高低的决定因素

（1）社会平均利润率。在通常情况下，平均利润率是利率的最高界限。因为如果借款利率高于利润率，借款人投资后无利可图，也就不会去借款了。

（2）金融市场上借贷资本的供求状况。在平均利润率不变的情况下，借贷资本供过于求，利率便下降；反之，利率上升。

（3）银行所承担的贷款风险。借出资本要承担一定的风险，而风险的大小会影响利率的波动。风险越大，利率也就越高。

（4）通货膨胀率。资金贬值往往会使实际利率无形中成为负值。

（5）借出资本的期限长短。借款期限长，不可预见因素多，风险大，利率也就高；反之，利率就低。

4. 利息和利率在工程经济活动中的作用

（1）利息和利率是以信用方式动员和筹集资金的动力。以信用方式筹集资金的一个重要特点是自愿性，而自愿性的动力在于利息和利率。比如一个投资者，他首先要考虑的是投资某一项目所得到的利息或利润是否比把这笔资金投入其他项目所得到的利息或利润多。如果多，他就可能给这个项目投资；反之，他就可能不会投资这个项目。

（2）利息促进企业加强经济核算，节约使用资金。企业借款需要付出利息，增加支出负担，这就促使企业必须精打细算，把借入资金用到刀刃上，减少借入资金的占用时间以少付利息，同时可以使企业自觉压缩库存限额，减少各环节占压资金。

（3）利息和利率是国家宏观调控的重要杠杆。国家在不同时期制定不同的利率政策，对不同部门不同的贷款用途规定不同的利率标准。如对于限制发展的部门和行业，利率规定得高一些；对于扶植发展的部门或行业，利率规定得低一些，从而引导部门和企业的生产经营服从国民经济发展的总方向。同样，资金占用时间短的项目，利率较低；资金占用时间长，收取较高的利息。

（4）利息和利率是金融企业经营发展的重要条件。金融机构作为企业，必须获取利润。由于金融机构的存、贷款利率不同，其差额成为金融机构业务收入。此差额扣除相关费用后就是金融机构的利润，以此保障金融机构的经营发展。

（二）单利与复利

利息计算有单利和复利之分。单利就是只按本金计算利息，而利息不再计息。复利就是不仅本金计息，利息也计息，这即为平常所说的“利滚利”。单利和复利本利和的计算公式如下

$$F = P(1 + n \times i) \tag{2-3}$$

$$F = P(1 + i)^n \tag{2-4}$$

式中　F——本利和（终值）；

P——本金（现值）；

i——利率；

n——计算利息的次数（要注意 n 和 i 的匹配。若 i 为年利率，则 n 为计息的年数；若 i 为月利率，则 n 为计息的月数）。

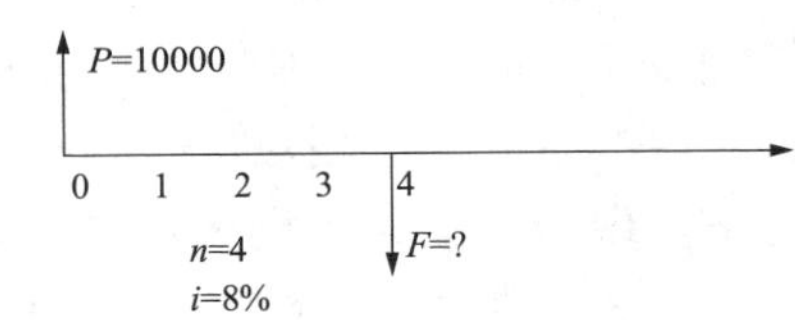

图 2-2 ［例 2-2］现金流量图

【例 2-2】 假如某人年初从银行借款 10000 元，年利率为 8%，第 4 年年末偿还，试分别用单利法和复利法计算各年利息和本利和（见图 2-2）。

解：单利法的计算过程和计算结果见表 2-1。

表 2-1　　**单利法利息计算表**　　单位：元

年末	借款本金	利息	本利和
0			
1	10000	10000×8%=800	10800
2		10000×8%=800	11600
3		10000×8%=800	12400
4		10000×8%=800	13200

复利法的计算过程和计算结果见表 2-2。

表 2-2 复利法利息计算表 单位：元

年末	借款本金	利息	本利和
0	10000		
1		10000×8%=800	10800
2		10800×8%=864	11664
3		11664×8%=933.12	12597.12
4		12597.12×8%=1007.77	13604.89

由本例可以看出，同一笔借款，在利率和计息期均相同的情况下，用复利计算出的利息金额比单利计算出的利息金额大。本金越大，利率越高，计息期数越多时，两者差距就越大。单利法由于没有考虑利息的增值因素，即没有完全反映资金的时间价值，因此在工程经济分析中使用较少；复利计息比较符合资金在社会再生产过程中运动的实际情况，因此，在实际中得到了广泛的应用。我国现行财税制度规定，投资贷款实行差别利率并按复利计息。同样，在工程经济分析中，一般采用复利计息。

第二节 现 金 流 量

一、现金流量的概念

在进行工程经济分析时，可将所考察的对象视为一个系统，这个系统可以是一个工程项目、一个企业，也可以是一个地区、一个国家。而投入的资金、花费的成本、获取的收入，均可看成以货币形式体现的该系统的资金流出或资金流入。这种在一定时期各时点上发生的资金流出或资金流入称为现金流量，其中流出系统的资金称为现金流出（CO），流入系统的资金称为现金流入（CI），现金流入与现金流出之差称为现金净流量。

二、现金流量图

现金流量图是指用数轴图形直观形象地表示一个投资活动现金收支与时间关系的图形。横轴表示时间，向右延伸表示时间的延续，轴上每一刻度表示一个时间单位，常以年为间隔，0，1，2，…，n。相对于时间轴的垂直箭头表示现金流量的方向和大小，向上为现金流入，向下为现金流出。箭头与时间轴的交点即为现金流量发生的时点，若没有特别指明，一般指发生在该期期末。箭头长短应按现金流量大小比例标画，但由于经济系统中各时点现金流量的数额常常相差悬殊无法成比例绘出，故在现金流量图绘制中，箭头长短只是示意性地体现各时点现金流量数额的差异，可在各箭头上方或下方注明其现金流量的数值。现金流量图示例如图 2-3 所示。

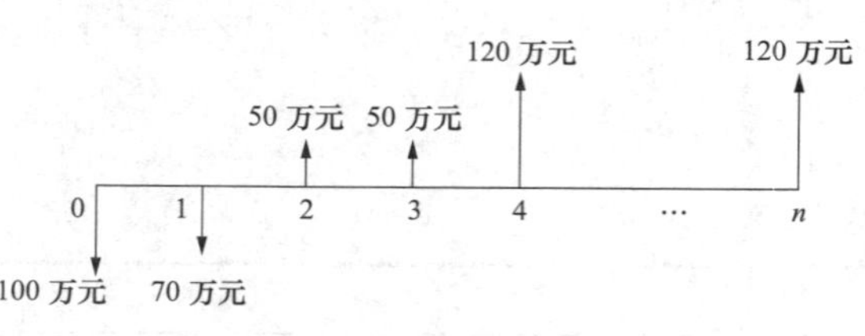

图 2-3 现金流量图

应该注意的是，现金流入和流出总是针对某一具体对象而言，贷款方的流入就是借款方的流出；反之亦然。通常工程项目现金流量的方向是针对资金使用者的系统而言。现金流量图是技术经济分析的有效工具和方法，应熟练掌握。

三、资金等值

资金有时间价值，即使金额相同，因其发生在不同时点，其价值就不同；反之，不同时点数额不等的资金，在时间价值的作用下却可能具有相等的价值。资金等值是指在不同时点上绝对值不等，但从资金的时间价值观点来看是价值相等的资金。而且，如果两个现金流量等值，则对任何时刻的时值必然相等。在工程经济分析中，等值是一个十分重要的概念，它为我们提供了一个计算某一经济活动有效性或者进行方案比较、优选的可能性。资金等值的三要素是资金额、计息期数、利率。

第三节　等值计算及公式

由于利息就是资金时间价值的表现形式，因此，资金时间价值的计算公式就是复利计算公式。这些公式及其换算关系在技术经济分析中经常用到，应熟练掌握、灵活运用。

一、基本参数及其含义

为掌握和运用资金时间价值的计算公式，首先要明确公式所用参数的含义。

1. i（利率或收益率）

在技术经济分析中，利率一般为年利率。

2. n（期数，年）

在利息计算中，它是计算利息的次数；在技术经济分析中，它代表项目的寿命。

3. P（现值）

在利息计算中，它代表本金；在技术经济分析中，它代表现金流量图中 0 点的投资或整个投资项目折算到 0 点的价值。

4. F（终值）

在利息计算中，它代表本金经过 n 期计息后的将来值（本利和）；在技术经济分析中，它代表相对现值的将来时间的价值。

5. A（年金）

如果在一定时期内，每隔相同的时间，收入或支出相同金额的系列款项，这样的系列收付款项称为年金。年金具有连续性和等额性的特点，如债券利息、租金、等额分期付款，零存整取等都是以年金的方式来支付的。

在技术经济分析中，上述五个基本参数必有四个一定出现，而四个出现的参数中，必有三个是已知的，问题在于如何求第四个未知参数。

二、计算公式

资金时间价值的计算公式，就是复利计算利息的公式。根据不同的支付方式，分为两类六种计算公式。

（一）一次支付公式

在一次支付情况下，i、n、P 和 F 一定出现，其中 i 和 n 一般为已知，而 P 和 F 有一个为已知，另一个为未知。一次支付情况的现金流量图如图 2-4 所示。

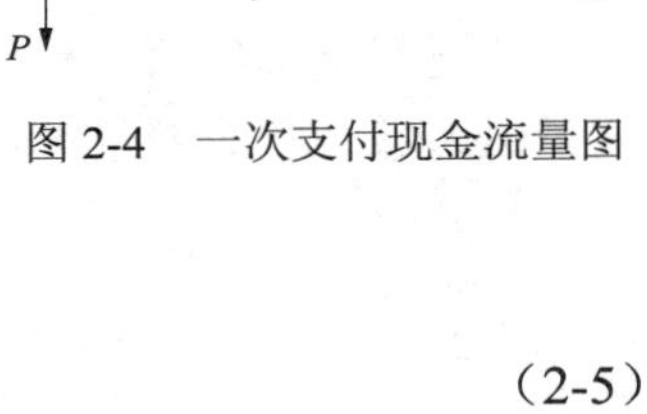

图 2-4　一次支付现金流量图

（1）复利终值公式。

已知 i、P 和 n，求终值 F。公式为

$$F=P(1+i)^n=P（F/P，i，n） \tag{2-5}$$

式中，$(1+i)^n$ 称为一次收付终值系数，用符号（F/P，i，n）表示。在（F/P，i，n）这类符号

中，括号内斜线左边的符号表示所求的未知数，斜线右边的符号表示已知数。（F/P，i，n）表示在已知 P、i、n 的情况下求 F 的值。为了计算简便，在计算 F 时，只要从复利系数表中查出一次收付终值系数（F/P，i，n）的值，再乘以本金 P 即为所求。

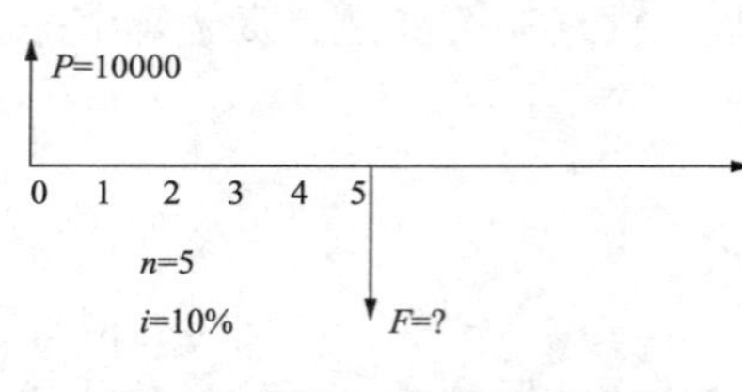

图 2-5 ［例 2-3］现金流量图

【例 2-3】 某人借款 1000 元，年利率 i=100%，复利计息，问借款人第 5 年年末连本带利一次偿还所需支付的金额是多少（见图 2-5）？

解： $F=P(F/P,\ i,\ n)=1000\times(F/P,\ 10\%,\ 5)$

从附录中终值系数表查出（F/P，10%，5）=1.6105，代入上式得

$$F=1000\times1.6105=1610.5\text{（元）}$$

（2）复利现值公式。

已知 F、i 和 n，求现值 P，公式为

$$P=F(1+i)^{-n}=F(P/F,\ i,\ n) \tag{2-6}$$

式中，$(1+i)^{-n}$ 称为一次收付现值系数，用符号（P/F，i，n）表示。

【例 2-4】 某企业现在准备向银行存入一笔款项，以备 3 年后购置 100 万元的设备之用，若银行年利率为 10%，问现应存入多少钱（见图 2-6）？

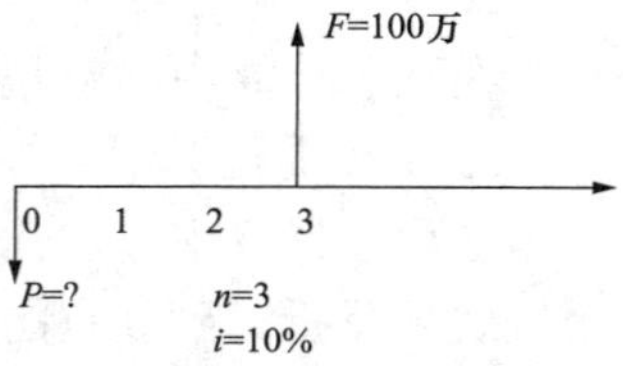

解： $P=F(P/F,i,n)=100\times(P/F,10\%,3)$

$=100\times0.7513=75.13$（万元）

图 2-6 ［例 2-4］现金流量图

由 P、F、i、n 的换算关系可知，在 i 不变的情况下，n 越小、F 越大，其现值 P 就越大；n 越大、F 越小，其现值 P 就越小。故对某建设项目来说，收益获得的时间越早、数额越大，其现值也就越大，因此，应使建设项目早日投产，早日达到设计生产能力，早获收益，多获收益，才能达到最佳经济效益；从投资方面看，投资支出的时间越晚、数额越小，其现值就越小，因此，应合理分配各年投资，在不影响项目正常实施的前提下，不要使建设初期投资额过大。

（二）年金

在现实经济生活中，除了一次性收付款项终值与现值的计算，还存在一定时期内多次收付的款项，如果每次收付的金额相等，则这样的系列收付款项称为年金。年金是指一定时期内每次等额收付的系列款项，通常记为 A。

年金按其每次收付发生的时点不同，分为普通年金、即付年金、递延年金、永续年金等。

1. 普通年金

普通年金是指从第一期起，在一定时期内每期期末等额发生的系列收付款项，又称为后付年金。

普通年金和终值、现值的关系如图 2-7 所示。

（1）普通年金终值的计算（已知年金 A，求终值 F）。

已知 A、i 和 n，求终值 F。公式为

$$F=A[(1+i)^{n-1}+(1+i)^{n-2}+\cdots+(1+i)+1]$$

$$F=A\frac{(1+i)^n-1}{i}=A(F/A,i,n) \tag{2-7}$$

式中，$\dfrac{(1+i)^n-1}{i}$ 称为普通年金终值系数，用符号（*F*/*A*，*i*，*n*）表示。

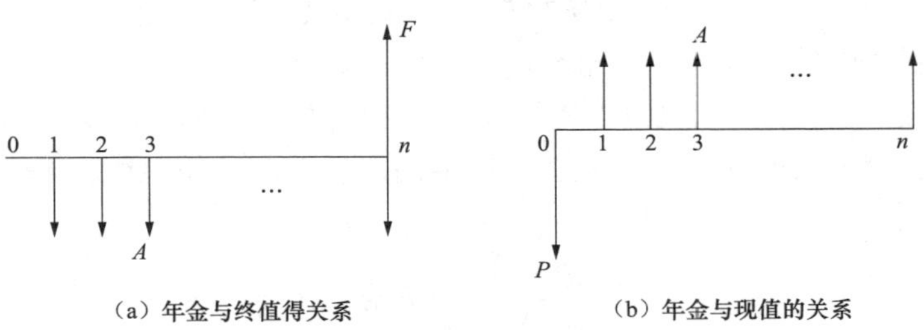

图 2-7　等额系列现金流量图

【例 2-5】 某人 10 年内，每年年末存入银行 1000 元，年利率为 8%，复利计息，问第 10 年年末他可从银行连本带利取出多少钱？

解：　$F=A(F/A,i,n)=1000\times(F/A,8\%,10)$

查表可知，（*F*/*A*，8%，10）= 14.4866，代入上式得

$$F=1000\times14.4866=14486.6\text{（元）}$$

（2）年偿债基金的计算（已知终值 *F*，求年金 *A*）。

偿债基金是指为了在约定的未来某一时点清偿某笔债务或积聚一定数额的资金而必须分次等额提取的存款准备金。由于每次存入的等额准备金类似于年金存款，因而偿债基金的计算实际上是年金终值的逆运算。在普通年金的前提下，已知终值求年金，称为求解年偿债基金。

$$A=F\frac{i}{(1+i)^n-1}=F(A/F,i,n) \tag{2-8}$$

式中，$\dfrac{i}{(1+i)^n-1}$ 称为等额系列偿债基金系数，用符号（*A*/*F*，*i*，*n*）表示。普通年金终值系数和偿债基金系数互为倒数。

【例 2-6】 某人欲在第 5 年年末获得 10000 元，若每年存款金额相等，年利率为 10%，复利计息，则每年年末需要存款多少元？

解：　$A=F(A/F,i,n)=10000\times(A/F,10\%,5)$

查表可知，（*A*/*F*，10%，5）=0.1638，代入上式得

$$A=10000\times0.1638=1638\text{（元）}$$

（3）普通年金现值的计算（已知年金 *A*，求现值 *P*）。

年金现值是指一定时期内每期期末等额收付款项的复利现值之和。

$$P=A\frac{(1+i)^n-1}{i(1+i)^n}=A(P/A,i,n) \tag{2-9}$$

式中，$\dfrac{(1+i)^n-1}{i(1+i)^n}$ 称为普通年金现值系数，用符号（*P*/*A*，*i*，*n*）表示。

【例 2-7】 若某人想在今后 5 年内每年年末从银行取出 1000 元，年利率为 10%，复利计息，问他必须现在向银行存入多少钱？

解：　　　$P=A（P/A，i，n）=1000×（P/A，10\%，5）$

查表可知，$（P/A，10\%，5）=3.7908$，代入上式得

$$P=1000\times3.7908=3790.8（元）$$

（4）年资本回收额的计算（已知年金现值 P，求年金 A）。

年资本回收额是指在约定年限内等额回收初始投入资本或清偿所欠债务的金额。年资本回收额的计算是年金现值的逆运算。在普通年金的前提下，已知现值求年金，称为求解年资本回收额。

$$A=P\frac{i(1+i)^n}{(1+i)^n-1}=P(A/P,i,n) \tag{2-10}$$

式中，$\frac{i(1+i)^n}{(1+i)^n-1}$ 称为年资本回收额系数，用符号（A/P，i，n）表示。

普通年金现值系数与年资本回收额系数互为倒数。

【例 2-8】 若某人现在投资 10000 元，年回报率为 8%，每年年末等额获得收益，10 年内收回全部本利，则每年应收回多少元？

解：$A=P（A/P，i，n）=10000×（A/P，8\%，10）$

查表可知，$（A/P，8\%，10）=0.1490$，代入上式得

$$A=10000\times0.1490=1490（元）$$

2. 即付年金

即付年金是指在一定时期内每期期初等额收付的系列款项，又称为先付年金或预付年金。它与普通年金的区别在于付款时间的不同，如图 2-8 所示。

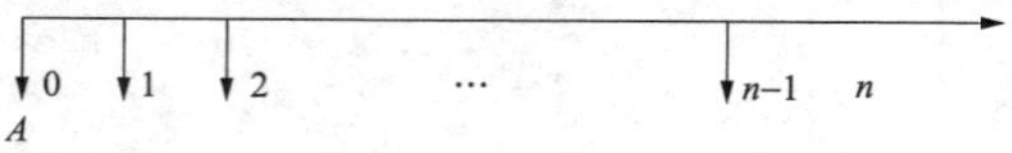

图 2-8　即付年金示意图

（1）即付年金终值。

即付年金终值是指即付年金各期年金 A 的各个终值之和。由于即付年金分别发生在 0，1，2，…，$(n-1)$ 各个时点上，即发生在各期期初。即付年金的终值点在 n 点上，所以对每一期的年金先求终值再求和，与普通年金终值相比，均多求一期。

$$\begin{aligned}F&=A\frac{(1+i)^n-1}{i}=(1+i)\\&=A\frac{(1+i)^{n+1}-(1+i)}{i}\\&=A\left[\frac{(1+i)^{n+1}-1}{i}-1\right]\end{aligned}$$

$$F=A[(F/A，i，n+1)-1] \tag{2-11}$$

它是在普通年金终值系数的基础上期数加 1，系数减 1。

【例 2-9】 某公司每年年初存入银行 100 万元，若存款利率为 10%，那么第 5 年年末公司能一次取出多少钱？

解：方法一：

利用即付年金终值公式求解，$A=100$，$i=10\%$，$n=5$，则

$F=A[(F/A，i，n+1)-1]=100×[(F/A，10\%，6)-1]=100×(7.7156-1)=671.56$（万元）

方法二：

$F=A(F/A，i，n)(1+i)=100\times(F/A，10\%，5)\times1.1=100\times6.1051\times1.1=671.56$（万元）

（2）即付年金现值。

n 期即付年金现值与 n 期普通年金现值的期限是相同的，只是年金收付款的时点均提前了一期，n 期即付年金现值比 n 期普通年金现值少折算了一期的货币时间价值。按普通年金的计算方法计算即付年金，其现值会被计算到 0 的前一点（–1 点）上，再对其求一期后的终值才是即付年金在 0 点上的现值。

$$
\begin{aligned}
P &= A\frac{1-(1+i)^{-n}}{i} = (1+i) \\
&= A\frac{(1+i)-(1+i)^{-(n-1)}}{i} \\
&= A\left[\frac{1-(1+i)^{-(n-1)}}{i}+1\right]
\end{aligned}
$$

$$P=A[(P/A，i，n-1)+1] \tag{2-12}$$

它是在普通年金现值系数的基础上期数减 1，系数加 1。

【例 2-10】 某人委托银行分期支付房租，若每年年初需要支付 5000 元，房屋租期 20 年，在利率为 5%的前提下，其需要一次支付给银行多少钱？

解：

方法一：

利用即付年金现值公式求解，$A=5000$，$n=20$，$i=5\%$，则

$$
\begin{aligned}
P&=A[(P/A，i，n-1)+1]=5000\times[(P/A，5\%，19)+1]\\
&=5000\times13.0853=65426.5（元）
\end{aligned}
$$

方法二：

$P=5000\times(P/A，5\%，20)\times(1+5\%)=5000\times12.4622\times1.05=65426.5$（元）

3. 递延年金

递延年金是指第一次收付款发生时间不在第一期，而是隔若干期（假设为 m 期，$m\geqslant1$）后才开始发生的系列等额收付款项。它是普通年金的特殊形式，凡不是从第一期开始的年金都是递延年金，是与第一期间隔一定时期才开始的普通年金。假设无年金期共 m 期，年金发生期共 n 期，其终值的计算，不考虑递延期，直接计算收付 n 期的终值，与普通年金计算方法相同。递延年金现值的计算方法有其特殊性，主要有以下三种：

（1）先求出递延年金折算到无年金期期末（m 点）的现值，再将该值作为 0 点处资金的终值，按复利计算调整为 0 点的现值。

$$P=A(P/A，i，n)(P/F，i，m) \tag{2-13}$$

（2）先求出（$m+n$）期的现值，再扣除递延期（m）的年金现值。

$$P=A[(P/A，i，m+n)-(P/A，i，m)] \tag{2-14}$$

（3）先求出递延年金的终值，再将其折算为现值。

$$P=A(F/A，i，n)(P/F，i，m+n) \tag{2-15}$$

【例 2-11】 某人年初存入银行一笔钱，准备为孩子上大学交学费。若孩子在 5 年后上大学，每年年末交学费 1000 元，学制 5 年，银行存款利率为 10%，那么现在应一次存入银行多

少钱？

解：根据题意，A=1000，m=5，n=5，i=10%，求 P。

方法一：
$$P=A(P/A，10\%，5)(P/F，10\%，5)$$
$$=1000×3.7908×0.6209=2354（元）$$

方法二：
$$P=A[(P/A，10\%，10)-(P/A，10\%，5)]$$
$$=1000×(6.1446-3.7908)=2354（元）$$

方法三：
$$P=A(F/A，10\%，5)(P/F，10\%，10)$$
$$=1000×6.1051×0.3855=2354（元）$$

4. 永续年金

永续年金是指无限期等额收付的特种年金，是普通年金的特殊形式，年金发生在每一期的期末，期限趋于无穷。存本取息可视为永续年金的例子。由于永续年金持续期无限，没有终止的时间，因此没有终值，只有现值。通过普通年金现值的计算可推导出永续年金现值的计算公式。

$$P=A\frac{1-(1+i)^{-n}}{i}$$

$$=A\frac{1-\dfrac{1}{(1+i)^n}}{i}$$

$$当\ n\to\infty 时，P=A/i \tag{2-16}$$

【例 2-12】 某水坝工程，年维修费 1.5 万元，建成后可长期使用，利率为 5%，求全部维修费用的现值。

解：
$$P=\frac{1.5}{5\%}=30（万元）$$

（三）名义利率与实际利率

在前面的复利计算中，所涉及的利率均假设为年利率，并且每年复利一次。但在实际业务中，复利的计算期不一定是一年，可以是半年、一季度、一个月或日计息。比如，某些债券半年计息一次；有的抵押贷款每月计息一次；银行之间拆借资金每日计息一次。当每年复利次数超过一次时，给出的年利率称为名义利率，而用全年利息额除以本金，此时得到的年利率才是实际利率。根据名义利率计算出的每年复利一次的年利率称为实际利率。

名义利率是计息周期利率乘以一年内的计息周期数所得到的年利率。在复利计算中，一般采用年利率。而年利率的计息周期可以等于一年也可能短于一年。若利率为年利率，实际计息周期也是一年，这时年利率就是实际利率；若利率为年利率而实际计息周期小于一年，如按每季度、每月或每半年计息一次，则这种年利率就是名义利率。例如，年利率为 12%，每月计息一次，此年利率就是名义利率，实际上它相当于月利率为 12%/12=1%。又如每季度计息一次，季利率为 2%，则年名义利率为 2%×4=8%。因此，年名义利率等于计息周期利率×每年的计息周期数。即

$$r=i\times m \tag{2-17}$$

式中 r——名义利率；

i——计息周期利率；

m——计息周期数。

很显然，名义利率忽略了前面各期利息可再生利息这一因素，这与单利法的思路相同。根据复利的概念可以推导出实际利率的计算公式。设年名义利率为 r，在一年内计算利息 m 次，则计息周期利率为 $i=r/m$，假设开始有资金 P，根据复利计算公式可知该利率周期的终值 F 为

$$F=P\left(1+\frac{r}{m}\right)^{m}$$

根据利息的定义可知该利率周期的利息 I 为

$$I=F-P=P\left(1+\frac{r}{m}\right)^{m}-P=P\left[\left(1+\frac{r}{m}\right)^{m}-1\right]$$

再根据利率的定义可得年实际利率 i 为

$$i=I/P=\left(1+\frac{r}{m}\right)^{m}-1 \qquad (2\text{-}18)$$

由上式可知，当 m=1 时，实际利率等于名义利率；当 m>1 时，实际利率大于名义利率；而且 m 越大，二者相差也越大。如果各方案的计息期不同，就不能简单地按名义利率来评价。

【例 2-13】 某人现存入银行 10000 元，年利率为 5%，每季度复利一次，2 年后能取出多少本利和？

解：

方法一：先根据名义利率与实际利率的关系，将年名义利率折算成实际利率。

$$i=\left(1+\frac{r}{m}\right)^{m}-1=\left(1+\frac{5\%}{4}\right)^{4}-1=5.09\%$$

再按实际利率计算本利和：

$$\begin{aligned}F&=P(1+i)^{n}\\&=10000\times(1+5.09\%)^{2}\\&=11044\text{（元）}\end{aligned}$$

这种方法的缺点是调整后的实际利率往往带有小数点，不利于查表。

方法二：不计算实际利率，将已知的年利率 r 折算成周期利率 r/m，周期数变为 $m\times n$。

$$\begin{aligned}F&=P\left(1+\frac{r}{m}\right)^{m\times n}\\&=10000\times\left(1+\frac{5\%}{4}\right)^{2\times4}\\&=11044\text{（元）}\end{aligned}$$

三、资金的时间价值计算小结

从上述计算公式可知，资金的价值不但表现在数量上，而且表现在时间上。只考虑资金的数量而不考虑资金的时间价值的计算方法叫作静态计算法；既考虑资金的数量，又考虑资金的时间价值的计算方法叫作动态计算法。在技术经济分析中采用动态计算法，具体计算时常采用以下两种解法。

（1）按计算公式求解。这种方法的优点是不受利率 i 和计算周期 n 等的限制，可求任意不同 i、n 下的各种数值。其缺点是计算复杂，容易出错。

（2）查表法。查表法的优点是简单、方便、迅速，缺点是受表内所列数字限制，有时查不到所需要的数值。为此，在实际工作中将两种方法结合起来使用，或用线性插值法求出所需数据。

在运用复利计算式时，要特别注意以下几点：

（1）本期期末即等于下期期初。0 点就是第一期期初，也称零期。

（2）P 发生在 0 期期末或第一期期初。

（3）F 发生在考察期期末，即 n 期期末。

（4）各期的等额支付 A 发生在各期期末。

（5）当问题包括 P 与 A 时，系列的第一个 A 与 P 隔一期，即 P 发生在系列 A 的前一期。

（6）当问题包括 A 与 F 时，系列的最后一个 A 是与 F 同时发生。

第四节 等值计算及应用

【例 2-14】 某商品的价格每年递增 8%，问 10 年后要花多少钱才能买到现在价值为 100 元的商品（见图 2-9）？

解：设 10 年后该商品的价值为 F，则

$$F=100(F/P，8\%，10)=100\times 2.1589=215.89\text{（元）}$$

【例 2-15】 要想在 10 年内积蓄达到 1000 元，试问现在必须存入银行多少钱？设年利率为 8%，复利计算按每半年为一期（见图 2-10）。

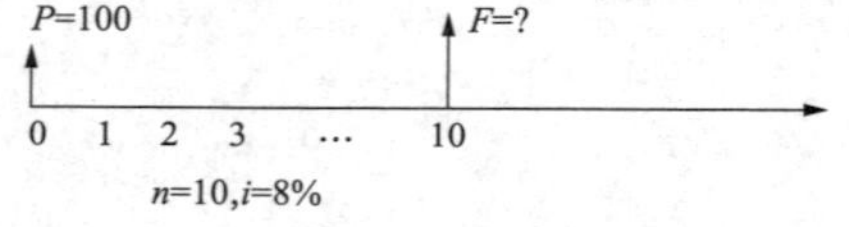

图 2-9 ［例 2-14］现金流量图

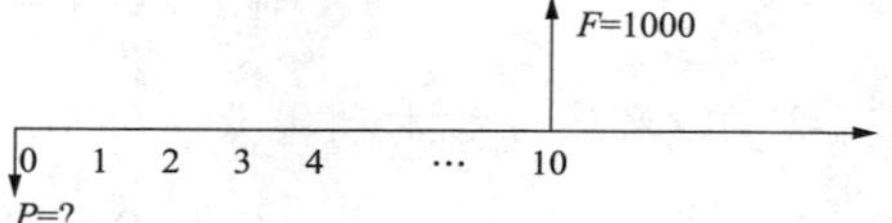

图 2-10 ［例 2-15］现金流量图

解：设现在存入的钱为 P，则

$$P=1000(P/F，4\%，20)=1000\times 0.4564=456.4\text{（元）}$$

【例 2-16】 某工厂以 20000 元投资购买一台设备，使用年限为 8 年，8 年后的残值为 2000 元。那么该设备每年运行成本是多少？（i=10%）（见图 2-11）

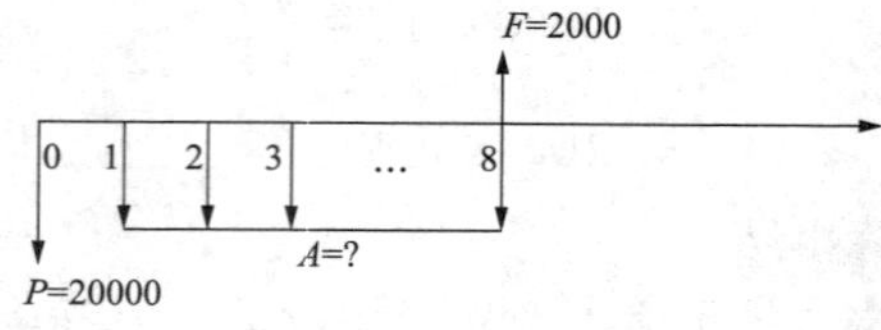

图 2-11 ［例 2-16］现金流量图

解：初始投资的年等值与残值年等值之差就是该设备的运行成本：

$$A= 20000(A/P，10\%，8) -2000(A/F，10\%，8)$$
$$= 20000\times 0.1874-2000\times 0.0874=3573.2\text{（元）}$$

【例 2-17】 某公司从每年收入中留取 5 万元，以备将来扩大再生产使用，并打算把这笔资金存入银行，年利率为 8%。目前该公司银行账户已有基金 20 万元，那么 6 年后该公司共可取得资金多少元（见图 2-12）？

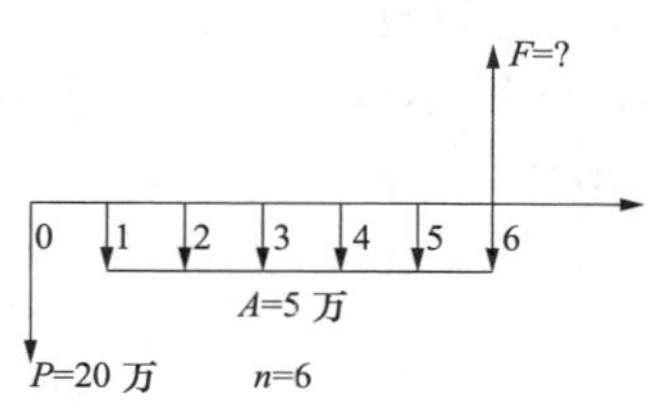

图 2-12 ［例 2-17］现金流量图

解： F=200000(F/P，8%，6)+50000(F/A，8%，6)

=200000×1.587+50000×7.336

=684200（元）

【例 2-18】 有一男孩今年 11 岁。在他 5 岁生日时，他祖父给他 4000 元作为生日礼物。这 4000 元以名义利率为 4%、半年计息的 10 年期债券的方式用于投资。其父母计划在孩子 19 岁、20 岁、21 岁和 22 岁生日时，各用 3000 元资助他上大学学习。祖父的礼物债券到期后将所获本利和全部存入银行，用于孩子将来上大学。问从孩子 12 岁生日开始，到孩子 18 岁生日时，父母需每年等额支付多少钱才能完成孩子的上大学学习计划？假设年利率为 6%（见图 2-13）。

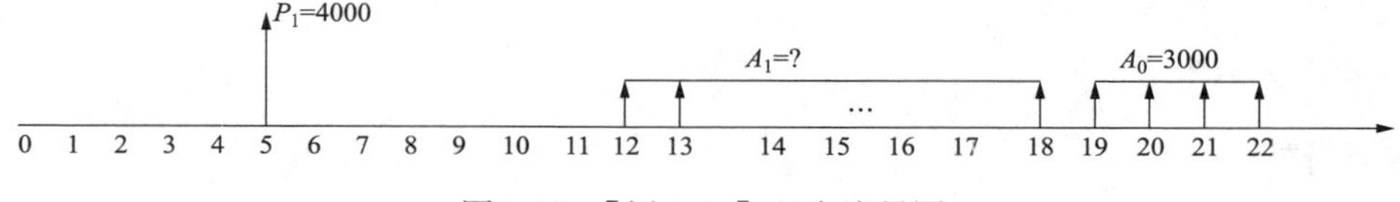

图 2-13 ［例 2-18］现金流量图

解： 孩子 18 岁生日时，上大学所需费用的年金现值为

$$P(18)=A(P/A，6\%，4)=3000×3.4650=10395（元）$$

祖父的礼物 4000 元的未来值为

$$P(18)=P(F/P，2\%，20)(F/P，6\%，3)$$
$$=4000×1.4859×1.1910=7079（元）$$

所以，从 12 岁生日开始所需等额年金支付额为

$$A=F(A/F，6\%，7)=(10395-7079)×0.1191=395（元）$$

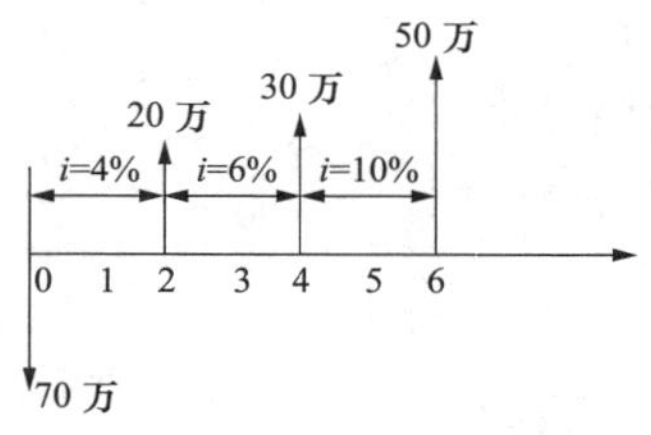

图 2-14 ［例 2-19］现金流量图

【例 2-19】 某技术改造项目现需投资 70 万元，项目寿命周期为 6 年，银行贷款年利率前两年为 4%，中两年为 6%，后两年为 10%，预期项目投产后第 2 年收入 20 万元，第 4 年收入 30 万元，第 6 年收入 50 万元，不考虑残值，请做出投资决策（见图 2-14）。

解： 把所有收与支均换算为现值，然后加以比较。若Σ收>Σ支，则投资；若Σ收<Σ支，则不投资。

$$Σ收=20(P/F，4\%，2)+30(P/F，6\%，2)(P/F，4\%，2)$$
$$+50(P/F，10\%，2)(P/F，6\%，2)(P/F，4\%，2)=77.18（万元）>70 万元$$

故　可以投资。

【例 2-20】 某项目初始投资 50 万元，建设期为 2 年，生产期为 8 年，i=10%，残值为 2.5 万元，求投产后每年应至少等额收回多少方能收回投资（见图 2-15）？

解： 因　$50=A[(P/A，10\%，10)-(P/A，10\%，2)]+2.5(P/F，10\%，10)$

$=A(6.1446-1.7355)+2.5×0.3855$

故 A=11.12（万元）

【例 2-21】 现在存款 1000 万元，5 年后得本利 1611 万元，求存款年利率 i 为多少（见图 2-16）？

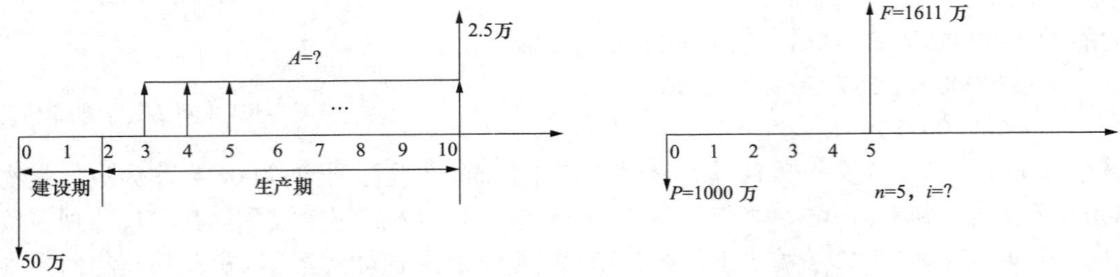

图 2-15 ［例 2-20］现金流量图　　　　图 2-16 ［例 2-21］现金流量图

解：因 1611=1000×(F/P，i，5)

故（F/P，i，5）=1.611

反查表得 i=10%。

案例分析

某企业以年利率 8%向银行借款 100 万元，准备在 4 年里将本利还清。暂不考虑通货膨胀等因素的影响，可以有多种还款方式，下面选择两种方式：

1．每年年末归还 25 万元，并加上当年借款的利息，4 年还清。

2．前 3 年每年年末仅归还借款的利息 100 万元×8%=8 万元，第 4 年年末归还全部借款和第 4 年借款的利息。

案例思考题

1．这两种方式现金流量等值吗？

2．如果把这两种方式现金流量折算到 0 点，它们分别是多少？

3．如果把这两种方式现金流量都计算到第 2 年年末，它们会相等吗？

价值引领

读懂“货币的时间价值”，你也可以做大慈善家

美国开国元勋富兰克林（美国的百元大钞上的人就是他）于 1790 年逝世。他在遗嘱中写道，他将分别向波士顿和费城捐赠 1000 美元设立奖学金。捐款由当地政府用最保守的方法进行投资，但必须等他死后 200 年方能使用。等到 1990 年时，付给费城的捐款已经变成 200 万美元，而给波士顿的已达到 450 万美元。

这听起来不可思议，却是真实。其实这 200 年的平均年投资收益率并不高。对于费城，最终收益率 r=3.87%，按照银行 3 年定期平均年利率 4%计算，就是这 1000 美元不去投资，放在银行定期 200 年，也能达到这个水平了。

这就是货币的时间价值，是指货币经历一定时间的投资和再投资所增加的价值。随着时间推移，由于存在复利，即使以较低的投资收益率进行滚存，本金也会越来越多。并且，年收益率不同，货币的时间价值不同。10 年后的 1 元，放在现在，在 1%、5%、10%、15%和20%的投资收益率下，相差会很大。如果你现值拿出 1 万元捐赠曾经就读的小学，设定这 1 万元以 3.87%的利率存起来，200 年后才可以用这笔钱，到那时你就成为捐赠 2000 万元的慈善家了。

思考与启示

重视资金时间价值，能够促进企业重视使用和投放资金的科学性，控制投资规模及货币的投放时间与投放方式，避免不必要的资金积压和浪费；资金时间价值影响着投资方案经济效益的评价，在进行投资方案评价时，不但要计算方案初始投资的数额，而且要计算因货币时间价值因素产生的“新增投资”对方案经济效果的影响。

本章小结

资金时间价值的基本概念主要有现值、终值、年金、利率或收益率、期数。可以用现金流量图反映对应时间内系统现金流出、现金流入的情况。其中，同一时点上的现金流入和现金流出的差额称为净现金流量。

计算利息的方法有单利法和复利法两种，其中复利法应用更广泛。资金时间价值的普通复利公式主要有一次支付终值公式、一次支付现值公式、等额支付系列终值公式、等额支付系列现值公式、等额支付系列偿债基金公式、等额支付系列资金回收公式。

名义利率是指计息期利率乘以一年中计息的次数；实际利率是指以计息周期利率为基数，在一年内的复利有效利率。

等值计算是将不同方案在不同时间上的资金序列采用相同的折现率将它们折算到同一时点的过程。资金等值是考虑了资金时间价值后的等值。

资金有时间价值，即使金额相同，因其发生在不同时点，其价值就不同；反之，不同时点数额不等的资金，在时间价值的作用下却可能具有相等的价值。资金等值是指在不同时点上绝对值不等，但从资金的时间价值观点来看是价值相等的资金。而且，如果两个现金流量等值，则对任何时刻的时值必然相等。

现金流量图是用数轴图形直观形象地表示一个投资活动现金收支与时间关系的图形。横轴表示时间，向右延伸表示时间的延续，轴上每一刻度表示一个时间单位，常以年为间隔，0，1，2，…，n。相对于时间轴的垂直箭头表示现金流量的方向和大小，向上为现金流入，向下为现金流出。

资金的价值不但表现在数量上，而且表现在时间上。只考虑资金的数量而不考虑资金的时间价值的计算方法叫作静态计算法；既考虑资金的数量，又考虑资金的时间价值的计算方法叫作动态计算法。在技术经济分析中采用动态计算法，具体计算时常采用以下两种解法：（1）按计算公式求解。（2）查表法。

1．资金的时间价值如何理解？

2．资金等值及其三要素分别是什么？

3．单利法和复利法的区别有哪些？

4．什么叫名义利率、实际利率？两者有何关系？

5．只要是货币就具有时间价值吗？为什么？

6．什么叫现金流量？

7．什么是终值、现值？

一、单选题

1．投资者以10%的利率借得 50000 元，投资于寿命期为 5 年的项目，为使该项目成为有盈利的项目，每年至少应收回的现金数额为（　　）元。

A．10000　　B．12000　　C．13189　　D．8190

2．当利率为 10%时，一项 6 年后需付款 800 元的购货，若按单利计息，相当于第一年年初一次现金支付的购价为（　　）元。

A．451.6　　B．500　　C．800　　D．480

3．有一项年金，前 3 年每年无现金流入，后 5 年每年年初流入 500 万元，假设年利率为 10%，这项年金的现值为（　　）万元。

A．1994.59　　B．1566.36　　C．1813.48　　D．1423.21

4．有甲乙两台设备可供选用，甲设备的年使用费比乙设备低 2000 元，但价格高于乙设备 8000 元，若资金成本为 10%，甲设备的使用期应长于（　　）年，选用甲设备才是有利的。

A．4　　B．5　　C．4.6　　D．5.4

5．某施工企业向银行借款 250 万元，期限 2 年，年利率为 6%，半年复利计息一次，第二年年末还本付息，则到期时企业需支付给银行的利息为（　　）万元。

A．30.0　　B．30.45　　C．30.90　　D．31.38

6．某施工企业欲借款 500 万元，借款期限 2 年，到期一次还本。现有甲、乙、丙、丁四家银行愿提供贷款，年名义利率均为 7%。其中，甲要求按月计息并支付利息，乙要求按季度计息并支付利息，丙要求按半年计息并支付利息，丁要求按年计息并支付利息。若其他条件相同，则该企业应选择的银行是（　　）。

A．丁　　B．丙　　C．乙　　D．甲

7．某企业拟存款 200 万元，下列存款利率和计息方式中，在第 5 年年末存款本利和最多的是（　　）。

A．年利率 6%，按单利计算　　B．年利率 5.5%，每年复利一次

C．年利率 4%，每季度复利一次　　D．年利率 5%，每半年复利一次

8．某项目建设期 2 年，各年年初投资额分别为 300 万元、400 万元，银行贷款年利率为

10%，则该项目的投资估算（建设期期末）是（　　）万元。

A．700　　B．803　　C．800　　D．806

9．某企业拟实施一项技术方案，方案建设期 2 年。建成后该方案可以立即投入运营并获利，运营期预计为 10 年，每年净收益为 500 万元，且每年净收益的 80%可用于偿还银行贷款。银行贷款年利率为 6%，复利计息，借款期限为 6 年。如果运营期各年年末还款，则该企业期初最大贷款额度为（　　）万元。

A．1234　　B．1308　　C．1499　　D．1589

10.某公司同一笔资金有以下四种借款方案，均在年末支付利息，则优选的借款方案是（　　）。

A．年名义利率 3.6%，按月计息　　B．年名义利率 4.4%，按季度计息

C．年名义利率 5.0%，半年计息一次　　D．年名义利率 5.5%，一年计息一次

11．某企业从金融机构借款 100 万元，月利率为 1%，按月复利计息，每季度付息一次，则该企业一年需向金融机构支付利息（　　）万元。

A．12.00　　B．12.12　　C．12.55　　D．12.68

12．某公司以单利方式一次性借入资金 2000 万元，借款期限 3 年，年利率为 8%，到期一次还本付息，则第 3 年年末应当偿还的本利和为（　　）万元。

A．2160　　B．2240　　C．2480　　D．2519

13．以下关于现金流量图绘制规则的说法，正确的是（　　）。

A．对投资人来说，时间轴上方的箭线表示现金流出

B．箭线长短与现金流量的大小没有关系

C．箭线与时间轴的交点表示现金流量发生的时点

D．时间轴上的点通常表示该时间单位的起始时点

14．考虑资金时间价值，两笔资金不能等值的情形是（　　）。

A．金额相等，发生在不同时点　　B．金额不等，发生在不同时点

C．金额不等，但分别发生在初期和期末　　D．金额相等，发生在相同时点

15．甲公司从银行借入 1000 万元，年利率为 8%，单利计息，借期 4 年，到期一次性还本付息，则该公司第 4 年年末一次偿还的本利和为（　　）万元。

A．1360　　B．1324　　C．1320　　D．1160

16．名义利率为 12%，每季度复利计息一次，则年实际利率为（　　）。

A．12.68%　　B．12.55%　　C．12.49%　　D．12.00%

17.某借款年利率为 8%，半年复利计息一次，则该借款年有效利率比名义利率高（　　）。

A．0.16%　　B．1.25%　　C．4.16%　　D．0.64%

18．某企业第 1 年年初和第 1 年年末分别向银行借款 30 万元，年利率均为 10%，复利计息，第 3～5 年年末等额本息偿还全部借款，则每年年末应偿还金额为（　　）万元。

A．20.94　　B．23.03　　C．27.87　　D．31.57

19．某施工企业拟从银行借款 500 万元，期限 5 年，年利率为 8%，按复利计息，则企业支付本利和最多的还款方式是（　　）。

A．每年年末偿还当期利息，第 5 年年末一次还清本金

B．每年年末等额本金还款，另付当期利息

C．每年年末等额本息还款

D．第 5 年年末一次还本付息

20．某施工企业年初从银行借款 200 万元，按季度计息并支付利息，季度利率为 1.5%，则该企业一年支付的利息总计为（　　）万元。

A．12.27　　B．12.00　　C．6.05　　D．6.00

二、多选题

1．影响资金时间价值的因素很多，其中主要有（　　）。

A．资金的使用时间　　B．资金数量的多少

C．资金投入和回收的特点　　D．资金的来源渠道

E．资金周转的速度

2．生产经营的一项基本原则就是充分利用资金的时间价值并最大限度地获得其时间价值，具体做法应包括（　　）。

A．加大前期投入资金　　B．加速资金周转

C．早期回收资金　　D．不断从事利润较高的投资活动

E．延长资金的闲置时间

3．利率是各国发展国民经济的重要杠杆之一，下列因素中决定利率高低的因素有（　　）。

A．社会平均利润率的高低　　B．借出资本风险的大小

C．通货膨胀率　　D．节约使用资金

E．金融市场上借贷资本的供求情况

4．下列关于资金时间价值的说法，正确的有（　　）。

A．单位时间资金增值率一定的条件下，资金的时间价值与使用时间成正比

B．资金随时间的推移而贬值的部分就是原有资金的时间价值

C．投入资金总额一定的情况下，前期投入的资金越多，资金的正效益越大

D．其他条件不变的情况下，资金的时间价值与资金数量成正比

E．一定时间内等量资金的周转次数越多，资金的时间价值越多

5．某企业向银行借款 100 万元，借款期限 5 年，借款年利率为 10%，半年复利计息一次，则第 5 年年末一次偿还本利和的公式为（　　）。

A．100（F/P，10%，5）　　B．100（F/P，5%，5）

C．100（F/P，5%，10）　　D．100（F/P，10.25%，5）

E．100（A/P，5%，10）（F/A，5%，10）

6．以下关于现金流量绘图规则的说法，正确的有（　　）。

A．箭线长短要能适当体现各时点现金流量数值大小的差异

B．箭线与时间轴的交点表示现金流量发生的时点

C．横轴是时间轴，向右延伸表示时间的延续

D．现金流量的性质对不同的人而言是相同的

E．时间轴上的点通常表示该时间单位的起始时点

7．以下关于资金时间价值的说法，正确的是（　　）。

A．在总资金一定的情况下，前期投入的资金越少，资金的效益越好；反之，后期投入的资金越少，资金的负效益越大

B．在单位时间的资金增值率一定的条件下，资金使用时间越长，则资金的时间价值就越小

C．在其他条件不变的情况下，资金数量越多，资金的时间价值就越大

D．在一定的时间内等量的资金周转的次数越多，资金的时间价值就越多

E．任何资金的闲置，都会损失资金的时间价值

8．以下关于年有效利率和名义利率的说法，正确的有（　　）。

A．当每年计息周期数大于1时，名义利率大于年有效利率

B．年有效利率比名义利率更能准确反映资金的时间价值

C．名义利率一定，计息周期越短，年有效利率与名义利率差异越小

D．名义利率为r，一年内计息m次，则计息周期利率为$r\times m$

E．当每年计息周期数等于1时，则年有效利率等于名义利率

9．以下关于现金流量图绘制规则的说法，正确的有（　　）。

A．横轴为时间轴，向右延伸表示时间的延续

B．垂直箭线代表不同时点的现金流量情况

C．箭线长短应能体现各时点现金流量数值的差异

D．对投资人而言，横轴上方的箭线表示现金流出

E．箭线与时间轴的交点即为现金流量发生的时点

10．以下关于利率高低影响因素的说法，正确的有（　　）。

A．利率的高低首先取决于社会平均利润率的高低，并随之变动

B．借出资本所承担的风险越大，利率越低

C．资本借出期间的不可预见因素越多，利率越高

D．借出资本期限越长，利率越高

E．社会平均利润率不变的情况下，借贷资本供过于求会导致利率上升

第三章　企业基础财务数据分析

思政育人目标：

树立爱岗敬业的职业精神、实事求是的科学精神、协作共进的团队精神，做好基础财务数据预测和分析工作，为决策提供扎实且翔实的依据。认识到在经济融合发展和世界经济一体化趋势中，竞争不是“零和博弈”，而是互利双赢、多赢。深刻认识习近平总书记从提出共建“一带一路”倡议到共建人类命运共同体设想，无不体现着世界经济社会发展的现代合作与竞争观点。

课程教学目标：

深刻理解工程经济分析基本工具——现金流的意义，准确理解不同情景下的现金流构成，准确识别、区分构成现金流的基本经济要素，合理归集投资、成本等，科学计算不同情景下的经济效益指标，准确解读指标含义，科学提出决策建议意见。

第一节　总 投 资 测 算

基础财务数据预测是对项目投资额、成本费用、销售收入、税金、利润和项目经济寿命等进行预测，是企业经济效果评价的基础。企业经济效果评价指标的计算，依赖于这些数据合理、科学的预测，通过这些数据计算项目的财务费用、财务效益，进而计算其他评价指标，是企业经济效果评价的主要内容。

一、总投资的概念及构成

建设项目总投资是指为完成工程项目建设并达到使用要求或生产条件，在建设期内预计或实际投入的总费用。生产性建设项目总投资包括建设投资、建设期利息和流动资金三部分；非生产性建设项目总投资包括建设投资和建设期利息两部分。其中建设投资和建设期利息之和对应于固定资产投资。建设投资由工程费用、工程建设其他费用、预备费（包括基本预备费和价差预备费）组成。建设项目总投资的构成如表 3-1 所示。

表 3-1　　建设项目总投资的构成

费用项目名称			
建设项目总投资	建设投资	第一部分　工程费用	设备及工器具购置费
			建筑安装工程费
		第二部分　工程建设其他费用	建设用地费
			建设管理费
			可行性研究费
			专项评价费

续表

<table>
<tr><th colspan="4">费用项目名称</th></tr>
<tr><td rowspan="17">建设项目总投资</td><td rowspan="15">建设投资</td><td rowspan="13">第二部分　工程建设其他费用</td><td>研究试验费</td></tr>
<tr><td>勘察设计费</td></tr>
<tr><td>场地准备费和临时设施费</td></tr>
<tr><td>引进技术和进口设备材料其他费</td></tr>
<tr><td>特殊设备安全监督检验费</td></tr>
<tr><td>市政公用配套设施费</td></tr>
<tr><td>工程保险费</td></tr>
<tr><td>专利及专有技术使用费</td></tr>
<tr><td>联合试运转费</td></tr>
<tr><td>生产准备费</td></tr>
<tr><td>办公和生活家具购置费</td></tr>
<tr><td>其他</td></tr>
<tr><td>（空）</td></tr>
<tr><td rowspan="2">第三部分　预备费</td><td>基本预备费</td></tr>
<tr><td>价差预备费</td></tr>
<tr><td colspan="3">建设期利息</td></tr>
<tr><td colspan="3">流动资产投资——流动资金</td></tr>
</table>

1. 建设项目总投资

$$建设项目总投资=建设投资+建设期利息+流动资金 \quad (3\text{-}1)$$

其中　建设投资 = 工程费用+工程建设其他费用+预备费

2. 费用组成分析

（1）设备及工器具购置费

设备购置费是指购置或自制的达到固定资产标准的设备、工器具及生产家具等所需的费用。设备及工器具购置费由设备原价、工器具原价和运杂费（包括设备成套公司服务费）组成。

固定资产的标准是：使用年限在一年以上，单位价值在规定限额以上。工器具购置费是指购置的未达到固定资产标准的设备、仪器、生产家具、备件等所需的费用。

（2）建筑安装工程费

建筑安装工程费由建筑工程费和安装工程费两部分组成。建筑工程费是指建筑物、构筑物及与其配套的线路、管道等的建造、装饰费用。安装工程费是指设备、工艺设施及其附属物的组合、装配、调试等费用。

①按照费用构成要素划分的建筑安装工程费组成如图 3-1 所示。

②按造价形成划分的建筑安装工程费组成如图 3-2 所示。

（3）工程建设其他费用

工程建设其他费用是指建设期发生的与土地使用权取得、整个工程项目建设以及未来生

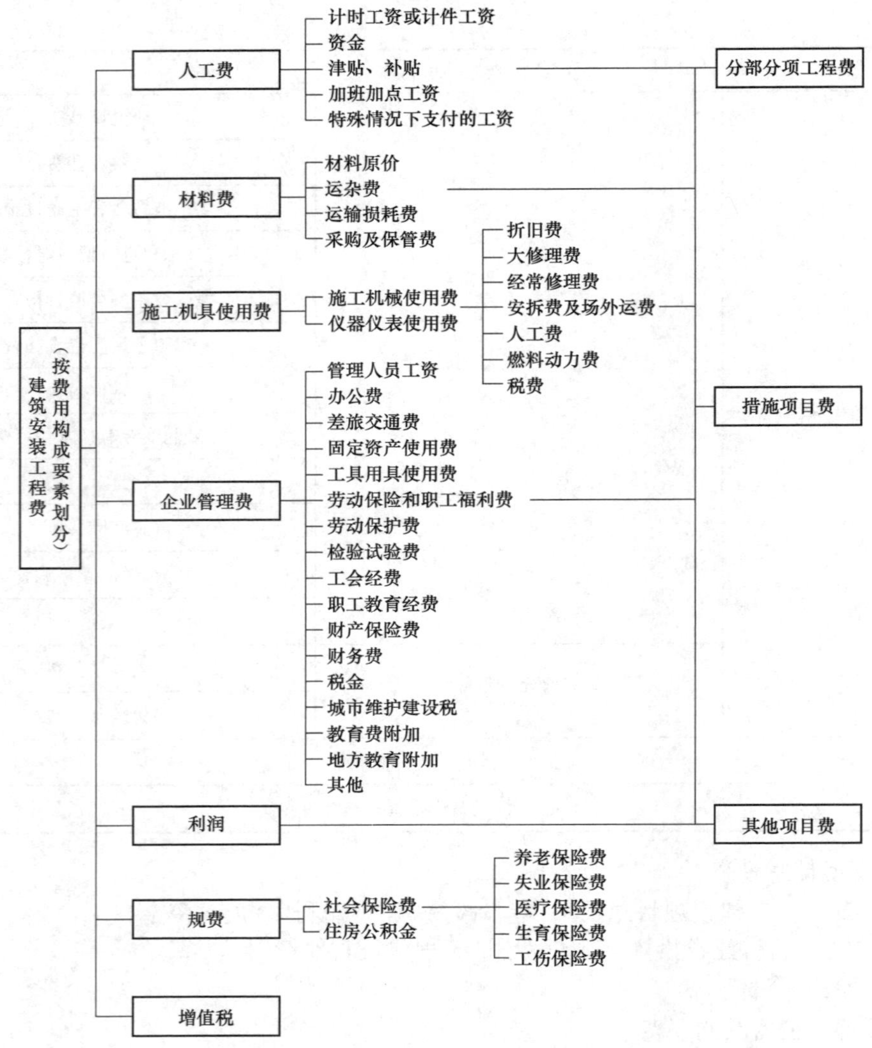

图 3-1　按费用构成要素划分的建筑安装工程费

产经营有关的费用。工程建设其他费用可分为三类：第一类是建设用地费，包括土地征用及迁移补偿费和土地使用权出让金；第二类是与项目建设有关的费用，包括建设管理费、勘察设计费、研究试验费等；第三类是与未来企业生产经营有关的费用，包括联合试运转费、生产准备费、办公和生活家具购置费等。

工程建设其他费用构成如图 3-3 所示。

（4）基本预备费

基本预备费是指在项目实施中可能发生的难以预料的支出，又称为不可预见费，主要指设计变更及施工过程中可能增加工程量的费用。包括在批准的初步设计范围内，技术设计、施工图设计及施工过程中增加的工程和费用；设计变更、局部地基处理等所增加的费用；一般自然灾害所造成的损失和预防自然灾害所采取措施的费用；竣工验收时为鉴定工程质量对隐蔽工程进行必要的挖掘和修复的费用。

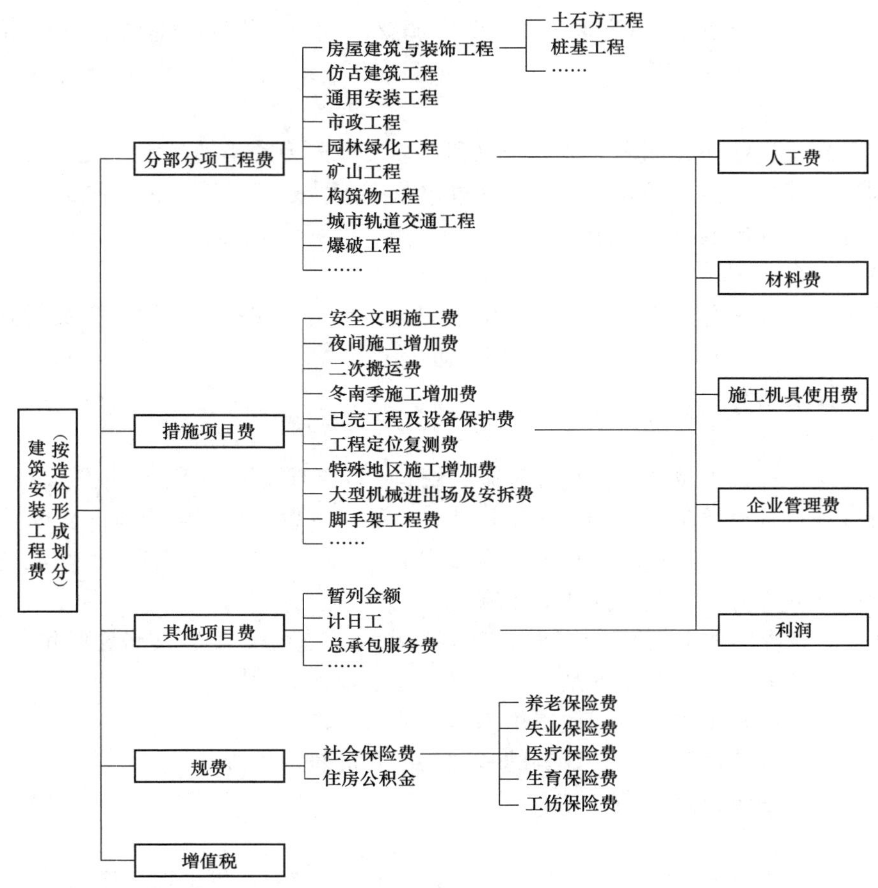

图 3-2 按造价形成划分的建筑安装工程费

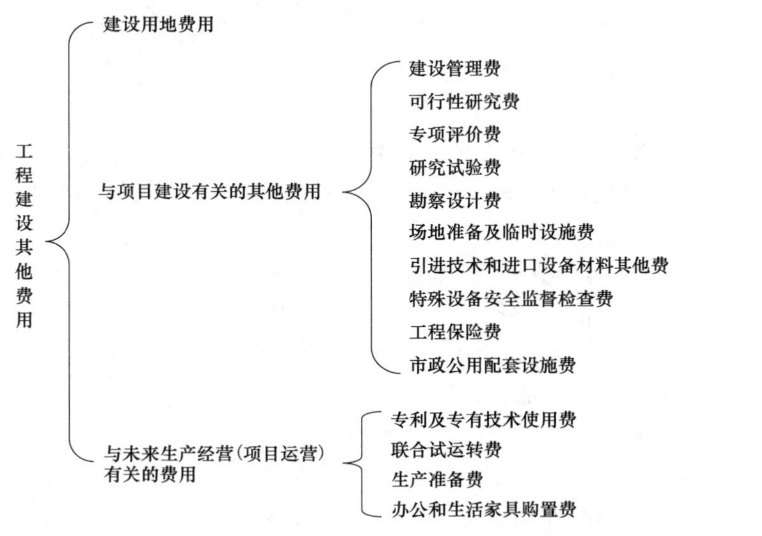

图 3-3 工程建设其他费用构成

（5）价差预备费

价差预备费是指对于建设工期较长的项目，由于在建设期内可能发生材料、设备、人工等价格上涨引起投资增加，工程建设其他费用调整，利率、汇率调整等，需要事先预留的费用。

（6）建设期利息

建设期利息是指在建设期内应计的利息和在建设期内为筹集项目资金发生的费用。包括各类借款利息、债券利息、贷款评估费、国外借款手续费及承诺费、汇兑损益、债券发行费用及其他债务利息支出或融资费用。

（7）流动资金

流动资金是指为进行正常生产运营，用于购买原材料、燃料，支付工资及其他运营费用等所需的周转资金。它是流动资产与流动负债的差额。

二、建设投资估算

（一）分类估算法

分类估算法是根据项目的初步设计及有关资料，以单项工程为基础，按编制概预算规则，分别测算投资项目各个单项工程的建筑工程费、安装工程费、设备购置费、工器具购置费以及其他工程费用，然后将各单项工程的投资费用汇总，即为投资总概预算。此法是国内常用的一种建设投资估算方法。具体的估算步骤为：

（1）分别估算各单项工程所需的建筑工程费、设备购置费、工器具购置费和安装工程费。

（2）在汇总各单项工程费用的基础上估算工程建设其他费用。

（3）以工程费用和工程建设其他费用为基础估算基本预备费。

（4）在确定工程费用分年投资计划的基础上估算价差预备费。

（5）加和求得建设投资总额。

1. 建筑工程费估算

建筑工程费由直接费、间接费、利润和税金组成。估算时，先根据规模估算建筑工程量，再根据各种不同结构类型，将各类工程按概算指标规定的计量单位和地区单位估价表估算出工程直接费。然后以直接费为基础，根据规定的间接费率估算出间接费。最后，计算利润和税金，汇总即为建筑工程费。

2. 设备购置费估算

设备购置费是指购置或自制的达到固定资产标准的设备、工器具及生产家具等所需的费用。设备购置费应按国内设备和进口设备分别估算，设备购置费包括设备原价和设备运杂费，即

$$设备购置费=设备原价或进口设备抵岸价+设备运杂费 \tag{3-2}$$

式中，设备原价是指国产标准设备、非标准设备的原价。设备运杂费是指设备原价中未包括的包装和包装材料费、运输费、装卸费、采购费及仓库保管费、供销部门手续费等。如果设备是由设备成套公司供应的，成套公司的服务费也应计入设备运杂费中。

（1）国产标准设备原价

国产标准设备是指按照主管部门颁布的标准图纸和技术要求，由国内设备生产厂批量生产的、符合国家质量检测标准的设备。国产标准设备原价一般指设备制造厂的交货价，即出厂价。设备的出厂价分两种情况：一是带有备件的出厂价，二是不带备件的出厂价。在计算设备出厂价时，一般按带有备件的出厂价计算。如只有不带备件的出厂价，应按有关规定另加备品备件费用。如设备由设备成套公司供应，则以订货合同价为设备原价。

（2）国产非标准设备原价

国产非标准设备是指国家尚无定型标准，设备生产厂家不可能采用批量生产，只能根据具体的设计图纸按订单制造的设备。国产非标准设备原价有多种不同的计算方法，如成本计算估价法、系列设备插入估价法、分部组合估价法、定额估价法等。无论采用哪种方法都应使非标准设备计价接近实际出厂价，并且计算方法要简便。

（3）进口设备抵岸价的构成及估算

进口设备抵岸价是指抵达买方边境港口或边境车站且交完关税以后的价格。进口设备如果采用装运港船上交货价（FOB），其抵岸价构成为

进口设备抵岸价=货价+国外运费+国外运输保险费+银行财务费+外贸手续费+进口关税+增值税+消费税　（3-3）

1）进口设备的货价：

货价=离岸价（FOB）×人民币外汇牌价　（3-4）

2）国外运费：

国外运费=离岸价×运费率

或　国外运费=单位运价×运量　（3-5）

国外运费费率或单位运价参照有关部门或进出口公司的规定执行。计算进口设备抵岸价时，再将国外运费换算为人民币。

3）国外运输保险费。是指被保险人根据与保险人（保险公司）订立的保险契约，为获得保险人对货物在运输过程中发生的损失给予经济补偿而支付的费用。计算公式为

$$\text{国外运输保险费}=\frac{(\text{进口设备离岸价}+\text{国外运费})}{1-\text{国外运输保险费率}}\times\text{国外运输保险费率} \quad (3\text{-}6)$$

计算进口设备抵岸价时，再将国外运输保险费换算为人民币。

4）银行财务费。一般指银行手续费，计算公式为

银行财务费=离岸价×人民币外汇牌价×银行财务费费率　（3-7）

银行财务费费率一般为 0.4%～0.5%。

5）外贸手续费。是指按商务部规定的外贸手续费费率计取的费用，外贸手续费费率一般取 1.5%，计算公式为

外贸手续费=进口设备到岸价×人民币外汇牌价×外贸手续费费率

式中　进口设备到岸价（CIF）=离岸价+国外运费+国外运输保险费　（3-8）

6）进口关税。关税是由海关对进出国境的货物和物品征收的一种税，属于流转性课税。计算公式为

进口关税=进口设备到岸价×人民币外汇牌价×进口关税税率　（3-9）

7）增值税。增值税是我国政府对从事进口贸易的单位和个人，在进口商品报关进口后征收的税种。我国增值税条例规定，进口应税产品均按组成计税价格，依税率直接计算应纳税额，不扣除任何项目的金额或已纳税额。计算公式为

进口产品增值税=组成计税价格×增值税税率　（3-10）

组成计税价格=设备到岸价×人民币外汇牌价+进口关税+消费税　（3-11）

8）消费税。进口适用消费税的产品（如汽车），应按规定计算进口环节消费税，计算公式为

$$进口环节消费税=\frac{进口设备到岸价\times人民币外汇牌价+进口关税}{1-消费税税费}\times消费税税率 \quad (3\text{-}12)$$

（4）设备运杂费

$$设备运杂费=设备原价\times设备运杂费费率 \quad (3\text{-}13)$$

一般来讲，沿海和交通便利的地区，设备运杂费费率相对低一些；内地和交通不便利的地区就要相对高一些。对于非标准设备来讲，应尽量就近委托设备制造厂，以大幅降低设备运杂费。进口设备由于原价较高，国内运距较短，因而设备运杂费费率应适当降低。

【例 3-1】 某公司拟从国外进口一套机电设备，重量 1500 吨，装运港船上交货价，即离岸价（FOB）为 400 万美元。其他有关费用参数为：国际运费标准为 360 美元/吨，海上运输保险费率为 0.266%，中国银行手续费率为 0.5%，外贸手续费率为 1.5%，关税税率为 8.8%，增值税的税率为 13%，美元的银行外汇牌价为 1 美元=7.03 元人民币，设备的国内运杂费率为 2.5%。估算该设备购置费。

解：

进口设备货价=400×7.03=2812（万元）

国际运费=360×1500×7.03=379.62（万元）

国外运输保险费= [(2812+379.62) /(1–0.266%)]×0.266%=8.512（万元）

进口关税=(2812+379.62+8.512)×8.8%=281.61（万元）

增值税=(2812+379.62+8.512+281.61)×13%=452.63（万元）

银行财务费=2812×0.5%=14.06（万元）

外贸手续费=(2812+379.62+8.512)×1.5%=48（万元）

设备运杂费=2812×2.5%=70.30（万元）

设备购置费=2812+379.62+8.512+281.61+452.63+14.06+48+70.3=4066.73（万元）

（5）工器具及生产家具购置费的估算

工器具及生产家具购置费是指新建或扩建项目初步设计规定的，保证初期正常生产必须购置的没有达到固定资产标准的设备、仪器、工卡模具、器具、生产家具和备品备件的购置费用。

$$工器具及生产家具购置费=设备购置费\times定额费率 \quad (3\text{-}14)$$

3. 安装工程费估算

需要安装的设备应估算安装工程费，安装工程费用内容一般包括以下两项。

（1）生产、动力、起重、运输、传动和医疗、实验等各种需要安装的机械设备的装配费用，与设备相连的工作台、梯子、栏杆等装设工程费用，附属于被安装设备的管线敷设工程费用，以及被安装设备的绝缘、防腐、保温、油漆等工作的材料费和安装费。

（2）为测定安装工程质量，对单台设备进行单机试运转、对系统设备进行系统联动无负荷试运转工作的调试费。

安装工程费通常按行业或专门机构发布的安装工程定额、取费标准和指标估算。具体计算可按安装费率、每吨设备安装指标或者每单位安装实物工程量费用指标进行估算。计算公式为

$$安装工程费=设备原价\times安装费率 \quad (3\text{-}15)$$

或

$$安装工程费=设备吨位\times每吨安装费 \quad (3\text{-}16)$$

或　　　　　　安装工程费=安装工程实物量×每单位安装实物工程量费用指标　　　　　　（3-17）

4. 工程建设其他费用估算

工程建设其他费用是指工程造价中除建筑工程费、设备购置费、安装工程费以外的其他费用。主要包括建设用地费、与项目建设有关的费用和与企业未来生产和经营活动有关的费用等。

5. 基本预备费估算

基本预备费是指在项目实施中可能发生难以预料的支出，需要事先预留的费用，又称为不可预见费，主要指设计变更及施工过程中可能增加工程量的费用。

基本预备费=(工程费用+工程建设其他费用)×基本预备费费率　　　　　　（3-18）

基本预备费费率由工程造价管理机构根据项目特点综合分析后确定。

6. 价差预备费估算

价差预备费是指为在建设期内利率、汇率或价格等因素的变化而预留的可能增加的费用，亦称为价格变动不可预见费。价差预备费的内容包括人工、设备、材料、施工机具的价差费，建筑安装工程费及工程建设其他费用调整，利率、汇率调整等增加的费用。

$$P=\sum_{t=1}^{n} I_t[(1+f)^m(1+f)^{0.5}(1+f)^{t-1}-1] \tag{3-19}$$

式中　P——价差预备费；

n——建设期年份数；

t——建设期第 t 年；

I_t——建设期第 t 年的投资计划额，包括工程费用、工程建设其他费用及基本预备费，即第 t 年的静态投资计划额；

f——投资价格指数；

m——建设前期年限（从编制概算到开工建设年数）。

价差预备费中的投资价格指数按国家颁布的计取，当前暂时为零，计算式中（$1+f$）$^{0.5}$表示建设期第 t 年当年投资分期均匀投入考虑涨价的幅度，对设计建设周期较短的项目价差预备费计算公式可简化处理。特殊项目或必要时可进行项目未来价差分析预测，确定各时期投资价格指数。

【例 3-2】 某建设项目建安工程费 10000 万元，设备购置费 6000 万元，工程建设其他费用 4000 万元，已知基本预备费费率 5%，项目建设前期年限为 1 年，建设期为 3 年，各年投资计划额为：第 1 年完成投资的 20%，第 2 年完成投资的 60%，第 3 年完成投资的 20%。年均投资价格上涨率为 6%，求建设项目建设期间价差预备费。

解：

基本预备费=(10000+6000+4000)×5%=1000（万元）

静态投资=10000+6000+4000+1000=21000（万元）

建设期第 1 年完成投资=21000×20%=4200（万元）

第 1 年价差预备费

$$P_1=I_1[(1+f)(1+f)^{0.5}-1]=383.6\text{（万元）}$$

第 2 年完成投资=21000×60%=12600（万元）

第 2 年价差预备费

$$P_2=I_2[(1+f)(1+f)^{0.5}(1+f)-1]=1975.8\text{（万元）}$$

第 3 年完成投资=21000×20%=4200（万元）

第 3 年价差预备费

$$P_3=I_3[(1+f)(1+f)^{0.5}(1+f)^2-1]=950.2\text{（万元）}$$

所以，建设期的价差预备费 P=383.6+1975.8+950.2=3309.6（万元）

（二）单位生产能力测算法

单位生产能力测算法是按照投资项目的综合生产能力与国内同类企业装置单位生产能力的建设投资进行测算，计算公式为

$$I_2 = I_1 Q_2 \tag{3-20}$$

式中 I_2——拟建项目总投资；

I_1——同类企业单位生产能力投资；

Q_2——拟建项目设计生产能力。

此方法一般适用于投资项目和已有项目的生产能力相近，具有类似的生产规模的测算。但要对涨价、建设条件、环境等因素进行考虑，否则误差较大。因此，对建设投资估算的准确度不高，可在项目评估中做粗略的投资分析使用。

（三）装置能力指数法

装置能力指数法是根据装置能力与装置投资之间存在相关关系的原理来进行投资估算。这种关系是一种指数关系，它适用于工艺线路相似、装置规模不同变化范围不大时进行建设投资估算，是国外常用的一种投资估算方法。计算公式为

$$I_2 = I_1\left(\frac{Q_2}{Q_1}\right)^n \cdot f \tag{3-21}$$

式中 I_2——项目建设投资；

I_1——已有同类项目的实际投资；

Q_2——投资项目的生产规模；

Q_1——已有同类项目的生产规模；

f——价格指数，一般为 1；

n——指数，一般为 0.6。

当规模扩大到 50 倍以下时，指数按以下原则选取：当用增加设备容量来扩大生产规模时，n=0.6～0.7；当用增加设备数量来扩大生产规模时，n=0.8～1.0。

【例 3-3】 某拟建水泥厂设计年生产能力 600 万吨，当地已有年生产能力 400 万吨的同类厂，其实际投资为 60 亿元。用指数法估算新厂投资总额。

解：

$$I_2 = I_1\left(\frac{Q_2}{Q_1}\right)^n \cdot f = 60\left(\frac{600}{400}\right)^{0.6}=76.525\text{（亿元）}$$

此方法由于装置指数难以准确确定，估算的标准性较差。所以，此法只作为辅助估算方法。

三、流动资金投资估算

流动资金是指技术方案运营期内长期占用并周转使用的营运资金，不包括运营中需要的

临时性营运资金。流动资金的估算基础是营业收入、经营成本和商业信用等，因此，流动资金估算应在营业收入和经营成本估算之后进行。它是流动资产与流动负债的差额。流动资产的构成要素一般包括存货、库存现金、应收账款和预付账款；流动负债的构成要素一般只考虑应付账款和预收账款。

投产第一年所需的流动资金应在技术方案投产前安排，为了简化计算，技术方案经济效果评价中流动资金可从投产第一年年初开始安排。在技术方案寿命期结束时，投入的流动资金应予以回收。

流动资金的估算方法有分项详细估算法和扩大指标估算法两种。

（一）分项详细估算法

对构成流动资金的各项流动资产和流动负债分别进行估算。为简化计算，仅对存货、现金、应收账款、预付账款和应付账款、预收账款六项内容进行估算，计算公式为

流动资金=流动资产−流动负债　（3-22）

流动资产=应收账款+预付账款+存货+现金　（3-23）

流动负债=应付账款+预收账款　（3-24）

估算时，首先计算各类流动资产和流动负债的年周转次数，然后分项估算占用资金额。

1. 周转次数计算

周转次数=360/最低周转天数　（3-25）

存货、现金、应收账款和应付账款的最低周转天数，可参照同类企业的平均周转天数并结合项目特点确定，或按部门（行业）规定，在确定最低周转天数时应考虑储存天数、在途天数，并考虑适当的保险系数。

2. 应收账款估算

应收账款是指企业已对外销售商品、提供劳务尚未收回的资金，计算公式为

应收账款=主营业务收入/应收账款周转次数　（3-26）

3. 预付账款估算

预付账款是指企业为购买各类材料、半成品或服务所预先支付的款项，计算公式为

预付账款=外购商品或服务年费用金额/预付账款周转次数　（3-27）

4. 存货估算

存货是指企业为销售或者生产耗用而储备的各种货物，主要有原材料、辅助材料、燃料、低值易耗品、维修备件、包装物、在产品、自制半成品和产成品等。为简化计算，仅考虑外购原材料、外购燃料、在产品和产成品，并分项进行计算。计算公式为

外购原材料=年外购原材料/按种类分项周转次数　（3-28）

外购燃料=年外购燃料/按种类分项周转次数　（3-29）

在产品=（年外购原材料、燃料+年工资及福利费+年修理费+年其他制造费）/在产品周转次数　（3-30）

产成品=年经营成本/产成品周转次数　（3-31）

存货=外购原材料+外购燃料+在产品+产成品　（3-32）

5. 现金需要量估算

项目流动资金中的现金是指货币资金，即企业生产运营活动中停留于货币形态的那部分资金，主要包括企业库存现金和银行存款。计算公式为

现金需要量=（年工资及福利费+年其他费用）/现金周转次数 （3-33）

年其他费用=制造费用+管理费用+销售费用−（以上三项费用中所含的工资及福利费、折旧费、维简费、摊销费、修理费） （3-34）

6. 流动负债估算

流动负债是指在 1 年或者超过 1 年的一个营业周期内，需要偿还的各种债务，包括短期借款、应付票据、应付账款、预收账款等。在项目评价中，流动负债的估算只考虑应付账款和预收账款两项。计算公式为

应付账款=（年外购原材料+年外购燃料）/应付账款周转次数 （3-35）

预收账款=预收的营业收入年金额/预收账款周转次数 （3-36）

【例 3-4】 某建设项目达到设计生产能力后，全厂定员为 1000 人，工资和福利费按照每人每年 7200 元估算，每年其他制造费为 855 万元。年外购原材料、燃料、动力费估算为 18900 万元。年经营成本为 20000 万元，年修理费占年经营成本的 10%。各项流动资金最低周转天数分别为：应收账款 36 天，现金 40 天，应付账款 30 天，存货 40 天。试用分项详细估算法估算拟建项目的流动资金。

解：

用分项详细估算法估算流动资金：

应收账款=年经营成本/年周转次数=20000/(360/36)=2000（万元）

现金=(年工资及福利费+年其他费用)/年周转次数

=(1000×0.72+855)/(360/40)=175（万元）

外购原材料、燃料=年外购原材料、燃料、动力费/年周转次数

=18900/(360/40)=2100（万元）

在产品=（年外购原材料、燃料费+年工资及福利费+年修理费+年其他制造费用）/年周转次数

=(18900+1000×0.72+20000×10%+855)/(360/40)

=2497.22（万元）

产成品=年经营成本/年周转次数

=20000/(360/40)=2222.22（万元）

存货=2100+2497.22+2222.22=6819.44（万元）

流动资产=应收账款+现金+存货=2000+175+6819.44

=8994.44（万元）

应付账款=年外购原材料、燃料、动力费/年周转次数

=18900/(360/30)=1575（万元）

流动负债=应付账款=1575（万元）

流动资金=流动资产−流动负债=8994.44−1575=7419.44（万元）

（二）扩大指标估算法

扩大指标估算法是参照同类企业的流动资金占营业收入、经营成本的比例或者是单位产量占用营运资金的数额估算流动资金，计算公式为

流动资金=各种费用基数×相应的流动资金所占比例(或占营运资金的数额)

式中，各种费用基数是指年营业收入、年经营成本或年产量等。

扩大指标估算法简便易行，但准确度不高，适用于项目建议书阶段的估算。

四、建设期利息估算

建设期利息是指筹措债务资金时在建设期内发生并计入总投资的利息，按规定允许在投产后计入固定资产原值，即资本化的利息。

建设期利息包括银行借款和其他债务资金的利息，以及其他融资费用。其他融资费用是指某些债务融资中发生的手续费、承诺费、管理费、信贷保险费等融资费用，一般情况下应将其单独计算并计入建设期利息。分期建成投产的技术方案，应按各期投产时间分别停止借款费用的资本化，此后发生的借款利息应计入总成本费用。

建设期贷款利息的计算方法如下：

（1）贷款额在各年年初发放

各年利息=(上一年为止贷款本息累计+本年贷款额)×年利率　　(3-37)

【例 3-5】 某建设单位从银行贷款 1000 万元，分 3 年发放，第 1 年年初发放 500 万元，第 2 年年初发放 300 万元，第 3 年年初发放 200 万元，贷款年利率为 5%，计算各年的贷款利息。

解：

第 1 年的贷款利息=500×5%=25（万元）

第 2 年的贷款利息=(500+25+300)×5%=41.25（万元）

第 3 年的贷款利息=(500+25+300+41.25+200)×5%=53.31（万元）

因此，项目建设期贷款利息合计=25+41.25+53.31=119.56（万元）。

（2）贷款额在各年均衡发放

贷款不在每年年初发放，而是按季度、月份平均发放，为了简化计算，通常假设贷款均在每年的年中支用，贷款第 1 年按半年计息，其余各年份按全年计息，此时贷款利息的计算公式如下：

各年应计利息=(上一年为止贷款本息累计+本年借款额/2)×年利率　　(3-38)

【例 3-6】 某建设单位从银行贷款 1000 万元，分 3 年发放而且各年按季度均衡发放，第 1 年贷款额 500 万元，第 2 年贷款额 300 万元，第 3 年贷款额 200 万元，贷款年利率为 5%。计算各年的贷款利息。

解：

第 1 年的贷款利息=1/2×500×5%=12.5（万元）

第 2 年的贷款利息=(500+12.5+300×1/2)×5%=33.125（万元）

第 3 年的贷款利息=(500+12.5+300+33.125+200×1/2)×5%=47.28（万元）

因此，项目建设期贷款利息合计=12.5+33.125+47.28=92.905（万元）。

第二节　总成本费用测算

总成本费用是指在一定时期为生产和销售产品或提供服务所发生的全部费用，是以货币表示的活劳动和物化劳动的总和。财务分析中总成本费用的构成和计算通常有以下两种表达方式。

一、生产成本加期间费用法（费用功能法）

总成本费用由生产成本和期间费用两部分组成。

（一）生产成本

生产成本是指企业生产经营过程中实际消耗的直接材料费、直接工资、其他直接支出和制造费用。

（1）直接材料费。包括企业生产经营过程中实际消耗的原材料、辅助材料、设备零配件、外购半成品、燃料、动力、包装物、低值易耗品以及其他直接材料费。

（2）直接工资。包括企业直接从事产品生产人员的工资、奖金、津贴和补贴等。

（3）其他直接支出。包括直接从事产品生产人员的职工福利费等。

（4）制造费用。指企业各个生产单位（分厂、车间）为组织和管理生产所发生的各项费用，包括生产单位（分厂、车间）管理人员工资、职工福利费、折旧费、低值易耗品摊销、劳动保护费、水电费、办公费、差旅费、保险费等。

（二）期间费用

期间费用是指在一定会计期间发生的与生产经营没有直接关系和关系不密切的管理费用、财务费用、销售费用。期间费用不计入产品的生产成本，直接体现为当期损益。

（1）管理费用。指企业行政管理部门为管理和组织经营活动发生的各项费用，包括工厂总部管理人员工资、职工福利费、差旅费、办公费、折旧费、修理费、低值易耗品摊销、工会经费、交际应酬费、技术转让费、无形资产摊销以及其他管理费用等。

（2）财务费用。指企业为筹集资金而发生的各项费用，包括运营期间的利息支出、汇兑净损失、金融机构手续费以及在筹资过程中发生的其他财务费用等。项目评价中一般只考虑财务费用中的利息支出。

（3）销售费用。指企业在销售产品、提供劳务过程中发生的各项费用以及专设销售机构的各项经费，包括应由企业负担的运输费、装卸费、包装费、委托代销费、广告费、展览费、销售部门人员工资、职工福利费、差旅费、办公费、折旧费、修理费、低值易耗品摊销以及其他经费等。

采用这种方法一般需要先分别估算各种产品的生产成本，然后与估算的管理费用、财务费用和销售费用相加。

二、生产要素估算法（费用性质法）

总成本费用=外购原材料、燃料及动力费+工资及福利费+修理费+折旧费+摊销费+财务费用(利息支出)+其他费用　　(3-39)

（一）原材料、燃料及动力费

这部分费用是产品成本中的主要组成部分，其测算方法基本相同。计算公式为

原材料(燃料、动力)费=单位产品耗用量×单价×年产量　　(3-40)

式中，单位产品耗用量可按项目技术评估确定的原材料、燃料、动力消耗定额为依据，也可以可行性研究报告中的相应数据结合同类企业实际消耗定额调整确定。单价应采用生产经营期投入物的市场预测单位价格。

（二）工资

工资总额=职工总数×年人均工资(含奖金和津贴)　　(3-41)

职工总数可根据技术评估确定的各工序人员定额和企业管理人员占生产人员的比例来确定。年人均工资可根据历史经验数据并考虑一定比例的年增长率来确定。

（三）福利费

福利费按工资总额的一定比例提取，主要用于医药费、职工生活困难补贴以及按国家规定的其他职工福利支出，不包含职工福利设施的支出。计算公式为

$$福利费=工资总额\times规定提取比例 \tag{3-42}$$

（四）固定资产折旧

折旧是指在固定资产的使用过程中，随着资产损耗而逐渐转移到产品成本费用中的那部分价值。我国现行固定资产折旧方法一般有平均年限法、工作量法和加速折旧法。

1. 平均年限法

平均年限法又称为直线法，是根据固定资产的原值、估计的残值率和折旧年限计算折旧。计算公式如下：

$$\begin{aligned}年折旧费 &= \frac{固定资产原值\times(1-预计净残值率)}{折旧年限} \\ &= 年折旧率\times固定资产原值\end{aligned} \tag{3-43}$$

$$年折旧费 = \frac{1-预计净残值率}{折旧年限}\times100\% \tag{3-44}$$

式中，预计净残值=固定资产原值×残值率，残值率一般为3%～5%。折旧年限参照国家有关部门对各类固定资产折旧最短年限的相关规定。随着科学技术的不断进步，折旧率有加大的趋势，以适应设备加速更新换代的需要。

【例 3-7】 某企业某项固定资产原值为750000元，预计净残值率为4%，预计使用年限为20年。试计算其月折旧率和月折旧额。

解：

$$固定资产年折旧率=(1-4\%)/20\times100\%=4.8\%$$

$$固定资产月折旧率=4.8\%/12=0.4\%$$

$$固定资产月折旧额=750000\times0.4\%=3000（元）$$

2. 工作量法

工作量法是根据固定资产使用过程中的累计工作量计算折旧额。

（1）交通运输企业和其他企业专用车队的客货运汽车，按照行驶里程计算折旧费：

$$单位里程折旧费 = \frac{原值-残值}{预计的总行驶里程}$$

$$年折旧费=单位里程折旧费\times年行驶里程 \tag{3-45}$$

（2）大型专用设备，按工作小时计算折旧费：

$$每小时折旧费 = \frac{原值-残值}{预计的总工作小时}$$

$$年折旧费=每小时折旧费\times年工作小时 \tag{3-46}$$

【例 3-8】 某企业有运输汽车一辆，原值为400000元，预计净残值率为5%，预计行驶总里程为800000千米。某月该汽车行驶6000千米。该汽车采用工作量法计提折旧，试计算其单位工作量折旧额和当月折旧额。

解：

$$单位工作量折旧额=400000\times(1-5\%)/800000=0.475（元/千米）$$

当月折旧额=0.475×6000=2850（元）

工作量法一般适用于价值较高的大型精密机床以及运输设备等固定资产的折旧计算。这些固定资产的价值较高，各月的工作量一般不很均衡，采用平均年限法计提折旧，会使各月成本费用的负担不够合理。

3. 加速折旧法

加速折旧法又称为递减折旧法，是指在固定资产使用初期提取折旧较多，在后期提取较少，使固定资产价值在使用年限内尽早得到补偿的折旧计算方法。它是一种鼓励投资的措施，即国家先让利给企业，加速回收投资，增强还贷能力，促进技术进步。加速折旧的方法很多，常用的有双倍余额递减法和年数总和法。

（1）双倍余额递减法

双倍余额递减法是指以平均年限法确定的折旧率的双倍乘以固定资产在每一会计期间的期初账面净值，从而确定当期应提折旧的方法。计算公式为

$$年折旧率=\frac{2}{折旧年限}\times 100\% \tag{3-47}$$

$$年折旧费=年初固定资产账面净值\times年折旧率 \tag{3-48}$$

$$年末固定资产净值=固定资产原值-已提累计折旧额 \tag{3-49}$$

实行双倍余额递减法，应当在其固定资产折旧年限到期前两年内，将固定资产净值扣除预计净残值后的余额平均摊销，即最后两年改用直线折旧法计算折旧。

【例 3-9】 某企业某项固定资产原值为 60000 元，预计净残值为 2000 元，预计使用年限为 5 年。该项固定资产采用双倍余额递减法计提折旧。年折旧率及各年折旧额计算见表 3-2。

表 3-2　双倍余额递减法折旧计算

年　份	期初净值/元	年折旧率/%	年折旧额/元	累计折旧/元	期末净值/元
1	60000	40	24000	24000	36000
2	36000	40	14400	38400	21600
3	21600	40	8640	47040	12960
4	12960	—	5480	52520	7480
5	7480	—	5480	58000	2000

（2）年数总和法

年数总和法是指以固定资产原值扣除预计净残值后的余额作为计提折旧的基础，按照逐年递减的折旧率计提折旧的一种方法。采用年数总和法的关键是每年都要确定一个不同的折旧率。计算公式为

$$年折旧率=\frac{折旧年限-已使用年数}{折旧年限\times(折旧年限+1)\div 2}\times 100\% \tag{3-50}$$

$$年折旧费=(固定资产原值-预计净残值)\times年折旧率 \tag{3-51}$$

【例 3-10】 某企业固定资产原值为 62000 元，预计净残值为 2000 元，预计使用年限为 5 年。该项固定资产按年数总和法计提折旧。

该项固定资产的年数总和=5+4+3+2+l=15（年）

应计折旧总额(折旧基数)=62000−2000=60000（元）

采用年数总和法计算的各年折旧率和折旧额见表 3-3。

表 3-3　　年数总和法折旧计算

年　份	应计提折旧总额/元	年折旧率/%	年折旧额/元	累积折旧/元
1	60000	5/15	20000	20000
2	60000	4/15	16000	36000
3	60000	3/15	12000	48000
4	60000	2/15	8000	56000
5	60000	1/15	4000	60000

（五）修理费

固定资产修理费一般按固定资产原值的一定百分比计提，计算公式为

$$修理费=固定资产原值\times修理费率 \tag{3-52}$$

修理费率可根据经验数据或参考同类企业的实际数额加以确定。

（六）摊销费

摊销费是指无形资产和递延资产在一定期限内分期摊销的费用。无形资产是指企业能长期使用而没有实物形态的资产，包括专利权、非专利技术、商标权、著作权、土地使用权等。递延资产是指应当在运营期内前几年逐年摊销的费用，包括开办费和以经营租赁方式租入的固定资产改良工程支出等。

（1）无形资产摊销，一般采用直线法，每期摊销额为

$$应摊销数额=\frac{无形资产价值}{摊销年限} \tag{3-53}$$

式中，无形资产价值按取得的实际成本计价；对于摊销年限，若规定了无形资产有效使用年限的，按规定的使用年限摊销，采用多种方法不能判断有效使用年限的，视为使用寿命不确定的无形资产，在使用期间无须摊销。

（2）递延资产摊销，主要计算开办费的摊销。开办费应从项目生产期开始，按照不能短于 5 年的期限分期摊销。

（七）财务费用

在项目评估时，生产经营期的财务费用计算一般只考虑长期负债利息支出和短期负债利息支出，即建设投资借款利息和流动资金借款利息。在未取得可靠计算依据时，可不考虑汇兑损失及相关的金融机构手续费。

建设期利息的计算前面已经介绍过，流动资金的借款属于短期借款，利率较长期借款利率低，在工程经济分析中，为简化计算，一般采用年利率，每年计息一次。流动资金借款利息计算公式为

$$流动资金利息=流动资金借款累计金额\times年利率 \tag{3-54}$$

（八）其他费用

在工程经济分析中，其他费用一般可根据原材料成本、燃料动力成本、工资及福利费、折旧费、修理费之和的一定百分比计算，并按照同类企业的经验数据加以确定。

三、经营成本

经营成本是工程经济学特有的概念，它是为了进行工程项目的经济分析和评价而提出的

一个概念。工程经济分析主要考察的是工程项目的实际现金流出和现金流入情况，而在企业的总成本费用中，其包含的折旧费和摊销费既不属于实际的现金流出也不属于实际的现金流入，因此要把它们从总成本费用中扣除。

在经济效果评价中，由于建设投资已按其发生的时间作为一次性支出被计入现金流出，在技术方案建成后建设投资形成固定资产、无形资产和其他资产。折旧是建设投资所形成的固定资产的补偿价值，如将折旧随成本计入现金流出，会造成现金流出的重复计算。同样，由于无形资产及其他资产摊销费也是建设投资所形成资产的补偿价值，只是技术方案内部的现金转移，而非现金支出，故为避免重复计算也不予考虑。贷款利息是使用借贷资金所要付出的代价，对于技术方案来说是实际的现金流出，但在评价技术方案总投资的经济效果时，并不考虑资金来源问题，故在这种情况下也不考虑贷款利息的支出，即经营成本中不包括利息支出。由此可见，经营成本作为技术方案现金流量表中运营期现金流出的主体部分，是从技术方案本身考察的，在一定期间（通常为 1 年）内由于生产和销售产品及提供服务而实际发生的现金支出。经营成本的构成可用下式表示：

经营成本=外购原材料、燃料及动力费+工资及福利费+修理费+其他费用　(3-55)

经营成本=总成本费用−折旧费−摊销费−利息支出　(3-56)

经营成本与融资方案无关，因此在完成建设投资和营业收入估算后，就可以估算经营成本，为项目融资前的现金流量分析提供数据。

第三节　营业收入和税金测算

一、营业收入

（一）营业收入

营业收入是指技术方案实施后各年销售产品或提供服务所获得的收入，是产品销售单价和产品年销售量的乘积。营业收入是现金流量表中现金流入的主体，也是利润表的主要科目。营业收入是经济效果分析的重要数据，其估算的准确性极大地影响着技术方案经济效果的评价。

1. 产品年销售量的确定

在技术方案营业收入估算中，首先根据市场需求预测技术方案产品的市场份额，进而合理确定企业的生产规模，再根据企业的设计生产能力和各年的运营负荷确定年产量。为计算简便，假定年生产量即为年销售量，不考虑库存，即当期的产出当期全部销售，也就是当期产品产量等于当期销售量。

2. 产品价格的选择

经济效果分析采用以市场价格体系为基础的预测价格，有要求时可考虑价格变动因素。因此，在选择产品的价格时，要分析所采用的价格基点、价格体系、价格预测方法，特别应对采用价格的合理性进行说明。

3. 生产多种产品和提供多项服务的营业收入计算

对于生产多种产品和提供多项服务的，应分别计算各种产品及服务的营业收入。对不便于按详细的品种分类计算营业收入的，可采取折算为标准产品（或服务）的方法计算营业收入。

（二）补贴收入

某些经营性的公益事业、基础设施技术方案，如城市轨道交通项目、垃圾处理项目、污水处理项目等，政府在项目运营期给予一定数额的财政补助，以维持正常运营，使投资者能获得合理的投资收益。对这类技术方案应按有关规定估算企业可能得到的与收益相关的政府补助（与资产相关的政府补助不在此处核算，与资产相关的政府补助是指企业取得的、用于购建或以其他方式形成长期资产的政府补助），包括先征后返的增值税、按销量或工作量等依据国家规定的补助定额计算并按期给予的定额补贴，以及属于财政扶持而给予的其他形式的补贴等，应按相关规定合理估算，计作补贴收入。

在财务评价时，作为企业收入（现金流入）的项目不仅包括销售收入，还包括回收固定资产残值、回收流动资金。

二、税金

税金是国家参与国民收入分配和再分配的一种货币形式。在技术方案经济效果评价中合理计算各种税费，是正确计算技术方案效益与费用的重要基础。技术方案经济效果评价涉及的税费主要包括增值税、消费税、资源税、城市维护建设税和教育费附加、地方教育费附加、耕地占用税、环境保护税、关税、所得税等，有些行业还包括土地增值税。此外还有车船税、房产税、土地使用税、印花税和契税等。税金一般属于财务现金流出。在进行税金计算时应说明税种、征税方式、税基、税率、计税额等，这些内容应根据相关税法和技术方案的具体情况确定。

1. 增值税

增值税是指对商品生产、流通、劳务服务中多个环节的新增价值或商品的附加值征收的一种流转税。实行价外税，也就是由消费者负担，有增值才征税，没增值不征税。增值税已经成为我国最主要的税种之一。

在实际当中，商品新增价值或附加值在生产和流通过程中是很难准确计算的。因此，我国采用国际上通用的税款抵扣的办法。即根据销售商品或劳务的销售额，按规定的税率计算出销项税额，然后扣除取得该商品或劳务时所支付的增值税款，也就是进项税额，其差额就是增值部分应交的税额，这种计算方法体现了按增值因素计税的原则。

由于增值税实行凭增值税专用发票抵扣税款的制度，因此对纳税人的会计核算水平要求较高，要求能够准确核算销项税额、进项税额和应纳税额。但实际情况是大多纳税人达不到这一要求，因此《中华人民共和国增值税暂行条例》将纳税人按其经营规模大小以及会计核算是否健全划分为一般纳税人和小规模纳税人。

（1）一般纳税人按以下公式计算增值税：

增值税应纳税额=销项税额−进项税额　　（3-57）

式中，销项税额是指纳税人销售货物或提供应税劳务，按照销售额和增值税税率计算并向购买方收取的增值税额，其计算公式为

销项税额=不含税销售额×增值税税率

=含税销售额÷(1+增值税税率)×增值税税率　　（3-58）

进项税额是指纳税人购进货物或接受应税劳务所支付或负担的增值税额，计算公式为

进项税额=不含税购价×增值税税率

=外购原材料、燃料、动力费(含税购价)÷(1+增值税税率)×增值税税率　　（3-59）

一般纳税人适用的增值税税率有13%、9%、6%、0%。

【例3-11】 某生产企业为增值税一般纳税人，适用增值税税率为13%，2022年5月有关

生产经营业务如下：销售甲产品给某大商场，开具增值税专用发票，取得不含税销售额 75 万元；另外，开具普通发票，取得销售甲产品的运货运输费收入 6 万元（含税，税率 9%）。购进货物取得增值税专用发票，注明支付的货款 60 万元、进项税额 7.8 万元；另外支付购货的运输费用 5 万元（不含税，税率 9%），取得运输公司开具的专用发票。计算该企业 2022 年 5 月应缴纳的增值税税额。（不考虑税收优惠政策）

解：销售甲产品的销项税额：

$$75\times13\%+6\div(1+9\%)\times9\%=9.75+0.50=10.25\text{（万元）}$$

外购货物应抵扣的进项税额：

$$7.8+5\times9\%=8.25\text{ 万元}$$

该企业 5 月应缴纳的增值税税额：

$$10.25-8.25=2\text{ 万元}$$

（2）小规模纳税人按以下公式计算增值税：

$$\begin{aligned}\text{应纳税额}&=\text{不含税销售额}\times\text{征收率}\\&=\text{含税销售额}/(1+\text{征收率})\times\text{征收率}\end{aligned}\tag{3-60}$$

小规模纳税人适用征收率为 3%。

由于销项税款是纳税人向购买方收取的税款，由购买方承担。而进项税款虽然是纳税人在进货时向销货方支付的税款，但由于进项税款可以从销项税款中扣除，即纳税人在向税务部门缴纳增值税时，只需缴纳销项税款减去进项税款后的余额税款，此时纳税人在进货时支付的税款就得到了补偿。因此，从这个过程来看，增值税最终是由消费者来负担，纳税企业只是为国家履行收取税款的义务。

由于增值税是价外税，销售价格和进货价格中都不包含增值税款，故增值税既不纳入销售收入，也不纳入成本费用。因此，从企业角度进行投资项目现金流量分析时，可以不考虑增值税。

工程项目投资构成中的建筑安装工程费、设备购置费、工程建设其他费用中所含增值税进项税额，应根据国家增值税相关规定实施抵扣。但是，为了满足筹资的需要，必须足额估算技术方案建设投资，为此，技术方案建设投资估算应按含增值税进项税额的价格进行。同时要将可抵扣固定资产进项税额单独列示，以便财务分析中正确计算固定资产原值和应纳增值税。

2. 消费税

消费税是指对工业企业生产、委托加工和进口的部分应税消费品按差别税率或税额征收的税金。消费税是根据消费政策、产业政策的要求，有选择地对部分消费品征收的一种税种，如对烟酒、化妆品等进行征税。目前，我国的消费税共设 15 个税目，消费税采用从价定率、从量定额以及复合计税三种计税方法计算应纳税额，一般以应税消费品的生产者为纳税人，于销售时纳税。

（1）采用从价定率方法计算时：

$$\begin{aligned}\text{应纳消费税税额}&=\text{应税消费品销售额}\times\text{适用税率}\\&=\frac{\text{销售收入（含增值税）}}{1+\text{增值税税率}}\times\text{消费税税率}\end{aligned}\tag{3-61}$$

（2）采用从量定额方法计算时：

$$应纳消费税税额=应税消费品销售数量\times单位税额 \quad (3\text{-}62)$$

（3）采用复合计税方法计算时：

$$应纳消费税税额=应税消费品销售额\times适用税率+应税消费品销售数量\times单位税额 \quad (3\text{-}63)$$

【例 3-12】 某高档化妆品生产企业为增值税一般纳税人，2022 年 4 月向某大型商场销售高档化妆品一批，开具增值税专用发票，取得不含增值税销售额 30 万元；向某大型超市销售高档化妆品一批，开具普通发票，取得含增值税销售额 16.95 万元（税率为 13%）。该化妆品公司 4 月应缴纳的消费税额为多少？（高档化妆品适用消费税税率为 15%）

解：

$$高档化妆品的应税销售额=30+16.95\div(1+13\%)=45（万元）$$

$$应纳消费税税额=45\times15\%=6.75（万元）$$

3. 资源税

资源税是指国家对开发应税资源的单位和个人在应税资源产品的销售或自用环节征收的税种。资源税实行从价计征或者从量计征。

$$应纳资源税税额=应税销售额\times适用税率 \quad (3\text{-}64)$$

$$应纳资源税税额=应税产品课税数量\times单位税额 \quad (3\text{-}65)$$

4. 城镇土地使用税

城镇土地使用税是指为了合理利用城镇土地，调节土地级差收入，提高土地使用效益，加强土地管理，对在城市、县城、建制镇、工矿区范围内使用土地的单位和个人为城镇土地使用税的纳税人征收的税种。土地使用税以纳税人实际占用的土地面积为计税依据，依照规定的土地使用税每平方米年税额计算征收。土地使用税按年计算、分期缴纳。缴纳期限由省、自治区、直辖市人民政府确定。

5. 附加税

附加税是随某些税种按一定比例加征的税。技术方案经济效果评价涉及的附加税主要是城市维护建设税和教育费附加、地方教育费附加。

（1）城市维护建设税。

城市维护建设税是一种为了加强城市的维护建设，扩大和稳定城市维护建设资金来源的附加税。城市维护建设税以纳税人依法实际缴纳的增值税、消费税税额为计税依据。

$$应纳城市维护建设税税额=实际缴纳的增值税、消费税税额\times适用税率 \quad (3\text{-}66)$$

城市维护建设税的适用税率根据纳税人所在地不同有三个等级，市区为 7%，县城和镇为 5%，市区、县城和镇以外为 1%。城市维护建设税的纳税义务发生时间与增值税、消费税的纳税义务发生时间一致，分别与增值税、消费税同时缴纳。对进口货物或者境外单位和个人向境内销售劳务、服务、无形资产缴纳的增值税、消费税税额，不征收城市维护建设税。

（2）教育费附加和地方教育费附加。

教育费附加是指国家为发展地方教育事业，扩大地方教育经费来源，计征用于教育的专项资金。地方教育费附加是指各省、自治区、直辖市根据国家有关规定，为进一步规范和拓宽财政性教育经费筹资渠道，增加地方教育的资金投入，开征的一项地方政府性基金，主要用于各地方的教育经费的投入补充。教育费附加和地方教育费附加都是以各单位和个人实际缴纳的增值税、消费税的税额为计征依据，教育费附加率为 3%，地方教育费附加率为 2%，与增值税和消费税同时缴纳。在经济效果分析时，消费税、资源税和城市维护建设税、教育费附加、地方教育费附加、土地使用税均可包含在税金及附加中。

6. 土地增值税

土地增值税是指对有偿转让房地产取得的增值额征收的税种。房地产开发项目应按规定计算土地增值税。适用税率根据增值额超过扣除项目金额的比率多少来确定。

$$土地增值税税额=增值额\times适用税率 \tag{3-67}$$

7. 耕地占用税

耕地占用税是指为了合理利用土地资源、加强土地管理、保护耕地，对在我国境内占用用于种植农作物的土地建设建筑物、构筑物或者从事非农业建设的单位和个人征收的税金。耕地占用税的纳税人，应当依照规定缴纳耕地占用税。耕地占用税以纳税人实际占用的属于耕地占用税征税范围的土地面积为计税依据，按应税土地当地的适用税额一次性征收。

$$应纳耕地占用税税额=应税土地面积\times适用税额 \tag{3-68}$$

应税土地面积包括经批准占用面积和未经批准占用面积，以平方米为单位。未经批准占用耕地的，纳税人为实际用地人。适用税额是指省、自治区、直辖市人民代表大会常务委员会决定的应税土地所在地县级行政区的现行适用税额。对占用耕地建设农田水利设施的，不缴纳耕地占用税。军事设施、社会福利机构、医疗机构等免税项目和公路线路减税项目，应按照《关于耕地占用税征收管理有关事项的公告》免征、减征耕地占用税规定的项目口径执行。

8. 环境保护税

环境保护税是指为了保护和改善环境，减少污染物排放，推进生态文明建设，对在我国领域和我国管辖的其他海域，直接向环境排放应税污染物的企业事业单位和其他生产经营者征收的税金。环境保护税所称应税污染物是指《环境保护税税目税额表》《应税污染物和当量值表》规定的大气污染物、水污染物、固体废物和噪声。

9. 关税

关税是以进出口的应税货物为纳税对象的税种。技术方案经济效果评价中涉及引进设备、技术和进口原材料时，应按有关税法和国家的税收优惠政策，正确估算进口关税。进口货物关税以从价计征、从量计征或者国家规定的其他方式征收。

（1）从价计征时

$$应纳关税税额=完税价格\times关税税率 \tag{3-69}$$

进口货物的完税价格，由海关以该货物的成交价格为基础审查确定，并应当包括货物运抵中华人民共和国境内输入地点起卸前的运输及其相关费用、保险费。出口货物的完税价格由海关以该货物的成交价格为基础审查确定，并应当包括货物运至中华人民共和国境内输出地点装载前的运输及其相关费用、保险费。

（2）从量计征时

$$应纳关税税额=货物数量\times单位税额 \tag{3-70}$$

我国仅对少数货物征收出口关税，而对大部分货物免征出口关税。若技术方案的出口产品属征税货物，应按规定估算出口关税。

10. 所得税

根据税法的规定，企业取得利润后，先向国家缴纳所得税，即凡在我国境内实行独立经营核算的各类企业或者组织，其来源于我国境内、境外的生产、经营所得和其他所得，均应依法缴纳企业所得税。

纳税人每一纳税年度的收入总额减去准予扣除项目的余额，为应纳税所得额。在工程项目的经济分析中，一般按照利润总额作为企业应纳税所得额。

应纳所得税税额=应纳税所得额×适用税率–减免税额–抵免税额　（3-71）

上述各税费如有减征、免征和抵免的优惠，应说明政策依据以及减免、抵免的方式并按相关规定估算减免、抵免金额。

【例 3-13】 某企业 2022 年实现收入 300 万元，发生成本费用总额为 210 万元，所得税税率为 25%，计算该企业 2022 年应缴纳的企业所得税。

解：

应纳税所得额=300–210=90（万元）

应纳税额=90×25%=22.5（万元）

第四节　利　润　测　算

一、利润总额测算

利润总额是企业在一定时期内生产经营活动的最终财务成果，它集中反映了企业生产经营各方面的效益。

为简化计算，在估算利润总额时，假定不发生其他业务利润，也不考虑投资净收益、补贴收入和营业外收支净额，并且视项目的主营业务收入为本期的销售（营业）收入。则利润总额的估算公式为

利润总额=产品销售收入–税金及附加–总成本费用　（3-72）

二、净利润的分配

净利润是指利润总额扣除所得税后的差额，计算公式为

净利润=利润总额–所得税　（3-73）

在工程项目的经济分析中，一般视净利润为可供分配的净利润，可按照下列顺序进行分配：

（1）弥补公司以前年度亏损。

（2）提取法定盈余公积金。法定盈余公积，在其金额累计达到注册资本的 50%以前，按照可供分配的净利润的 10%提取；达到注册资本的 50%，可以不再提取。

（3）提取任意盈余公积金。任意盈余公积金是指企业为了适应经营管理，控制利润分配水平，以及调整各年度利润分配波动等方面的需要，在向投资者分配利润前，经股东会或股东大会决议，从税后利润中按一定比例提取的任意公积金。

（4）向投资者分配利润。企业以前年度未分配利润，可以并入本年度向投资者分配。

第五节　项目寿命期测算

项目寿命期是指项目从开始建设到经济寿命期终止所经历的时间，包括建设期和生产期两个阶段。

一、建设期

建设期是指项目从提出建议到建成投产所需要的时间。建设期是经济主体为了获得未来的经济效益而筹措资金、垫付资金的过程，在此期间，只有投资没有收入，因此在不影响工程质量的情况下，要求项目建设期越短越好，尽量提前投产，早出效益。建设期短，可节省利息，减少投资，降低工程造价。

建设期长短受项目的规模、物质条件及建设方式等因素制约，一般可按单位工程、单项工程分别确定，然后汇总即为项目建设期；也可按项目直接确定总工期。

二、生产期

生产期也叫经济寿命期，是指项目建成投产后的生产期限，即从投产开始，直到其主要设备在经济上不宜再继续使用所经历的所有时间。项目投产后，由于产品的试生产，生产能力往往达不到设计能力，此段时间称为投产期；产品达到设计产量后的生产期称为达产期。因此，经济寿命期由投产期和达产期两个阶段构成。经济寿命期的长短对投资方案的经济效益影响很大，因此要认真分析，合理地加以确定。

1. 按产品的寿命期确定

随着科学技术的迅猛发展，产品更新换代的速度越来越快。对于特定性较强的工程项目，由于其厂房和设备的专用性，当产品已无销路时，必须终止生产，同时很难转产，不得不重建或改建项目。因此，对轻工和家电产品这类新陈代谢较快的项目适合按产品的寿命期确定项目的经济寿命期。

2. 按主要工艺设备的经济寿命确定

这种方法适用于通用性较强的制造企业，或者生产产品的技术比较成熟，因而更新速度较慢的工程项目类型。

3. 综合分析确定

一般大型复杂的综合项目采用综合分析法确定其经济寿命期。如钢铁企业规模大，涉及问题多，综合各种因素，我国规定其经济寿命期为 20 年左右；机械制造企业一般为 10 年左右。

价值引领

绿 色 债 券

2020 年 9 月，我国向世界宣布了“二氧化碳排放力争于 2030 年前达到峰值，努力争取 2060 年前实现碳中和”的宏伟目标。碳达峰、碳中和旨在重塑我国能源结构和产业结构，是一项系统性工程，涉及经济社会发展诸多方面的绿色转型。其中，创新和发展绿色金融是实现碳达峰、碳中和目标的重要保障。

在“双碳”目标驱动下，我国绿色债券市场正在加速扩容，随着绿色低碳发展理念不断深入、绿色债券标准统一、行业规范发展，绿色债券的发行规模将逐年增加。近年来，我国绿色债券创新品种不断增多，2021 年推出的碳中和债券和可持续发展挂钩债券受到市场追捧。2022 年 5 月 20 日，科技创新公司债券正式落地，5 月 26 日，江苏永钢集团有限公司发行了 1 亿元绿色科创债，募集资金将用于具有绿色和科技创新属性的项目建设、运营和偿债相关项目贷款。此外，2022 年 5 月还推出了转型债券，截至 11 月 23 日，转型债券发行规模已超过 280 亿元。

思考与启示

党的二十大报告指出，实现碳达峰碳中和是一场广泛而深刻的经济社会系统性变革。在“双碳”目标下，2022 年以来我国绿色债券发行规模持续增加，绿色债券市场持续扩容，引导金融资源向绿色领域配置、支持传统行业低碳转型。在发行成本方面，绿色债券整体仍保持优势。同时，绿色债券创新品种不断推出，精准有效地满足了相关企业在低碳转型过程中的融资需求。

本章小结

本章主要介绍了工程技术经济学的基本概念和工程技术经济分析的基本经济要素。

经济效果评价是工程技术经济学的核心内容。经济效果是指人们在各种社会实践活动中，为达到某一目的所取得的劳动成果与劳动消耗的比较。技术方案经济效果评价的实质是在一定的劳动成果下使社会劳动中的物化劳动和活劳动消耗总额达到最少。经济效益是有益的经济效果，是社会劳动所带来的能满足社会需要的产品价值。

技术经济分析的基本经济要素主要有投资、成本、折旧、价格、销售收入、税金和利润，技术经济分析实际上就是对这些基本经济要素给方案所带来的收益或支出进行分析。掌握各基本经济要素的内涵和估算方法是正确分析技术方案的前提。

投资是指为获取未来价值对项目的实施与经营而预先垫付的资金。建设项目的投资主要包括固定资产投资和流动资产投资，另外，建设期贷款利息和固定资产投资方向调节税也属于项目投资内容。

成本是指以货币形式表现的产品在生产或销售过程中所消耗的劳动手段和劳动对象的价值，以及支付给劳动者的工资。

折旧是指固定资产在使用或闲置过程中由于磨损而逐步转移到产品价值中的价值，从产品销售收入中提取折旧费用是对固定资产价值损耗的补偿。折旧费的计提方法主要有平均年限法、工作量法、双倍余额递减法和年数总和法。在我国，一般企业的固定资产折旧费用的提取使用前两种方法，这两种方法统称为直线折旧法，后两种方法都是加速固定资产折旧的方法，主要用于在国民经济中具有重要地位、技术进步较快的电子产业等的固定资产折旧费的提取。

价格是以货币形式表现的生产该种产品的社会生产费用，通常由成本、利润和税金构成。在技术方案的企业评价中，方案的费用与效益都是用市场价格来计量的。

销售收入是技术方案向社会提供商品或劳务的货币收入，利润是销售收入扣除总成本和税金后的余额，税金是国家对有纳税义务的单位和个人征收的财政资金。

1．财务基础数据有哪些？

2．总投资的构成及测算方法？

3．建设期利息如何计算？

4．折旧的计算方法及各方法的异同？

5．税金及附加中包括哪些税种？

6．利润总额、净利润及未分配利润有何关系？

同步测试

一、单选题

1．某技术方案估计年总成本费用为8000万元，其中外购原材料、燃料及动力费为4500万元，折旧费为800万元，摊销费为200万元，修理费为500万元，利息支出为210万元。则该技术方案的年经营成本为（　　）万元。

A．4500　B．6290　C．6790　D．7290

2．某项目建设投资为5000万元，其中自有资金4000万元，借款1000万元，借款年利率为5%。流动资金1000万元全部为借款，借款年利率为4%。建设期计息不付息。编制资本金现金流量表时，建设期现金流出的金额是（　　）万元 。

A．2000　B．4090　C．4000　D．6000

3．在增值税条例执行中，为了体现固定资产进项税抵扣导致技术方案应纳增值税税额的降低进而致使现金流量增加的作用，应在现金流入中增加（　　）。

A．进项税额　B．销项税额　C．应纳增值税　D．调整所得税

4．技术方案资本金现金流量表中，不属于现金流出的是（　　）。

A．借款本金偿还　B．销项税额　C．应纳增值税　D．进项税额

5．关于所得税前指标，下列说法错误的是（　　）。

A．是投资盈利能力的完整体现　B．受融资方案变化的影响

C．可用于考察技术方案的基本面　D．不受所得税政策的影响

6．技术方案资本金的出资形态可以是现金，也可以是经过有资格的资产评估机构作价的实物、工业产权、非专利技术等。以工业产权、非专利技术作价出资的比例一般不超过技术方案资本金总额的（　　）。

A．15%　B．20%　C．25%　D．30%

7．某技术方案总投资220万元，业主资本金投入60万元，计算期为20年，建设期为2年。技术方案投资支出在2013年为130万元（其中资本金投入20万元），2014年为90万元（其中资本金投入40万元），银行贷款在2013年年末累计余额110万元，2014年发生新增银行贷款50万元，以项目业主为考察对象，其2014年的净现金流量是（　　）万元。

A．–200　B．–40　C．120　D．140

8．某企业2013年新实施技术方案年总成本费用为300万元，销售费用、管理费用合计为总成本费用的15%，固定资产折旧费为35万元，摊销费为15万元，利息支出为8万元，则该技术方案年经营成本为（　　）万元。

A．197　B．220　C．242　D．250

9．某技术方案建设期为3年，生产期为17年。建设投资5500万元，流动资金500万元。建设期第1年为初贷款2000万元，年利率为9%，贷款期限5年，约定每年复利计息一次，

到期一次还本付息，贷款管理费及手续费率为 0.5%。则该技术方案的总投资为（　　）万元。

A．6000　　B．6672　　C．6600　　D．8000

10．技术方案经济效果评价中的所得税是指企业所得税，其计算公式为（　　）。

A．应纳所得税税额=应纳税所得额×适用税率

B．应纳所得税税额=应纳税所得额×适用税率–减征税额

C．应纳所得税税额=应纳税所得额×适用税率–减征税额–免征税额

D．应纳所得税税额=应纳税所得额×适用税率–减免税额–抵免税额

11．某施工机械原价为 200 万元，运杂费为原价的 5%，采购保管费为机械原价加上运杂费的 2%，折旧年限为 10 年，年平均工作 250 个台班，残值率为 5%，则该机械台班折旧费为（　　）元。

A．775.20　　B．798.00　　C．813.20　　D．813.96

12．某项目需要从国外进口一套设备，设备重量约为 1000 吨，装运港船上交货价为 200 万美元，国际运费为 200 美元/吨，海运保险费费率为 0.266%，银行手续费为 0.5%，关税税率为 20%，增值税税率为 13%，美元对人民币外汇牌价中间价为 1 美元=6.50 元人民币，国内运杂费费率取 5%，无其他费用，则该设备购置费估算为（　　）万元人民币。

A．1940.43　　B．1950.83　　C．1984.48　　D．2015.74

13．某建设项目费用组成见下表：

费用项目	金额/万元
建筑安装工程费	6000
设备及其工器具购置费	3000
土地使用费	5000
建设管理费	600
可行性研究费	100
联合试运转费	200

已知项目建设期为 3 年，各年投资计划值分别为 30%、50%、20%，年均投资价格上涨率为 5%，基本预备费费率为 8%，建设前期为 1 年，其他因素不考虑。则该项目建设期间的价差预备费为（　　）万元。

A．1123.96　　B．1748.43　　C．2009.70　　D．2349.60

14．某建设项目费用组成见下表：

费用项目	金额/万元
建筑安装工程费	6000
设备及其工器具购置费	3000
土地使用费	5000
建设管理费	600
专项评价费	100
办公和生活家具购置费	200

若基本预备费费率取 8%，其他因素不考虑。则该项目建设期间的基本预备费为（　　）万元。

A．720　B．1120　C．1184　D．1192

15．某企业拟进口一套机电设备。离岸价折合人民币为 1830 万元，国际运费和国外运输保险费为 22.53 万元，银行手续费为 15 万元，关税税率为 22%，增值税税率为 13%，则该进口设备的增值税为（　　）万元。

A．302.81　B．293.81　C．291.31　D．290.24

16．某项目建设期为 2 年，共向银行借款 10000 万元，借款年利率为 6%，第 1 年和第 2 年借款比例均为 50%，借款在各年内均衡使用，建设期内只计息不付息。则编制投资估算时该项目建设期利息总和为（　　）万元。

A．609　B．459　C．450　D．300

17．某项目建成后运营期正常年份应收账款为 1200 万元，预付账款预计为 300 万元，存货预计为 400 万元，预收账款预计为 200 万元，应付账款预计为 500 万元，则采用分项详细估算法估算流动资金为（　　）万元。

A．1000　B．1200　C．1500　D．1700

18．某增值税一般纳税人适用的增值税税率为 9%。当月发生的交易如下：购买的原材料支出 54.5 万元（发票上原材料金额 50 万元，增值税为 4.5 万元），商品销售额为 200 万元，在不考虑其他因素的情况下，该企业当月应缴纳的增值税金额为（　　）万元。

A．4.5　B．13.5　C．9.0　D．18.0

19．某新建项目，建设期为 2 年，共向银行贷款 2000 万元，每年使用 1000 万元，按月均衡使用，银行贷款年利率为 5%，则在编制投资估算时建设期利息应为（　　）万元。

A．101.25　B．102.50　C．126.25　D．127.50

20．下列关于国产设备运杂费估算的说法，正确的是（　　）。

A．国产设备运杂费包括由设备制造厂交货地点运至工地仓库止所发生的运费

B．国产设备运至工地后发生的装卸费不应包括在运杂费中

C．运杂费在计取时不区分沿海和内陆，统一按运输距离估算

D．工程承包公司采购设备的相关费用不应计入运杂费

二、多选题

1．下列成本费用中，属于经营成本的有（　　）。

A．修理费　B．外购原材料费

C．外购燃料及动力费　D．折旧费

E．利息支出

2．在技术方案资本金现金流量表中，应作为现金流出的有（　　）。

A．销项税额　B．进项税额

C．技术方案资本金　D．借款本金偿还

E．应纳增值税

3．下列关于技术方案流动资金的说法，正确的有（　　）。

A．流动资金不包括运营中需要的临时性营运资金

B．流动资产的构成要素一般包括存货、库存现金、应收票据及应收账款和预付账款

C．流动负债的构成要素一般不考虑应付账款和预收账款
D．投产第一年所需的流动资金应在技术方案投产前安排
E．在技术方案寿命期结束时，投入的流动资金应予以回收
4．下列关于技术方案资本金的说法，正确的有（　　）。
A．是确定技术方案产权关系的依据
B．是技术方案获得债务资金的信用基础
C．资本金没有固定的按期还本付息压力
D．技术方案的资本金先于负债受偿
E．主要强调的是作为技术方案实体而不是企业所注册的资金
5．工程项目投资构成中的某些费用中所含的增值税进项税额，应根据国家增值税相关规定实施抵扣。这里的某些费用是指（　　）。
A．建筑工程安装费　　B．预备费
C．设备购置费　　D．资金筹措费
E．工程建设其他费
6．下列费用中，应计入建筑安装工程材料费的有（　　）。
A．材料原价　　B．材料运杂费
C．材料二次搬运发生的损耗　　D．材料采购和保管费
E．对材料进行一般鉴定和检查的费用
7．估算建设项目设备购置费时，可直接作为设备原价的有（　　）。
A．国产标准设备出厂价　　B．国产标准设备订货合同价
C．国产非标准设备成本价　　D．进口设备抵岸价
E．进口设备出厂价
8．下列费用中，属于建设项目引进技术和进口设备材料其他费用的有（　　）。
A．为引进技术派出人员到国外培训的相关费用
B．专有技术费
C．进口设备采用分期付款所支付的利息
D．付给商品检验部门的进口设备检验鉴定费
E．进口设备联合试运转费
9．根据现行税法规定，下列项目的进项税额不得从销项税额中抵扣的有（　　）。
A．用于简易计税法计税的项目
B．非正常损失的购进货物
C．用于集体福利的购进货物
D．从海关取得的海关进口增值税专用缴款书上注明的增值税额
E．非正常损失的在产品
10．采用扩大指标估算法估算流动资金时，其费用基数包括（　　）。
A．年营业收入　　B．年经营成本　　C．年产量　　D．年利润额
E．年应收款额

第四章　工程项目经济评价方法

思政育人目标：

工程项目评价应从经济实际出发，系统地研究项目，掌握客观事实，合理预测；在评价指标方面要灵活处理，针对实际情况调整评价指标，使其符合不同项目的要求。评价过程客观公正，项目经济评价的研究结果，应全面综合考虑多种因素的内在联系，做出总体判断，提出明确的结论与建议。

构建经济高质量发展评价指标体系，对我国经济高质量发展水平进行测算，是进行区域差异分析和影响因素实证分析的基础，也是促进我国经济高质量发展水平提升，将高质量发展理念落实到具体经济实践活动中的有效工具。

课程教学目标：

准确理解不同投资项目的现金流构成，科学计算不同情景下的经济效益指标，根据计算指标的判断标准分析投资项目的经济可行性，科学提出投资决策建议意见。

第一节　工程项目经济评价概述

工程项目经济评价是在完成市场调查与预测、拟建规模、技术方案论证、投资估算与资金筹措等可行性分析的基础上，对拟建项目各方案投入与产出的基础数据进行推测、估算，对拟建项目各方案进行评价和选优的过程。

工程项目经济评价包括工程项目财务评价和国民经济评价，我们将分别进行讨论。本章重点介绍工程项目经济评价的主要内容、理论、方法。

一、工程项目经济评价的意义

工程项目经济评价是在国家现行财税制度和市场价格体系下，分析预测项目的财务效益与费用，计算经济评价指标，考察拟建项目的盈利能力和清偿能力以及外汇平衡能力等财务状况，据以判断项目的财务可行性，因此也被称为企业财务评价。工程项目经济评价是建设项目经济评价的重要组成部分，是项目决策的重要依据。工程项目经济评价是从企业或项目的角度出发，根据国民经济、社会发展战略和行业地区发展规划的要求，在做好产品的市场需求预测及场址选择等工程技术的基础上，分析项目建成后在财务上的获利状况及借款偿还能力，从微观方面对其建设的财务可行性和经济合理性进行分析论证，最大限度地提高投资效益，为项目的科学决策提供可靠的依据。

1. 工程项目经济评价是项目投资决策的重要依据

通过工程项目经济评价，能科学地分析拟建项目的盈利能力、偿债能力，进而为投资决策提供了科学的依据，也为项目实施后加强经营管理、提高经济效益打下了良好的基础。

2. 工程项目经济评价是银行提供贷款决策的重要依据

通过工程项目经济评价，银行可以科学地分析项目的偿债能力，从而正确做出贷款决策，以保证银行资金的安全性、流动性和增值性。同时，可促使银行不断积累经验，提高贷款决策科学化、规范化水平，提高贷款的使用效益。

3. 工程项目经济评价是有关部门审批项目的重要依据

在市场竞争中，企业的生存和发展主要取决于自身的财务效益好坏。因此，有关部门在审批拟建项目时，往往以其财务效益作为重要依据。

二、工程项目经济评价的内容

1. 工程项目的盈利能力

盈利水平是评估项目财务效益好坏的根本标志。考察项目的盈利能力，主要指标包括技术方案的内部收益率、净现值、投资回收期、投资收益率、资本金净利润率等。

2. 工程项目的偿债能力

分析和判断项目的偿债能力，主要指标包括利息备付率、偿债备付率和资产负债率等。

3. 工程项目的财务生存能力

财务生存能力分析也称为资金平衡分析，是根据拟订技术方案的财务计划现金流量表，通过考察拟订技术方案计算期内各年的投资、融资和经营活动产生的各项现金流入和流出，计算净现金流量和累计盈余资金，分析技术方案是否有足够的净现金流量维持正常运营，以实现财务可持续性。

三、工程项目经济评价的原则

1. 效益与费用计算价值尺度一致的原则

财务效益评价只计算项目本身的直接效益和直接费用，不考虑外部效果。为此，在财务评估中计算效益和费用时，应注意计算价值尺度的一致性，避免人为扩大效益和费用的计算范围，使费用与效益缺乏可比性，造成财务评价效果失真。

2. 静态分析与动态分析相结合，以动态分析为主的原则

静态分析是一种不考虑资金时间价值的分析方法。它具有计算简便、容易理解掌握等特点，但也存在计算结果不够客观、不能正确反映项目财务真实效益等缺点。而动态分析恰好弥补了静态分析的不足，它是一种充分考虑了资本金时间价值因素，根据项目整个经济寿命期各年的现金流入量和流出量进行分析的方法，尽管动态分析的计算过程稍显复杂，但计算出的指标能够较为准确地反映拟建项目的财务效益。因此，在财务评价中，应坚持以动态分析为主，静动结合的分析原则。

3. 以预测价格为原则

由于项目的计算期一般较长，受市场供求关系变化等因素影响，投入物和产出物的价格在计算期内肯定会发生变化。若以现行价格作为价值衡量尺度，不考虑市场供求关系变化，不考虑物价上涨等因素，则计算出的费用和效益难免失真。为此，在财务评价中应采用以现行价格体系为基础的预测价格，对拟建项目的财务效益做出客观评价。

第二节　工程项目经济评价指标体系

对工程技术方案进行经济性评价，其核心内容是经济效果的评价。其目的在于确保决策的正确性和科学性，避免或最大限度地降低工程项目投资的风险，分析建设方案投资的经济效果水平，最大限度地提高工程项目投资的综合经济效益。为此，正确选择经济效果评价的

指标和方法是十分重要的。

评价工程项目方案经济效果的好坏，一方面取决于基础数据的完整性和可靠性，另一方面则取决于选取的评价指标体系的合理性，只有选取正确的评价指标体系，经济评价的结果能与客观实际情况相吻合，才具有实际意义。

在工程项目评价中，按计算评价指标时是否考虑资金的时间价值，将评价指标分为静态评价指标和动态评价指标。静态评价指标是在不考虑时间因素对货币价值影响的情况下直接通过现金流量计算出来的经济评价指标。静态评价指标的最大特点是计算简便，适用于评价短期投资项目和逐年收益大致相等的项目。动态评价指标是在分析项目的经济效益时，要对发生在不同时间的效益、费用计算资金的时间价值。动态评价指标能较全面地反映投资方案整个计算期的经济效果，适用于计算期较长的方案评价。

在工程项目评价中，按评价指标的性质，也可将评价指标分为盈利能力分析指标、偿债能力分析指标和财务生存能力分析指标。项目评价指标的分类如图 4-1 和图 4-2 所示。

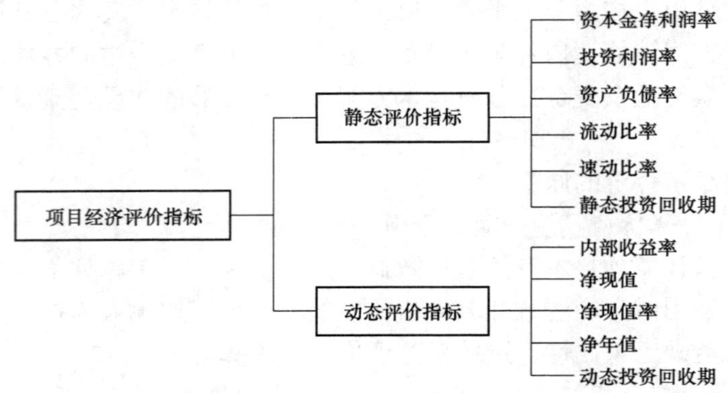

图 4-1　项目经济评价指标体系

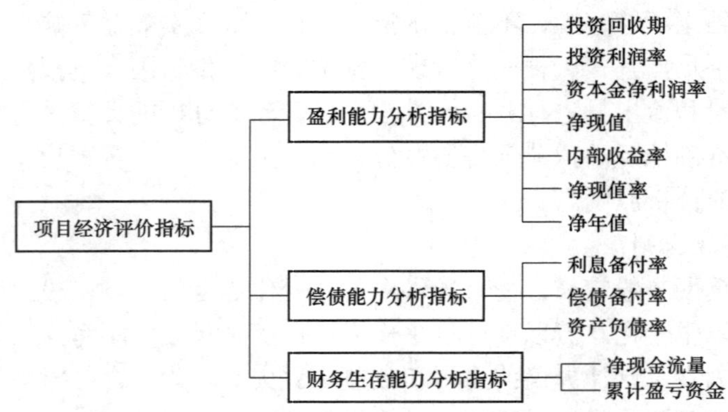

图 4-2　按项目经济评价的性质划分的指标体系

第三节　工程项目经济评价的四种方法

一、现值分析法

现值分析法是在对方案未来的现金流量进行科学合理的预测和估算的基础上，把方案在寿命期内所发生的现金流量按照要求达到的折现率折算到建设期初的现值之和，并根据该数值的大小来评价、选择方案的方法。现值分析法是动态的评价方法。

（一）净现值法

方案的净现值（NPV），是指将方案在寿命期内各年的净现金流量（CI–CO）$_t$，按照一个预定的基准收益率 i_c 折现到期初时的现值之和，它表示投资项目在整个寿命期内折算为起始点的总经济效益。其表达式为

$$\mathrm{NPV}=\sum_{t=0}^{n}(\mathrm{CI}-\mathrm{CO})_t(1+i_c)^{-t} \qquad (4\text{-}1)$$

式中　NPV——净现值；

$(\mathrm{CI}-\mathrm{CO})_t$ ——第 t 年的净现金流量，其中 CI 为现金流入，CO 为现金流出；

i_c——基准收益率；

n——方案的计算期，年。

当建设期初有投资 C，各年有等额净现金流量 A 时，NPV 的表达式为

$$\mathrm{NPV}=A(P/A,\ i_c,\ n)-C \qquad (4\text{-}2)$$

当 NPV=0 时，表示未来的净收益刚好能收回投资，投资收益率正好等于 i_c；当 NPV＜0 时，表示未来的净收益不能将投资全部收回，投资收益率低于 i_c；当 NPV＞00 时，表示未来的净收益不仅能将投资收回，而且有剩余，净现值越大，盈利越大，项目投资收益率高于 i_c。因此，用净现值指标评价单个方案的准则是：若 NPV≥0，方案可行；若 NPV＜0，则方案不可行。当多个方案进行比较时，若各方案的寿命期相同，在没有投资限额的约束下，投资者所追求的目标是获得最大的经济效益，则净现值越大的方案相对越优；若各方案的寿命期不相同，则必须通过一些假设条件使各方案具有相同的研究周期。

【例 4-1】 某设备的购价为 40000 元，每年的运行收入为 15000 元，年运行费用为 3500 元，4 年后该设备可以按 5000 元转让，如果基准收益率 i_c=20%，问此项设备投资是否值得？

解： 按净现值指标进行评价

$$\mathrm{NPV}=-40000+(15000-3500)(P/A,\ 20\%,\ 4)+5000(P/F,\ 20\%,\ 4)$$
$$=-7818.5（万元）$$

由于 NPV＜0，此投资方案不可行。

【例 4-2】 在上例中，若其他情况相同，如果基准收益率 i_c=5%，问此项投资是否值得？

解： 计算此时的净现值

$$\mathrm{NPV}=-40000+(15000-3500)(P/A,\ 5\%,\ 4)+5000(P/F,\ 5\%,\ 4)=4892.5（万元）>0$$

即若基准收益率为 5%，此项投资是可行的。

显然，净现值的大小与基准收益率 i_c 有很大关系。一般情况下，同一净现金流量的净现值随着基准收益率 i_c 的增大而减小，故基准收益率 i_c 规定得越高，能被接受的方案越少。因此，国家正是通过制定并颁布各行业的基准收益率，作为投资调控的手段。基准收益率也称为基准折现率，是企业或行业投资者以动态的观点所确定的、可接受的技术方案最低标准的收益水平。其在本质上体现了投资决策者对技术方案资金时间价值的判断和对技术方案风险程度的估计，是投资资金应当获得的最低盈利率水平，它是评价和判断技术方案在财务上是否可行和技术方案比选的主要依据。因此，基准收益率确定得合理与否，对技术方案经济效

果的评价结论有直接的影响，定得过高或过低都会导致投资决策的失误。

国家按照企业和行业的平均投资收益率，并考虑产业政策、资源劣化程度、技术进步和价格变动等因素，分行业确定并颁布基准收益率。

净现值法的主要优点是：考虑了资金的时间价值，全面考虑了项目整个寿命期的经营情况，经济意义明确，能够直接以货币额表示技术方案的盈利水平，判断直观。

净现值法的缺陷是：①需要预先给定基准收益率，而给定基准收益率的高低又直接影响净现值的大小。如果基准收益率定得略高，可行的项目就有可能被拒绝；基准收益率定得低，不合理的项目也可能会被接受。因此，运用净现值法，需要对基准收益率客观、准确地进行估计。②净现值是对绝对数指标，不能反映项目投资中单位投资的使用效率，不能直接说明在项目运营期间各年的经营成果。因为一个效益较好的小型项目的净现值，比一个效益不太好的大型项目的净现值可能要小得多。比如方案甲投资 100 万元，方案净现值为 50 万元，方案乙投资 10 万元，按同一基准收益率计算的方案净现值为 20 万元，我们可以认为两种方案都可行，因为两种方案在规定的基准收益率下都存在超额收益。但是，在资金有限的条件下，不能因为方案甲的净现值大于方案乙的净现值就说方案甲优于方案乙。此时，还应考虑效益费用比，因为方案甲的投资现值为方案乙的 10 倍，而其净现值只有 2.5 倍，如果建设 10 个方案乙项目，则净现值可达 200 万元，与方案甲投资相同而效益翻 2 番。③在互斥方案评价时，净现值必须慎重考虑互斥方案的寿命，如果互斥方案寿命不等，必须构造一个相同的研究期，才能进行各个方案之间的优选。

（二）净现值率法

由于净现值只能衡量项目净收益的大小，而没有反映出净收益是在多大投资额下获得的，因而不直接反映资金的利用效率。为了克服净现值的这一缺点，考察资金的利用效率，人们通常用净现值率（NPVR）作为净现值的辅助指标。在资金有限的条件下，NPVR 常被作为投资项目排列优先次序的依据，NPVR 大的项目应优先安排。NPVR 是项目净现值与项目投资总额现值 I_p 之比，其经济含义是单位投资现值所能带来的净现值，表示单位投资获取收益的能力。其计算公式为

$$\mathrm{NPVR}=\frac{\mathrm{NPV}}{I_p} \tag{4-3}$$

式中 I_p——项目投资额的现值。

对于单一方案评价而言，若 NPV≥0，则 NPVR≥0（因为 $I_p>0$），项目可行；若 NPV＜0，则 NPVR＜0（因为 $I_p>0$），项目不可行。故净现值率法与净现值法评价单一项目经济效果时，总能得出相同的结论，是等效评价指标。即净现值率为负数、正数或零，分别表示项目达不到、超过、刚好达到基准收益率。

【例 4-3】 有两个投资方案，有关数据见表 4-1，试用净现值率法分析两个方案是否可行。在资金有限的约束下，哪个方案应优先考虑？

表 4-1　两个投资方案比较

方案	初始投资/万元	年收益/万元	寿命/年	收益率 i
1	3000	1000	5	15%
2	3650	1200	5	15%

解：

$$\mathrm{NPVR}_1=\frac{\mathrm{NPV}}{I_p}=\frac{1000(P/A,15\%,5)-3000}{3000}=\frac{352.2}{3000}=0.1174$$

$$\mathrm{NPVR}_2=\frac{\mathrm{NPV}}{I_p}=\frac{1200(P/A,15\%,5)-3650}{3650}=\frac{372.6}{3650}=0.1020$$

两个方案的 NPVR 均大于零，两个方案都是可行的。但在有资金约束的条件下，虽然方案 1 的净现值为 352.2 万元，小于方案 2 的净现值 372.6 万元，但方案 2 比方案 1 多投资了 650 万元，进一步计算两个方案的净现值率可知，方案 1 的 NPVR 是 0.1174，大于方案 2 的 0.1020，故在考虑资金约束的条件下，方案 1 优于方案 2。

由上例可知，用净现值指标来选择方案时，往往趋向于选择投资额大、盈利相对较多的方案；而以净现值率为标准，则往往会选择资金利用效率高的方案，这在资金缺乏的情况下，更具有吸引力。在实际应用时应视具体情况而定，一般是将净现值率配合净现值，作为净现值的辅助指标使用。

二、年值分析法

与净现值指标相类似的还有一个评价指标是年值（AE），它是通过资金等值计算，将项目的净现值分摊到寿命期内各年的等额年值。其表达式为

$$\mathrm{AE}=\mathrm{NPV}(A/P,i_c,n) \tag{4-4}$$

由于 $(A/P,i_c,n)>0$，所以，只要 NPV≥0，则 AE≥0，方案在经济效果上就是可行的；若 NPV＜0，则 AE＜0，方案在经济效果上应予以否定。因此，年值与净现值是等效评价指标，在评价单个方案是否可行时，两者总能得出相同的结论。而且，两者都要在给出的基准收益率的基础上进行计算。

【例 4-4】 根据［例 4-1］，用年值法判断项目是否可行。

解：

$$\mathrm{AE}=\mathrm{NPV}(A/P,i_c,n)=-7818.5(A/P,20\%,4)=-3020.3(\text{万元})$$

由于 AE＜0，此投资方案不可行。

对于单一方案取舍，实践中通常采用净现值指标；而在多方案选优时，尤其是对寿命期不相等的方案进行经济效果比较时，年值法具有独特的优点，它无须将各方案换算为相等的分析周期即可进行比较评价，计算简便。

三、内部收益率分析法

净现值法和年值法虽然简单易行，也考虑了资金的时间价值，但必须事先给定一个折现率，而且计算的结果只是知道方案是否达到或超过基本要求的投资效率，并没有求得方案实际达到的投资效率。内部收益率分析法则可以弥补这一不足，它不需要事先给定折现率，通过计算求出的就是项目实际能达到的投资效率（内部收益率）。

内部收益率（IRR），简单地说就是使投资方案在计算期内各年净现金流量的现值累计等于零时的折现率。其计算公式如下：

$$\sum_{t=0}^{n}(\mathrm{CI}-\mathrm{CO})_t(1+\mathrm{IRR})^{-t}=0 \tag{4-5}$$

式中　$(\mathrm{CI}-\mathrm{CO})_t$ ——第 t 年的净现金流量，其中 CI 为现金流入，CO 为现金流出；

n——方案的计算期；

IRR——内部收益率。

设基准收益率为 i_c，用内部收益率指标 IRR 评价单一方案的判别准则是：若 IRR≥i_c，则项目在经济效果上可以接受； 若 IRR＜i_c，则项目在经济效果上应予以否定。

一般情况下，当 IRR≥i_c 时，会有 NPV≥0；当 IRR＜i_c 时，则 NPV＜0。因此，对于单一方案的评价，内部收益率准则与净现值准则，其评价结论是一致的。

对于常规投资项目而言，NPV 的总趋势是随着 i 的增大而减小，即 NPV 是 i 的递减函数，二者的关系见图 4-3。

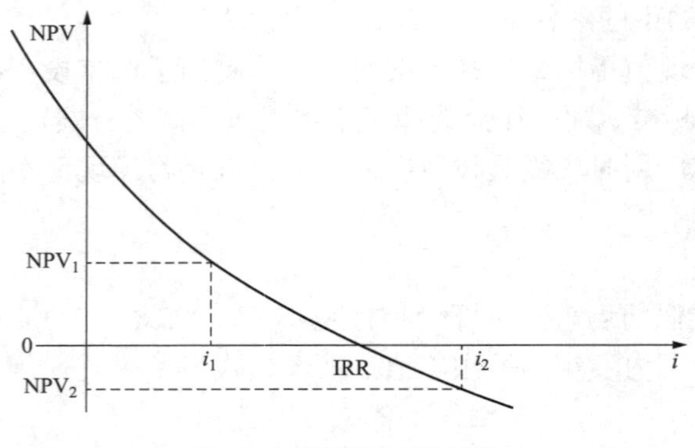

图 4-3　净现值函数曲线

在图 4-3 中，随着折现率的不断增大，净现值不断减小，当净现值为零，此时的折现率即为内部收益率。

内部收益率是一个未知的折现率，由式（4-5）可知，求方程式中的折现率需解高次方程，不易直接求解。在实际工作中，通常采用线性内插法求 IRR 的近似解。

$$\text{IRR}=i_1+\frac{\text{NPV}_1}{\text{NPV}_1+|\text{NPV}_2|}(i_2-i_1) \tag{4-6}$$

其原理如图 4-4 所示。

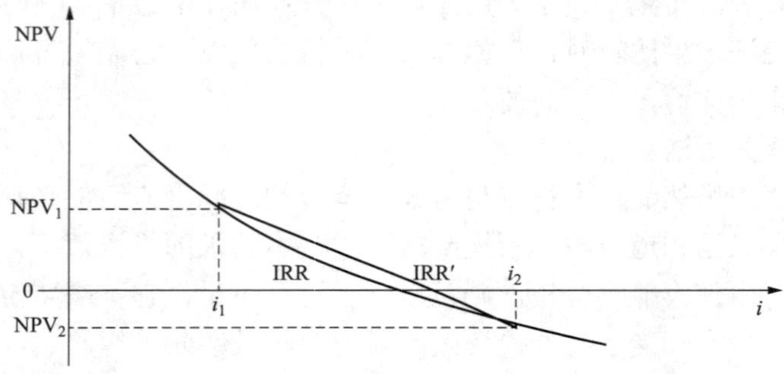

图 4-4　内部收益率线性内插法示意图

由图 4-4 可以看出，IRR 在 i_1 与 i_2 之间，用 IRR′近似代替 IRR，其计算精度与 i_1 和 i_2 的距离有关。i_1 和 i_2 之间的差距越小，IRR′就越接近 IRR 的真实值，计算结果就越精确；反之，结果误差就越大。因此，为了保证 IRR 的计算精度，i_1 和 i_2 之间的差距一般不超过 2%，最大不宜超过 5%。用线性内插法计算 IRR 的步骤如下：

（1）设初始折现率 i_1，一般可以先取基准收益率 i_c 作为 i_1，并计算对应的净现值 NPV_1。

（2）若 $NPV_1 \neq 0$，则根据 NPV_1 是否大于零再设定 i_2。若 $NPV_1>0$，则试用 i_2（$i_2>i_1$）计算 NPV_2，若 $NPV_1<0$，则用 i_2（$i_2<i_1$）计算 NPV_2。

（3）如果 NPV_2 的计算结果与 NPV_1 同为正或同为负，则再用 i_3 来计算 NPV_3，直到出现 NPV_n 与 NPV_{n-1} 异号为止，这样就能使 NPV=0 时的 IRR 在 i_{n-1} 和 i_n 之间，将相关数据代入公式（4-6）用线性内插法求得 IRR 近似值。

【例 4-5】 某建厂方案的初始投资为 5000 万元，预计寿命期 10 年中每年可得净收益 800 万元，第 10 年年末收回残值 2000 万元，基准收益率为 10%，计算该项目的内部收益率，并判断项目是否可行。

解：

$$\mathrm{NPV}=\sum_{t=0}^{n}(\mathrm{CI}-\mathrm{CO})_t(1+\mathrm{IRR})^{-t}=5000+800(P/A,\mathrm{IRR},10)+2000(P/F,\mathrm{IRR},10)$$

用试算法计算：

假设 i_1=10%，

NPV_1=−50000+800(*P*/*A*，10%，10)+2000(*P*/*F*，10%，10)= 686.66（万元）>0

假设 i_2=12%，

NPV_2=−50000+800(*P*/*A*，12%，10)+2000(*P*/*F*，12%，10)=164.2（万元）>0

假设 i_3=13%，

NPV_3=−50000+800(*P*/*A*，13%，10)+2000(*P*/*F*，13%，10)=−69.8（万元）<0

用线性内插法求 IRR：

$$\mathrm{IRR}=12\%+\frac{164.2}{164.2+69.8}\times(13\%-12\%)=12.7\%$$

即该项目的内部收益率为 12.7%，大于基准收益率 10%，所以该项目在经济效果上是可行的。

内部收益率是项目投资的盈利率，由项目现金流量决定，即是内在决定的，反映了投资的使用效率。内部收益率计算适用于常规投资方案，否则会出现 IRR 不存在或者存在多个解，用 IRR 指标评价方案失效。所谓常规投资方案，是指在寿命期内除建设期或者投产初期的净现金流量为负值之外，其余年份均为正值，寿命期内净现金流量的正负号只从负到正变化一次，且所有负现金流量都出现在正现金流量之前。

内部收益率指标的优点除了与其他动态指标一样，考虑了资金的时间价值以及项目在整个计算期内的经济状况外，还有自己独特的优点：一是内部收益率值取决于项目的净现金流量的情况，这种项目内部决定性，使它在应用中具有一个显著的优点，即避免了净现值指标须事先确定基准收益率这个难题，当要对一个项目进行开发，未来的情况和未来的折现率有高度的不确定性时，采用内部收益率对项目进行评价，往往能取得较好的效果；二是用百分比表示，与传统的利率形式一致，非常直观；三是它能反映单位投资的收益性，当投资来源有限，必须把有限资金分配给最能有效利用资金的项目时，内部收益率是一种适宜的评价指标。内部收益率法的不足是计算比较麻烦，对于非常规现金流量的项目来讲，内部收益率可能会出现多个解或内部收益率不存在，造成投资决策的困难。

四、投资回收期分析法

所谓投资回收期，是指投资回收的期限，也就是用投资方案所产生的净现金收入回收全部投资所需的时间。也可以表述为，使项目的累计净现金流量为零的时间。这个指标反映了投资回收速度，也从一定角度描述了方案的风险，对于投资者来讲，投资回收期越短，投资的回收速度越快，投资方案的风险也就越小。

计算投资回收期时，根据是否考虑资金的时间价值，可分为静态投资回收期和动态投资回收期，单位通常用“年”表示。

（一）静态投资回收期

静态投资回收期，是指在不考虑资金时间价值因素的情况下，用项目每年的净收益回收项目全部投资所需要的时间。其表达式为

$$\sum_{t=0}^{P_t}(\mathrm{CI}-\mathrm{CO})_t=0 \tag{4-7}$$

式中 P_t——静态投资回收期，年；

CI——现金流入量；

CO——现金流出量

静态投资回收期是考察项目在财务上的投资回收能力的主要静态评价指标，其具体计算又分以下两种情况：

（1）项目投产建成后各年的净现金流量均相同，则静态投资回收期的计算公式如下：

$$P_t=\frac{I}{A} \tag{4-8}$$

式中 I——项目投入的全部资金；

A——每年的等额净现金流量。

【例 4-6】 某项目投资 2000 万元，每年的净收益为 1000 万元，求静态投资回收期。

解：

$$P_t=\frac{I}{A}=\frac{2000}{1000}=2(\text{年})$$

（2）项目建成投产后各年的净收益不同，则静态投资回收期的计算公式如下：

$$P_t=(\text{累计净现金流量开始出现正值的年份数}-1)+\frac{\text{上一年累计净现金流量的绝对值}}{\text{出现正值年份的净现金流量}} \tag{4-9}$$

对于单一方案而言，将计算出来的静态投资回收期 P_t 与基准投资回收期 P_c 比较，若 $P_t \leqslant P_c$，表明项目投入的资金能在规定的时间内收回，方案可以接受；若 $P_t > P_c$，则方案不可行。基准投资回收期可以是国家或部门制定的标准，也可以是企业自己的标准，其确定的主要依据是全社会或全行业投资回收期的平均先进水平，或者是企业期望的投资回收期水平。

对于多方案而言，一般不用该方法进行择优比较，但是，在其他条件相同且小于基准投资回收期的前提下，静态投资回收期最小的方案最优。

（二）动态投资回收期

动态投资回收期是指在给定的基准收益率下，用项目投产后每年净收益的现值来回收全

部投资的现值所需要的时间。其表达式为

$$\sum_{t=0}^{P_t'}(\mathrm{CI}-\mathrm{CO})_t(1+i_c)^{-t}=0 \tag{4-10}$$

式中　P_t'——动态投资回收期，年；

i_c——基准收益率。

计算动态投资回收期更为实用的公式是

$$P_t'=(\text{累计净现金流量折现值开始出现正值的年份}-1)+\frac{\text{上一年累计净现金流量折现值的绝对值}}{\text{出现正值年份的净现金流量折现值}} \tag{4-11}$$

判别准则：设基准动态投资回收期为 P_c'，若 $P_t'\leqslant P_c'$ 则项目可行，否则应予以拒绝。

【例 4-7】 对表 4-2 中的净现金流量系列求静态投资回收期和动态投资回收期，i_c=10%，P_c=12 年。

表 4-2　　净现金流量表

年份	净现金流/万元	累计净现金流/万元	折现系数/万元	折现值/万元	累计折现/万元
1	−180	−180	0.9091	−163.64	−163.64
2	−250	−430	0.8264	−206.60	−370.24
3	−150	−580	0.7513	−112.70	−482.94
4	84	−496	0.6830	57.37	−425.57
5	112	−384	0.6209	69.54	−356.03
6	150	−234	0.5645	84.68	−271.35
7	150	−84	0.5132	76.98	−194.37
8	150	66	0.4665	69.98	−124.39
9	150	216	0.4241	63.62	−60.77
10	150	366	0.3855	57.83	−2.94
11	150	516	0.3505	52.57	49.63
12～20	150	1866	2.018	302.78	352.41

解： 静态投资回收期=8−1+84/150=7.56（年）

动态投资回收期=11−1+2.94/52.57=10.06（年）

由于静态投资回收期和动态投资回收期均小于 12 年，故方案可行。

对同一投资项目，由于考虑了资金的时间价值，方案的动态投资回收期要大于静态投资回收期，也就是说，考虑了资金时间价值后项目被拒绝的机会增加了。

（三）投资回收期法的局限性和应用范围

投资回收期法的优点是直观、简单。它反映资金的周转速度，从而对提高资金利用率很有意义。该指标不仅在一定程度上反映了项目的经济性，而且反映了项目的风险大小。这是因为，项目决策面临着未来不确定因素的挑战，这种不确定性所带来的风险会随着时间的延长而增加，为了降低这种风险，就必然希望投资回收期越短越好。因此，投资回收期迎合了那些怕担风险的投资者的心理，是一个易被人们接受的短期评价指标。但是，投资回收期法自身的局限性，决定了该方法一般只作为一个辅助指标与其他指标配合使用。

1. 投资回收期法的局限性

（1）投资回收期是以投资回收速度作为方案取舍标准，只考虑投资回收以前的效果，没有考虑投资回收以后方案的情况，也没有考虑投资方案的使用年限，因而不能全面反映项目在整个寿命期内真实的经济效果。对于某些试生产期长、项目前期收益较少的长期方案来讲，当评价标准是选择经济效益最高的方案时，如果仅以投资回收期作为取舍的依据，可能会得出错误的结论。

（2）投资回收期在评价方案的风险时可以发挥一定的作用，但这种作用是有限的。投资存在风险，时间越长，不确定性因素发生的机会越多，风险越大，从这个意义上说，回收期可以作为一种度量风险的工具，即投资回收越快，意味着亏本的可能性越小。但是，投资的主要目的不是回收资金，而是充分发挥投资的效益并获得盈利。投资的风险不仅表现在能否回收资金上，也表现在能否实现预期的盈利上。由于投资回收期法没有考虑投资回收以后方案的收支与盈利，所以它不能反映投资的全部风险。

2. 投资回收期法的应用范围

投资回收期法虽然不宜作为评价经济效益的主要方法，但由于它具有简单易用的优点和一定的评价风险能力，所以在下列情况下，仍然有一定的使用价值。

（1）资金来源困难的企业，期望尽早收回资金。采用投资回收期法，把投资回收速度作为评选方案的标准，对加速资金回收有一定的意义。

（2）缺乏预测能力的企业或投资风险较大的方案，为避免蒙受损失，少担风险，采用投资回收期法也具有一定的价值。

（3）当企业投资的目标是以盈利为主，兼顾资金回收速度时，可以同时采用两种方法进行评价，即以净现值法为主度量投资的盈利水平，以投资回收期法为辅测定资金的回收速度，做到两者兼顾。

（4）对于投资额较小且各备选方案的现金流量近似的项目，为了计算简便也可采用回收期法进行方案评价。

第四节　工程项目经济评价的其他指标

一、投资利润率

投资利润率是指项目达到设计生产能力后的一个正常生产年份的利润总额与项目总投资的比率。而一些生产期内各年的利润总额变化幅度较大的项目，应该计算生产期内年平均利润总额与项目总投资的比率。其计算公式为

$$\text{投资利润率}=\frac{\text{年利润总额或年平均利润总额}}{\text{总投资}}\times 100\% \tag{4-12}$$

投资利润率是贷款项目评价的重要指标之一，是反映项目获利能力的静态指标。投资利润率需要与行业平均投资利润率进行比较，以衡量其是否达到本行业的平均水平。投资利润率越高，说明该项目投资效果越好。

二、利息备付率（ICR）

利息备付率也称为已获利息倍数，是指在技术方案借款偿还期内各年企业可用于支付利

息的息税前利润（EBIT）与当年应付利息（PI）的比值。其表达式为

$$ICR = \frac{EBIT}{PI} \times 100\% \tag{4-13}$$

式中　EBIT——息税前利润，即利润总额与计入总成本费用的利息费用之和；

PI——计入总成本费用的应付利息。

判别标准：利息备付率应在借款偿还期内分年计算，它从付息资金来源的充裕性角度反映企业偿付债务利息的能力，表示企业使用息税前利润偿付利息的保证倍率。利息备付率高，说明利息支付的保证度大，偿债风险小。正常情况下利息备付率应当大于 1，并结合债权人的要求确定。否则，表示企业的付息能力保障程度不足。尤其是当利息备付率低于 1 时，表示企业没有足够资金支付利息，偿债风险很大。参考国际经验和国内行业的具体情况，根据我国企业历史数据统计分析，一般情况下，利息备付率不宜低于 2，而且需要将该利息备付率指标与其他同类企业进行比较，来分析决定本企业的指标水平。

三、偿债备付率（DSCR）

偿债备付率是从偿债资金来源的充裕性角度反映偿付债务本息的能力，是指在技术方案借款偿还期内，各年可用于还本付息的资金（EBITDA−TAX）与当期应还本付息金额（PD）的比值。其表达式为

$$DSCR = \frac{EBITDA - TAX}{PD} \times 100\% \tag{4-14}$$

式中　EBITDA——企业息税前利润加折旧和摊销费。

TAX——企业所得税。

PD——应还本付息的金额，包括当期应还贷款本金额及计入总成本费用的全部利息。融资租赁费用可视同借款偿还，运营期内的短期借款本息也应纳入计算。

如果企业在运行期内有维持运营的投资，可用于还本付息的资金应扣除维持运营的投资。

判别标准：偿债备付率应在借款偿还期内分年计算，它表示企业可用于还本付息的资金偿还借款本息的保证倍率。偿债备付率低，说明偿付债务本息的资金不充足，偿债风险大。正常情况下偿债备付率应当大于 1，并结合债权人的要求确定。当偿债备付率小于 1 时，表示企业当年资金来源不足以偿付当期债务，需要通过短期借款偿付已到期债务。参考国际经验和国内行业的具体情况，根据我国企业历史数据统计分析，一般情况下，偿债备付率不宜低于 1.30。

需要注意的是，利息备付率和偿债备付率都是反映技术方案在借款偿还期内企业偿债能力的指标，但有时借款偿还期难以确定，此时可以先大致估算出借款偿还期，再采用适宜的方法计算出每年企业需要还本和付息的金额，进而计算利息备付率和偿债备付率。此时的借款偿还期只是为估算利息备付率和偿债备付率指标所用，切不可将它与利息备付率和偿债备付率指标并列使用。

四、流动比率

$$流动比率 = \frac{流动资产}{流动负债} \tag{4-15}$$

流动比率越高，表明企业偿付短期负债能力越强。满意的流动比率数值一般要求达到 2，

比值过高，说明项目持有闲置的（不能盈利的）现金余额；比值过低，不利于企业获得贷款，表明项目可能会面临清偿到期账单、票据的某些困难。

五、速动比率

$$速动比率=\frac{速动资产或(流动资产-存货)}{流动负债}\times 100\% \tag{4-16}$$

速动比率反映迅速变现的能力。在流动资产中，现金、银行存款、应收账款、应收票据、短期投资等容易变现，称为速动资产；其数值满意的范围为 1.0～1.7，过高或过低都表明企业财务状况不理想。

六、资产负债率

$$资产负债率=\frac{各期末负债总额}{资产总额}\times 100\% \tag{4-17}$$

适度的资产负债率，表明企业经营安全、稳健，具有较强的筹资能力，也表明企业和债权人的风险较小。对该指标的分析，应结合国家宏观经济状况、行业发展趋势、企业所处竞争环境等具体条件判定。

价值引领

以高质量发展推进中国式现代化

党的二十大报告提出：“高质量发展是全面建设社会主义现代化国家的首要任务。”经济高质量发展是高质量发展的核心和关键，也是推进中国式现代化的重要基础。我国社会主义市场经济发展至今，创造了世界罕见的经济快速发展和社会长期稳定“两大奇迹”。市场经济本质上是“效率经济”，“好”的市场经济应是“高投入产出比”的经济，即在同等投入下，产出越多越好，或同等产出下，投入越少越好。因此，提高质量和效益也是市场经济的本质要求。习近平总书记强调：“高质量发展不只是一个经济要求，而是对经济社会发展方方面面的总要求；不是只对经济发达地区的要求，而是所有地区发展都必须贯彻的要求；不是一时一事的要求，而是必须长期坚持的要求。”

思考与启示

在推动经济高质量发展的过程中，要坚持稳中求进工作总基调，完整、准确、全面贯彻新发展理念，加快构建新发展格局，统筹考虑、全面谋划，妥善处理好政府与市场、效率与公平、物质文明与精神文明、自力更生与对外开放、经济发展与生态保护、发展与安全等关系，推动经济实现质的有效提升和量的合理增长。

本章主要介绍了工程项目经济效果评价指标分析。

工程项目经济评价也叫企业财务评价，它是从企业或项目的角度出发，对工程项目的直接效益和直接费用进行比较，来衡量工程项目经济效果（实际上是财务效果）的大小，进而进行工程项目的取舍或优选。工程项目经济评价是项目可行性研究的主要内容之一。

经济效果评价指标是工程项目经济评价的依据和标准。主要有投资回收期、净现值、净年值、净现值率、内部收益率、资产负债率、流动比率等指标。这些指标按其是否考虑了资金时间价值可分为静态评价指标和动态评价指标。以上指标中净现值和内部收益率是两个非常重要的评价指标，二者在决定对单一方案的取舍时，结论总是一致的，但在多方案选优时，结果就未必一致了。投资回收期指标是兼有经济性和风险性测度功能的辅助评价指标。对单一方案评价，净现值与净年值、净现值率是等效的评价指标，但在多方案选优时，结果也未必是一致的。年值法对寿命期不等的多方案比选，具有其独特的优点。

所谓投资回收期，是指投资回收的期限，也就是用投资方案所产生的净现金收入回收全部投资所需的时间。也可以表述为，使项目的累计净现金流量为零的时间。这个指标反映了投资回收速度，也从一定角度描述了方案的风险，对于投资者来讲，投资回收期越短，投资的回收速度越快，投资方案的风险也就越小。

静态投资回收期，是指在不考虑资金时间价值因素的情况下，用项目每年的净收益回收项目全部投资所需要的时间。

动态投资回收期，是指在给定的基准收益率下，用项目投产后每年净收益的现值来回收全部投资的现值所需要的时间。

投资回收期法的优点是直观、简单。它反映资金的周转速度，从而对提高资金利用率很有意义。该指标不仅在一定程度上反映了项目的经济性，而且反映了项目的风险大小。这是因为，项目决策面临着未来不确定因素的挑战，这种不确定性所带来的风险会随着时间的延长而增加，为了降低这种风险，就必然希望投资回收期越短越好。

思　考　题

1．内部收益率的经济含义是什么？

2．流动比率、速动比率有何区别？

3．工程项目经济评价指标中，静态评价指标和动态评价指标各有哪些？

4．简述投资回收期的优、缺点及适用范围。

5．什么是净现值？基准收益率的变化对项目评价有何影响？

同 步 测 试

一、单选题

1．以下关于静态投资回收期特点的说法，正确的是（　　）。

A．静态投资回收期只考虑了方案投资回收之前的效果

B．静态投资回收期可以单独用来评价方案是否可行

C．若静态投资回收期大于基准投资回收期，则表明该方案可以接受

D．静态投资回收期越长，表明资本周转速度越快

2.某技术方案在不同收益率 i 下的净现值为：i=7%时，NPV=1200 万元；i=8%时，NPV=800 万元；i=9%时，NPV=430 万元。则该方案的内部收益率的范围为（　　）。

A．小于 7%　　B．大于 9%　　C．7%～8%　　D．8%～9%

3．某技术方案的总投资为 1500 万元，其中债务资金 700 万元，技术方案在正常年份年利润总额为 400 万元，所得税为 100 万元，年折旧费为 80 万元。则该方案的资本金净利润率为（　　）。

A．26.7%　　B．37.5%　　C．42.9%　　D．47.5%

4．技术方案的盈利能力越强，则技术方案的（　　）越大。

A．投资回收期　　B．盈亏平衡产量　　C．速动比率　　D．财务净现值

5．某常规技术方案，NPV（16%）=160 万元，NPV（18%）= –80 万元，则方案的 IRR 最可能为（　　）。

A．15.98%　　B．16.21%　　C．17.33%　　D．18.21%

6. 对于待定的投资方案，若基准收益率增大，则投资方案评价指标的变化规律是（　　）。

A．财务净现值与内部收益率均减小　　B．财务净现值与内部收益率均增大

C．财务净现值减小，内部收益率不变　　D．财务净现值增大，内部收益率减小

7．某企业拟新建一个项目，有两个备选方案技术均可行。甲方案投资 5000 万元，计算期为 15 年，财务净现值为 200 万元。乙方案投资 8000 万元，计算期为 20 年，财务净现值为 300 万元。则以下关于两方案比较的说法，正确的是（　　）。

A．甲乙两方案必须构造一个相同的分析期限才能比选

B．甲方案投资小于乙方案，净现值大于零，故甲方案较优

C．乙方案净现值大于甲方案，且都大于零，故乙方案较优

D．甲方案计算期短，说明甲方案的投资回收速度快于乙方案

8．某项目建设投资为 5000 万元（不含建设期贷款利息），建设期贷款利息为 550 万元，全部流动资金为 450 万元，项目投产期年息税前利润为 900 万元，达到设计生产能力的正常年份年息税前利润为 1200 万元，则该项目的总投资收益率为（　　）。

A．24.00%　　B．20.00%　　C．17.50%　　D．15.00%

9．某技术方案的静态投资回收期为 5.5 年，行业基准值为 6 年。下列关于该方案经济效果评价的说法，正确的是（　　）。

A．该方案静态投资回收期短于行业基准值，表明资本周转的速度慢

B．从静态投资回收期可以判断该方案前 5 年各年均不盈利

C．静态投资回收期短于行业基准值，不代表该方案内部收益率大于行业基准收益率

D．静态投资回收期短，表明该方案净现值一定大于零

10．以下关于内部收益率的说法，正确的是（　　）。

A．其大小易受基准收益率等外部参数的影响

B．任一技术方案的内部收益率均存在唯一解

C．可直接用于互斥方案之间的比选

D．考虑了技术方案在整个计算期内的经济状况

11．某项目估计建设投资为 1000 万元，全部流动资金为 200 万元，建设当年即投产并达到设计生产能力，各年净收益均为 270 万元。则该项目的静态投资回收期为（　　）年。

A．2.13　　B．3.70　　C．3.93　　D．4.44

12．资金成本主要包括筹资费和资金使用费，下列属于资金使用费的是（　　）。

A．向银行支付的贷款手续费　　B．发行股票所支付的代理费

C．向资金提供者支付的报酬　　D．发行债券所支付的注册费

13．技术方案除了满足基准收益率要求的盈利之外，还能得到超额收益现值的条件是（　　）。

A．净现值小于 0　　B．投资回收期等于行业平均水平

C．净现值大于 0　　D．投资回收期大于行业平均水平

14. 某技术方案的现金流量为常规现金流量，当基准收益率为 8%时，净现值为 400 万元；当基准收益率为 10%时，该技术方案的净现值将（　　）。

A．大于 400 万元　　B．小于 400 万元　　C．等于 400 万元　　D．不确定

15．当技术方案完全由企业自有资金投资时，可考虑参考行业平均收益水平。这可以理解为一种资金的（　　）。

A．投资收益　　B．投资效果　　C．机会成本　　D．沉没成本

16．某技术方案的净现金流量见下表。若基准收益率≥0，则方案的净现值（　　）。

计算期/年	0	1	2	3	4	5
净现金流量/万元	0	–300	–200	200	600	600

A．等于 900 万元　　B．大于 900 万元，小于 1400 万元

C．小于 900 万元　　D．等于 1400 万元

17．下列关于技术方案财务净现值与基准收益率的说法，正确的是（　　）。

A．基准收益率越大，财务净现值越小　　B．基准收益率越大，财务净现值越大

C．基准收益率越小，财务净现值越小　　D．两者之间没有关系

18．要保证技术方案生产运营期有足够资金支付到期利息，方案的利息备付率最低不应低于（　　）。

A．0.5　　B．1　　C．3　　D．5

19．某技术方案的净现金流量见下表。则该方案的静态投资回收期为（　　）年。

计算期/年	0	1	2	3	4	5	6
净现金流量/元	0	–1500	400	400	400	400	400

A．3.25　　B．3.75　　C．4.25　　D．4.75

20．下列工程经济效果评价指标中，属于盈利能力分析动态指标的是（　　）。

A．财务净现值　　B．投资收益率　　C．借款偿还率　　D．流动比率

二、多选题

1．投资者自行测定技术方案的最低可接受财务收益率时，应考虑的因素有（　　）。

A．自身的发展战略和经营策略　　B．资金成本

C．技术方案的特点和风险　　D．沉没成本

E．机会成本

2．下列关于基准收益率的说法，正确的有（　　）。

A．测定基准收益率不需要考虑通货膨胀因素

B．基准收益率是投资资金应获得的最低盈利水平

C．测定基准收益率应考虑资金成本因素

D．基准收益率取值高低应体现对项目风险程度的估计

E．债务资金比例高的项目应降低基准收益率取值

3．下列投资方案经济效果评价指标中，可用于偿债能力分析的有（　　）。

A．利息备付率　　B．投资收益率　　C．流动比率　　D．借款偿还期

E．投资回收期

4．建设工程项目经济效果评价中的总投资包括（　　）。

A．设备及工器具购置费　　B．总成本费用

C．流动资金借款利息　　D．建设期利息

E．流动资金

5．某常规技术方案，当折现率为10%时，财务净现值为–360万元；当折现率为8%时，财务净现值为30万元。则下列关于该方案经济效果评价的说法，正确的有（　　）。

A．内部收益率在8%～9%

B．当折现率为9%时，财务净现值一定大于0

C．当行业基准收益率为8%时，方案可行

D．当行业基准收益率为9%时，方案不可行

E．当行业基准收益率为10%时，内部收益率小于行业基准收益率

6．关于总投资收益率，下列说法正确的有（　　）。

A．总投资收益率用来衡量整个技术方案的获利能力

B．总投资收益率应大于行业的平均投资收益率

C．总投资收益率越高，从技术方案所获得的收益就越多

D．总投资收益率高于同期银行利率，适度举债是有利的

E．总投资收益率不能作为技术方案筹资决策参考的依据

7．关于财务净现值指标的优点，下列说法正确的有（　　）。

A．必须首先确定一个符合经济现实的基准收益率

B．考虑了资金的时间价值

C．财务净现值必须慎重考虑互斥方案的寿命

D．全面考虑了技术方案在整个计算期内现金流量的时间分布状况

E．能够直接以货币额表示技术方案的盈利水平

8．适合采用静态投资回收期评价的技术方案包括（　　）。

A．投资额巨大　　B．技术上更新迅速

C．政策性投资　　D．资金相当短缺

E．未来情况很难预测

9．在技术方案经济效果评价中，当NPV＞0时，下列说法正确的有（　　）。

A．此方案可满足基准收益率

B．此方案可得到超额收益

C．此方案现金流入的现值和大于现金流出的现值和

D．此方案可满足基准收益率但不能得到超额收入

E．此方案可得到超额收入但不能满足基准收益率

10．关于利息备付率，下列说法正确的有（　　）。

A．利息备付率应分年计算

B．利息备付率高，说明利息支付的保证度大，偿债风险小

C．正常情况下利息备付率应当大于 1，并结合债权人的要求确定

D．利息备付率低于 1 时，表示企业没有足够资金支付利息，偿债风险很大

E．一般情况下，利息备付率不宜低于 3

第五章　投资方案选择

思政育人目标：

三峡工程、南水北调等国家重大工程项目，无不进行了长达几十年的可行性研究、施工方案比选等漫长的过程，这个过程中也处处体现了工程师们严谨、审慎、负责的态度和客观、公正、科学的求实精神。

进行方案的比选和优化是增强决策科学性的关键工作，在反复的调研、核实数据、方案全方位比选过程中，激发参与者不断地钻研奋进、精益求精、追求卓越，并深深地埋下工匠精神的种子。

课程教学目标：

深刻理解多方案比选对于方案优化、科学决策的重要意义，准确把握不同关系类型技术方案的特征，熟练运用不同类型关系的经济评价方法。科学把握资本结构优化理论，系统考量基于资本结构优化理论的融资问题，科学权衡债务资金的避税优势和高财务风险，审慎进行资本结构优化决策。

第一节　工程项目方案之间的相互关系

前面我们介绍的工程项目经济效果的评价指标和判别标准，主要是针对评价单一方案而言的。但是，技术经济分析的一个突出特点是对多个工程项目方案的比较和选优。选优就是从多个可行方案中，通过比较，选择一个或几个技术上先进、经济上合理的最佳方案或满意方案。比较是选优的基础，项目方案之间的比较要做到合理正确，必须明确方案之间的相互关系及可比条件。在项目方案经济效果比较的实践中，由于方案之间关系的复杂性以及资源状况、工艺设备、生产规模和服务寿命等的不同，往往不能简单地确定方案的取舍或选优。投资决策不仅取决于资源状况等客观条件的限制，而且取决于对方案之间相互关系的正确分析及对评价指标和判别标准的正确掌握。

在多方案的比选中，考察的对象不是单一方案，而是一个方案群，评价追求的目标不是单一方案的局部最优，而是方案群的整体最优。因此，要做出正确的选择，应首先明确方案间的相互关系，然后选用适宜的指标和方法进行比较和选优。

按照项目方案之间的技术、经济、空间、时间等因素的关系，方案群可分为相互排斥型方案、相互独立型方案、相互依存型方案和混合型方案，分别简称为互斥方案、独立方案、依存方案和混合方案。

一、互斥方案

互斥方案是指方案群中，各方案之间存在互不相容、互相排斥的关系，接受其一，就要放弃其他，方案不能同时被选择或接受。在一个投资项目的不同备选方案之间，就存在互斥关系。例如，在某个确定的地点，是用来建工厂、商店、住宅、学校，还是建公园，就是互斥方案。因为只要选择其一，就必须放弃其他，方案间存在互不相容性。互斥方案的效益之间不具有加和性，决策有较强的优选性，从多个方案中优选一个最佳方案加以实施。

二、独立方案

独立方案是指方案群中，各方案之间具有互不相关性，对任何一个方案的取舍都不会影响其他方案的取舍，方案可同时存在，没有排他性。例如，某部门欲在几个地点建几个产品不同、销售额互不影响的工厂时，这些方案之间的关系就是独立的，它们组成独立方案群。但是，需要指出独立方案是在资源无限条件下相互独立的，这种独立方案称作完全独立方案。若资源有限，不能满足方案群中所有可行项目时，则方案间会相互影响，具有部分互斥关系，此时的独立方案称作不完全独立方案，或资源限量条件下的独立方案。

三、依存方案

依存方案是指方案群中，某方案的实施要以另一方案或多个方案的实施为条件，方案间存在相互依存、相互补充的关系。例如，某地住宅小区的建设，要以土地开发、三通（道路通、水通、电通）为前提。这里，小区的建设与土地开发、三通具有依存关系，是依存方案。

四、混合方案

混合方案是指在方案群中，各方案间兼有互斥、独立和依存关系。例如某企业改造工艺的方案有 A_1、A_2 两个，它们是互斥关系；开发新产品的方案有 B_1、B_2、B_3 三个，它们是独立关系，但开发新产品必须同时解决“三废”治理，开发新产品与“三废”治理间存在依存关系，这就是一个混合方案群。

不同类型的投资方案比较优选的目的是最有效地利用资金，以取得最佳的经济效益。重要的是根据不同方案的类型，正确选择和使用评估方法。

五、投资方案优选的意义

（1）投资方案优选是实现资源优化配置的有效途径。我国资源人均拥有量大大低于世界平均水平。这就需要运用定量分析方法对拟建项目诸方案进行筛选，选出一个最佳方案加以实施，以实现有限资源的最优配置，取得最佳的经济效益。

（2）投资方案优选是实现投资决策科学化、民主化的重要手段。经济运行有其特有的客观规律。长期以来，由于受计划经济和认识水平的限制，在决策时容易以主观愿望代替客观规律，造成决策失误和社会资源的浪费。投资方案优选是一种科学的定量分析方法，通过对拟建项目诸方案的分析，选出最优方案，实现投资决策科学化和民主化。

（3）投资方案优选是寻求合理的经济和技术决策的必然选择。在投资过程中，影响投资决策的因素很多，必须经过多方案比较，才能得出正确的结论。不同的投资方案采用的技术经济措施不同，其成本和效益会有较大的差异。因此，通过方案的比较筛选，可选出一个经济合理、技术先进和效益好的最佳方案。

第二节　互斥方案的经济效果比较与选择

互斥方案经济效果的比较与选择应包括两个方面的内容：一是考察各个方案自身的经济效果，称作绝对经济效果检验；二是考察方案间的相对优劣，称作相对经济效果检验。两种检验的目的和作用各不相同，通常缺一不可，以确保所选方案不但可行而且最优。只有在众多互斥方案中必须选择其中之一时，才可以只进行相对经济效果检验。

一、投资项目静态优选法

静态优选法是指投资方案比优时，不考虑时间价值因素的一种优选分析方法。常用采用的方法有差额投资回收期法、差额投资收益率法、年折算费用法、总折算费用法。

（一）差额投资回收期法

差额投资回收期是用互斥方案经营成本的节约或增量净收益来补偿其增量投资的年限。假设现有甲、乙两个互斥方案，其效用相同或基本相同，如果其中一个方案的投资额和经营成本都为最小，则该方案就是最理想的方案。但是实践中往往达不到这样的要求。经常出现的情况是某一个方案的投资额小，但经营成本却很高；而另一个方案投资额较大，但经营成本却较低。这样，投资额大的方案与投资额小的方案就形成了差额投资，此时，就可以用差额投资回收期法进行方案的比较。

差额投资回收期 P_t，是两个方案投资差额 $I_2–I_1$（$I_2>I_1$）与年经营成本差额 $C_1–C_2$（$C_1>C_2$）或增量净收益 $A_2–A_1$（$A_2>A_1$）的比值：

$$P_t=\frac{I_2-I_1}{C_1-C_2}=\frac{I_2-I_1}{A_2-A_1} \tag{5-1}$$

两个方案比优时，差额投资回收期法的判断准则是：若 P_t 小于标准投资回收期 t_0，则投资额大的方案为优；否则，投资额小的方案为优。

【例 5-1】 A 方案投资额为 100 万元，B 方案投资额为 200 万元。A 方案年经营成本为 80 万元，B 方案年经营成本为 60 万元，若基准投资回收期为 6 年，试对方案进行优选。

解：

$$P_t=\frac{I_2-I_1}{C_1-C_2}=\frac{200-100}{80-60}=5\text{（年）}<6\text{ 年}$$

因此，投资额大的 B 方案为优。

以上优选两个方案的生产规模必须相同，方可具备可比性。若两个方案生产规模不相同，为使两者具备可比性，可用每一方案的单位产量投资与单位产量年经营成本或单位产量净收益进行计算比较，此时，计算式为

$$P_t=\frac{\dfrac{I_2}{Q_2}-\dfrac{I_1}{Q_1}}{\dfrac{C_1}{Q_1}-\dfrac{C_2}{Q_2}}=\frac{\dfrac{I_2}{Q_2}-\dfrac{I_1}{Q_1}}{\dfrac{A_2}{Q_2}-\dfrac{A_1}{Q_1}} \tag{5-2}$$

式中 Q_1、Q_2——两方案的年产量。

若以上案例年产量分别为 18 万件和 20 万件，则差额投资回收期为

$$P_t=\frac{\dfrac{200}{20}-\dfrac{100}{18}}{\dfrac{80}{18}-\dfrac{60}{20}}=3.08\text{（年）}<6\text{ 年}$$

结果仍是投资额大的 B 方案为优。

在应用中需要注意的是，差额投资回收期法只能用于两个方案择优的比较，但并不能说明方案本身是否可行。

（二）差额投资收益率法

差额投资收益率法是指通过计算两个方案的差额投资收益率来进行方案比优的一种方法。差额投资收益率为差额投资回收期的倒数，计算公式如下：

两方案产量相同时：

$$R_d = \frac{C_1 - C_2}{I_2 - I_1} \times 100\% = \frac{A_2 - A_1}{I_2 - I_1} \times 100\% \tag{5-3}$$

两方案产量不相同时：

$$R_t = \frac{\dfrac{C_1}{Q_1} - \dfrac{C_2}{Q_2}}{\dfrac{I_2}{Q_2} - \dfrac{I_1}{Q_1}} \times 100\% = \frac{\dfrac{A_2}{Q_2} - \dfrac{A_1}{Q_1}}{\dfrac{I_2}{Q_2} - \dfrac{I_1}{Q_1}} \times 100\% \tag{5-4}$$

两个投资方案比优时，若 R_d 大于基准收益率，则投资额大的方案为优，表明投资的增量（I_2-I_1）完全可以由经营费用的节约（C_1-C_2）或增量净收益（A_2-A_1）来得到补偿；否则，投资额小的方案为优。

差额投资回收期和差额投资收益率法的优点是简单易懂，能反映追加投资的回收期和收益率，但仍有以下缺点：

（1）没有考虑资金的时间价值因素，从而夸大了投资方案的投资回收速度；

（2）没有考虑方案的寿命期，对不同寿命期的方案难以比优；

（3）没有考虑差额投资回收期之后的收支情况。

（三）年折算费用法

当互斥方案个数较多时，用差额投资回收期法和差额投资收益率法进行方案比较，要两两比较逐个淘汰，计算量较大。而运用年折算费用法，只需将投资额用标准投资回收期分摊到各年，再与各年的年经营成本相加。方案比优时，年折算费用最小的方案为最优。年折算费用为

$$M = C + \frac{I}{t_0} \tag{5-5}$$

式中　M——年折算费用；

C——年经营成本；

I——项目投资额；

t_0——标准投资回收期。

【例 5-2】 某拟建项目有 4 个投资方案，其投资额和年经营成本如表 5-1 所示，设标准投资回收期为 5 年，且各方案生产规模相同，试用年折算费用法优选方案。

表 5-1　　**各方案投资额和年经营成本**　　单位：万元

投资方案	A	B	C	D
投资额 I	500	400	300	200
年经营成本 C	100	150	200	250

解： 将有关数据代入年折算费用计算式得

$$M_A=100+500/5=200（万元）$$

$$M_B=150+400/5=230（万元）$$

$$M_C=200+300/5=260\text{（万元）}$$

$$M_D=250+200/5=290\text{（万元）}$$

因为 A 方案的年折算费用最小，所以 A 方案为最优。

由 $M=C+\dfrac{I}{t_0}$ 可知，当 t_0 取值较大时，$\dfrac{I}{t_0}$ 对年折算费用的影响不如年经营成本 C 敏感，这样，投资额大的方案易被选上。但由于 t_0 较大，资金回收慢，风险增加，经济效益差。当 t_0 取值较小时，$\dfrac{I}{t_0}$ 对年折算费用的影响增加，投资额大的方案可能就不易被选上，而投资大的方案往往是采用较为先进技术的方案。所以，t_0 取值过小会影响先进技术的采用，不利于技术改造和更新。由此可见，选取一个适当的 t_0 值相当关键，既要考虑新技术的采用，又要考虑经济效益的提高。

（四）总折算费用法

总折算费用是方案的投资和标准投资回收期内年经营成本的总和。方案比优时，总折算费用最小的方案为最优。总折算费用为

$$S=I+C\times t_0 \tag{5-6}$$

式中 S——总折算费用；

C——年经营成本；

I——项目投资额；

t_0——标准投资回收期。

【例 5-3】 仍用上例中的有关数据，用总折算费用法优选方案。

解：

$$S_A=500+100\times5=1000\text{（万元）}$$

$$S_B=400+150\times5=1150\text{（万元）}$$

$$S_C=300+200\times5=1300\text{（万元）}$$

$$S_D=200+250\times5=1450\text{（万元）}$$

因为 A 方案的总折算费用最小，所以 A 方案为最优。

年折算费用法和总折算费用法在多方案比优时，比差额投资回收期法和差额投资收益率法简单。但折算费用法必须已知标准投资回收期方能进行计算和比较。

折算费用法与差额投资回收期法和差额投资收益率法一样，都没有考虑资金时间价值因素和方案的寿命期，所以误差是难免的。另外，折算费用法也不能反映方案总的盈利情况和投资回收速度。

二、投资项目动态优选法

动态优选法是指投资方案比优时，考虑资金时间价值因素的一种优选分析方法。下面根据各备选方案寿命期是否相同，分别说明动态优选法的各种主要评价方法。

（一）寿命期相同时方案经济效果评价

1. 净现值（NPV）法和费用现值（PC）法

对互斥方案进行评价，首先分别计算各个方案的净现值，剔除 NPV＜0 的方案，即进行方案绝对经济效果检验，然后对所有 NPV≥0 的方案比较其净现值，选择净现值最大的方案为最佳方案。此为净现值法评价互斥方案的判断准则，即净现值大于或等于零，且在各备选

方案中净现值最大的方案是最优可行方案。

在工程经济分析中，对方案所产生的效益相同（或基本相同），但效益无法或很难用货币直接计量的互斥方案进行比较时，常用费用现值的比较来替代净现值进行评价，采用费用现值或净现值两种方法所得出的结论是完全一致的。两者的区别在于，采用费用现值法，以费用现值较低的方案为最佳。其表达式为

$$PC=\sum_{t=0}^{n}CO_t(1+i_c)^{-t}=\sum_{t=0}^{n}CO_t(P/F,i_c,t) \tag{5-7}$$

式中　PC ——费用现值；

CO_t ——第 t 年的现金流出量；

i_c ——基准收益率。

采用净现值法，以净现值较高的方案为最佳。其表达式为

$$NPV=\sum_{t=0}^{n}(CI-CO)_t(1+i_c)^{-t}=\sum_{t=0}^{n}A_t(P/F,i_c,t) \tag{5-8}$$

式中　NPV ——净现值；

$(CI-CO)_t$ ——第 t 年的净现金流量；

i_c ——基准收益率。

【例 5-4】 有 4 个投资方案，初始投资分别为 18 万元、25 万元、30 万元、35 万元；年收益分别为 12.15 万元、13.4 万元、14 万元、16.5 万元；年经营费用分别为 8.1 万元、9 万元、7.7 万元、10 万元；寿命期同为 12 年，基准收益率为 10%，用净现值法优选方案。

解：

NPV_1=−18+（12.15−8.1）（*P*/*A*，10%，12）=9.6（万元）

NPV_2=−25+（13.4−9）（*P*/*A*，10%，12）=4.98（万元）

NPV_3=−30+（14−7.7）（*P*/*A*，10%，12）=12.93（万元）

NPV_4=−35+（16.5−10）（*P*/*A*，10%，12）=9.29（万元）

四个方案净现值均大于零，故四个方案均可行。其中方案 3 净现值最大，为最优方案。

【例 5-5】 有两个投资方案 A 与 B，寿命期同为 11 年，且两方案效益基本相同，基准收益率 i_c=10%，有关数据如表 5-2 所示。试用费用现值法优选方案。

表 5-2　　各方案投资额与年经营成本　　单位：万元/年

项目	A			B		
	0	1	2～11	0	1	2～11
各年投资额	200	400		300	400	
各年经营成本			200			180

PC_A = 200+400（*P*/*F*，10%，1）+200（*P*/*A*，10%，10）（*P*/*F*，10%，1）= 1680.85（万元）

PC_B = 300+400（*P*/*F*，10%，1）+180（*P*/*A*，10%，10）（*P*/*F*，10%，1）= 1669.13（万元）

因为 $PC_A > PC_B$，所以 B 方案为优。

净现值法是对计算期相同的互斥方案进行相对经济效果评价最常用的方法，而且这种方法只能用于计算期相同的互斥方案选优。

费用现值法由于只考察了方案的费用支出而没有考虑收益指标，不能直接判断方案是否可行。主要适用于满足相同需求的多个方案间的对比分析，尤其是收益很难量化的公益项目和大型基础设施项目，例如教育投资、国防等。如果比较的多个方案间寿命期不等，需运用相应的方法使其遵循时间可比的原则。

2. 净现值率（NPVR）法

单纯用净现值最大为标准进行方案选优，往往导致评价人趋向于选择投资大、盈利多的方案，而忽视了盈利额较少，但投资更少、经济效果更好的方案。因此，在互斥方案经济效果实际评价中，当资金无限制时，用净现值法选择净现值最大的方案；当有资金限制时，可以考虑用净现值率进行辅助评价。

净现值率大小反映方案单位投资所获得的超额净效益大小。用净现值率法评价互斥方案，当对比方案的投资额不同，且有明显的资金总量限制时，先行淘汰 NPVR＜0 的方案，对余下 NPVR≥0 的方案，选择其中净现值率较大的方案。

【例 5-6】 用净现值率法评价［例 5-4］中的四个方案。

解：

$$\mathrm{NPVR}_1=\frac{9.6}{18}=0.53$$

$$\mathrm{NPVR}_2=\frac{4.98}{25}=0.20$$

$$\mathrm{NPVR}_3=\frac{12.93}{30}=0.43$$

$$\mathrm{NPVR}_4=\frac{9.29}{35}=0.27$$

因为第一个方案净现值率最大，所以方案 1 为最优。

本例用净现值法选优，因第 3 个方案净现值最大，故方案 3 为最优方案。由此可见，在多方案选优时，用净现值率法评价方案所得的结论与用净现值法评价方案所得的结论可能会不一致，这是因为净现值率法是以经济效率作为评价标准。

3. 增量内部收益率（Δ_{IRR}）法

如果应用内部收益率（IRR）对互斥方案进行评价，能不能直接按各互斥方案的内部收益率（IRR≥i_c）的高低来选择呢？答案是否定的。因为内部收益率不是项目初始投资的收益率，而且内部收益率受现金流量分布的影响较大，净现值相同的两个分布状态不同的现金流量，会得出不同的内部收益率。因此，直接按互斥方案内部收益率的高低来选择方案并不一定能选出净现值最大的方案。我们通过一个例题来说明这个问题。

【例 5-7】 现有两个互斥方案，其净现金流量如表 5-3 所示。设基准收益率为 10%，试用净现值和内部收益率评价方案。

表 5-3　　各方案净现金流量　　单位：万元

方案	净现金流量				
	0	1	2	3	4
1	−7000	1000	2000	6000	4000
2	−4000	1000	1000	3000	3000

解：

（1）计算各方案净现值

$NPV_1=-7000+1000(P/F，10\%，1)+2000(P/F，10\%，2)$
$+6000(P/F，10\%，3)+4000(P/F，10\%，4)=2801.7$（万元）

$NPV_2=-4000+1000(P/F，10\%，1)+1000(P/F，10\%，2)$
$+3000(P/F，10\%，3)+3000(P/F，10\%，4)=2038.4$（万元）

（2）计算各方案内部收益率

由$-7000+1000(P/F，IRR_1，1)+2000(P/F，IRR_1，2)+6000(P/F，IRR_1，3)+4000(P/F，IRR_1，4)=0$

解得 $IRR_1=23.67\%$

由$-4000+1000(P/F\ \ IRR_2，1)+1000(P/F\ \ IRR_2，2)+3000(P/F，IRR_2，3)+3000(P/F\ \ IRR_2，4)=0$

解得 $IRR_2=27.29\%$

由计算结果可知，$IRR_1<IRR_2$，如果以内部收益率高者为优作为判别标准，方案 2 优于方案 1；而以净现值为评价准则，$NPV_1>NPV_2$，方案 1 优于方案 2。这就产生了矛盾，到底哪个指标作为评价准则得出的结论正确呢？

由净现值的经济含义可知，净现值最大准则符合收益最大化的决策准则，是正确的。因此，内部收益率指标一般不用于多方案的优选，只能用于单一方案的可行性判断。实际上，无论采用哪种方法进行方案选优，比较的实质都是投资额大的方案与投资额小的方案相比，增量投资能否被其增量净收益抵消或抵消有余，即对增量净现金流量的经济效果做出判断。也就是要看方案 1 比方案 2 多花的投资的内部收益率（增量内部收益率 $\varDelta_{IRR}$）是否大于基准收益率 i_c，若 $\varDelta_{IRR}\geqslant i_c$，表明多投资能取得满意的经济效益，则投资额大的方案为优；若 $\varDelta_{IRR}<i_c$，表明多投资的差额达不到标准要求，则投资额小的方案为优。

增量内部收益率 $\varDelta_{IRR}$ 是指两个投资方案各年差额净现金流量的现值之和为零时的折现率。其表达式为

$$\sum_{t=0}^{n}[(CI-CO)_2-(CI-CO)_1]_t(1+\varDelta_{IRR})^{-t}=0 \tag{5-9}$$

式中　$(CI-CO)_2$ ——投资额大的方案的净现金流量；

$(CI-CO)_1$ ——投资额小的方案的净现金流量；

$\varDelta_{IRR}$ ——增量内部收益率。

将表达式（5-9）移项得

$$\sum_{t=0}^{n}[(CI-CO)_{2t}](1+\Delta IRR)^{-t}=\sum_{t=0}^{n}[(CI-CO)_{1t}](1+\varDelta_{IRR})^{-t} \tag{5-10}$$

因此，增量内部收益率又是两方案净现值相等时的折现率。用增量内部收益率进行方案选优的情形如图 5-1 所示。

在图 5-1 中，两方案净现值曲线交点所对应的折现率即为两方案的增量内部收益率 $\varDelta_{IRR}$。若基准收益率为 i_c，因 $\varDelta_{IRR}>i_c$，所以投资额大的 B 方案为优，此时 $NPV_B>NPV_A$，用净现值法判断也是 B 方案为优，两指标优选结果一致。若基准收益率为 i_c'，因 $\varDelta_{IRR}<i_c'$，则投资额小的 A 方案为优，此时 $NPV_A'>NPV_B'$，用净现值法判断也是 A 方案为优。因此，用增量

内部收益率 Δ_{IRR} 与净现值 NPV 两指标优选方案的结论总是一致的。

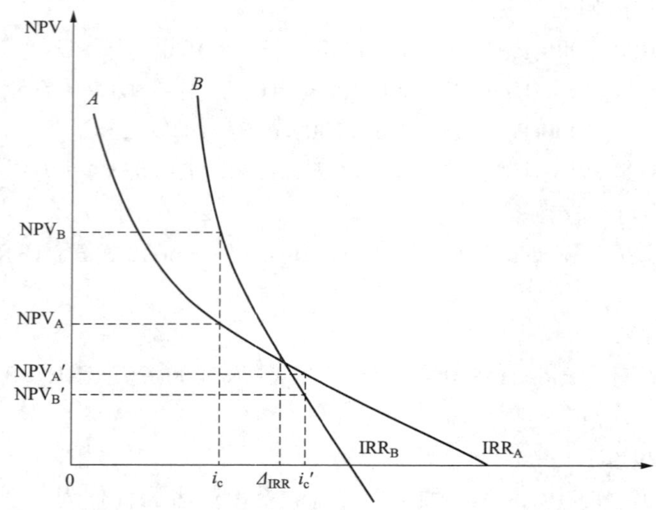

图 5-1 增量内部收益率示意图

增量内部收益率反映的是增量投资的经济效益，只能用于两方案比优上，不能用于判断某个方案是否可行。判别单一方案是否可行，仍需用 NPV≥0 或 IRR≥i_c 为判别标准。也就是说，若两方案均未通过绝对经济效果检验，那么，无论其增量内部收益率大小如何，也不能根据增量内部收益率的大小来选择最优方案，除非必须选出一个较优方案。

用 Δ_{IRR} 进行方案比优的步骤如下：

（1）把各方案按其投资额由小到大排列，如 A_1，A_2，…，A_n。A_1 为投资额最小的方案，A_n 为投资额最大的方案。

（2）用 NPV≥0 或 IRR≥i_c 对 A_1 进行可行性检验。若 A_1 通过检验，可进行下一步；否则，淘汰 A_1，对 A_2 进行可行性检验，依次类推，直至有方案通过可行性检验为止。

（3）假设 A_1 通过可行性检验，表明 A_1 方案可行，则可计算 A_1 与 A_2 的增量内部收益率。若小于基准收益率，则 A_1 优于 A_2，淘汰 A_2，以 A_3 代替 A_2 继续进行计算；若大于基准收益率，说明 A_3 优于 A_1，淘汰 A_1，计算 A_3 与 A_4 的增量内部收益率，舍次取优。依次类推，直至选出最优方案。

【例 5-8】 有 4 个投资方案，初始投资和年收益分别为 400 万元和 85 万元、200 万元和 50 万元、300 万元和 65 万元、100 万元和 30 万元，计算期 n=10 年，i_c =10%。用增量内部收益率法优选方案。

解：

（1）将各方案按投资额从小到大排列，如表 5-4 所示。

表 5-4 **各方案投资额** 单位：万元

方案	A_1	A_2	A_3	A_4
初始投资	100	200	300	400
年收益	30	50	65	85

检验 A_1 的可行性：NPV=−100+30（P/A，10%，10）=84.3（万元）>0，方案 A_1 可行。

（2）计算 A_1 与 A_2 的增量内部收益率 $\Delta_{IRR1\text{-}2}$：

$$-(200-100)+(50-30)(P/A，\Delta_{IRR1\text{-}2}，10)=0$$

运用线性内插法，求得 $\Delta_{IRR1\text{-}2}$=15.1%>10%，投资额大的方案优，舍方案 A_1 取 A_2。

（3）计算 A_2 与 A_3 的增量内部收益率 $\Delta_{IRR2\text{-}3}$：

$$-(300-200)+(65-50)(P/A，\Delta_{IRR2\text{-}3}，10)=0$$

求得 $\Delta_{IRR2\text{-}3}$=8.3%<10%，投资额小的方案优，舍方案 A_3 取 A_2。

（4）计算 A_2 与 A_4 的增量内部收益率 $\Delta_{IRR2\text{-}4}$：

$$-(400-200)+(85-50)(P/A，\Delta_{IRR2\text{-}4}，10)=0$$

求得 $\Delta_{IRR2\text{-}4}$=11.7%>10%，投资额大的方案优，舍方案 A_2 取 A_4。

最后选择 A_4 为最优投资方案。

由本例可知，计算增量内部收益率的方法同计算内部收益率类似，都是采用线性内插法；用增量内部收益率 Δ_{IRR} 优选多个方案时，须将方案两两逐一比较，每次比较后淘汰一个备选方案，当备选方案较多时，这种方法的计算较为烦琐。

4. 年值（AE）法或年成本（AC）法

寿命期相等或不等的方案都可用年值法或年成本法进行评价。当比较寿命期相同的方案时，因为年值法的计算结果仅比净现值法多了一个换算系数（A/P，i，n），所以用年值法与净现值法评价方案是等价的（或等效的）。同样，在互斥方案评价时，只需按方案年值的大小直接进行比较即可得出最优可行方案。在具体应用年值法评价互斥方案时，与净现值法和费用现值法类似，常根据应用的条件不同，分为年值法与年成本法两种情况：

第一种情况，当给出“+”“−”现金流量时，分别计算各方案的年值。凡年值小于 0 的方案，先行淘汰，在余下的方案中，选择年值大者为优。若各方案的年值均为“−”，且必须从中选择一个方案时，择其绝对值小者为优。

第二种情况，当各方案产生的效益相同或基本相同，或者当各方案所产生的效益无法或很难用货币直接计量时，可以用等额年成本替代年值进行评价，以年成本最低的方案为最佳。其表达式为

$$\mathrm{AC}=\sum_{t=0}^{n}\mathrm{CO}_t(P/F,i_c,t)(A/P,i_c,n) \tag{5-11}$$

$$\mathrm{AE}=\sum_{t=0}^{n}(\mathrm{CI}-\mathrm{CO})_t(P/F,i_c,t)(A/P,i_c,n) \tag{5-12}$$

【例 5-9】 根据［例 5-4］，用年值法优选方案。

解：

AE_1=9.6(A/P，10%，12)=1.41（万元）

AE_2=4.98(A/P，10%，12)=0.73（万元）

AE_3=12.93(A/P，10%，12)=1.9（万元）

AE_4=9.29(A/P，10%，12)=1.36（万元）

方案 3 年值最大，为最优方案。这与净现值法的评价结论是一致的。

【例 5-10】 根据［例 5-5］，用年成本法优选方案。

解：

AC_A=1680.85(A/P，10%，11)=258.85（万元）

$$AC_B=1669.13(A/P,\ 10\%,\ 11)=257.05$$（万元）

因为 $AC_A > AC_B$，所以 B 方案为优。这与费用现值法的评价结论是一致的。

年成本法只考察了方案的费用支出而没有考虑收益指标，不能直接判断方案是否可行。同费用现值法一样，主要适用于满足相同需求的多个方案间的对比分析，尤其是收益很难量化的公益项目和大型基础设施项目，例如社会福利项目、教育投资、国防投入和江河大堤的加固等。

（二）寿命期不同的方案经济效果评价

以上所讨论的都是备选方案寿命期相同的情形。然而，现实中很多方案的计算期往往是不同的。此时，需要对各方案的服务寿命进行适当处理，使计算期不等的互斥方案能在一个共同的计算期基础上进行比较，以得到合理的结论。

解决方案服务寿命不相等的方法通常有最小公倍数法、年值法、研究期法。

1. 最小公倍数法

此方法是以各备选方案计算期的最小公倍数作为方案比选的共同计算期，并假设各个方案均在这样一个共同的计算期内重复进行，各方案分别以不变的规模重复投资、消耗不变的费用、获得不变的收益并有同样不变的残值即各备选方案在其计算期结束后，均可按与其原方案计算期内完全相同的现金流量系列循环下去直到共同的计算期。在此基础上计算出各个方案的净现值，以净现值最大的方案为最佳方案。

【例 5-11】 有 A、B 两个方案，方案 A 的初始投资为 900 万元，寿命期为 4 年，每年年末净收益为 330 万元；方案 B 的对应数据分别为 1400 万元、8 年、400 万元。两方案均无残值，基准收益率为 12%，试用最小公倍数法进行方案选优。如图 5-2 所示。

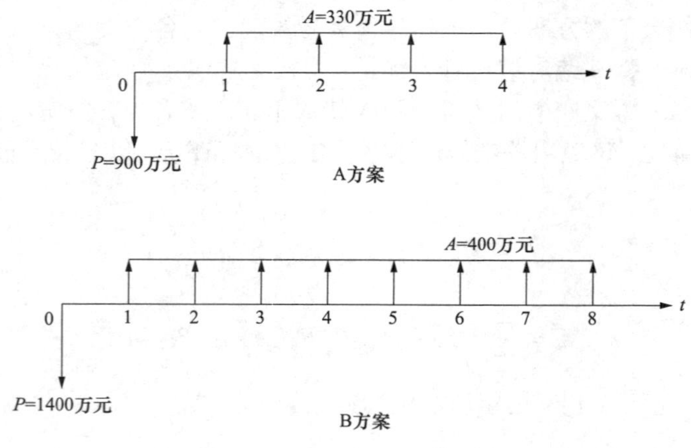

图 5-2 A、B 两方案现金流量图

解：两方案寿命期的最小公倍数为 8 年，

$$NPV_A=330(P/A,\ 12\%,\ 8)-900(P/F,\ 12\%,\ 4)-900=167.49$$（万元）

$$NPV_B=400(P/A,\ 12\%,\ 8)-1400=587.2$$（万元）

因为 $NPV_B > NPV_A$，所以 B 方案优于 A 方案。

利用最小公倍数法有效地解决了寿命不等的方案之间净现值的可比性问题。但这种方法所依赖的方案可重复实施的假定不是在任何情况下都适用的。对于某些不可再生资源开发型项目，在进行计算期不等的互斥方案比选时，方案可重复实施的假定不再成立，这种情况下就不能用最小公倍数法确定计算期。有的时候最小公倍数法求得的计算期过长，甚至远远超过所需的项目寿命期或计算期的上限，这就降低了所计算方案经济效果指标的可靠性和真实性，故也不适合用最小公倍数法。

2. 年值法

年值法实际也采用了最小公倍数法对寿命期限的处理方法，只是由于无论方案重复多少次，所形成的寿命期相同的可比方案年值都与原始方案的年值相同。从各原始方案年值的大小，即可判断方案效益的大小。年值法对计算复杂的方案尤为适用。

【例 5-12】 若上例中再增加一个 C 方案，其初始投资为 1800 万元，寿命期为 11 年，年收益为 390 万元，寿命期末残值为 770 万元，试比较三个方案。

解： 若采用最小公倍数法计算，寿命期的最小公倍数为 88 年，计算复杂，故采用年值法。

$$AE_A=330-900(A/P，12\%，4)=33.72（万元）$$

$$AE_B=400-1400(A/P，12\%，8)=118.18（万元）$$

$$AE_C=390-1800(A/P，12\%，11)+770(A/F，12\%，11)=124.15（万元）$$

因为方案 C 的年值最大，所以 C 方案为最优方案。

在对寿命不等的互斥方案进行比选时，年值法是最为简便的方法，当参加比选的方案数目众多时，尤其是这样。

3. 研究期法

最小公倍数法和年值法都是以假设方案能够重复执行至达到可比要求为前提。这种假设通常被认为是合理的，但有时并不符合实际情况，因为技术是不断进步的，完全相同的方案不可能反复实施很多次。针对上述问题，一般比较可行的方法是研究期法，通常取寿命最短方案的寿命期为研究期。通过比较各个方案在该研究期内的净现值来对方案进行比选，以净现值最大的方案为最佳方案。

设两方案的寿命期分别为 n_1 和 n_2（$n_2>n_1$），先将寿命期 n_2 换算为年值，再将年值按较小寿命期 n_1 换算为现值即可进行比优。其换算式为

$$NPV_1=\sum_{t=0}^{n_1}(CI-CO)_t(P/F,i,t)$$

$$NPV_2=\left[\sum_{t=0}^{n_2}(CI-CO)_t(P/F,i,t)(A/P,i,n_2)\right](P/A,i,n_1)$$

【例 5-13】 根据［例 5-11］，用研究期法评价两方案。

解：

$$NPV_A=330(P/A，12\%，4)-900=102.31（万元）$$

$$NPV_B=[400(P/A，12\%，8)-1400](A/P，12\%，8)(P/A，12\%，4)=359.02（万元）$$

因为两方案均为 4 年，在时间上具有可比性，且 $NPV_B>NPV_A$，所以 B 方案为最优。

（三）寿命期限无限长的处理

如果方案的使用寿命很长，或者在不断维护下可无限使用下去，这时方案寿命期可视为无限长，如水坝灌溉、运河及高速公路等工程。对于寿命期无限长的方案，实施中现金流量往往为等额系列，则可求方案的现值：

$$\mathrm{PC}=I+C\lim_{n\to\infty}(P/A,i,n)=I+C\lim_{n\to\infty}\frac{(1+i)^n-1}{i(1+i)^n}=I+C\lim_{n\to\infty}\frac{1-\dfrac{1}{(1+i)^n}}{i}=I+\frac{C}{i} \tag{5-13}$$

式中 I——初始投资（或初始收益）；

C——年维修费（或等额收益）。

比优原则：若计算的值为费用，则以 PC 最小为优；若计算值为收益，则以计算值最大者为优。

【例 5-14】 拟建水坝有两个方案，A 方案初期投资 10 万元，年维修费 1.5 万元；B 方案初期投资 15 万元，年维修费 1 万元。此坝可长期使用，基准收益率为 5%，试优选方案。

解：

$$\mathrm{PC_A}=10+\frac{1.5}{5\%}=40\text{（万元）}$$

$$\mathrm{PC_B}=15+\frac{1}{5\%}=35\text{（万元）}$$

因为 $\mathrm{PC_A}>\mathrm{PC_B}$，所以应选 B 方案。

【例 5-15】 拟建立一项奖学基金，银行存款年利率为 6%，开始 5 年每年支付 3000 万元，以后每年支付 4200 万元，长期支付下去，问现在应向银行存款多少？

解：

（1）计算前 5 年支付的现值：

$$P_1=3000(P/A，6\%，5)=12637\text{（万元）}$$

（2）计算以后从第 6 年开始永久支付下去的资金现值：

$$P_2=(4200/0.06)\times(P/F，6\%，5)=52311\text{（万元）}$$

$$P=P_1+P_2=12637+52311=64948\text{（万元）}$$

因此，现应向银行存款 64948 万元。

（四）一次投资与分期投资方案的评价

在企业决策中经常会遇到这样的问题：一次投资购买大型设备好，还是先购买小型设备以满足近期生产要求，待将来产量增加时再增添几台设备好？即在购买设备时，是否考虑一步到位。近期产量小，小型设备可满足要求且投资少，但将来扩大产量时需追加投资，两次投资总和较大，生产成本也较高。若购买大型设备，则近期一次投资多，而且会因负荷不满而使成本增加，但将来扩大产量时无须再投资，总投资比小型设备小，从长远来看，生产成本会小些。当然，哪种方案好，还是要通过计算予以比较评价。

【例 5-16】 某厂如果现在购买一台 120 万元的设备，年运行成本为 30 万元。预计该厂 10 年后产量将成倍增长，到时还需增加一台同样的设备，需再投资 120 万元，年运行成本将为 60 万元。如果现在购买一台大型设备，现在投资为 200 万元，10 年内年运行成本为 32 万元，10 年后产量成倍增长时不需要再投资，到时年运行成本为 58 万元。假设该厂设备寿命为无限长，利率 i=80%，如图 5-3 所示。试决策哪种方案好？

解：

$$\mathrm{PC_A}=120+30(P/A，8\%，10)+(120+60/8\%)(P/F，8\%，10)=724.28\text{（万元）}$$

$$\mathrm{PC_B}=200+32(P/A，8\%，10)+58/8\%\times(P/F，8\%，10)=750.54\text{（万元）}$$

因为 $\mathrm{PC_A}<\mathrm{PC_B}$，所以优选小型设备分期投资方案。

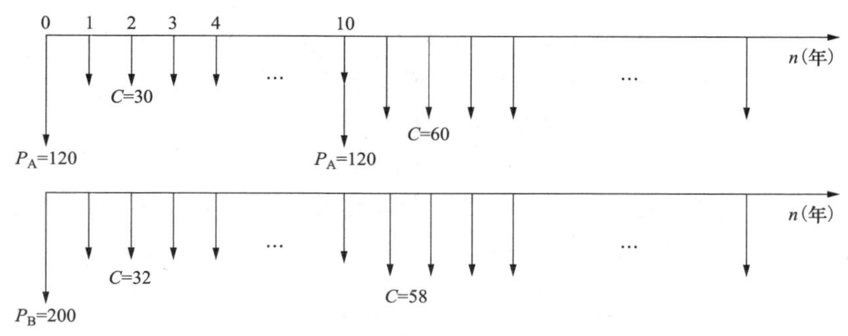

图 5-3　现金流量图

第三节　独立方案的经济效果比较与选择

当资金足够多时，在独立方案群中，由于对任何一个方案的取舍都不会影响其他方案的取舍，方案的取舍只决定于方案自身的经济效果，即绝对经济效果。独立方案评价选择的实质是在“做”与“不做”之间进行选择。因此，独立方案在经济上是否可接受，取决于方案自身的经济性，即方案的经济效果是否达到或超过了预定的评价标准或水平。所以，对于资金足够多的独立方案经济效果的评价，就如单一方案经济效果评价一样，只需用经济效果评价指标（如 *NPV*、*AE*、*IRR* 等）及其判别标准进行绝对经济效果检验。凡通过绝对经济效果检验的方案即可接受，否则应予以拒绝。

但是，当现有资金有限不能满足独立方案群中所有可行方案时，局部来看，相互独立的方案间便产生了部分互斥性。对于这类不完全独立方案评价的目的是在资金总额一定的条件下，寻求总体经济效果最大的方案组合。比选的方法主要有互斥组合法和净现值率排序法。

一、互斥组合法

互斥组合法是把独立方案群中所有通过绝对经济效果检验的各独立方案的各种可能组合视为互斥方案，然后按互斥方案相对经济效果检验的方法选择最优组合方案。互斥组合法的一般步骤是：

第一步，对独立方案群中各独立方案进行绝对经济效果检验，保留所有通过绝对经济效果检验的可行方案，淘汰不可行方案。

第二步，列出第一步中保留方案的所有互斥组合方案。

第三步，保留投资总额不超过资金限额的组合方案，淘汰其余组合方案。

第四步，利用互斥方案相对经济效果检验的方法从第三步中保留的组合方案中选出最优组合方案。

【例 5-17】 某项目有三个相互独立的备选方案 A、B、C，其初期投资额和年净收益见表 5-5 所示，它们的服务寿命都是 10 年。若资金限额为 450 万元，基准收益率为 10%，试进行方案选优。

表 5-5　　**独立方案 A、B、C**　　单位：万元

方案	A	B	C
初期投资额	100	250	300
年净收益	23	49	58

解：（1）进行独立方案 A、B、C 的绝对经济效果检验。它们的净现值分别为

$$NPV_A=-100+23(P/A，10\%，10)=41.31（万元）$$

$$NPV_B=-250+49(P/A，10\%，10)=51.06（万元）$$

$$NPV_C=-300+58(P/A，10\%，10)=56.35（万元）$$

由于三个方案的净现值均大于零，所以都通过绝对经济效果检验，都可保留。

（2）列出方案 A、B、C 的所有互斥组合方案，见表 5-6。

表 5-6 **独立方案 A、B、C 的互斥组合方案** 单位：万元

组合序号	组合方案	初始投资	年净收益	净现值
1	A	100	23	41.31
2	B	250	49	51.06
3	C	300	58	56.35
4	AB	350	72	92.37
5	AC	400	81	97.64
6	BC	550	107	
7	ABC	650	130	

（3）保留投资总额不超过资金限额 450 万元的 1 号、2 号、3 号、4 号、5 号组合方案。6 号、7 号组合方案的总投资额超过 450 万元，予以淘汰。

（4）计算 1 号、2 号、3 号、4 号、5 号组合方案的净现值，计算结果已列于表 5-6 中。由于 5 号方案的净现值最大，故应选择方案 A 和方案 C 的组合方案。

互斥组合法的优点：一是遵循了互斥方案的评价方法，因而比较全面；二是在评价中，追求组合方案最大的经济效果，因此可以实现资金限制条件下独立方案总效果最大的目标。

互斥组合法的缺点是计算量大，当方案群中具有 m 个可行方案时，其互斥组合方案就有 2^m-1 个。当 m 较大时，组合方案的个数是非常多的。

二、净现值率排序法

净现值率排序法是在资金限量的条件下，根据各方案净现值率的大小确定各方案分配资金的优先顺序，并依次选取项目方案，直至所选取方案的投资总额最大限度接近资金限量为止。净现值率排序法的基本思想是单位投资的净现值越大，在一定资金限量条件下所能获得的净现值总额就越大。

净现值率排序法的基本步骤：

第一步，计算各方案的净现值率，淘汰净现值率小于零的方案；

第二步，将各备选方案按净现值率由大到小排序；

第三步，按净现值率由大到小排序逐一选择方案，直至所选方案的投资总额最大限度接近或等于资金限量。

【例 5-18】 用净现值率排序法对［例 5-17］中的三个独立方案 A、B、C 进行选择。

解：（1）计算各方案的净现值率 NPVR，其结果见表 5-7。

表 5-7　　　　　　　　　　　　　　**净 现 值 率 排 序**

方　　案	初期投资额/万元	净现值/万元	NPVR	排　　序
A	100	23	0.413	1
B	250	49	0.204	2
C	300	58	0.188	3

（2）将各方案按 NPVR 由大到小排序，结果为 A、B、C，分别是 1 号方案、2 号方案、3 号方案。

（3）按排序结果选择方案 A 和 B，所用资金总额为 350 万元，最接近资金限量 450 万元。

【例 5-19】 有 A、B、C、D、E 五个项目申请立项，每个项目的初始投资额、净现值见表 5-8。经过初步审查，这些项目都符合公司的战略发展要求，但是公司可用的项目投资限额为 3600 万元，需要对这些项目进行筛选。试按照每个项目净现值率从大到小的决策准则，给出项目组合选择的计算过程和结果。

表 5-8　　　　　　　　　　　　　　**净 现 值 率 排 序**

项目	初始投资额/万元	净现值/万元	净现值率
A	900	90	0.100
B	1000	120	0.120
C	1200	150	0.125
D	1300	160	0.123
E	1500	200	0.133

解：（1）计算各方案净现值率，如表 5-8 所示；

（2）按照净现值率从大到小排列进行项目的选取，如果超出预算限额，则尝试下一个项目能否被选中。

首先，尝试将项目 E 选入，这时投资总额为 1500 万元，不超限额，可以将其选入；

其次，尝试将项目 C 选入，这时投资总额为 2700 万元，不超限额，可以将其选入；

再次，尝试将项目 D 选入，这时投资总额为 4000 万元，超限额，不能将其选入；

复次，尝试将项目 B 选入，这时投资总额为 3700 万元，超限额，不能将其选入；

最后，尝试将项目 A 选入，这时投资总额为 3600 万元，不超限额，可以将其选入。

所以，建议选择项目 E、C、A，投资总额为 3600 万元，总收益为 440 万元。

由于投资项目的不可分性，在许多情况下，净现值率排序法不能保证现有资金的充分利用，因而不能达到净现值最大。用净现值率排序法所选的方案只有在符合下列条件之一时，才能达到或接近净现值最大：

（1）各方案投资额占资金限量总额的比例很小。

（2）各方案投资额相差不大。

（3）各入选方案投资累加额与资金限量总额相差不大或等于零。

净现值率排序法的优点是简便易算，特别是在方案很多时更是如此。缺点是往往实现不了经济效果最大的目标。

价值引领

不要把鸡蛋放在一个篮子里，可是有几个篮子才能分散风险呢?

关于“风险分散”，最通俗易懂的解释就是诺贝尔经济学奖得主詹姆斯·托宾提出的“鸡蛋与篮子”理论——不要把鸡蛋放在一个篮子里。意思是说，在投资理财时，选择有风险差异的产品，进行组合式的资产配置，通过分散风险以达到降低整体投资收益波动的目的。但很多人在看到“风险分散”时，往往会自动脑部“风险消失”，以为只要分散了投资就降低了风险。这是对“风险分散”原理最常见的误读。要知道，只要制作篮子的材料不变，不管放进几个篮子，都不可能降低篮子破损的风险。把鸡蛋放在不同篮子里，能确保的只是投资理财不会在一个篮子破损时就打碎全部鸡蛋，但这并没有降低篮子破损的概率。

分散投资不会让风险“消失”或“降低”，只是降低整体投资理财的收益波动。“风险分散”虽然讲的是投资风险问题，其实际影响的是投资收益。想要“风险分散”发挥其作用，前提条件是有充足的鸡蛋和各式各样的篮子。如果只有一个鸡蛋，就算有再多的篮子，也只能选择一个篮子；如果有很多鸡蛋，但篮子只有一两个，那么也不能很好地分散风险。

思考与启示

消费者对分散化投资缺乏足够的认识，对投资的收益预期有时呈现非理性特征；非理性的投资行为可能会加大市场波动，因此需要认清风险种类，合理配置投资，分散投资风险。

本章小结

本章主要介绍了建筑工程项目多方案间的相互关系及多方案经济效果的比较与选择的方法。

在建筑工程项目方案群中，如果各方案间存在互不相容、互相排斥的现象，则称为互斥方案；如果各方案间存在不相关性，方案可同时存在，没有排他性，则称为独立方案；如果某方案的实施要以另一方案或多个方案的实施为条件，则称为依存方案；如果各方案间兼有互斥关系、独立关系和依存关系，则称为混合方案。

互斥方案经济效果的比较与选择通常要进行方案绝对经济效果检验和相对经济效果检验。方案绝对经济效果的检验就是单一方案经济效果检验，凡是通过绝对经济效果检验的方案，都可以考虑接受。

互斥方案经济效果的比较与选择，若各方案的服务寿命相等，则它们是在相同的时间基础上计算的，具有时间可比性；若各方案的服务寿命不相等，由于评价指标计算的时间基础不同，则它们不具有时间可比性。此时，需要对各方案的服务寿命加以适当处理，使各方案的经济效果具有时间可比性。

在进行方案间相对经济效果比较时，净现值（或净年值）基于折现率的经济意义，其最大准则是正确的，而内部收益率最大准则可能会导致错误的结论。利用内部收益率指标时需计算方案间的增量内部收益率。

资金足够多时，独立方案的选择只需进行绝对经济效果检验，凡通过绝对经济效果检验的方案，都应被选择。在资金限量条件下，独立方案经济效果比较与选择的方法有互斥组合法和净现值率排序法。互斥组合法遵循了互斥方案的评价方法，可以实现组合方案总效果最大的目标；由于投资项目的不可分割性，净现值率排序法往往实现不了经济效果最大的目标。

混合方案的选择通常采用混合型方案的排他化法，但计算量往往非常繁重。

思　考　题

1．方案之间的关系有哪些？各有何特点？

2．互斥方案相对经济效果比较的方法有哪些？优、缺点各是什么？

3．互斥方案相对经济效果比较时，内部收益率最大准则为何不再适用？应如何比较？

4．对服务寿命不等的互斥方案进行比较与选择时，净年值指标独特的优点是什么？

5．资金限量条件下独立方案经济效果比较的方法有哪几种？

6. 为什么净现值率排序法往往实现不了组合方案总经济效果最大的目标？在什么情况下才能实现总经济效果最大？

7. 在多方案评价时，用净现值法、年值法、增量内部收益率法得到的结论有什么区别与联系？

8．IRR 与 Δ_{IRR} 有何区别？

一、单选题

1．某工程有甲、乙、丙、丁四个实施方案可供选择。四个方案的投资额依次是 60 万元、80 万元、100 万元、120 万元。年运行成本依次是 16 万元、13 万元、10 万元和 6 万元，各方案应用环境相同。设基准收益率为 10%。则采用折算费用法选择的最优方案为（　　）。

A．丁　　B．甲　　C．乙　　D．丙

2．某施工现场钢筋加工有两个方案，均不需要增加投资，采用甲方案需固定费用 50 万元，每吨钢筋加工的可变费用是 300 元；采用乙方案需固定费用 90 万元，每吨钢筋加工的可变费用是 250 元。现场需加工钢筋 1 万 t，如果用折算费用法选择方案，则（　　）。

A．应该选用乙方案　　B．应该选用甲方案

C．甲、乙两个方案在经济上均不可行　　D．甲、乙两个方案的费用相同

3．某企业欲引进生产线。已知引进甲生产线需投资 400 万元，单位产品可变成本为 0.6 元；引进乙生产线需投资 600 万元，单位产品可变成本为 0.4 元。则甲乙生产线的临界产量是（　　）万件。

A．800　　B．1000　　C．1200　　D．1500

4．某生产性企业若对原工艺方案进行改造需要投资 100 万元，改造后年运行成本为 50 万元；若采用全新工艺方案需要投资 200 万元，年运行成本为 40 万元。设基准收益率为 12%。则两方案相比较的增量投资收益率为（　　）。

A．5%　　B．10%　　C．15%　　D．20%

5. 某项目施工所需机械有两种方案满足要求。方案一为购置方案，购置费用为 120 万元，

单位产量可变费用为 500 元；方案二为租赁方案，单位产量可变费用为 800 元。下列关于机械方案选择的说法，正确的是（　　）。

A．施工数量大于 2400 个生产单位小于 4000 个生产单位时，应选择方案一

B．施工数量大于 4000 个生产单位时，应选择方案二

C．施工数量为 2400 个生产单位时，可选择方案一或方案二

D．施工数量为 4000 个生产单位时，可选择方案一或方案二

6．某施工项目有四个可选择的技术方案，其效果相同。方案一需要投资 240 万元，年生产成本为 64 万元；方案二需要投资 320 万元，年生产成本为 52 万元；方案三需要投资 360 万元，年生产成本为 45 万元；方案四需要投资 400 万元，年生产成本为 36 万元。不考虑税收因素，当基准收益率为 12%时，运用折算费用法选择的方案应是（　　）。

A．方案一　　B．方案二　　C．方案三　　D．方案四

7．下列方法中不属于互斥方案静态分析方法的是（　　）。

A．净现值法　　B．增量投资分析法

C．年折算费用法　　D．综合总费用法

8．某工程施工现有两个对比技术方案。方案一是过去应用过的，需投资 120 万元，年生产成本为 32 万元；方案二是新技术方案，在与方案一应用环境相同的情况下，需投资 160 万元，年生产成本为 26 万元。设基准收益率为 12%，该新技术方案的增量内部收益率为（　　）。

A．10%　　B．15%　　C．20%　　D．25%

9．某施工项目现有两个对比工艺方案，甲方案是过去应用过的，乙方案是新方案，两方案均不需增加投资。但应用甲方案需固定费用 60 万元，单位产量的可变费用为 300 元；应用乙方案需固定费用 80 万元，单位产量的可变费用为 250 元。设生产数量为 10000 个单位，运用折算费用法选择方案，则下列说法正确的是（　　）。

A．应该采用甲方案　　B．甲、乙方案经济效益相同

C．应该采用乙方案　　D．不能判断应该采用哪个方案

10．某企业欲引进生产线，预计年产量为 800 万件。若引进甲生产线，其固定成本为 400 万元，单位产品可变成本为 0.6 元；若引进乙生产线，其固定成本为 500 万元，单位产品可变成本为 0.4 元，则下列说法正确的是（　　）。

A．应该引进甲生产线　　B．应该引进乙生产线

C．甲、乙生产线都不引进　　D．无法判断应该引进哪一条生产线

二、多选题

1．某企业欲引进生产线。已知引进甲生产线需投资 400 万元，单位产品可变成本为 0.6 元；引进乙生产线需投资 600 万元，单位产品可变成本为 0.4 元。则正确的决策有（　　）。

A．产量为 800 万件时，选择甲生产线　　B．产量为 800 万件时，选择乙生产线

C．产量为 1200 万件时，选择甲生产线　　D．产量为 1200 万件时，选择乙生产线

E．任何时候都选择甲生产线

2．某施工项目有甲、乙两个对比工艺方案，均不需要增加投资，采用甲方案需年固定费用 120 万元，单位产量可变费用为 450 元；采用乙方案需年固定费用 100 万元，单位产量可变费用为 500 元。下列关于该对比方案决策的说法，正确的有（　　）。

A．两方案年成本相等时的临界点产量为 4000 单位

B．年产量为 5000 单位时，应选择乙方案

C．年产量为 3000 单位时，应选择甲方案

D．两个方案总成本相等时，甲方案的单位产量固定成本大于乙方案

E．应该选择甲方案，因为其单位产量可变费用低

3．某企业拟引进新生产线，已知新生产线的投资额为 400 万元，新生产线的经营成本为每年 12 万元；旧生产线的投资额为 300 万元，经营成本为每年 14 万元。该行业的基准收益率为 2.5%，则下列说法正确的有（　　）。

A．引进后的增量内部收益率为 1%　　B．引进后的增量内部收益率为 2%

C．引进后的增量内部收益率为 2.5%　　D．应引进该生产线

E．不应引进该生产线

4．在新技术、新工艺和新材料应用方案的经济分析中，常用的静态分析方法有（　　）。

A．增量投资分析法　B．年折算费用法　C．费用现值法　D．年成本法

E．综合总费用法

第六章 工程项目风险与不确定分析

思政育人目标：

风险分析管理中蕴含着和谐、公正、法制、诚信的理念，企业除了关注利润目标，还应关注经营过程中的不确定性因素有可能导致的经营风险，风险管理关乎民生事业，更关乎社会和谐稳定、群众利益的实现。通过风险分析和不确定性分析，培养学生的爱国爱民情怀和社会责任感，培养遵纪守法观念、团结协作思想。

课程教学目标：

培养学生的基本风险意识，掌握风险管理的基本原理、风险评估的方法和技能，并能理论联系实际，解决工作生活中遇到的各种风险问题，具备风险管理的职业意识和进行风险管理的职业能力。

第一节 风险与不确定分析概述

项目经济评估所需的各种参数，大都来自预测和估算。由于缺乏足够的信息，对有关因素和未来情况无法做出精确无误的预测，或者因未全面考虑所有可能的情况，因此项目实施后的实际情况难免与预测情况有所差异，这种差异有可能带来风险。也就是说，立足于预测和估算进行项目经济评价的结果有不确定性。为了分析不确定性因素对经济评估指标的影响，必须进行不确定性分析，以估计项目可能承担的风险，确定项目在经济上的可行性。

不确定性不同于风险。风险是指不利事件发生的可能性，其中不利事件发生的概率是可以计量的；而不确定性是指人们在事先只知道所采取行动的所有可能后果，而不知道它们出现的可能性，或者两者均不知道，只能对两者做些粗略的估计，因此不确定性是难以计量的。

不确定性分析是指研究和分析当影响技术方案经济效果的各项主要因素发生变化时，拟实施技术方案的经济效果会发生什么样的变化，以便为正确决策服务的一项工作。不确定性分析是技术方案经济效果评价中的一项重要工作，在拟实施技术方案未做出最终决策之前，均应进行技术方案不确定性分析。

一、产生不确定性的原因

产生不确定性因素的原因很多，一般情况下，产生不确定性的主要原因有以下几点：

（1）所依据的基本数据不足或者统计偏差。这是指由于原始统计上的误差、统计样本点的不足、公式或模型的套用不合理等所造成的误差。比如技术方案建设投资和流动资金是技术方案经济效果评价中重要的基础数据，但在实际中，往往会由于各种原因而高估或低估了它的数额，从而影响了技术方案经济效果评价的结果。

（2）预测方法的局限，预测的假设不准确。

（3）未来经济形势的变化。由于通货膨胀的存在，会产生物价的波动，从而影响技术方案经济效果评价中所用的价格，进而导致诸如年营业收入、年经营成本等数据与实际发生偏差；同样，由于市场供求结构的变化，会影响到产品的市场供求状况，进而对某些指标值产生影响。

（4）技术进步。技术进步会引起产品和工艺的更新替代，这样根据原有技术条件和生产水平所估计出的年营业收入、年经营成本等数据会与实际值发生偏差。

（5）无法以定量来表示的定性因素的影响。

（6）其他外部影响因素，如政府政策的变化，新的法律、法规的颁布，国际政治经济形势的变化等，均会对技术方案的经济效果产生一定的甚至难以预料的影响。

在评价中，如果我们想全面分析这些因素的变化对技术方案经济效果的影响是十分困难的，因此在实际工作中，我们往往要着重分析和把握那些对技术方案影响大的关键因素，以期取得较好的效果。

二、主要的不确定性因素

1. 销售收入

影响项目销售收入的因素有产品市场价格、产品质量、生产期限等。在市场经济条件下，由于价值规律的作用，市场价格和需求量总在不断变化；社会发展和科技进步也会促进产品的不断更新换代，从而影响原计划的项目生产规模和生产期限。而且，原材料、能源供应得不到满足，交通运输不配套，技术操作不熟练，管理水平不高等均会造成生产能力达不到原设计水平。但最重要的一条是市场情况变化，产品销售不畅，使销售收入下降，从而影响项目的经济效益和评估指标。

2. 生产成本

影响生产成本的主要因素有原材料、能源价格及其耗用量，投资，生产规模，技术创新，工资福利，经济寿命期，管理水平等。生产成本的变化，必然影响项目的经济效益和经济评估指标。

3. 投资额

在进行项目评估时，对投资估计不足，偏低或偏高，以及项目建设期和投产期缩短或延长，均会引起项目总投资发生变化，从而影响项目的经济效益。

4. 经济寿命期

项目评估中很多指标均以项目经济寿命期为计算基础，如净现值、内部收益率等。随着科学技术的进步，项目采用的一些技术、设备、工艺等很可能提前老化，从而使其寿命期提前结束。另外，随着经济的发展和市场需求的变化，有可能使项目产品的寿命期缩短。在科学技术大发展的今天，项目寿命期的变化，无疑会极大地影响项目的效益。

三、不确定性分析的方法

常用的不确定性分析方法有盈亏平衡分析和敏感性分析。

1. 盈亏平衡分析

盈亏平衡分析也称为量本利分析，就是将技术方案投产后的产销量作为不确定因素，通过计算技术方案的盈亏平衡点的产销量，据此分析判断不确定性因素对技术方案经济效果的影响程度，说明技术方案实施的风险大小及技术方案承担风险的能力，为决策提供科学依据。根据生产成本及销售收入与产销量是否呈线性关系，盈亏平衡分析又进一步分为线性盈亏平衡分析和非线性盈亏平衡分析。通常只要求线性盈亏平衡分析。

2. 敏感性分析

敏感性分析则是分析各种不确定性因素发生增减变化时，对技术方案经济效果评价指标的影响，并计算敏感度系数和临界点，找出敏感因素。

在具体应用时，要综合考虑技术方案的类型、特点，决策者的要求，相应的人力、财力，以及技术方案对经济的影响程度等选择具体的分析方法。

第二节 盈亏平衡分析

盈亏平衡分析又称量本利分析，是根据项目正常生产年份的产量、成本、售价和税金等数据，分析产量、成本和盈利三者之间的平衡关系，确定销售收入等于生产成本时的盈亏平衡点的一种方法。对于一个工程项目而言，随着产销量的变化，盈利与亏损之间一般至少有一个转折点，这个转折点称为盈亏平衡点。在盈亏平衡点上，项目既不盈利，也不亏损。在不确定性分析中，根据盈亏平衡点处于何种水平来判断项目风险的大小。一般来说，盈亏平衡点越低，项目盈利的可能性就越大，对不确定因素变化所带来的风险的承受能力就越强。

一、总成本与固定成本、可变成本

根据成本费用与产量的关系可以将技术方案总成本费用分解为固定成本、可变成本和半可变（或半固定）成本。

（一）固定成本

固定成本是指在技术方案一定的产量范围内不受产品产量影响的成本，即不随产品产量的增减发生变化的各项成本费用，如工资及福利费（计件工资除外）、折旧费、修理费、无形资产及其他资产摊销费、其他费用等。

（二）可变成本

可变成本是指随技术方案产品产量的增减而成正比例变化的各项成本，如原材料、燃料、动力费，包装费和计件工资等。

（三）半可变（或半固定）成本

半可变（或半固定）成本是指介于固定成本和可变成本之间，随技术方案产量增长而增长，但不成正比例变化的成本，如与生产批量有关的某些消耗性材料费用、工模具费及运输费等，这部分可变成本随产量变动一般是呈阶梯形曲线。由于半可变（或半固定）成本通常在总成本中所占比例很小，在技术方案经济效果分析中，为便于计算和分析，可以根据行业特点情况将产品半可变（或半固定）成本进一步分解成固定成本和可变成本。长期借款利息应视为固定成本；流动资金借款和短期借款利息可能部分与产品产量相关，其利息可视为半可变（或半固定）成本，为简化计算，一般也将其视为固定成本。

综上所述，技术方案总成本是固定成本与可变成本之和，它与产品产量的关系也可以近似地认为是线性关系，即

$$C=C_F+C_UQ \tag{6-1}$$

式中 C——总成本；

C_F——固定成本；

C_U——单位产品变动成本；

Q——产量（或工程量）。

二、销售收入与税金及附加

（一）销售收入

技术方案的销售收入与产品销量的关系有两种情况：

（1）该技术方案的生产销售活动不会明显地影响市场供求状况，假定其他市场条件不变，产品销售价格不会随该技术方案销量的变化而变化，可以看作一个常数，销售收入与销量呈线性关系。

（2）该技术方案的生产销售活动将明显地影响市场供求状况，随着该技术方案产品销量的增加，产品销售价格有所下降，这时销售收入与销量之间不再是线性关系。为简化计算，仅考虑销售收入与销量呈线性关系这种情况。

（二）税金及附加

由于单位产品税金及附加是随产品的销售单价变化而变化的，当按不含税价格（收入和成本均为不含增值税销项税额和进项税额的价格）时，为便于分析，将销售收入与税金及附加合并考虑。

经简化后，技术方案的销售收入是销量的线性函数，即

$$S=P\times Q-T_U\times Q \tag{6-2}$$

式中　S——销售收入；

P——单位产品售价；

T_U——单位产品税金及附加；

Q——销量。

三、量本利模型

（一）量本利模型

企业的经营活动，通常以生产数量为起点，而以利润为目标。在一定期间把成本总额分解简化成固定成本和变动成本两部分后，再同时考虑收入和利润，使成本、产销量和利润的关系统一于一个数学模型。这个数学模型的表达形式为

$$B=S-C \tag{6-3}$$

式中　B——利润。

为简化数学模型，对线性盈亏平衡分析做了以下假设：

（1）生产量等于销售量，即当年生产的产品扣除自用量，当年完全销售出去；

（2）产销量变化，单位可变成本不变，总成本费用是产销量的线性函数；

（3）产销量变化，销售单价不变，销售收入是产销量的线性函数；

（4）只生产单一产品，或者生产多种产品，但可以换算为单一产品计算，不同产品的生产负荷率的变化应保持一致。

根据上述假设可得

$$B=P\times Q-C_F-C_U\times Q-T_U\times Q \tag{6-4}$$

式中　Q——产销量（生产量等于销售量）。

（二）量本利图

销售收入线与总成本线的交点是技术方案盈利与亏损的转折点，这个转折点称为盈亏平衡点（BEP），也叫保本点，其所对应的产量 Q_0 为盈亏平衡时的产量。表明技术方案在此产

销量下总收入与总成本相等，既没有利润，也不发生亏损。在此基础上，增加产销量，销售收入超过总成本，收入线与成本线之间的距离为利润值，形成盈利区；反之，形成亏损区。这种表达量本利相互关系的图示也称为盈亏平衡分析图（见图 6-1），该图不仅形象直观，一目了然，而且容易理解。

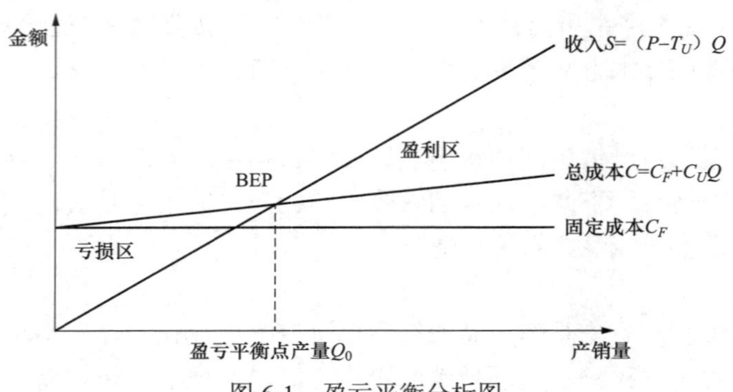

图 6-1　盈亏平衡分析图

盈亏平衡分析是通过计算技术方案达产年盈亏平衡点，分析技术方案成本与收入的平衡关系，判断技术方案对不确定性因素导致产销量变化的适应能力和抗风险能力。技术方案盈亏平衡点的表达形式有多种，可以用绝对值表示，如以实物产销量、单位产品售价、单位产品的可变成本、年固定总成本以及年销售收入等表示的盈亏平衡点；也可以用相对值表示，如以生产能力利用率表示的盈亏平衡点。其中以产销量和生产能力利用率表示的盈亏平衡点应用最为广泛，其分析结果表示技术方案经营的安全程度。盈亏平衡点一般采用公式计算，也可利用盈亏平衡分析图求得。

四、产销量盈亏平衡分析的方法

当企业在小于 Q_0 的产销量下组织生产，则技术方案亏损；在大于 Q_0 的产销量下组织生产，则技术方案盈利。显然产销量 Q_0 是盈亏平衡点的一个重要表达。就单一产品技术方案来说，盈亏临界点的计算并不困难，一般是从销售收入等于总成本费用即盈亏平衡方程式中导出。当利润等于零时，即可导出以产销量表示的盈亏平衡点 BEP（Q），其计算式如下

$$S=P\times Q-T_U\times Q$$
$$C=C_F+C_UQ$$

由盈亏平衡时 $S=C$ 可得

$$\mathrm{BEP}(Q)=\frac{C_F}{P-C_U-T_U} \tag{6-5}$$

式中　BEP(Q)——盈亏平衡点的产销量。

此公式的经济意义是项目不发生亏损时所必须达到的最低限度的产品产量。此产量越小，项目抗产量变化风险的能力就越强。

五、生产能力利用率盈亏平衡分析的方法

生产能力利用率表示的盈亏平衡点 BEP（%），是指盈亏平衡点产销量占技术方案正常产销量的比重。正常产销量，是指正常市场和正常开工情况下，技术方案的产销数量，一般用设计生产能力表示正常产销量。

$$\mathrm{BEP}(\%)=\frac{\mathrm{BEP}(Q)}{Q_d}\times 100\% \tag{6-6}$$

式中　Q_d——正常产销量或技术方案设计生产能力。

此公式的经济意义是项目不发生亏损时所必须达到的最低限度的生产能力。此值越低，项目抗生产能力变化风险的能力就越强。

【例 6-1】 某洗衣机项目年设计产量为 5 万台，每台售价 1500 元，单位税金及附加为 270 元，项目投产后年固定成本为 1001 万元，单位产品可变成本为 530 元，求盈亏平衡点的产销量和用生产能力利用率表示的盈亏平衡点。

解：

$$\mathrm{BEP}(Q)=\frac{C_F}{P-C_U-T_U}=\frac{10010000}{1500-530-270}=14300\text{（台）}$$

$$\mathrm{BEP}(\%)=\frac{\mathrm{BEP}(Q)}{Q_d}\times100\%=\frac{14300}{50000}\times100\%=28.6\%$$

计算表明，产销量只要达到 14300 台，生产能力利用率达到 28.6%，项目就不会发生亏损。

【例 6-2】 某企业经销一种产品，已知产品单件变动费用为 50 元，售价为 100 元，每年固定费用为 90 万元。试问此企业盈亏平衡点的产量为多少？如果企业年生产能力为 2.4 万件，企业每年能获得的利润为多少（不考虑销售税金）？

解：（1）确定企业盈亏平衡点的产量：

$$\mathrm{BEP}(Q)=\frac{C_F}{P-C_U-T_U}=\frac{900000}{100-50}=18000\text{（件）}$$

（2）企业年生产能力为 2.4 万件时，其利润为

$$S-C=24000\times(100-50)-900000=300000\text{（元）}$$

企业盈亏平衡时的产量为 1.8 万件；当产量为 2.4 万件时，企业年利润达 30 万元。

【例 6-3】 同上例。为满足市场对产品的需要，扩大生产，拟购置一条自动线，每年需要增加固定费用 20 万元，但可以节约单件变动费 10 元。与此同时，为了扩大产品销售计划，拟降低售价 10%，此方案是否可行？

解：研究扩建自动线的可行性：

已知年固定成本 F=90+20=110（万元），产品单件变动成本 V=50−10=40（元），

售价 P=100−10=90 元(降低 10%)

（1）扩建后新的盈亏平衡点：

$$\mathrm{BEP}(Q)=\frac{1100000}{90-40}=22000\text{（件）}$$

（2）如果维持原有产量 2.4 万件，则每年获利为

$$S-C=90\times24000-(1100000+40\times24000)=100000\text{（元）}$$

如不扩大产量，新方案实施后利润下降 30−10=20 万元。

（3）如果要使利润保持 30 万元，新方案的产量：

由于
$$S-C=P\times Q-C_F-C_UQ=300000\text{（元）}$$

故
$$Q=\frac{1100000+300000}{90-40}=28000\text{（件）}$$

因此，只有市场需要超过 2.8 万件时，新方案才是可行的，否则应维持原方案。

六、盈亏平衡结果分析

（一）对技术方案运用盈亏平衡点分析时注意事项

（1）盈亏平衡点要按技术方案投产达到设计生产能力后正常年份的产销量、变动成本、固定成本、产品价格、税金及附加等数据来计算，而不能按计算期内的平均值计算。正常年份一般选择还款期间的第一个达产年和还款后的年份分别计算，以便分别给出最高和最低的盈亏平衡点区间范围。

（2）以上公式中的收入和成本均为不含增值税销项税额和进项税额的价格。如采用含税价格，BEP（Q）公式的分母中应再减去单位产品增值税。

（二）结果判别

盈亏平衡点反映了技术方案对市场变化的适应能力和抗风险能力。盈亏平衡点越低，达到此点的盈亏平衡产销量就越少，技术方案投产后盈利的可能性越大，适应市场变化的能力越强，抗风险能力也就越强。一般用生产能力利用率的计算结果表示技术方案运营的安全程度。根据经验，若 BEP（%）≤70%，则技术方案的运营是安全的，或者说技术方案可以承受较大的风险。

盈亏平衡分析虽然能够从市场适应性方面说明技术方案风险的大小，但并不能揭示产生技术方案风险的根源。因此，还需采用其他方法来帮助达到这个目标。

晨光纸业利润预测

造纸在中国有着悠久的历史，但在改革开放后，造纸工业才得到较快的发展。从 1978 年到 1995 年，中国纸品年产量由 439 万吨增长到 2812 万吨，在数量上仅次于美国和日本，居世界第三位。在国内造纸业中，晨光纸业逐步发展成为规模大、发展快、获利能力强的企业之一。根据市场调查分析，公司预计 2000 年产品销售量可达 38 万吨，每吨售价 5600 元，另外，产品的单位变动制造成本为 3000 元，单位变动销售费用为 350 元，单位变动管理费用为 150 元，固定成本总额为 4.45 亿元，企业所得税税率为 25%。

一、分析要点及要求

1．利用盈亏平衡分析预测晨光纸业 2000 年的目标利润，并计算保本销售量和保本销售额。

2．若企业根据市场环境、生产能力、技术条件等因素确定企业 2000 年利润可达 3 亿元，试用盈亏平衡分析法预测出实现目标利润的销售量和销售额。

二、问题探讨

1．盈亏平衡分析法在企业利润、风险预测实践中应首先做好哪些基础工作？这些基础工作对预测的影响有哪些？

2．盈亏平衡分析法在应用时应注意的问题有哪些？

第三节　敏感性分析

一、敏感性分析的概念

各类因素的变化对经济指标的影响程度是不同的，有些因素可能仅发生较小幅度的变化就能引起经济效果评价指标发生较大的变动；而有一些因素即使发生了较大幅度的变化，对经济效果评价指标的影响也不是太大。我们将前一类因素称为敏感性因素，后一类因素称为非敏感性因素。敏感性分析就是计算各种不确定性因素的变化对项目经济评价指标的影响，从中找出最敏感性因素并确定其敏感程度，以分析项目承担的风险大小。

通过这种分析，将各种不确定性因素按其对项目经济评估指标影响的敏感程度进行排列，使决策者能抓住重点，对敏感因素充分注意并采取相应措施，使其不利影响降到最小，确保项目的可行性。

敏感性分析有单因素敏感性分析和多因素敏感性分析两种。单因素敏感性分析是对单一不确定因素变化对技术方案经济效果的影响进行分析，即假设各个不确定性因素之间相互独立，每次只考察一个因素变动，其他因素保持不变，以分析这个可变因素对经济效果评价指标的影响程度和敏感程度。为了找出关键的敏感性因素，通常只进行单因素敏感性分析。

二、单因素敏感性分析的步骤

1. 确定敏感性分析指标

在进行敏感性分析时，首先要确定最能反映项目经济效益的分析指标，具有不同特点的项目，所应侧重的经济指标也不尽相同。如果主要分析方案状态和参数变化时对方案投资回收快慢的影响，则可选用投资回收期作为分析指标；如果主要分析产品价格波动对方案净收益的影响，则可选用净现值作为分析指标；如果主要分析投资大小对方案资金回收能力的影响，则可选用内部收益率；等等。当方案评价所处的阶段和要求深度不同，选用的经济评价指标亦有区别。如果在方案机会研究阶段，深度要求不高，可选用静态的评价指标；如果在详细可行性研究阶段，则选用动态指标评价。

2. 选择要分析的不确定因素

影响项目经济评估的不确定因素很多，通常有产品销量、产量、价格、经营成本、项目建设期和生产期等。从理论上讲，任何一个因素的变化都会对投资效果产生或多或少的影响，在实际的敏感性分析中，没有必要也不可能对全部的不确定因素进行分析，一般只选那些在费用效益构成中所占比重较大，对项目经济指标影响较大，投资决策者特别关心的最敏感的几个因素进行分析。通常将销售收入、产品售价、产品产量、经营成本、计算期限、投资等因素作为敏感性因素进行分析。

3. 确定不确定性因素的变化范围

如销售收入，将来会受市场影响，项目产量和售价将在一定预测范围内变化，这个范围可通过市场调查或初步估计获得，我们假设其变化幅度和范围就应限制在这个范围之内。

4. 确定敏感性因素

计算不确定性因素在变动范围内对经济效果指标的影响程度，绘制敏感性分析图并进行分析。计算各种不确定性因素在可能变动幅度和范围内导致项目经济评估指标的变化结果，并以一一对应的数量关系，绘制出敏感性分析图。

在分析计算过程中，先假设一个变量发生变化，其他变量不变，计算其不同变动幅度，如−5%～5%、−10%～10%等所对应的经济评估指标值，这样一个一个地计算下去，直到把所有敏感性因素计算完为止。然后，利用计算出来的一一对应关系，计算出当不确定性因素变动±1%时，经济效果指标变动的数值，即敏感度。

敏感度系数表示技术方案经济效果评价指标对不确定因素的敏感程度。计算公式为

$$S_{AF}=\frac{\Delta A/A}{\Delta F/F} \tag{6-7}$$

式中　S_{AF}——评价指标 A 对于不确定性因素 F 的敏感度系数；

$\Delta F/F$——不确定性因素 F 的变化率，%；

$\Delta A/A$——不确定性因素 F 发生 ΔF 变化时，评价指标 A 的相应变化率，%。

计算敏感度系数判别敏感因素的方法是一种相对测定法，即根据不同因素相对变化对技术方案经济效果评价指标影响的大小，可以得到各个因素的敏感性程度排序。$S_{AF}>0$，表示评价指标与不确定因素同方向变化；$S_{AF}<0$，表示评价指标与不确定因素反方向变化。$|S_{AF}|$越大，表明评价指标 A 对于不确定因素 F 越敏感；反之，则不敏感。据此可以找出哪些因素是最关键的因素。

敏感度系数提供了各不确定因素变动率与评价指标变动率之间的比例，但不能直接显示变化后评价指标的值。为了弥补这种不足，有时需要编制敏感性分析表，列示各因素变动率及相应的评价指标值。

敏感性分析表的缺点是不能连续表示变量之间的关系，为此人们又设计了敏感分析图，图中横轴代表各不确定因素变动百分比，纵轴代表评价指标，0 点为原来基本方案的情况；根据原来的评价指标值和不确定因素变动后的评价指标值，画出直线。这条直线反映不确定因素不同变化水平时所对应的评价指标值。每一条直线的斜率反映技术方案经济效果评价指标对该不确定因素的敏感程度，斜率越大敏感度越高。一张图可以同时反映多个因素的敏感性分析结果。

敏感性分析主要是为了表明项目承担风险的能力，如某个不确定性因素变化引起项目经济评估指标的变化不大，则认为项目抗风险能力强。显然，项目经济评估指标对不确定性因素的敏感程度越低越好。敏感性分析，主要是寻找引起项目经济评估指标下降的最敏感因素并对其进行综合评价，提出把风险降到最低的对策，为投资决策者提供参考。

三、单因素敏感性分析

单因素敏感性分析是在分析不确定性因素对项目方案经济效果指标的影响时，每次只变动一个因素，而假定其他不确定性因素不变的一种敏感性分析。

【例 6-4】 某工程项目全部投资 100 万元，设计年生产能力为 10 万件。预计每件产品售价为 12 元，单位产品经营成本为 8 元，项目寿命期为 10 年，期末可获残值为 5 万元。若基准收益率为 10%，试根据项目特点选择总投资、经营成本、产品价格和年产量四个不确定性因素，各按±10%和±20%的变动幅度，对该工程项目的净现值作敏感性分析。

解： NPV=–投资+(价格–经营成本)×年产量×(P/A，10%，10)+残值×(P/F，10%，10)

其单因素敏感性分析结果见表 6-1。

表 6-1　　单因素敏感性分析

项目		总投资	年产量	售价	单位产品经营成本	残值	项目寿命	折现率	净现值	敏感度
单位		万元	万件	元/件	元/件	万元	年	%	万元	万元
基本方案		100	10	12	8	5	10	10	147.71	
投资变动	–20%	80	10	12	8	5	10	10	167.71	–1
	–10%	90	10	12	8	5	10	10	157.71	–1

续表

项目		总投资	年产量	售价	单位产品经营成本	残值	项目寿命	折现率	净现值	敏感度
投资变动	10%	110	10	12	8	5	10	10	137.71	–1
	20%	120	10	12	8	5	10	10	127.71	–1
经营成本变动	–20%	100	10	12	6.4	5	10	10	246.02	–4.92
	–10%	100	10	12	7.2	5	10	10	196.87	–4.92
	10%	100	10	12	8.8	5	10	10	98.55	–4.92
	20%	100	10	12	9.6	5	10	10	49.40	–4.92
售价变动	–20%	100	10	9.6	8	5	10	10	0.24	7.37
	–10%	100	10	10.8	8	5	10	10	73.98	7.37
	10%	100	10	13.2	8	5	10	10	221.45	7.37
	20%	100	10	14.4	8	5	10	10	295.18	7.37
年产量变动	–20%	100	8	12	8	5	10	10	98.55	2.46
	–10%	100	9	12	8	5	10	10	123.13	2.46
	10%	100	11	12	8	5	10	10	172.29	2.46
	20%	100	12	12	8	5	10	10	196.87	2.46

根据表 6-1 计算结果绘制敏感性分析图，如图 6-2 所示。

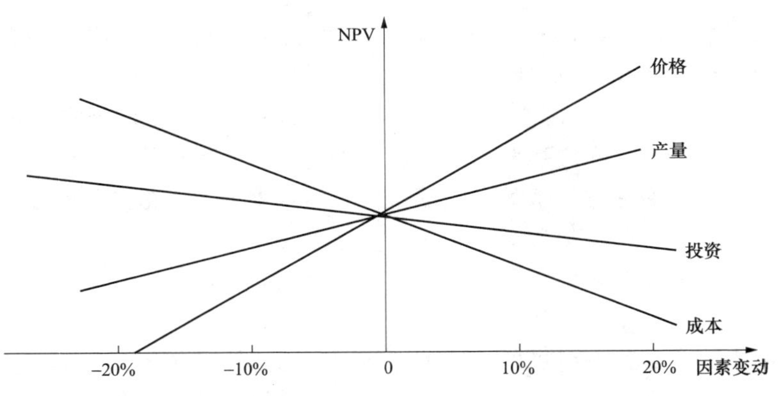

图 6-2　单因素敏感性曲线

由表 6-1 和图 6-2 可以看出，投资和经营成本的变动与方案净现值的变动方向相反；价格和产量的变动与净现值的变动方向相同。其中产品销售价格为该工程项目的最敏感因素，只要产品价格增长或降低 10%，项目方案的净现值就可增长或降低 7.37 万元，其次是单位产品经营成本，再次为年产量，本例中最不敏感因素为总投资。

四、选择方案

如果进行敏感性分析的目的是对不同的技术方案进行选择，一般应选择敏感程度小、承受风险能力强、可靠性大的技术方案。

需要说明的是，单因素敏感性分析虽然对于技术方案分析中不确定因素的处理是一种简便易行、具有实用价值的方法，但它以假定其他因素不变为前提，这种假定条件在实际经济活动中是很难实现的，因为各种因素的变动均存在相关性，一个因素的变动往往引起其他因素也随之变动。比如产品价格的变化可能引起需求量的变化，从而引起市场销售量的变化。所以，在分析技术方案经济效果受多种因素同时变化的影响时，要用多因素敏感性分析，使之更接近于实际过程。多因素敏感性分析由于要考虑可能发生的各种因素不同变动情况的多种组合，因此计算起来要比单因素敏感性分析复杂得多。

综上所述，敏感性分析在一定程度上对不确定因素的变动对技术方案经济效果的影响作了定量的描述，有助于确定技术方案对不确定因素的不利变动所能容许的风险程度，有助于鉴别敏感因素，从而及早排除对那些无足轻重的变动因素的注意力，把进一步深入调查研究的重点集中在那些敏感因素上，或者针对敏感因素制定出管理和应变对策，以达到尽量降低风险、增加决策可靠性的目的。但敏感性分析也有其局限性，它主要依靠分析人员凭借主观经验来分析判断，难免存在片面性。在技术方案的计算期内，各不确定性因素相应发生变动幅度的概率不同，这意味着技术方案承受风险的大小不同。通过敏感性分析找出的某个敏感性因素如果未来发生不利变动的概率很小，实际引起的风险并不大；若另一个不太敏感的因素未来发生不利变动的概率很大，实际上所引起的风险反而比那个敏感性因素更大。而敏感性分析在分析某一因素的变动时，并不能说明不确定因素发生变动的可能性是大还是小。对于此类问题，还要借助概率分析等方法。

第四节 风 险 分 析

风险分析又称为概率分析，是指利用概率理论定量地研究各种不确定性因素的随机变动对项目经济效果指标的影响，以判断项目方案风险程度的一种不确定性分析方法。它是假定各个因素是服从某种分布的相互独立的随机变量，因而作为变动因素函数的投资项目经济评估指标也是一个随机变量，在进行概率分析时，先对参数值做出概率估计，并以此为基础计算项目的经济效益，然后通过经济效益的期望值、累计概率、标准差等来反映项目的风险与不确定程度。

一、风险分析的相关概念

1. 概率

随机事件的出现总有各种可能性，这种可能性可以用概率来表示。通常把出现某种随机事件的次数与各种可能出现随机事件的总和之比称为随机事件的概率。一般用 $P(X)$ 来表示，其基本性质有：

（1）概率是非负值，即 $P(X)\geqslant 0$；

（2）任何随机事件的概率都在 0 与 1 之间，即 $0\leqslant P(X)\leqslant 1$；

（3）所有随机概率事件的概率总和等于 1，即 $\sum P(X_i)=1$，式中 i 为随机事件发生的次数。

（4）在项目评估中进行概率分析时，一般只分析研究离散型随机变量的概率分布情况。离散型随机变量的概率分析，是根据分析人员的主观判断，取有限个随机变量，并能以各种确定的概率值表示概率分布情况。

例如，原材料价格在项目经济寿命期内可能上涨 5%、10%、15%、20%，这些上涨比例是有限和可数的，故称为离散型随机变量。如果确认上述随机变量有相应确定的概率值，其概率分布分别为 0.2、0.3、0.3、0.2，那么就可以利用表格形式描述其概率分布情况，如表 6-2

所示。

表 6-2

原材料价格上涨	5%	10%	15%	20%
概率 P（X_i）	0.2	0.3	0.3	0.2

2. 期望值

对于离散型随机变量 X，其期望值为

$$E(X) = X_1P_1 + X_2P_2 + \cdots + X_nP_n = \sum X_iP_i \tag{6-8}$$

式中 $E(X)$——随机变量 X 的期望值；

X_i——随机变量 X 的各种取值；

P_i——对应于 X_i 的概率值。

由期望值的定义可知，它实际是一个加权平均值。

计算表 6-2 列出的原材料价格上涨的期望值为

$$E(X)=5\%\times0.2+10\%\times0.3+15\%\times0.3+20\%\times0.2=12.5\%$$

3. 标准差

方案的风险程度与经济效益的概率分布有着密切的联系。概率分布越集中，经济效益期望值实现的可能性就越大，风险程度就越小。标准差就是反映一个随机变量实际值与其期望值偏离程度的指标。这种偏离程度可以作为度量方案风险与不确定性的一种尺度，标准差越大，表示随机变量可能变动的范围越大，不确定性与风险也就越大。标准差也称为均方差，是指期望值与实际值的偏差程度，其定义为

$$\sigma = \pm\sqrt{\sum_{i=1}^{n}(\bar{X} - X_i)^2 P(X_i)} \tag{6-9}$$

式中 $\bar{X}$——随机变量 X 的平均值，可用 $E(X)$代替；

X_i——随机变量 X 的各种取值；

$P(X_i)$——随机变量 X 的概率值。

当取$\pm\sigma$ 时，其值可靠度为 68.3%；当取$\pm2\sigma$ 时，其值可靠度为 95.4%；当取$\pm3\sigma$ 时，其值可靠度为 99.7%。一般项目取$\pm\sigma$ 均方差即可。

上例中计算原材料价格上涨率的标准差为

$$\sigma = \pm\sqrt{(12.5\% - 5\%)^2 \times 0.2 + (12.5\% - 10\%)^2 \times 0.3 + (12.5\% - 15\%)^2 \times 0.3 + (12.5\% - 20\%)^2 \times 0.2}$$
$$= \pm5.12\%$$

计算结果表明，原材料价格上涨幅度最大可能为 12.5%，上下有 5.12%的偏差；下限 12.5%−5.12%=7.38%，上限为 12.5%+5.12%=17.62%；其实际值落在该区域的可靠性达到 68.3%，即尚有 31.7%的风险性。

4. 离散系数

标准差是一个绝对指标，一般地，变量的期望值越大，其标准差越大，因此，标准差往往不能准确反映期望值不同的方案风险程度的差异。而离散系数是一个相对数，可以更好地反映方案的风险程度。

离散系数的计算公式为

$$V=\frac{\sigma}{E} \tag{6-10}$$

式中 V——离散系数；

σ——标准差；

E——期望值。

【例 6-5】 建设有 A、B 两个项目，其净现值的期望值分别为 400 万元和 200 万元，其标准差分别为 200 万元和 150 万元，那么是不是可以说，由于 A 项目的标准差大，它的风险就一定大于 B 项目呢？答案是否定的，我们通过它们各自的离散系数来考察一下：

A 项目：$V=\frac{200}{400}=0.5$

B 项目：$V=\frac{150}{200}=0.75$

虽然 A 项目的标准差大于 B 项目，但离散系数表明 B 项目的实际净现值相对期望值的离散程度大于 A 项目，因而 B 项目的风险大于 A 项目。

结论：标准差只能用来比较期望值相同项目的风险大小，而离散系数既可用于期望值相同的项目，也可用于期望值不同的项目。

二、风险分析的一般步骤

1. 确定分析对象

分析的对象包括项目方案经济效果指标和不确定性因素。表述项目方案经济效果的指标有很多，没有必要对所有的经济效果指标进行风险分析，实际工作中一般采用净现值或内部收益率作为风险分析的对象。不确定性因素的选择一般要根据敏感性分析中所确定的对该经济效果指标影响较大的敏感因素，以及投资者最关心的因素来确定。

2. 对所选定的不确定性因素进行概率估计

不确定性因素概率的确定是风险分析的关键，它对项目方案的风险分析的可靠性起着决定性作用。

3. 计算项目方案经济效果指标的概率分布

项目方案经济效果指标概率分布的计算，就是在已知不确定性因素主观概率分布的前提下，按经济效果指标与不确定性因素的关系式计算该经济效果指标在各种概率下的取值。

4. 计算项目方案经济效果指标的期望值和标准差

在风险分析中不能仅仅依据经济效果指标某种取值出现的概率来决定方案的取舍，而是依据效果指标的期望值选择方案。此外，还要考虑经济效果指标的各种取值与期望值的偏离程度——标准差来考察方案的风险性大小。标准差越小，说明经济效果指标的取值与其期望值的偏离程度越小，项目的风险性越小；反之，则风险性越大。

5. 对项目方案经济效果指标的风险分析做出结论

根据项目方案经济效果指标的概率分布，计算方案经济效果指标值小于或大于某一取值的概率值，根据概率值的大小来判断方案风险性的大小，做出分析结论。

三、风险分析实例

【例 6-6】 某水泥企业为了制定 10 年长远发展规划，组织 10 名专家对 2024 年该市水泥需求量进行预测。专家预测数据见表 6-3。请计算专家预测值的期望值，计算预测值的标准差，并估计在置信度 68.3%的水平下预测值的区间分布。

表 6-3　　**专家估计的概率分布**　　单位：%

序号	需求量				
	48 万 t	52 万 t	55 万 t	60 万 t	65 万 t
1	5	20	40	25	10
2	10	25	30	20	15
3	5	10	25	40	20
4	30	50	10	10	0
5	20	20	30	20	10
6	25	55	20	0	0
7	5	15	35	25	20
8	10	15	45	20	10
9	15	25	35	15	10
10	20	40	20	15	5

解：（1）首先计算专家预测值的概率。

需求量为 48 万 t 的专家估计概率的平均值为

(5%+10%+5%+30%+20%+25%+5%+10%+15%+20%)/10=14.5%

同样可以计算出，52 万 t、55 万 t、60 万 t、65 万 t 的概率分别为 27.5%、29%、19%和 10%。

（2）计算专家估计需求量的期望值：

$x=\sum P_i x_i$=14.5%×48+27.5%×52+29%×55+19%×60+10%×65=55.11（万 t）

（3）计算专家估计需求量的方差及标准差：

方差$=\sum P_i(x-x_i)^2$

$=14.5\%\times(55.11-48)^2+27\%\times(55.11-52)^2+29\%\times(55.11-55)^2+19\%\times(55.11-60)^2+10\%\times(55.11-65)^2=24.32$

标准差$\sigma=\sqrt{24.32}=4.93$

在置信度 68.3%的水平下，预测区间为 55.11±4.93。含义是有 68.3%的可能性，需求量在 50.18 万～60.04 万 t。

【例 6-7】 某项目经济寿命期为 10 年，残值不考虑，基准收益率为 10%，其投资、年收入、年成本及其概率如图 6-3 所示。

图 6-3 为此项目风险决策图，○表示结点，内数表示概率值；每一个分支表示在不确定条件下可能发生的事件，共有 8 个分支。投资有 300 万元、概率 0.6 和 200 万元、概率 0.4 两种可能，概率之和为 1；下面又各有两个分支，分别对应的年收入为 120 万元与 90 万元和 80 万元与 60 万元，其概率分别为 0.3 和 0.7，概率之和为 1；下面又各有两个分支，分别对应的年成本为 45 万元与 15 万元和 30 万元与 20 万元，其概率分别为 0.3 和 0.7，概率之和为 1。

（一）分别计算各分支的概率值 $P(X)$

第一分支为 0.6×0.3×0.3=0.054，

第二分支为 0.6×0.3×0.7=0.126，

……

第八分支为 0.4×0.7×0.7=0.196，

各分支的概率之和等于 1。

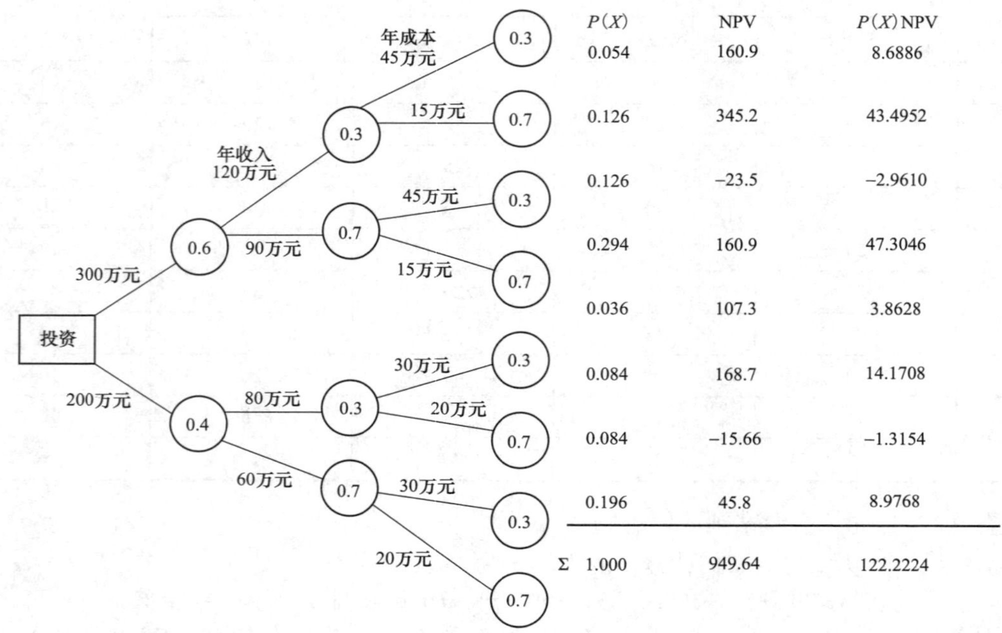

图 6-3 项目风险决策图

（二）分别计算各分支的净现值 NPV

第一分支为−300+(120−45)(P/A，10%，10)=160.9，

第二分支为−300+(120−15)(P/A，10%，10)=345.2，

……

第八分支为−200+(60−20)(P/A，10%，10)=45.8。

（三）分别计算各分支的加权净现值 P（X）NPV

第一分支为 160.9×0.054=8.6886，

第二分支为 345.2×0.126=43.4952，

……

第八分支为 45.8×0.196=8.9768。

加权净现值之总和为 122.2224，即为净现值的期望值。

（四）列出净现值累计概率，求净现值大于或等于零时的累计概率值

按 NPV 大小排列，其概率相加得累计概率值。

NPV	累计概率值
345.2	0.126
168.7	0.210
160.9	0.264

160.9　　0.558
107.3　　0.594
45.8　　0.790
−15.66　　0.874

$$P(NPV \geqslant 0) = 0.790 + (0.874 - 0.790) \times \frac{45.8}{45.8 + |-15.66|} = 0.8526 = 85.26\%$$

净现值 NPV≥0 的累计概率为 85.26%，净现值的期望值为正值，说明该项目风险不大。

净现值的期望值和净现值 NPV≥0 的累计概率越大，项目所承担的风险就越小。

四、风险分析的局限性

在其他条件相同时，对于具有同样净效益的项目或方案，其变动性越小越好。此外，通过概率分析所得的项目经济效益指标的概率也有助于对项目风险做出决策，判断其风险的可靠程度。NPV 大于或等于零的累计概率越大越好，表明项目的风险小，可靠程度高。

但是，如果不能确定未来可能发生状况的概率，风险决策将难以发挥作用。当不能确定未来状态的发生概率时，需要运用不确定条件下的决策分析。

电器公司的投资决策

北京某电器公司是一家生产程控电话交换机的小型企业。由于考虑拓展农村市场，该公司决定扩大电话交换机的生产能力，并确定了 5 年内使总利润达到 300 万元的目标。按照这个目标，公司共拿出三个方案供决策选择。

（1）建设一个 200 平方米的生产车间，增加一批新设备，预计需投资 200 万元，3 年后才能投产。投产后，如销路好，每年可获利 120 万元；如销路差，每年就要亏损 10 万元。

（2）在原有生产车间基础上，通过技术改造，重组电话交换机生产线。此方案需投资 50 万元，1 年后投产。投产后，如销路好，每年可获利 60 万元；如销路差，可获利 30 万元。

（3）联合另外 4 家企业按配套件组织协作生产，不需额外投资，马上就可投产。投产后，如销路好，每年可获利 90 万元；如销路差，每年可获利 30 万元。

另外，经预测，未来 5 年内电话交换机出现销路好的概率为 0.4。

一、分析要点及要求

1．对以上三个方案的收益与风险进行计算。

2．进行方案评价。

二、问题探讨

1．产生经营风险的原因有哪些？

2．进行风险决策时考虑的主要因素有哪些？

第五节　不确定性分析

由于未来每种状态的发生概率无法确定，而仅存在每种状态下各方案的损益值，因此，决策分析时只能依据决策者的主观偏好和决策策略，这也是不确定条件下决策分析的关键。

对于不确定条件下的决策问题，因决策者对不确定性的态度和主观判断不同而可采取不同的决策方法。以表 6-4 为例，具体说明不确定条件下的决策方法。

表 6-4 损 益 矩 阵 单位：万元

方案 \ 损益值 \ 状态	Q_1	Q_2	Q_3
A_1	30	22	−16
A_2	24	18	0
A_3	14	14	14

1. 最大最大决策法（乐观准则）

该准则表示决策者要追求最大的损益值，表明决策者充满乐观情绪，对损失和失败不加以考虑。其数学公式为

$$W_1 = \overset{\max}{A_j}\,\overset{\max}{Q_i}\{C_{ij}\} \tag{6-11}$$

对于本例：

因

$$A_1 = \overset{\max}{Q_j}\{C_{1j}\} = \max\{30, 22, -16\} = 30$$

$$A_2 = \overset{\max}{Q_j}\{C_{2j}\} = \max\{24, 18, 0\} = 24$$

$$A_3 = \overset{\max}{Q_j}\{C_{3j}\} = \max\{14, 14, 14\} = 14$$

故

$$W_1 = \overset{\max}{A_j}\{30, 24, 14\} = 30$$

因此，最优方案为 A_1。

2. 最大最小决策法（悲观准则）

该准则是先对每种方案的损益值求一次最小，然后从这些值中求最大者，从而找出最优决策方案。采用这种方案时的最小损益值，即最保险的收益是所有方案中最大者。这种方法表明决策者偏于保守，决策者对待风险持回避和悲观态度。其公式为

$$W_2 = \overset{\max}{A_i}\,\overset{\min}{Q_i}\{C_{ij}\} \tag{6-12}$$

对于本例：

因

$$A_1 = \overset{\min}{Q_j}\{C_{1j}\} = \min\{30, 22, -16\} = -16$$

$$A_2 = \overset{\min}{Q_j}\{C_{2j}\} = \min\{24, 18, 0\} = 0$$

$$A_3 = \overset{\min}{Q_j}\{C_{3j}\} = \min\{14, 14, 14\} = 14$$

故

$$W_2 = \overset{\max}{A_j}\{-16, 0, 14\} = 14$$

因此，最优方案为 A_3。

3. 加权系数（α）准则

加权系数（α）准则是上述两种准则的折中，从而表现为既不那么乐观，又不那么悲观。其公式为

$$WA_i = \overset{\alpha\max}{A_i}\{C_{ij}\}+(1-\alpha)\overset{\min}{Q_j}\{C_{1j}\}$$

$$W_3 = \overset{\max}{A_i}\{WA_i\} \tag{6-13}$$

加权系数反映决策者对风险的好恶，其取值在 0～1 之间。显然，当α=1 时为最大最大决策法（乐观准则）；当α =0 时，为最大最小决策法（悲观准则）。本例中，取α=0.6 时的计算结果见表 6-5。

表 6-5　　加权系数法计算结果　　单位：万元

方案	最大损益值	最小损益值	加权平均值	最大加权平均值
A_1	30	−16	30×0.6−16×0.4=11.6	14.4
A_2	24	0	24×0.6+0×0.4=14.4	
A_3	14	14	14×0.6+14×0.4=14	

决策结果应为方案 A_2。

4. 等概率准则

等概率准则，认为既然不能确认概率，就按同等概率对待每个方案。对于本例，认为 Q_1、Q_2、Q_3 状态的发生概率均为 1/3，从而 A_1、A_2、A_3 的期望值分别为

$$E(A_1)=1/3\times(30+22-16)=12$$

$$E(A_2)=1/3\times(24+18+0)=14$$

$$E(A_3)=1/3\times(14+14+14)=14$$

因此，选方案 A_2、A_3 均可。

5. 最小最大后悔准则

决策者在选定方案后，如实践证明选择另一方案比原先预计得要好，这时就遭受了机会损失，从而决策者会感到后悔。决策者先算出各种状态下各方案的最大后悔值（各状态的最大收益值与各方案收益值之差），然后选择最大后悔值最小的方案作为较满意的方案。对于本例，各方案后悔值 R_{ij} 见表 6-6。

表 6-6　　后　悔　值　表

状态 / 后悔值 / 方案	Q_1	Q_2	Q_3	最大后悔值	最小最大值
A_1	0	0	30	30	14
A_2	6	4	14	14	
A_3	16	8	0	16	

其计算方法如下：

$$R(A_1)=\overset{\max}{Q_j}\{R_{ij}\}=\max\{0,0,30\}=30$$

$$R(A_2)=\overset{\max}{Q_j}\{R_{ij}\}=\max\{6,4,14\}=14$$

$$R(A_3)=\overset{\max}{Q_j}\{R_{ij}\}=\max\{16,8,0\}=16$$

各最大后悔值中的最小者为

$$\overset{\max}{A_i}(A_i)=\min\{30,14,16\}=14$$

所以方案 A_2 为最优方案。

以最小最大后悔准则作为决策标准的决策者，可使其决策产生最小可能损失。这一准则使决策者处于相对保险的地位，因而说这是一种偏保守的决策准则。

本例说明，对于同一决策对象，由于决策者采取的决策准则不同，其决策结果也会不同。

价值引领

“黑天鹅”事件和“灰犀牛”事件

“黑天鹅”事件特指出乎意料发生的小概率高风险事件，一旦发生影响足以颠覆以往任何经验，是不可预测的事件。“灰犀牛”事件比喻大概率发生且影响巨大的潜在危机事件，这个危机有发生变化或改变的可能，是可预测的事件。

党的二十大报告中再次提到：“我国发展进入战略机遇和风险挑战并存、不确定难预料因素增多的时期，各种‘黑天鹅’、‘灰犀牛’事件随时可能发生。我们必须增强忧患意识，坚持底线思维，做到居安思危、未雨绸缪，准备经受风高浪急甚至惊涛骇浪的重大考验。”

思考与启示

既要警惕“黑天鹅”事件，也要防范“灰犀牛”事件，无论是对于个人投资还是社会发展，都是非常必要的。正如习近平总书记多次强调：凡事从坏处准备，努力争取最好的结果，做到有备无患、遇事不慌、牢牢把握主动权。

本章小结

本章主要介绍了建筑工程项目经济效果不确定性分析的基本方法。我们在对工程项目的经济效果进行分析和评价时，都是在项目方案实施前进行的，评价过程中所使用的数据都是对未来状况的预测和估计，这就难免受不确定性因素的影响，从而影响工程项目经济效果评价的准确性。因此，有必要对工程项目进行不确定性分析。

工程项目不确定性分析的目的是预测项目方案的风险性及项目方案实施后抵御不确定性因素变化的抗风险能力，以便为决策者提供经济效果好、风险小的方案或对将来可能发生的不利因素采取有效的控制措施。

对工程项目方案进行不确定性分析的主要方法有盈亏平衡分析、敏感性分析和风险分析。它们分别从不同的角度对项目方案实施后的风险性大小及抗风险能力进行分析，分析的方法和内容也各不相同。

盈亏平衡分析是在一定的市场条件下研究工程项目方案的产量、成本与盈利之间的关系，确定项目方案的盈利与亏损在不确定性因素方面的界限，并分析和预测这些不确定性因素的变动对项目方案盈亏界限的影响的一种分析方法。通过盈亏平衡分析可以考察项目方案在某种条件下能够承受多大风险而不致发生亏损的能力。盈亏平衡分析根据项目方案的销售收入、成本与产量之间的关系，可分为线性盈亏平衡分析和非线性盈亏平衡分析。在线性盈亏平衡分析中，项目的风险性随着平衡点产销量、平衡点销售收入、平衡点生产能力利用率、平衡点价格的减小而降低，呈同方向变化。非线性盈亏平衡分析存在两个盈亏平衡点，在两平衡点之间方案盈利，且有一最大利润点产量，在两平衡点之外方案亏损。

敏感性分析是研究由于不确定性因素的变动而导致工程项目经济效果指标变动的一种分析方法。通过敏感性分析，可以找出项目方案的敏感因素和不敏感因素，并确定其对项目经济效果指标的影响程度，以便对敏感因素采取有效的控制措施，降低工程项目的风险。敏感性分析分为单因素敏感性分析和多因素敏感性分析。通过对影响项目方案经济指标的多个不确定性因素进行单因素敏感性分析，可以确定不确定性因素敏感性大小的顺序，进而找出最敏感因素。多因素敏感性分析要考虑各种不确定因素不同变动幅度的各种组合，计算起来比单因素敏感性分析要复杂得多。敏感性分析的局限性在于它没有考虑各种不确定性因素在将来变动的可能性大小。

风险分析是利用概率理论定量地研究各种不确定性因素的随机变动对项目经济效果指标的影响的一种分析方法，其目的是通过对影响项目方案经济效果指标的不确定性因素变动的概率分布的研究，得出描述项目方案风险程度的定量结果。通过风险分析可以提高工程项目方案经济效果预测的准确性，为投资决策提供可靠的依据。不确定性因素概率分布的确定是风险分析的关键，它对风险分析的可靠性起着决定性作用。风险分析的基本方法是期望值法。期望值法是把各备选方案在所有状态下的经济效果指标损益值的期望值求出，根据期望值的大小按照一定的决策准则进行最佳方案的选择。

1．什么是不确定性分析？

2．什么是盈亏平衡分析？它有什么特点？

3．什么是敏感性分析？怎样进行敏感性分析？如何确定最敏感性因素及其最大的允许变化幅度？

4．怎样进行风险分析？风险分析有何特点？

5．如何进行单因素敏感性分析？它有哪些不足之处？

一、单选题

1．对某技术方案进行单因素敏感性分析。当预计投产后的单位产品销售价格为 1000 元时，该技术方案内部收益率为 15%；当预计单位产品销售价格为 800 元时，该技术方案内部收益率为 12%；当预计单位产品销售价格为 700 元时，该技术方案内部收益率为 9%；当预计单位产品销售价格为 500 元时，该技术方案内部收益率为 0。如果基准收益率为 9%，则该技术方案预计投产后单位产品销售价格下降的临界点为（　　）元。

A．1000　　B．800　　C．700　　D．500

2．某技术方案的设计年产量为 8 万件，单位产品销售价格为 100 元，单位产品可变成本为 20 元，单位产品税金及附加为 5 元，按设计生产能力生产时，年利润为 200 万元，则该技术方案的盈亏平衡点产销量为（　　）万件。

A．5.33　　B．5.00　　C．4.21　　D．4.00

3．某技术方案年设计生产能力为 10 万台，单台产品销售价格（含税）为 2000 元，单台产品可变成本（含税）为 1000 元，单台产品税金及附加为 150 元。若盈亏平衡点年产量为 5 万台，则该方案的年固定成本为（　　）万元。

A．5000　　B．4250　　C．5750　　D．9250

4．已知某投资方案内部收益率为 10%，现选择 4 个影响因素分别进行单因素敏感性分析，计算结果如下：当产品价格上涨 10%时，*IRR*=11%；当原材料价格上涨 10%时，*IRR*=9.5%；当建设投资上涨 10%时，*IRR*=9.0%；当人民币汇率上涨 10%时，*IRR*=8.8%。根据上述条件判断，最敏感的因素是（　　）。

A．建设投资　　B．原材料价格　　C．人民币汇率　　D．产品价格

5．某技术方案有一笔长期借款，每年付息 80 万元，到期一次还本。该技术方案年折旧费为 120 万元，正常生产年份的原材料费用每年为 1000 万元，管理人员工资福利费每年为 100 万元。则上述构成固定成本的费用额为每年（　　）万元。

A．300　　B．1200　　C．1220　　D．1300

6．某技术方案设计年生产能力为 100 万件，在销售价格和成本费用均采用不含税价格时，每件售价 90 元，固定成本每年 800 万元，变动成本为 50 元/件，单件产品税金及附加为 5 元，按量本利模型计算该技术方案每年可获得的利润为（　　）万元。

A．2000　　B．2700　　C．3200　　D．3500

7．某技术方案的设计生产能力为 10 万件，有甲和乙两个可实施方案，其盈亏平衡点产量分别为 1 万件和 9 万件，不考虑其他因素，下列说法中正确的是（　　）。

A．方案甲的风险大　　B．方案乙的风险大

C．两方案的风险相同　　D．方案甲产品降价后的风险大

8．某技术方案年设计生产能力为 20 万台，产品单台售价为 1600 元，生产人员基本工资为 1600 万元/年，设备折旧费为 850 万元/年，管理费为 750 万元/年，原材料费为 16000 万元/年，包装费为 1400 万元/年，生产用电费为 800 万元/年，单台产品税金及附加为 200 元。则该技术方案的盈亏平衡点的产销量为（　　）台。

A．20000　　B．46300　　C．65306　　D．80000

9．现对某技术方案进行评价，确定性评价得到技术方案的内部收益率为 18%，选择 3 个影响因素对其进行敏感性分析，当产品价格下降 3%、原材料上涨 3%、建设投资上涨 3%时，内部收益率分别降至 8%、11%、9%。则该技术方案的内部收益率最敏感性因素是（　　）。

A．建设投资　　B．原材料价格　　C．产品价格　　D．内部收益率

10．某技术方案年设计生产能力为 15 万台，在销售价格和成本费用均采用不含税价格时，产品单台销售价格为 800 元，单台产品的可变成本为 570 元，单台产品税金及附加为 10 元，

年固定成本为 1500 万元。该技术方案盈亏平衡点的产销量 BEP（Q）为（　　）台。

A．58010　　B．60000　　C．60100　　D．68182

二、多选题

1．项目盈亏平衡分析中，若其债务条件不变，可以降低盈亏平衡点产量的（　　）。

A．提高设计生产能力　　B．降低固定成本

C．降低产品售价　　D．降低单位产品变动成本

E．提高税金及附加率

2．某技术方案经济评价指标对甲、乙、丙三个不确定因素的敏感度系数分别为−0.1、0.05、0.09，据此可以得出的结论有（　　）。

A．经济评价指标对甲因素最敏感

B．甲因素下降 10%，方案达到盈亏平衡

C．经济评价指标与丙因素反向变化

D．经济评价指标对乙因素最不敏感

E．丙因素上升 9%，方案由可行转为不可行

3．下列条件中，属于线性盈亏平衡分析模型假设条件的有（　　）。

A．产销量和单位可变成本保持不变

B．生产量等于销售量

C．生产多种产品的，可以换算为单一产品计算

D．产量超过一定规模时，固定成本线性增加

E．产销量和销售单价不变

4．常用的不确定分析的方法有盈亏平衡分析和敏感性分析，具体选择哪种分析方法应综合考虑的因素有（　　）。

A．技术方案的类型和特点　　B．未来经济形势的变化

C．决策者的要求　　D．相应的人力、财力

E．技术方案对经济的影响程度

5．下列关于不确定性因素产生原因的说法，正确的有（　　）。

A．所依据的基本数据不足或者统计偏差

B．预测方法的局限

C．未来经济形势的变化

D．技术进步的影响

E．计算复杂的定量因素的影响

6．下列关于盈亏平衡分析的说法，正确的有（　　）。

A．通过计算技术方案达产年盈亏平衡点，分析技术方案成本与收入的平衡关系

B．用来判断技术方案对不确定性因素导致产销量变化的适应能力和抗风险能力

C．可以用绝对值表示，如以实物产销量、单位产品售价等表示的盈亏平衡点

D．以产销量和生产能力利用率表示的盈亏平衡点应用最为广泛

E．只能用绝对值表示，不可以用相对值表示

7．技术方案盈亏平衡点（BEP）的表达形式有多种，下列用绝对值表示的有（　　）。

A．实物产销量　　B．年销售收入　　C．单位产品售价　　D．年固定总成本

E．生产能力利用率

8．下列关于盈亏平衡点的说法，正确的有（　　）。

A．盈亏平衡点反映了技术方案对市场变化的适应能力和抗风险能力

B．盈亏平衡点越低，技术方案投产后盈利的可能性越大

C．盈亏平衡点越高，适应市场变化的能力越强

D．盈亏平衡点越低，抗风险能力越强

E．盈亏平衡分析不能揭示产生技术方案风险的根源

9．下列关于量本利图的说法，正确的有（　　）。

A．销售收入线与总成本线的交点是盈亏平衡点

B．在盈亏平衡点的基础上，满足设计生产能力增加产销量，将出现亏损

C．产品总成本是固定总成本和变动总成本之和

D．盈亏平衡点的位置越高，项目适应市场变化的能力越强

E．盈亏平衡点的位置越高，项目投产后盈利的可能性越小

10．下列关于临界点的说法，正确的有（　　）。

A．临界点不能用专用软件的财务函数计算

B．临界点可由敏感性分析图直接求得近似值

C．临界点的高低与设定的指标判断标准有关

D．对同一技术方案，随着设定基准收益率的提高，临界点也会变高

E．利用临界点判别敏感因素的方法是一种相对测定法

第七章　工程项目可行性研究

思政育人目标：

党的二十大报告指出，要加快构建新发展格局，着力推动高质量发展。高质量发展需要高质量的投资，高质量的投资需要高质量的投资决策，而可行性研究是投资决策的核心环节。项目可行性研究是确定建设项目之前具有决定性意义的工作，详细分析工程项目的可行性，从而帮助决策者判断方案是否可行，识别潜在的节省成本的空间，有利于节约资源。

可行性研究报告能够帮助决策者识别计划执行中可能遇到的风险，从而有效地把握计划的可行性和可控性。可行性研究是坚持科学发展观、建设节约型社会的需要。

课程教学目标：

可行性研究包括初步可行性研究和详细可行性研究。了解初步可行性研究和详细可行性研究的区别和联系，通过对项目进行初步可行性和详细可行性研究和分析，对技术、经济、运行环境、风险等方面进行综合论证，对项目顺利开展和实施起到重要的作用。

第一节　可行性研究的地位、作用

工程项目的可行性研究是工程项目投资决策前进行技术经济分析论证的科学方法和手段，是一门综合性的边缘科学。它是随着科学技术、经济科学和管理科学的不断发展而产生和发展的。经过近些年不断地充实和完善，可行性研究已经发展成为一套完善的科学分析方法，在世界各国和地区得到广泛应用，并取得显著的经济效益，成为工程项目投资决策之前需要从事的重要工作。

一、可行性研究的含义

可行性研究是指在建设项目投资决策前对有关建设方案、技术方案和生产经营方案进行的技术经济论证。可行性研究必须从系统总体出发，对技术、经济、财务、商业以至环境保护、法律等多个方面进行分析和论证，以确定建设项目是否可行，为正确进行投资决策提供科学依据。

可行性研究被广泛应用于新建、扩建和技术改造项目。在对工程项目做出投资决策之前，通过做好可行性研究，使投资决策工作建立在科学和可靠的基础之上，从而达到工程项目在建设上可能、在技术上先进可行、在经济上合理有利时才予以投资建设，从而实现项目投资决策科学化、民主化，减少和避免投资决策失误，提高投资的经济效益。

可行性研究本身不是目的，而是一种研究技术经济问题的科学方法。它是促进生产领域和经济建设部门，尊重客观实际，按客观经济规律办事，提高投资经济效益的有效措施，它是用科学的方法确保建设项目以尽可能少的耗费，取得最佳经济效果的有效手段，同时是供领导部门对建设项目做出决策的重要依据。

一个建设项目要经历投资前期、建设期及生产经营期三个时期，其全过程如图 7-1 所示。

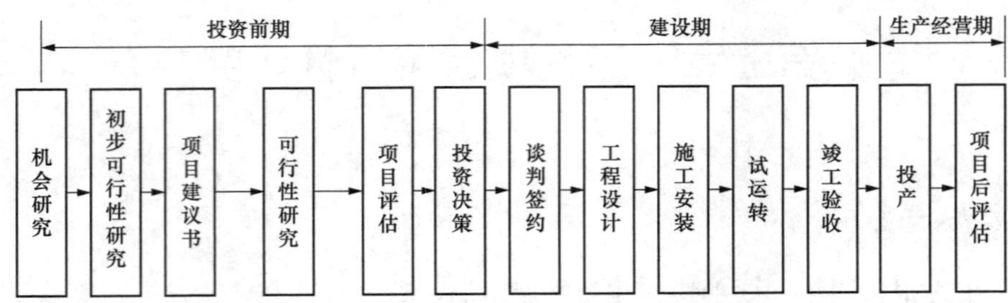

图 7-1 项目投资决策和建设全过程示意图

可行性研究是项目投资前期阶段中的一项重要工作，是研究和控制的重点。

二、可行性研究的目的

可行性研究是工程项目进行投资决策和建设的一个基本先决条件和主要依据，其主要目的有以下几点：

1. 避免错误的项目投资决策

由于科学技术、经济科学和管理科学发展很快，市场竞争激烈，客观上要求在进行项目投资决策之前做出准确的判断，避免错误的项目投资。

2. 减少项目的风险

现代化的工程项目规模大、投资额大，如轻易做出决策，一旦遇到风险，损失巨大。

3. 避免项目方案多变

工程项目方案的可靠性、稳定性是非常重要的。项目方案的多变无疑会造成人力、物力和财力的巨大浪费和时间的延误，这将大大影响工程项目的经济效果。

4. 保证项目不超支、不拖延

做到在估算的投资额范围和预定的建设期限内使项目建成投产。

5. 对项目因素的变化心中有数

对项目在施工过程中或项目竣工后可能出现的某些因素（如市场状况、价格波动等）的变化后果做到心中有数。

6. 达到最佳经济效果

投资者往往不满足于一定的资金利润率，要求在多个可能的投资方案中优选最佳方案，力争达到最好的经济效果。

三、可行性研究的特点

1. 先行性

可行性研究是在项目确定之前进行的研究、分析、论证工作，因此应为其提供充足的时间，使之得以深入地、全面地进行。

2. 不定性

可行性研究的结果包含可行或者不可行两种可能。项目可行，为项目的确定提供了科学的依据；项目不可行，避免了无谓的投资。其研究结果无论是可行还是不可行都是有意义的。

3. 预测性

可行性研究是对未来发生的事物的分析、论证，必然有一定的误差。因此，对待可行性研究的精确程度要有客观的认识。同时，对可行性研究更要慎重对待，尽可能将各种信息考虑周到，降低预测偏差。

4. 决策性

可行性研究为项目的决策提供了理论依据。

四、可行性研究的地位和作用

（一）可行性研究的地位

目前，可行性研究被世界各国普遍采用，并已成为一门决定建设项目投资命运的综合性边缘科学。只有经过可行性研究并确认可行的项目，才允许进行设计、施工和试运行。自 1979 年以来，我国开始学习和引进国外的可行性研究，并主要用于工程项目建设前期的技术经济分析，国家计划部门将可行性研究列入基本建设程序，作为编制和审批项目设计任务书的基础和依据，肯定了可行性研究在基本建设中的地位和作用。

1981 年国务院颁发了《技术引进和设备进口工作暂行条例》。该条例指出："技术引进和设备进口工作必须讲究经济效果，按经济规律办事，认真做好可行性研究。""所有技术引进和设备进口项目，都需参照条例附录所要求，编制项目建议书和项目可行性研究报告。"

1981 年国务院颁发了《关于加强基本建设计划管理、控制基本建设规模的若干规定》。该规定指出"所有新建、扩建大中型项目，不论用什么资金安排的，都必须先由主管部门对项目的产品方案和资源地质情况，以及原料、材料、煤、电、油、水、运输等协作配套条件，经过反复周密的论证和比较后，提出项目可行性研究报告，并应有国家计委批准的设计任务书和国家建委批准的设计文件"。"把可行性研究作为建设前期工作中一个重要技术经济论证阶段，纳入基本建设程序。""所有利用外资进行基本建设的项目都要有批准的项目建议书、可行性研究报告以及设计任务书（有些项目的设计任务书可由可行性研究报告代替），都要落实外汇偿还能力、国内工程和配套项目所需的国内投资，以及原料、燃料、动力、供水、交通运输等项条件。必须经过以上工作后，才能正式签约。"

1982 年国家计委和国家建委颁发的《关于缩短建设工期、提高投资效益的若干规定》指出"基本建设项目决策必须建立在科学、可靠的基础上。上项目之前一定要认真负责、精心细致地进行可行性研究和技术经济论证"。"凡是没有可行性研究，或可行性研究深度不够的建设项目，不应批准设计任务书，初步设计未经批准，不得列入年度基建计划。"

1983 年国家计委颁发《关于建设项目进行可行性研究的试行管理办法》，指出："可行性研究是建设前期工作的重要内容，是基本建设程序中的组成部分。利用外资的项目、技术引进和设备进口项目、大型工业交通项目（包括重大技术改造项目）都应进行可行性研究。其他建设项目有条件时，也应进行可行性研究。""可行性研究的任务是根据国民经济长期规划和地区规划、行业规划的要求，对建设项目的技术、工程和经济上是否合理可行，进行全面分析、论证，做多方案比较，提出评价，为编制和审批设计任务书提供可靠的依据。并进一步明确了可行性研究报告的编制程序、内容和评审方法等。"

1987 年国家又发布了《关于建设项目经济评价工作的暂行规定》和建设项目经济评价方法、建设项目经济评价参数、中外合资经营项目经济评价方法等，对我国开展建设项目可行性研究和经济评价工作起到了很大的推动作用。

综上所述，可行性研究是保证提高建设项目投资效果的重要手段，在工程项目的建设中占有举足轻重的地位，它是决定投资项目命运的关键。

可行性研究是我们多年建设经验的科学总结，是一种行之有效的科学方法，也是提高项目经济效益的首要环节，所以可行性研究受到很大的重视，是当前社会各种项目开发前必不可少的重要一步。

（二）可行性研究的作用

可行性研究的作用主要表现在以下几个方面。

1. 可行性研究是建设单位进行项目投资决策的依据

可行性研究对拟建项目所做出的经济评价，被用以考察项目的可行性。可行性研究报告为领导者决策提供了可靠依据。领导决策主要包括两个方面：一方面可行性研究是投资者或企业本身决定此项目是否应该兴建的依据；另一方面还可以作为投资管理部门审批该项目是否可行的依据。

2. 可行性研究是建设单位向银行等金融机构及组织申请贷款、筹集资金的依据

目前，世界银行等国际金融组织都把可行性研究作为申请项目贷款的先决条件。我们国内的专业银行、商业银行在接受贷款申请时，也重视对贷款项目进行全面、细致的分析评估，确定项目具有偿还贷款能力、不承担过大风险时，才批准贷款。

3. 可行性研究是建设单位向当地政府及环保部门申请建设和施工的依据

可行性研究报告经投资部门和计划部门审批以后，建设单位还必须通过地方规划部门及环保部门的审查。审查的依据即为可行性报告中关于环境保护、“三废”治理以及选址对城市、区域规划布局的影响。通过可行性研究报告，地方规划部门及环保部门判断项目影响各项因素的方案是否符合市政或区域规划及当地环保要求。只有所有指标因素均符合其要求时，才会发给建设许可证书。

4. 可行性研究是建设单位进行综合设计和建设工作的依据

一般可行性研究报告对项目的建设方案、产品方案、建设规模、厂址、工艺流程、主要设备以及总图布置等均作以较为详细的说明。因此，项目的可行性研究通过审批后，即可以作为建设单位编制项目综合设计和建设工作的依据。

5. 可行性研究是与项目协作单位签订各项经济协议或合同的依据

根据可行性研究所拟订的诸因素的方案，投资企业或部门就可以与有关部门签订各阶段的协议与合同。如项目建设期和生产所需的设计以及原材料、燃料、水电、运输、通信甚至产品销售等诸多方面的协议和合同。

6. 可行性研究是项目企业机构设置、组织管理、劳动定员的依据

企业在进行组织管理时，应依据可行性研究对工艺技术的设计、组织机构安排进行职工技术培训，尽可能地做到“人尽其才，物尽其用”。

7. 可行性研究是对项目进行考核和后评价的依据

建设单位要对投资项目进行投资建设活动全过程的事后评价，就必须用项目的可行性研究作为参照物。项目可行性研究中有关效益分析的指标是项目后评价的重要依据。

第二节　可行性研究的阶段划分和工作程序

一、可行性研究的阶段

建设项目的可行性研究一般划分为三个阶段：机会研究阶段、初步可行性研究阶段、详

细可行性研究阶段。这三个阶段的工作内容、投资估算的精度以及所需费用各不相同。

1. 机会研究阶段

机会研究是进行项目可行性研究前的预备性调查研究，研究比较粗略。主要工作是提供一个可能进行的投资项目，要求时间短、花费少。一旦证明项目投资设想可行，就可以转入下一步研究。

机会研究的主要任务是提出项目投资方向的建议，即在一个确定的地区或部门，根据对自然资源的了解和对市场需求的调查及预测、国内相关政策及国际贸易联系等情况，选择项目，寻找最有利的投资机会。

机会研究主要通过以下几个方面的研究来寻找投资机会：

（1）自然资源情况；

（2）农业、工业生产布局和生产情况；

（3）人口增长或购买力增长对消费品需求的潜力；

（4）产品进口情况，取代进口的可能性，产品出口的可能性；

（5）现有企业扩建的可能性、多种经营的可能性、将现有小型企业扩建到经济规模的可能性；

（6）其他国家发展工业成功的经验。

机会研究阶段的研究内容比较粗略。其投资费用的估算一般是以类似工程为例，误差允许在±30%以内，所需研究费用一般占项目总投资的0.2%～1.0%，所需时间为1个月左右。

2. 初步可行性研究阶段

许多项目在机会研究后还很难决定取舍，需要进行初步可行性研究。初步可行性研究也称为项目建议书阶段，是机会研究和详细可行性研究之间的一个阶段，是在机会研究的基础上进一步弄清拟建项目的规模、厂址、工艺设备、资源、组织结构和建设进度等情况，以判断是否有可能和有必要进行下一步的详细可行性研究。

初步可行性研究的主要任务是：分析机会研究的结论；对关键问题进行专题的辅助性研究；论证项目的初步可行性；判定有无必要继续进行研究；编制初步可行性报告。

初步可行性研究与机会研究的区别主要在于所获资料的详细程度不同。如果机会研究有足够的资料数据，也可以越过初步可行性研究直接进入详细可行性研究。在提出项目初步可行性研究报告时，需提出项目的总投资。

初步可行性研究的内容与详细可行性研究基本相同，只是深度和广度略低。

具体内容是：

（1）分析机会研究的结论，在占有详细资料的基础上做出是否投资的决定。

（2）确定是否应该进行下一步详细的可行性研究。

（3）确定有哪些关键问题需要进行辅助性专题研究，如市场调查、科学试验等。

（4）判明这个建设项目的设想是否有生命力。

初步可行性研究是机会研究和详细可行性研究之间的一个阶段，它们的区别主要在于所获得资料的详尽程度不同。如果项目机会研究有足够的数据，也可以越过该阶段，直接进入详细可行性研究阶段。如果项目的经济效果不明显，就要进行该阶段的工作来断定项目是否可行。

初步可行性研究的投资估算可用生产规模指数法和系数估算法，其精度一般要求在±20%以内，所需研究费用占总投资的0.25%～15%，研究时间一般是1～3个月。

3. 详细可行性研究阶段

详细可行性研究就是通常所说的可行性研究，也称为最终可行性研究。它是项目投资决策的基础，为决策提供技术、经济等方面的依据。这个阶段是进行详细深入的技术经济论证阶段，即要研究市场需求预测、生产规模、资源供应、工艺技术和设备选型、厂址选择、工程实施计划、组织管理及机构成员，以及财务分析和经济评价等内容。

详细可行性研究是对项目进行详细深入的技术经济论证的阶段，是项目决策研究的关键环节。它必须为一个工程项目的投资决策提供技术上、经济上和管理上的依据。一般项目的详细可行性研究包括以下几个方面的内容：

（1）可行性研究的结论和建议；

（2）项目的背景和历史说明；

（3）市场预测的各项数据，如生产成本、价格、销售收入和年利润的估算；

（4）原材料投入；

（5）项目实施的地点或厂址；

（6）项目设计，包括生产工艺的选择、工厂的总体设计、建筑物的布置、建筑材料和劳动力的需求量、建筑物和工程设施的投资；

（7）管理费用的估算；

（8）项目相关人员的编制；

（9）项目建设期限及建设进度安排说明；

（10）项目的财务评价和国民经济评价；

（11）项目风险估计。

详细可行性研究阶段对建设项目投资估算的精度要求在±10%之内，所需研究费用，小型项目占总投资的1.0%～3.0%，大型复杂项目占总投资的0.8%～1.0%，所需研究时间是3～6个月或更长。

二、可行性研究的工作程序

可行性研究工作通常需要经过以下六个步骤：

1. 签订合同与筹划准备

当工程项目建议书（由机会研究阶段提出）经主管单位审查批准后，建设单位可与有关设计咨询公司等签订进行可行性研究工作的合同，在双方签订的合同中，应明确规定可行性研究工作的范围、进度安排、所需费用和支付办法以及协作方式、前提条件等具体内容。设计咨询公司等单位在接受可行性研究委托时，需获取项目建议书和有关指示文件，摸清委托单位对项目建设的意图和要求，同时注意收集与项目有关的各种基础资料和基本参数、指标、规范、标准等基准依据。

2. 调查研究与需求预测

调查研究包括市场调查与资源调查两个方面。通过市场调查要查明和预测出社会对项目产品的需求量、产品价格水平及变动趋势和产品的竞争能力。通过资源调查要了解原材料、能源、劳动力、建筑材料、运输条件、环境保护等自然、社会、经济情况，据此进一步明确拟建项目的必要性和现实性。

3. 建立技术方案与比较选优

根据项目建议书，结合调查研究所获取的基础资料和基准数据，建立各种可能的建设方案和技术方案，并通过分析比较和评价，论证方案在技术上的先进适用性，优选最佳方案，并确定企业规模、产品方案、车间组织、设备选型、组织机构、人员配备等。

4. 编制项目实施进度计划

根据工程设计、设备定货和制造、工程施工、试车调试到正式投产的全过程和建设单位指定的建设工期，拟订可行的实施进度计划，在执行过程中加强控制和调整。

5. 财务分析与经济评价

对优选出的最佳技术方案进行财务分析和经济评价，研究工程项目在经济上的合理合算性。财务分析需计算项目的投资额、生产成本等。经济评价需计算项目的投资收益率、贷款偿还能力、净现值、内部收益率等经济效果指标，同时要进行不确定性分析。

6. 编写可行性研究报告

在项目方案技术经济分析论证的基础上，根据可行性研究报告所包括的内容，编写详尽的可行性研究报告，提出结论性意见和建议，并上报决策部门审批。

三、项目评估

项目评估是由投资决策部门组织或授权建设银行、投资银行、工程咨询公司或有关专家，代表国家对上报项目的可行性研究报告进行全面审核和再评价。其主要任务是对拟建项目的可行性研究报告提出评价意见，最终决策该项目是否可行，确定最佳投资方案，具体见表 7-1。

表 7-1　　项目可行性研究的阶段划分及内容比较

工作阶段	机会研究	初步可行性研究	可行性研究	项目评估
工作性质	项目设想	项目初选	项目拟定	项目评估与决策
工作内容	鉴别投资方向，寻找投资机会，提出项目投资建议	对项目做专题辅助研究，广泛分析、筛选方案，确定项目的初步可行性	对项目进行深入细致的技术经济论证，重点分析财务效益和经济效益评价，做多方案比较，提出结论性建议，确定项目投资的可行性	综合分析各种效益，对可行性研究报告进行评估和审核，分析项目可行性研究的可靠性和真实性，对项目做出最终决策
工作成果及费用	提出项目建议，作为编制项目建议书的基础，为初步选择投资项目提供依据	编制初步可行性研究报告，确定是否有必要进行下一步的详细可行性研究，进一步说明建设项目的生命力	编制可行性研究报告，作为项目投资决策的基础和重要依据	提出项目评估报告，为投资决策提供最后的决策依据，决定项目取舍和选择最佳投资方案
估算精度	±30%	±20%	±10%	±10%
费用占总投资的百分比/%	0.2～0.8	0.25～1.0	大中型项目 0.2～1.0 小项目 1.0～3.0	—
需要时间/月	1～3	4～6	大中型项目 12～24 小项目 6～12	—

第三节　可行性研究报告编制的依据和要求

一、可行性研究报告编制的依据

对建设项目进行可行性研究，编制可行性研究报告的主要依据有：

1. 国民经济发展的长远规划，国家经济建设的方针、任务和技术经济政策

按照国民经济发展的长远规划和国家经济建设方针确定基本建设的投资方向和规模，据

此提出需要进行可行性研究的项目建议书。这样可以有计划地统筹安排各部门、各地区、各行业以及企业产品生产的协作与配套项目，有利于搞好综合平衡，也符合我国经济建设的要求。

2. 项目建议书和委托单位的要求

项目建议书是做各项准备工作和进行可行性研究的重要依据，只有在项目建议书经上级主管部门和国家计划部门审查同意，并经汇总平衡纳入建设前期工作计划后，方可进行可行性研究的各项工作。建设单位在委托可行性研究任务时，应向承担可行性研究工作的单位提出对建设项目的目标和其他要求，并说明有关市场、原材料、资金来源等。

3. 大型工程项目的要求

大型工程项目需有国家批准的资源报告、国土开发整治规划、区域规划、江河流域规划、路网规划、工业基地规划等。

4. 可靠的基础资料

进行厂址选择、工程设计、技术经济分析需要可靠的地理、气象、地质等自然和经济、社会等基础资料和数据。

5. 与建设项目有关的技术经济方面的规范、标准、定额等指标

承担可行性研究的单位必须具备这些资料，因此这些资料是进行项目设计和技术经济评价的基本数据。

6. 有关项目经济评价的基本参数和指标

例如基准收益率、社会折现率、固定资产折旧率、调整价格、外汇率、工资标准等，这些参数和指标都是进行项目财务评价和国民经济评价的基准和依据。一般来说，这些参数应由国家制定统一颁发公布实行，或由各主管部门根据本部门的行业特点自行拟定某些技术经济参数和价格系数，报国家计委备案。

二、可行性研究报告编制的要求

编制可行性研究报告的主要要求是：

1. 实事求是、保证可行性研究报告的真实性和科学性

可行性研究是一项技术性、经济性、政策性很强的工作。编制单位必须保持独立性并站在公正的立场上，遵照事物的客观经济规律和科学研究工作的客观规律办事，在调查研究的基础上，按客观实际情况实事求是地进行技术经济分析论证、技术方案比较和评价，切忌主观臆断、行政干预、划框框、定调子，保证可行性研究的严肃性、客观性、真实性、科学性和可靠性，确保可行性研究的质量。

2. 编制单位必须具备承担可行性研究的条件

建设项目可行性研究报告的内容涉及面广，还有一定的深度要求。因此，需要由具备一定的技术力量、技术装备、技术手段和相当实际经验等条件的工程咨询公司、设计院等专业单位来承担。参加可行性研究的成员应由工业经济专家、市场分析专家、工程技术人员、机械工程师、土木工程师、企业管理人员、财会人员等组成，必要时可聘请地质、土壤等方面的专家短期协作工作。

3. 可行性研究的内容和深度及计算指标必须达到标准要求

不同行业、不同性质、不同特点的建设项目，其可行性研究的内容和深度及计算指标，必须满足作为项目投资决策和编制、审批设计任务书的依据等作用的要求。

4. 可行性研究报告必须经签证与审批

可行性研究报告编完之后，应由编制单位的行政、技术、经济方面的负责人签字，并对研究报告的质量负责。建设项目可行性研究报告编完后，必须上报主管部门审批。通常大中型项目可行性研究报告，由各主管部门，各省、市、自治区或全国性工业公司负责预审，报国家计委审批，或由国家计委委托有关单位审批。小型项目的可行性研究报告，按隶属关系由各主管部门，各省、市、自治区审批。重大和特殊建设项目的可行性研究报告，由国家计委会同有关部门预审，报国务院审批。

可行性研究的预审单位，对预审结论负责。可行性研究的审批单位，对审批意见负责。若发现工作中有弄虚作假现象，应追究有关负责人的责任。

第四节 工业建设项目可行性研究的内容

项目详细可行性研究是在项目建议书得到批准后，对项目进行的更为详细、深入的技术经济论证。习惯上，我们将项目的详细可行性研究简称为项目可行性研究。工业建设项目可行性研究的基本内容一般包括以下十一个方面。

1. 项目总论

综述项目概况，包括项目名称、建设单位、项目拟建地区和地点；承担可行性研究工作的单位和法人代表、研究工作依据；项目提出的背景、投资环境、工作范围和要求、研究工作情况、可行性研究的主要结论和存在的问题与建议；主要技术经济指标。

2. 项目背景

项目的发起过程、建设缘由、前期工作的发展过程、投资者意向、投资的必要性等。具体包括国家或行业发展规划、项目发起人以及发起缘由；已进行的调查研究项目及成果、试验试制工作（项目）概况、厂址初勘和初步测量情况、项目建议书的编制及审批过程。

3. 市场分析

详细阐述市场需求预测、价格分析，并确定建设规模。主要内容包括国内外市场近期需求状况，未来市场趋势预测，国内现有生产能力估计，销售预测、价格分析，产品的市场竞争能力分析及进入国际市场的前景，拟建项目的产品方案和建设规模，主要的市场营销策略，产品方案和发展方向的技术经济论证比较等。

4. 厂址选择

在初步可行性研究（或者项目建议书）规划选址已确定的建设地区和地点范围内，进行具体坐落位置选择。具体包括建厂地区的地理位置，与原材料产地和产品市场的距离，对建厂的地理位置、气象、水文、地质、地形条件、地震、洪水情况和社会经济现状进行调查研究，收集基础资料，熟悉交通运输、通信设施及水、电、气、热的现状和发展趋势；厂址面积、占地范围，厂区总体布置方案，建设条件、地价，拆迁及其他工程费用情况。

5. 技术方案

主要包括多方案的比较和选择，确定项目的构成范围、主要单项工程（车间）的组成、厂内外主体工程和公用辅助工程的方案比较论证；项目土建工程总量的估算，土建工程布置方案的选择，包括场地平整、主要建筑物和构筑物与厂外工程的规划；采用技术和工艺方案的论证、技术来源、工艺路线和生产方法，主要设备选型方案和技术工艺的比较；引进技术、设备的必要性及其来源国别的选择比较；设备的国外采购或与外商合作制造方案设想；以及必要的工艺流程。

6. 环境保护与劳动安全

对项目建设地区的环境状况进行调查，分析拟建项目废气、废水、废渣的种类、成分和数量，并预测其对环境的影响，提出治理方案的选择和回收利用情况；对环境影响进行评价，提出劳动保护、安全生产、城市规划、防震、防洪、防风、文物保护等要求以及采取相应的措施方案。

7. 企业组织和劳动定员

确定企业组织机构、劳动定员总数、劳动力来源以及相应的人员培训计划。具体包括企业组织形式、生产管理体制、机构的设置；工程技术和管理人员的素质和数量要求；劳动定员的配备方案；人员的培训规划和费用估算。

8. 项目实施进度

项目实施进度是指建设项目确定到正常生产这段时间内，实施项目准备、筹集资金、勘察设计和设备订货、施工准备、施工和生产准备、试运转直到竣工验收和交付使用等各个工作阶段的进度计划安排，选择整个工程项目实施方案和总进度，用横道图和网络图来表述最佳实施方案。

9. 投资估算与资金筹措

这是项目可行性研究内容的重要组成部分，包括估算项目所需要的投资总额，分析投资的筹措方式，制订用款计划。估算项目实施的费用，包括建设单位管理费、生产筹备费、生产职工培训费、办公和生活家具购置费、勘察设计费等。资金筹措是研究落实资金的来源渠道和项目筹资方案，从中选择条件优惠的资金。在这两方面的基础上编制资金使用与借款偿还计划。

10. 经济评价和风险分析

通过对不同的方案进行财务、经济效益评价，比选推荐出优秀的建设方案。包括估算生产成本和销售收入，分析拟建项目预期效益及费用，计算财务内部收益率、净现值、投资回收期、借款偿还期等评价指标，以判别项目在财务上是否可行；从国家整体的角度考察项目对国民经济的贡献，运用影子价格、影子汇率、影子工资和社会折现率等经济参数评价项目在经济上的合理性；对项目进行不确定性分析、社会效益和社会影响分析等。

11. 结论与建议

运用各项数据综合评价建设方案，从技术、经济、社会、财务等各个方面论述建设项目的可行性，提出一个或几个方案供决策参考，对比选择方案，说明各种方案的优缺点，给出建议方案及理由，并提出项目存在的问题以及结论性意见和改进建议。

通过项目的可行性研究，一般能够回答以下几个问题：

（1）本项目在技术上是否可行？

（2）本项目在经济上是否有生命力？

（3）本项目在财务上是否有利可图？

（4）本项目需要多少投资？

（5）能否筹集到项目所需的全部投资？

（6）本项目的建设期和寿命期多长？

（7）本项目需要多少人力、物力资源？

第五节　民用建设项目可行性研究的特点和内容

一、民用建设项目的概念和分类

民用建设项目是居住建筑和公共建筑的总称。居住建筑是供生活起居用的建筑物的统称，如住宅、宿舍等；公共建筑是进行社会活动的非生产性建筑物的统称，如办公楼、图书馆、影剧院等。

民用建设项目按其使用是否以营利为目的可分为营利性民用建设项目和非营利性民用建设项目。

营利性民用建设项目有旅游宾馆、大中型百货商店、影剧院、大餐馆、冷藏室、仓库、商品化住宅建筑和游乐场等工程项目。

非营利性民用建设项目有大专院校、中小学校、医院、体育馆、体育场、文化馆、博物馆等工程项目。

民用建设项目按其使用功能可分为：

（1）居住建筑：如专供居住使用的房屋，如职工住宅、单身宿舍等。

（2）办公建筑：如办公楼、写字间等。

（3）教育建筑：如高等院校、职工学校、中等学校、小学校、幼儿园、托儿所等。

（4）文娱建筑：如剧场、电影院、俱乐部、文化馆等。

（5）博览建筑：如纪念馆、博物馆、图书馆、档案馆、展览馆等。

（6）体育建筑：如体育馆、体育场、游泳馆等。

（7）医疗建筑：如综合医院、专科医院、门诊部、疗养院等。

（8）交通邮电建筑：如汽车站、火车站、轮船客运站、航空港、邮电大楼、广播电台、电视台等。

（9）商业建筑：如百货商店、菜市场、饭店、书店、冷库等。

（10）旅馆建筑：如宾馆、招待所、旅馆等。

（11）金融保险建筑：如金融中心、保险公司、银行等。

（12）科研建筑：如实验室、气象台站、计算中心等。

（13）其他建筑：如空调机房、锅炉房、变电室等。

二、民用建设项目可行性研究的特点

民用建设项目可行性研究不同于工业建设项目。由于民用建筑的各类项目使用功能各不相同，建筑技术与施工工艺要求复杂，因而，民用建设项目的调查研究范围大，牵涉面广，项目的经济评价和社会评价更为复杂、难度更大。其主要特点表现在以下几个方面：

1. 主要评价其社会效果和宏观经济效果

像学校、影剧院、体育馆、医院、展览馆等之类的民用建设项目，进行评价的主要目的不是评价分析其自身的盈利状况，虽然它们之中有时也能收取一定数量的服务费用，但它们兴建的主要目的是通过向社会提供一定的服务，提高人民的文化水平，满足人民的文化娱乐生活和健康的需要，以及推动技术进步，促进社会劳动生产的提高，减少污染、保护环境等。因此，其效果不能简单地用货币表示的经济指标来衡量，而主要应论证其是否适用、经济、美观，综合评价其社会效果和宏观经济效果。

2. 更重视对间接效果和远期效果的评价

对民用建设项目进行效果评价，除了评价项目本身的直接效果之外，更重视项目外部的间接效果，即项目产生的外部效果。间接效果具有远期性，需要经过一段较长的时间才能表现出来，同时具有较大的不确定性。

3. 项目的产生是为社会提供非物质财富和非生产性的劳务

民用建设项目的产生多数不是工业项目生产的可作为商品的产品，而是为社会提供非物质财富和非生产性劳务。这种非物质性财富和非生产性劳务的价值往往没有适当的市场价格来直接衡量。如公路、桥梁等非物质财富，又如公共娱乐设施、旅客旅行的安全、舒适等，是以使用者愿意为劳务支付的金额，作为该项目服务的预期收入。

4. 很多项目的效果是无形效果，难以规定统一的度量标准

很多民用建设项目，特别是非营利性民用建设项目，其效果大多是无形效果，不宜用货币进行衡量，因而不便规定统一的度量标准，只能用产品和劳务本身的效用来表示，而无法确定其实际利润额或利润率等经济效果。此时，对这类项目主要是采用费用效益分析法来分析评价设计方案的优劣。

5. 项目的投资回收期较长或难以回收

通常民用建设项目的投资回收期比其他经营性项目的投资回收期要长得多，有的非经营性民用建设项目的投资根本无法加以回收。

三、民用建设项目可行性研究报告的内容

民用建设项目可行性研究报告，主要包括以下十二个方面的内容：

1. 总论

主要说明该项目提出的社会背景及发展概况。其中包括建设项目的名称、项目主办单位、项目投资的必要性和经济意义、项目研究工作的依据和范围、调查研究工作的简要情况和研究结果概要。

2. 社会和市场调查与需求预测

社会调查包括了解社会人口数量、社会职业和人数、职工平均工资、购买力水平、文化水平、风俗习惯、社会对此类项目的需求程序、国家投资能力等。

市场调查和需求预测包括了解国内外对之需求情况、同类产品或劳务的供需产销关系、销售预测和价格关系、分析竞争能力和进入国际市场的前景等。

3. 项目建设规模

根据预定的服务对象、经营内容、服务数量和质量要求，在选定的建设地点和用地范围内，遵照建设规划和建筑标准的要求，在多方案的技术经济分析论证的基础上，确定项目的合理经济规模，并附有有关的调查资料和技术经济计算数据。

4. 项目建设地点

在分析论证项目建设地区的地理位置、气象条件、水文地质、工程地质、地形地震、洪水等情况，社会经济状况，交通运输、水、电、气、热等供应状况和发展趋势，以及土地征购、移民拆迁和赔偿等条件的基础上，对多个选址方案进行综合的技术经济分析比较，提出选点意见，并附有选点的地形图、总平面图和调查资料。

5. 项目所需的资源和原材料

说明项目所需的原料、材料、燃料等的种类、数量、质量及其来源与供应的可能；项目

所需的水、电、气等公用设施的数量及供应方式和供应条件。

6. 项目设计方案

包括项目的构成范围、主要建筑物方案设计图，项目工艺设计、水、电、暖、动力等专业设计的多方案技术经济分析比选情况；采用新技术、新结构、新工艺、新材料和新设备的情况；引进技术和设备的必要性和来源国别的比选情况；附属建筑物和构筑物的配套情况；公用辅助设施和场内外交通运输方案的选择；建设场地总体布局方案和总平面图，单项工程的土建工程量估算，以及投资估算表和主要设备、材料表。

7. 环境保护

对项目周围环境现状的调查、预测项目对周围环境的影响情况，制定环境保护、综合利用和“三废”治理方案，以及公共设施和绿化情况。

8. 组织机构、劳动定员和人员培训

项目的管理体制和组织机构的设置；劳动定员的编制，如技工、技术人员和管理人员的素质、数量；职工来源与工资水平，人员培训规划与费用的估算。

9. 项目实施计划

包括项目规划和勘察设计时间与进度安排；工程施工和设备安装时间与进度安排；整个项目实施的总进度计划的方案选择，并附有横道图或网络图。

10. 投资估算和资金筹措

投资总额包括主体工程、协作配套附属设施的投资；项目建设期贷款利息；土地征购费、居民迁移费、青苗补偿费；家具费、职工培训费；筹建单位管理费；流动资金等，并附投资估算表。

资金筹措方式包括国家拨款、贷款、征税、发行公债；募捐、合资；自筹资金等，并附用款计划、贷款利率、还款方式、还款时间、还款计划。

11. 社会经济效果分析评价

对营利性民用建设项目应估算项目全年的营业支出、营业收入、毛利润、净利润；确定全年的职工工资、福利津贴；计算流动资金利息；固定资产折旧；列出各种财务表；测算项目的财务效益和社会效益；进行不确定性分析。

对非营利性民用建设项目应进行费用——效用分析；

对项目进行经济效果的分析评价时，应考虑与有可比性的同类型规模的企事业项目进行各项技术经济指标的比较，以衡量项目投资的实际经济效果。

12. 综合评价与结论建议

对拟建项目的各种建设方案，采用多目标决策方法，进行综合分析评价与方案选择，从而推荐一个在技术、经济、财务、环境、社会等各方面都较可行的建设方案，同时提出该方案存在的不足。最后对该项目的投资决策提出结论性意见和建议。

价值引领

加强投资项目可行性研究是实现投资高质量发展的基础支撑

党的二十大报告指出，要加快构建新发展格局，着力推动高质量发展。高质量发展需要高质量的投资，高质量的投资需要高质量的投资决策，高质量的投资决策需要高质量的可行性研究。要实现投资高质量发展，就必须强化投资项目可行性研究的基础作用，深入把握项目可行性研究的重点，着重提高投资综合效益，注重防控项目决策、建设、运营风险，推动投资项目转化为有效投资，助力经济社会健康可持续发展。

企业投资项目可行性研究应突出经济性和可持续性，重在引导企业重视项目可行性研究，关注战略、规划和政策的引导，以满足市场需求为导向，加强企业发展战略需求分析，引导企业提高项目决策的科学性和财务的可持续性，促进依法合规生产经营，防范各类风险，实现健康可持续发展。

思考与启示

随着经济的不断发展，市场竞争越来越激烈，企业为了在市场中获得更大的发展空间，必须进行各种形式的投资，如新产品、新工艺、新设备、新技术等。在投资决策之前，企业必须进行投资项目的可行性研究，在数据收集、整理、分析的基础上，理性决策，避免盲目性投资。

本章小结

本章主要介绍了建设项目可行性研究的概念、阶段划分和内容、可行性研究报告编制的依据和要求以及工业和民用建筑项目可行性研究报告编制的内容和特点。

建设项目是指在一定地域内，为使某项事业在一定时期内获取预期效益而花费一定投资的建设活动，建设项目一般是指一个独立的工程项目。建设项目可行性研究是指对一个建设项目在做出投资决策之前，在调查研究、分析论证以及预测和评估的基础之上，对项目在技术上的先进适用性、经济上的合理性和建设上的可行性进行的研究。通过建设项目的可行性研究，可以得出项目投资与否以及最佳投资建设方案的结论性意见，以避免错误的项目投资决策，降低风险，使建设项目达到最佳经济效果。建设项目可行性研究是工程项目建设前期工作的重要组成部分，在项目投资决策过程中具有重要地位。

建设项目的可行性研究一般可划分为机会研究、初步可行性研究和详细可行性研究三个阶段。机会研究阶段的主要任务是为建设项目投资方向提出建议，研究的内容比较粗略，投资费用的估算误差较大。初步可行性研究阶段主要是做出是否投资的决定，确定关键问题的辅助性专题研究等。其研究的内容较机会研究阶段细致，投资费用的估算误差较小，详细可行性研究阶段是可行性研究的最后一个阶段，它为项目的决策提供技术、经济等方面的依据。详细可行性研究阶段对项目投资费用的估算精度要求较高，研究花费的时间最长。建设项目的可行性研究必须按照科学的工作程序进行。

建设项目可行性研究主要是研究工程项目在技术、财务、经济、商业和管理等方面的可行性，可行性研究虽然包括各个方面，但具体内容应根据工程项目的性质特点和条件的不同有所区别和侧重。

可行性研究报告编制的主要依据有国民经济发展长远规划，国家经济建设的方针，任务和技术经济政策，项目建议书，可靠的基础资料，技术经济规范；标准和定额，以及项目经济评价的基本参数和指标等。可行性研究报告的编制要做到实事求是，对研究的内容和深度及指标的计算达到标准要求，另外编写可行性研究报告还必须经有关部门签证与审批。

工业建设项目通常为营利性建设项目，其可行性研究报告编制的内容与一般性建设项目可行性研究报告编制的内容基本相似。民用建设项目大多为非营利性建设项目，即使是营利性民用建设项目，其投资回收期也比较长。民用建设项目的社会效果、间接效果和无形效果较为明显，因而其可行性研究的调查范围大、牵涉面广，项目的经济评价和社会评价更为复杂、难度更大。民用建设项目可行性研究与一般性工业建设项目可行性研究的侧重点不同。

思 考 题

1. 什么是可行性研究，其地位作用如何？
2. 可行性研究有哪些基本类型？
3. 可行性研究包括哪些内容？
4. 简述可行性研究在项目决策中的地位。
5. 可行性研究报告编制的依据和要求是什么？
6. 工业建设项目可行性研究报告编写的基本内容包括哪几个方面？
7. 民用建设项目可行性研究的特点是什么？

第八章　国民经济评价

思政育人目标：

引导学生思考个人发展与国家发展的关系，了解“一带一路”倡议在国际经济合作中的重要作用，体会经济全球化趋势和我国改革开放的成就，增强学生的大局观念和全局意识，让学生理解个人发展与国家的前途和命运是相依共存的。

认识工程项目可能产生的环境影响及其损失费用以及生态环境效益等，理解“绿水青山就是金山银山”的发展理念，启发学生的生态文明思想，增强环境保护意识和生态文明理念，培养学生的政治意识、大局意识，强化学生对坚持改革开放不动摇的认识和信心，增强学生的爱国情怀和民族自豪感，树立为国家发展贡献力量的神圣职责与历史使命，树立争做社会主义合格建设者和可靠接班人的决心。

课程教学目标：

掌握影子价格的概念与确定方法，了解影子价格在水资源、土地资源等自然资源的价值评估、稀缺资源的价值衡量中的应用；掌握间接费用和间接效益的概念，多从环境和社会影响的角度考虑项目的可行性分析与决策。

第一节　国民经济评价的意义和内容

在市场经济条件下，大部分工程项目财务评价结论可以满足投资决策的要求，但对于财务评价不能全面、真实地反映其经济价值的项目，还需要进行费用效益分析。这类项目主要包括农业、水利、铁道、公路、民航、城市建设等具有公共产品特征的基础设施项目；环保、高科技产业等外部效果显著的项目；煤炭、石油、电力、钢铁等资源开发项目；其他受过度行政干预的项目。

一、国民经济评价的含义

项目的国民经济评价与项目的财务评价一道，共同组成了完整的项目经济分析与评价。项目的国民经济评价旨在把国家有限的各种投资资源用于国家最需要的投资项目上，使全社会可用于投资的有限资源能够合理配置和有效利用，使国民经济能够持续稳定地增长。具体地说，国民经济评价是采用费用与效益的分析方法，按照资源合理配置的原则，运用影子价格、影子汇率、影子工资和社会折现率等参数，计算分析项目对国民经济的净贡献，考虑投资行为的经济合理性和宏观可行性。

二、国民经济评价的内容

国民经济评价与企业财务评价相比较有许多不同之处，这从国民经济评价的含义中也可以看出来。下面通过分析国民经济评价和企业财务评价的区别与相同点来阐述国民经济评价的内容。

1. 国民经济评价与企业财务评价的区别

（1）两者评价的出发点不同。企业财务评价是站在企业自身的角度上，衡量和计算一个投资项目为企业带来的利益，评价项目财务上是否有利可图；而国民经济评价是站在国家整体的角度上，计算和分析投资项目为国民经济所创造的效益和所做出的贡献，评价项目经济上的合理性。在某种程度上，前者主要为企业的投资决策提供依据，后者则是为政府宏观上对投资的决策提供依据。

（2）两者计算费用和效益的范围不同。企业财务评价中，投资项目所获效益中上交给国家或其他有关部门而企业得不到的部分，均不作为收益看待，而国家给予的补贴，尽管客观上不是项目创造的效益，均作为收益计算。在国民经济评价中，只要是项目客观上创造的效益，不管最终由谁来支配，均作为投资项目效益。投资费用的计算也与上述处理方法相同。也就是说，企业财务评价只计算项目发生的直接效益和直接费用，国民经济评价除此之外则还要计算和分析项目的间接效益和费用，即要考察项目的外部效果。因此，同一个投资项目，尽管其创造的效益客观上是一样的，但是采用企业财务评价方法和国民经济评价方法，其计算结果有差异，在某些情况下结论也会有差异，在评价中具体反映出来是现金流量不同。

（3）两者评价中使用价格不同。在企业财务评价中，由于要求评价结果反映投资项目实际发生情况，其计算使用的价格需要对市场进行调查和预测，确定出未来市场上可能发生的价格或市场上已经发生的价格；而国民经济评价，不仅要客观地评价项目，而且要求不同地区相同行业的投资项目具有可比性，采用市场价格，往往因不同地区价格水平不同而影响项目的横向可比性。在国民经济评价中，必须采用统一的价格标准，即影子价格，以此作为国民经济评价的价格体系。影子价格反映了资源的稀缺性和利用的有效性，追求国民经济结构的合理化，纳入国内国际市场价格体系，反映市场供求关系。

（4）两者评价中使用的参数不同。所谓评价参数，主要是指汇率、工资及现值计算的折现率。进行企业财务评价，上述各参数需根据各行业的不同企业，以及企业条件、企业环境自行选定。而进行国民经济评价时，同样为了达到横向投资项目可比等目的，上述各项均采用统一的通用参数。如企业财务评价采用官方汇率和行业基准收益率，国民经济评价采用国家统一测定的影子汇率和社会折现率。

2. 国民经济评价与企业财务评价的相同点

（1）评价的基础工作相同。两种分析都要在完成产品需求预测、工艺技术选择、投资估算、资金筹措方案等可行性研究内容的基础上进行。

（2）评价的基本方法相同。两者都要寻求以最小的投入获取最大的产出，都要考虑资金的时间价值，采用内部收益率、净现值等盈利性指标评价工程项目的经济效果。

（3）评价的计算期相同。

三、国民经济评价的意义

企业财务评价与国民经济评价结论都可行的项目可以通过，反之予以否定。企业财务评价与国民经济评价有时可能得出相反的结论，国民经济评价结论不可行的项目，一般应予以否定；对某些国计民生急需的项目，若国民经济评价结论好，但企业财务评价结论不可行，则应重新考虑方案，必要时可申请经济优惠措施，使项目具有财务生存能力。这说明国民经济评价是十分重要的，概括地说，对投资项目进行国民经济评价有以下三个方面的意义。

（1）国民经济评价能够客观地估算出投资项目为社会做出的贡献和社会即国民经济为

其付出的代价。这是因为，在国民经济评价中，其效益、费用，无论最终归谁支配，也无论由谁负担，只要发生了，就按其项目真正的投入产出值加以计算。除了计算其盈利的大小、资金回收多少，对各类财政收入的增加、充分就业、环境保护与生态平衡、资源充分利用与合理分配都作为考虑的因素和内容。上述考核的方法和内容，相对企业财务评价而言，无疑更客观、更全面。

（2）运用国民经济评价方法对投资项目进行评价能够对资源和投资的合理流动起到导向的作用。在国民经济评价中采用了影子价格和社会贴现率。影子价格不仅能起到市场信号反馈的作用，而且是在资源最优分配状态下的边际产出价值，因此能够对资源合理分配加以引导，达到宏观调控的目的。不管哪一行业，都采用统一的社会贴现率，可以使投资最终流向投资效率高、资金回收比率大的行业或生产部门，这无疑会促进资源高效利用，使社会整体效益提高。

（3）国民经济评价可以达到统一标准的目的。由于国民经济评价不仅统一采用评价价格体系即影子价格，而且采用统一的评价参数（影子汇率、影子工资、社会贴现率）。这样，就使不同地区、相同行业的投资项目，在经济评价中都站在同一“起跑线”上，达到相互之间可以在效益上、费用上具有可比性。这种横向可比对宏观上选择最优投资方向是十分有益的。

第二节　国民经济评价的费用和效益

一、费用和效益的识别

确定建设项目经济合理性的基本途径是将建设项目的费用与效益进行比较，进而计算其对国民经济的净贡献。正确地识别费用与效益，是保证国民经济评价正确性的重要条件。

识别费用与效益的基本原则是：凡是项目对国民经济所做的贡献，均计为项目的效益，凡国民经济为项目付出的代价，均计为项目的费用。在考察项目的效益与费用时，应遵循效益和费用计算范围相对应的原则。费用和效益可分为直接费用与直接效益以及间接费用与间接效益。

二、直接费用与直接效益

项目的直接效益是指由项目本身产生，由其产出物提供，并在项目范围内计算的经济效益。项目直接效益的确定，分为两种情况：如果项目的产出物用以增加国内市场的供应量，其效益就是所满足的国内需求，也就等于消费者支付意愿。如果国内市场的供应量不变：①项目产出物增加了出口量，其效益为所获得的外汇；②项目产出物减少了总进口量，即替代了进口货物，其效益为节约的外汇；③项目产出物替代了效益较低的相同或类似企业的生产，致使其减产或停产，其效益为被替代企业减产或停产从而减少国家资源耗费或者损失的效益。

项目的直接费用主要是指项目使用投入物所形成，并在项目范围内计算的费用。项目直接费用的确定，也分为两种情况：如果拟建项目的投入物来自国内供应量的增加，即增加国内生产来满足拟建项目的需求，其费用就是增加国内生产所消耗的资源价值。如果国内总供应量不变：①项目投入物来自国外，即增加进口来满足项目需求，其费用就是所花费的外汇；②项目的投入物本来可以出口，为满足项目需求，减少了出口量，其费用就是减少的外汇收入；③项目的投入物本来用于其他项目，由于改用于拟建项目将减少对其他项目的供应因此而减少的效益。

三、间接费用与间接效益

项目的费用和效益不仅体现在它的直接投入物和产出物中，还会在国民经济相邻部门及社会中反映出来，这就是项目的间接费用（外部费用）和间接效益（外部效益），也可统称为外部效果。

外部费用是指国民经济为项目付出了代价，而项目本身并不实际支付的费用。例如，工业项目产生的废水、废气和废渣引起的环境污染及对生态平衡的破坏，项目并不支付任何费用，而国民经济却为此付出了代价。

外部效益是指项目对社会做出了贡献，而项目本身并未得到收益的那部分效益。如在建设一个钢铁厂的同时修建了一套厂外运输系统，它除了为钢铁厂服务外，还使当地的工业生产和人民生活得益，这部分效益即为建设钢铁厂的外部效益。

概括来讲，外部效果应包括以下几个方面：

（1）产业关联效果。例如建设一个水电站，一般除发电、防洪、灌溉和供水等直接效果外，还必然带来养殖业、旅游业的发展等间接效益。此外，农牧业还会因土地淹没而遭受一定的损失（间接费用）。这些都是水电站兴建而产生的产业关联效果。

（2）环境和生态效果。例如发电厂排放的烟尘可使附近田园的作物产量减少、质量下降；化工厂排放的污水可使附近江河的鱼类资源减少、危害人类健康等。

（3）技术扩散效果。技术扩散和示范效果是由于技术先进的项目会培养大量的技术人员和管理人员。他们除了为本项目服务外，由于人员流动、技术交流，给整个社会经济发展也会带来好处。

外部费用和外部效益通常较难计算，为了减少计量上的困难，应力求明确项目的“外界”。一般情况下可扩大项目的范围，特别是一些相互关联的项目可合在一起作为“联合体”进行评价，这样可使外部费用和外部效益转化为直接费用和直接效益。另外，在确定投入物和产出物的影子价格时，已在一定范围内考虑了外部效果，用影子价格计算的费用和效益在很大程度上使“外部效果”在项目内部得到了体现，通过扩大项目范围和调整价格两步工作，实际上已将很多外部效果内部化了。因此，在国民经济评价中，既要考虑项目的外部效果，又要防止外部效果扩大化。

四、转移支付

在识别费用与效益范围的过程中，将会遇到税金、国内借款利息和补贴的处理问题。这些都是企业经济评价中的实际收入或支出，但是从国民经济的角度看，企业向国家缴纳税金，向国内银行支付借款利息，或企业从国家得到某种形式的补贴，都未造成社会资源的实际耗费或增加，因此不能作为国民经济评价中项目的费用或效益，它们只是国民经济内部各部门之间的转移支付。

（1）税金。包括产品增值税、资源税、关税等。税金对拟建项目来说是一项支出，从国家财政来说是一项收入，这是企业与国家之间的一项资金转移。税金不是项目使用资源的代价，所有财政性的税金，都不能算作社会成本或社会效益。

（2）补贴。包括出口补贴、价格补贴等。补贴虽然增加了拟建项目的财务收益，但是这部分收入，企业并没有为社会提供等值的资源，而是国家从国民收入中拨出一部分资金转给了企业。所以，国家以各种形式给予的补贴，都不能算是社会收益或社会成本。

（3）利息。借款利息分为国内借款利息和国外借款利息。项目支付的国内借款利息，是企业和银行之间的一种资金转移，并不涉及社会资源的增减变化，所以，不能作为社会成本或社会效益。但国外借款利息支付，会造成国家外汇减少，是国民经济的一种损失，应列为项目的费用。

五、无形费用和无形效益

几乎所有的投资项目都有无形费用和无形效益，它们统称为无形效果。它们包含了各个方面的因素，诸如收入分配、地区均衡发展、就业、教育、健康、社会安定、国家安全等。这些无形效果是真实存在的，是进行项目选择时需要考虑的，因此需要仔细地进行识别。

由于不存在相应的市场和价格，无形效果一般很难赋予货币价值。长期以来，经济学家一直在试图寻找使用货币单位估价无形效果的方法，并把它们纳入自己的费用效益分析系统中。例如，把减少发病率所避免的工作损失和医药损失以及提高工作效率所增加的产出作为卫生保健效果的价值，把受教育与未受教育者的收入差距作为衡量教育效果的价值，等等，虽然这方面的工作（特别是对环境保护问题的关注）还在继续之中，但很难说这些以货币形态估价无形费用和无形效益的方法已经到了可被普遍接受的地步。其原因之一，就是这类方法往往低估无形效果，从健康的体魄中所获得的益处要远远超过多工作几小时所创造的经济价值和医疗费用的节约，职工寿命的延长、免除疾病所获得的精神愉快与舒适，又该如何估价呢？同样，教育的价值不仅仅在于工资收入上的增加，教育对人的自我发展和自我完善更具有难以估量的作用。

当无形效果是项目的主要效果或不容忽视的重要效果时，经济分析人员首先应该努力尝试用货币形态计量无形效果，难以货币化的，应当尽量采用非货币单位进行计量，如项目的就业人数、受教育的人数、受益于劳动条件改善的人数等。对于不能量化的无形效果，如建筑物的美学价值、自然风景和文物古迹的保护效果等，则应尽量通过文字、图形、图表的方式给予定性描述。

第三节　国民经济评价价格——影子价格

一、影子价格的概念

影子价格的概念是20世纪30年代末40年代初由荷兰数理经济学、计量经济学创始人之一詹恩·丁伯恩和苏联数学家、经济学家、诺贝尔经济学奖金获得者康托罗维奇分别提出来的。

影子价格是当社会经济处于某种最优状态时，能够反映投入物和产出物的真实价值、资源稀缺程度和最终产品市场供求情况，使资源得到合理配置的价格。也就是说，影子价格是人为确定的、比交换价格更为合理的价格。这里所说的“合理”的标志，从定价原则来看，应该能更好地反映产品的价值市场供求状况、资源稀缺程度；从价格产出的效果来看，应该能使资源配置向优化的方向发展。

如果某种资源数量稀缺，同时有许多用途依靠于它，那么它的影子价格就高。如果这种资源的供应量增多，那么它的影子价格就会下降。进行国民经济分析时，项目的主要投入物和产出物价格，原则上都应采用影子价格。

二、影子价格的寻求思路

按照影子价格的概念，找出影子价格的前提是资源处于最佳分配状态。而事实上，由于资源的分配尽管趋向于合理流动，但是由于社会环境中各种各样人为因素的正向或负向干扰，很难达到在一个国度内的资源最佳利用。从理论上讲，资源最佳分配有两种情况能够达到理想状态。第一，将各种资源及其各种使用途径一一列出，通过投入产出表进行优化，从而达到资源的最佳分配，此时各种资源最后一个单位的边际产出值就是这些资源的影子价格。第二，根据西方经济学的观点，如果经济社会处于一种无行政或人为干扰的、理想的、纯粹的自由竞争状态，按照平均利润率的作用规律，资源也会趋向于合理分配，此时资源的市场价格比较接近于它的实际经济价值，即这时市场价格能够近似地代替影子价格。

显而易见，如果按照第一种情况寻找影子价格，需要对国民经济各部门的相互联系以及各种资源的可用量掌握得比较清楚，同时要考虑各种宏观政策变化对各部门使用资源量的影响。这样的大规模信息量的获得与处理难度相当大，如果仅就几种主要资源或仅就某一部门而言，做出资源优化还存在可能性，而如果为满足我国各部门项目评价要求，对多种资源及各个不同部门均用投入产出方法进行优化，目前还存在困难。如果按照第二种情况寻找影子价格，在一个具体国度中（如某一国家内部），由于各种行政的、非行政的人为干扰无法避免，纯粹的自由竞争被破坏，西方经济理论中的平均利润率的实现也受到阻碍，因此，某一国家内的市场价格往往也会因为偏离其实际经济价值较远而不能作为影子价格来使用。尽管如此，如果超出某一国度，从国际市场的角度来分析，人为的干扰尽管存在，但是相对某一国家内部会少些。因此，在某些情况下可以用国际市场价格近似地替代影子价格。

如果再进一步分析，社会产品还可以分成中间产品和最终消费品两大类。如果将其视为社会资源，中间产品具有多种可供选择的用途，因此，它们的影子价格可以用机会成本或相同的边际产出价值来表示；最终消费品则没有可以选择的别种用途，此时影子价格无法用机会成本或边际产出价值来表示，对此只能以其使用价值的原则来表示它的实际经济价值，即以用户的“支付意愿”作为最终消费品的影子价格。

根据上述理论分析，目前在实际的建设项目评价中，影子价格的寻求是按下述思路进行的：①将建设项目涉及的各种资源（统称为货物）分成贸易货物和非贸易货物。②根据不同类型的货物来分别寻找各自的影子价格。对于贸易货物，寻找其口岸价，即以国际市场价格来替代影子价格。对于非贸易货物，原则上以用户的“支付意愿”来确定。价格合理的，或按国家统一价格定价，或以国内市场价格替代；价格不合理的，用分解成本的办法，将财务价格调整为影子价格。

我国现行确定影子价格的方法遵循上述原则，或直接给出口岸价，或给出国家规定的财务价格与换算系数。后者根据财务价格和换算系数可以直接算出评价用的影子价格，其中换算系数是根据分解成本的办法计算出来的，其具体计算方法将在下文阐述。

三、影子价格的确定

在确定某种货物的影子价格之前，首先要区分该货物的类型。一个项目的产出和投入，必然会对国民经济产生各种影响。就产出的产量来看，可能会增加国民经济的总消费，减少国民经济其他企业的生产，减少进口或增加出口。就投入物的消耗来看，可能会减少国民经济其他部分的消费，增加国民经济内部的产量，增加进口或减少出口。如果主要影响国家的进出口水平，可划为贸易货物；如果主要影响国内供求关系，可划为非贸易货物。只有在明确了货物类型之后，才能针对货物的不同类型，采取不同的定价原则。

1. 贸易货物

贸易货物影子价格的确定，是按照各项产出和投入对国民经济的影响，以口岸价格为基础，根据港口、项目所在地，投入物的国内产地，产出物的主要市场所在地和交通运输条件的差异，对流通领域的费用支出进行调整而分别制定的。具体计算公式如下：

（1）出口货物（产出物）的影子价格=离岸价（FOB）×影子汇率−国内运杂费−贸易费用（8-1）

在组织产品出口时要消耗一定数量的资源，所以国内运杂费和贸易费用是出口所必需的社会成本。出口货物的影子价格应当从外汇收益中扣除这部分社会成本，按照净得的收益计算。贸易费用一般用货物的口岸价乘以贸易费率计算。

【例 8-1】 某新建煤矿向国外出口原煤，假定原煤在离新建煤矿最近的某口岸的离岸价格为每吨 50 美元，影子汇率按 8.4 元计算。新建煤矿项目所在地到最近口岸的运距为 300 千米，铁路运费的价格为每吨千米 0.053 元。贸易费用的经济价格按口岸价格的 9%计算（以下举例中的汇率、铁路每吨千米运价、贸易费用系数均按本例数据计算）。

解：根据公式计算如下：

$$50\times8.4-300\times0.053-50\times8.4\times9\%=366.3\text{（元/t）}$$

所以出口原煤的影子价格为 366.3 元/t。

（2）进口货物（投入物）的影子价格=到岸价格（CIF）=×影子汇率+国内运杂费+贸易费用（8-2）

国内运费和贸易费用是进口所必需的社会成本，所以要作为进口投入物影子价格的一部分。

【例 8-2】 某企业从国外进口铝锭。假定铝锭在离企业所在地最近的某口岸的到岸价格为每吨 1500 美元，某口岸到项目所在地的铁路运距为 200 千米。

解：根据公式计算如下：

$$1500\times8.4+200\times0.053+1500\times8.4\times9\%=13744.6\text{（元/t）}$$

所以进口铝锭的影子价格为 13744.6 元/t。

（3）项目使用可出口货物（投入物）的影子价格=离岸价格×影子汇率−从供应者到最近口岸的国内运费和贸易费用+从供应者到项目所在地的国内运费和贸易费用（8-3）

出口货物转为国内使用，国民经济损失的是离岸价格扣除供应者到口岸的国内运费和贸易费用后的净收益，应当作为项目使用该货物的社会成本。出口货物现在不出口了，应当再加上从供应者到项目所在地的国内运输费用和贸易费用作为影子价格的一部分。

在具体计算时，由于贸易费用是按口岸价格计算的，而且费率是统一的，因此贸易费用可以忽略不计。

【例 8-3】 煤是贸易货物，用于项目的投入，就会减少出口。某新建煤矿生产的煤，供应给某地项目作为燃料，煤矿到项目所在地的铁路运距为 500 千米。其他条件同［例 8-1］。

解：根据公式计算如下：

$$50\times8.4-300\times0.053+500\times0.053=409.4\text{（元/t）}$$

所以项目使用可出口煤的影子价格为 409.4 元/t。

（4）替代进口货物（产出物）的影子价格=到岸价格×影子汇率+从购买者到最近口岸的

国内运费和贸易费用–从购买者到项目所在地的国内运费和贸易费用　　（8-4）

从购买者到口岸的国内运费和贸易费用是进口时必需的社会成本，应当作为影子价格的一部分。现在不进口了，这部分成本就成为项目的经济效益。同时要减去对内销售该货物必须消耗的国内运费和贸易费用，求得该产出的净收益。具体计算时，贸易费用也可忽略不计。

【例 8-4】 铝锭是进口贸易货物，作为项目的产出，就会减少进口。在某地新建一个铝厂，该厂生产的铝锭供应给［例 8-2］中的铝制品厂。铝厂项目所在地离铝制品厂的铁路运距为 800 千米。

解： 根据公式计算如下：

$$1500\times8.4+200\times0.053-800\times0.053=12568.2\text{（元/t）}$$

所以替代进口铝锭的影子价格为 12568.2 元/t。

在制定影子价格时，按照上述公式计算的贸易货物影子价格，通常只应用于主要的外贸产出和投入。在实际工作中，也可以把常用的贸易货物，根据资料测算，取各个贸易货物的换算系数。

换算系数是调整所得到的影子价格同国内市场价格的一个估计平均比率。

$$\text{换算系数}=\frac{\text{调整后的影子价格}}{\text{国内市场价格}} \tag{8-5}$$

利用换算系数可以便于计算，只要将国内市场价格乘以换算系数，就能调整为影子价格。

【例 8-5】 出口煤的影子价格为每吨 366.3 元，国内市场价格为每吨 155 元，求换算系数。

解： 换算系数= 366.3/155=2.36

由于不同类别的商品价格差别很大，因此不同类型的商品要采取不同的换算系数。换算系数一般由国家或上级部门制定，并定期修正。

2. 非贸易货物

非贸易货物是指我国不进口（或不出口）的货物。这类货物如果是项目的产出，不论是供应市场，还是被项目使用，都不会对我国的国际贸易产生影响。一种货物之所以成为非贸易货物，有的是由于运输费用太大，以致它的出口成本高于可能的离岸价格，或者运到使用地的进口成本高于当地的生产成本；也有的是限于国内或国外贸易政策的限制；还有一些是边远地区的自给产品或低质量产品。所以，不同地区非贸易货物的比重不同，大致越往内地，非贸易货物的比重越大。有些是“天然的”非贸易货物，如建筑安装、电力、国内运输、商业等。

非贸易货物的影子价格的制定比较复杂，现分述如下。

（1）非贸易产出物影子价格的确定。一是增加国内供应数量满足国内需求，产出物影子价格从以下价格中选取：计划价格、计划价格加补贴、市场价格、协议价格、同类企业产品的平均分解成本。选取的依据是供求状况。供求基本均衡时，取上述价格中较低者；供不应求时，取上述价格中较高者；无法判断供求关系时，取较低者。二是替代其他企业的产出。某种货物的国内市场原已饱和，项目产出这种货物并不能有效地增加国内供给，只是在挤占其他生产同类产品企业的市场份额，使这些企业减产甚至停产。这说明这类产出物为长线产品，项目很可能是盲目投资、重复建设。在这种情况下，如果产出物在质量、花色、品种等方面并无特色，应该分解被替代企业相应产品的可变成本作为影子价格；如果质量确有提高，可取国内市场价格作为影子价格。

（2）非贸易投入物影子价格的确定。一是通过原有企业的挖潜来增加供应，项目所需某种投入物，只要发挥原有生产能力即可满足供应，不必新增投资，这说明这种货物原有生产能力过剩，属于长线投资。此时，可对它的可变成本进行成本分解，得到货物出厂的影子价格，加上运输费用和贸易费用，就是该项目货物的影子价格。二是通过新增生产能力来增加供给，项目所需的投入物必须通过投资扩大生产规模，才能满足项目需求。这说明这种货物的生产能力已充分利用，不属于长线投资。此时，可对它的全部成本进行成本分解，得到货物出厂的影子价格，加上运输费用和贸易费用，就是货物到项目货物的影子价格。三是无法通过扩大生产能力来供应项目需要的某种投入物，原有生产能力无法满足，又不可能新增生产能力，只有去挤占其他用户的用量才能得到。这说明这种货物是极为紧缺的短线物资。此时，影子价格取计划价格加补贴、市场价格、协议价格这三者之中最高者，再加上贸易费用和运输费用。

（3）成本分解。成本分解原则上应是对边际成本而不是平均成本进行分解，如果缺少资料，也可以用平均成本分解。用成本分解法对货物进行分解，得到该货物的分解成本。这是确定非贸易货物按其边际生产成本的构成要素，分解为贸易货物、非贸易货物、土地、劳动力和资金，对要素中的贸易货物按国际市场价格计算，非贸易货物按影子价格定价。如果它的价值很大，为了更准确地测算，则需要继续第二次、第三次分解。这样，随着生产过程的向前推移，进行一级一级的分解，最后可以分解成贸易货物和劳动消耗两个组成部分，这样非贸易货物就可以按边境口岸价格作为统一尺度来衡量。在进行成本分解时，除原生产费用要素中的流动资金利息和固定资产折旧外，均要用流动资金回收费用和固定资产回收费用替代，在计算回收费用时应以社会折现率折现。成本分解的步骤为：

1）按成本要素列出某种贸易货物的财务成本、单位货物固定资产投资与流动资金，并列出该货物生产厂家的建设期限、建设期各年的投资比例。

2）剔除上述各数据中包含的税金。

3）对原材料、燃料动力等投入物进行费用调整，其中有些可直接使用给定的影子价格或换算系数，而对重要的非贸易货物可留待第二轮分解。

4）对折旧和流动资金利息进行调整，计算单位货物总投资（含固定资产和流动资金）的回收费用。

5）必要时对上述分解成本中涉及的非外贸货物再进行综合加总，便可得到该货物的分解成本。

【例 8-6】 某地拟建一个年产彩色电视机 150 万台的项目。项目投产后，政府决定每年减少进口同样质量和规格的彩电 50 万台。为了保证国内市场供需平衡，彩电价格将由原来的每台 3000 元降为 2600 元。为此，预计国内原有某厂家将因生产成本过高而减少 10 万台。项目生产每台彩电的财务成本为 2200 元，减产厂家的财务成本为每台 2800 元，其中变动成本占总成本的 88%，进口原材料占变动成本的 60%。又知进口彩电的到岸价格为每台 300 美元。试计算项目每年产出的经济价值和每台彩电的影子价格。（国家外汇牌价 OER=8.3，影子汇率 SER=9.0）

解： 第一，根据项目对国内生产、消费和进出口影响的类型，确定项目产品是贸易货物还是非贸易货物，并确定定价原则，见表 8-1。

表 8-1　**项目产出物的类型及定价原则**

影响类型	产品类型	定价原则
减少进口 50 万台	进口替代	到岸价格
减少国内生产 10 万台	非贸易货物	资源节省价值（变动成本分解）
其余的 90 万台增加国内消费	非贸易货物	支付意愿

第二，项目产出物——彩电经济价值的确定。对于替代进口的 50 万台，每台的经济价值按到岸价格乘以影子汇率计算：

$$300\times9.0=2700\text{（元）}$$

50 万台的总经济价值是

$$2700\times50=135000\text{（万元）}$$

对于取代国内减产的 10 万台，每台节省资源的经济价值按变动成本分解法计算：

每台的变动成本是

$$2800\times88\%=2464\text{（元）}$$

其中贸易货物成本是

$$2464\times60\%=1478.4\text{（元）}$$

折合成美元价值是

$$1478.4/8.3=178.1\text{（美元）}$$

其经济价值应为美元价值乘以影子汇率

$$178.1\times9.0=1602.9\text{（元）}$$

其中非贸易货物成本是（此价值不需调整）

$$2464-1478.4=985.6\text{（元）}$$

所以，每台节省资源价值为 1602.9+985.6=2588.5（元）

10 万台的总经济价值为

$$2588.5\times10=25885\text{（万元）}$$

对于增加国内消费的 90 万台，由于市场价格的下调，应包括部分消费者剩余，按消费者支付意愿计算其经济价值。

90 万台的计算价格为

$$(3000+2600)/2=2800\text{（元）}$$

90 万台的总经济价值为

$$2800\times90=252000\text{（万元）}$$

由以上计算可知，项目年产 150 万台的总经济价值为

$$135000+25885+252000=412885\text{（万元）}$$

每台彩电的影子价格为

$$412885/150=2752.6\text{（元）}$$

第四节　国民经济评价参数

根据国家发改委颁布的《建设项目经济评价方法与参数》一书的要求，工程项目国民经

济评价一般以经济内部收益率和经济净现值为主要指标。同时应根据项目方案的特点和实际需要，计算项目的投资净收益率等静态指标。

对于涉及产品出口创汇或替代进口节汇的项目方案，还应进行外汇效果分析，计算项目方案的经济外汇净现值、经济换汇（节汇）成本等指标。

一、影子汇率

影子汇率是外汇的影子价格，是把单位外币兑换成人民币的真实价值，它不同于官方汇率。外汇是一种稀缺资源，应该用机会成本来测算其实际价值，影子汇率实际上等于外汇可自由兑换时的市场汇率，主要依据一个国家或地区一段时期内进出口的结构和水平、外汇的机会成本及发展趋势、外汇供求状况等因素确定。影子汇率是国民经济评估中一个重要的参数，应当由国家统一制定和定期调整。它体现从国家角度对外汇价值的估量，在国民经济评估中用于外汇与人民币之间的换算，同时，它又是经济换汇成本或经济节汇成本的判断依据。国家可以利用影子汇率作为杠杆，影响项目投资决策，以及项目方案的选择和项目的取舍。当项目在评价是引进国外设备、零部件还是购买国产设备时，如果外汇影子价格较高，则不利于引进方案，有利于用国产设备的方案。影子汇率的取值还可以影响对某些项目的取舍。对于那些主要产出物为贸易货物（包括直接出口、间接出口、顶替进口的货物）的建设项目，影子汇率对项目的可行性往往具有决策性的影响。外汇的影子价格较高时，较有利于这些项目获得批准实施。对于那些主要投入物为贸易货物的项目，影子汇率的高低也对项目的可行性具有决定性影响。

工程投入物和产出物涉及进出口的，应采用影子汇率换算系数计算影子汇率。

$$影子汇率=影子汇率换算系数\times官方汇率 \tag{8-6}$$

影子汇率换算系数由国家统一测定发布，目前根据我国外汇收支、供求、进出口结构、进出口关税等情况，影子汇率换算系数取值为 1.08；官方汇率可用国家定期发布的外汇牌价。

【例 8-7】 已知 2013 年 3 月 4 日国家外汇牌价人民币对美元的比值为 817.99/100，求人民币对美元的影子汇率。

解： 影子汇率=影子汇率换算系数×817.99/100=1.08×817.99/100=8.8343

二、影子工资

影子工资就是项目工资成本的影子价格，即劳动力的影子价格，应以劳动力的机会成本来计量，其实质是工人为本项目提供劳务而使国家和社会为此付出的代价。影子工资的大小与一个国家的社会经济状况、劳动力是否充裕以及经济评价方法体系等因素密切相关。影子工资直接影响着经济评价的许多方面，与财务评价中工资概念不同。财务工资一般称为名义工资，影子工资的计算可将名义工资乘上适当的换算系数即可

$$影子工资=名义工资\times工资换算系数 \tag{8-7}$$

如何确定影子工资是国内外争论较多的一个十分复杂的问题。在我国，概括起来，存在以下几种意见：

（1）从我国目前劳动力结构来看，在现行的经济体制、分配体制下没有必要按地区、按劳动力类型确定分类的影子工资，只需要为所有劳动力确定一个综合的影子工资。对综合工资的取值有以下四种意见：

第一，影子工资为零。这种观点认为，我国劳动力资源极其丰富，在将来很长一段时间内，新增劳动力数量庞大。农村的经济体制改革解放出大量的农业劳动力，使之转向工业及

服务业、商业、交通运输业。随着我国人口增长，城市和农村中有相当数量的自然新增劳动力，因此，国家面临着巨大的就业压力。另外，现有企业单位中，冗员过多，人浮于事的现象相当严重，人为造成部分职工工作轻闲，助长懒惰情绪的产生，以致设备不能充分利用。因此，在今后相当长一个时期内，一个建设项目使用并不会影响其他建设项目或原有企业的产出。

第二，影子工资等于名义工资的 2 倍，即工资换算系数为 2。这种观点主张将实际工资（国家对职工个人的实际支付）作为影子工资。实际工资应当包括工资与补贴两大部分。国家对职工个人的实际支付不仅包括工资及奖金等现金形式支付（奖金也是工资的一部分），而且包括各种实物形式的补贴。照此计算，实际工资作为影子工资，影子工资应当等于名义工资的 2 倍，工资换算系数为 2。

第三，影子工资等于名义工资，即工资换算系数等于 1。持这种观点的理由是：①许多国外文献中认为发展中国家劳动力影子工资近似地可取实际工资的一半。影子工资等于名义工资，约为实际工资的一半。②即使我国劳动力资源丰富，简单地看某一个单独的项目，也许其使用劳动力不致影响其他企业或项目的产出，但从国家建设总体来看，能够供新项目所使用的劳动力终归是有限的。③影子工资等于名义工资这种取值，可较好地处理劳动力资源与资金资源的相互替代关系，较好地选择资金密集或劳动密集型项目。④影子工资取名义工资而不取零，可避免社会折现率取值过高，防止过高地计算资金的时间价值，投资决策中偏爱近期效益、忽视远期效益，偏爱短期项目、忽略长期项目等行为。

第四，影子工资应取介于零与名义工资之间的一个值，即影子工资小于名义工资，但又不等于零。持这种观点的人所提出的理由与持影子工资等于名义工资观点的人所提出的理由类似，但对于劳动边际产出的估算有些不同，而且由于这种估算不同，对工资换算系数究竟应该取 0.5 还是 0.25 或 0.8，也存在不同意见。

（2）应该对不同地区取不同工资。由于我国幅员辽阔，各地区经济发展很不平衡，资源情况相差很大，应对不同地区取不同的影子工资。对于人口稠密，就业压力大的地区取较低的影子工资；对于人烟稀少，劳动力缺乏的地区取较高的影子工资；对于经济落后，需要扶持发展的地区，取较低的影子工资；对于经济发达地区，取较高的影子工资。

（3）对不同职业的劳动力取不同的影子工资。我国属发展中国家，文化和科学技术水平还相当落后，技术人员和熟练工人还很缺乏，而总的人口又过多，所以应对非熟练劳动力、熟练劳动力、技术人员、管理人员区别对待，分别取不同的影子工资。比如对非熟练劳动力工资换算系数取 0.5，对熟练劳动力取 1，对专业管理人员、工程技术人员取 2 或者 4。

三、社会折现率

社会折现率是投资项目的资金所应达到的按复利计算的最低收益水平，即站在国家角度项目投资应达到的收益率标准，反映国家对资金时间价值的估量和资金稀缺程度，由国家统一测定发布。

社会折现率作为一个基本的经济参数，是国家评价和调控投资活动的重要杠杆之一。社会折现率的高低对国民经济的发展具有不可忽视的作用，社会折现率的取值直接影响项目经济可行性判断的结果。社会折现率取值较高，会使本来可以通过的某些建设项目难于达到这一标准，难于获得批准，间接地起到了控制投资的作用，从而影响国家积累和消费的比例，影响总投资效果和经济发展速度。因此，社会折现率可以作为国家总投资规模的控制参数，适当的社会折现率有利于正确引导投资，改变国家的资源配置情况，达到社会资源的最佳配置，调节资金的供求平衡。

在微观上，社会折现率作为项目费用和效益换算为现值的折现率，将直接影响项目的取舍。一般来说，社会折现率高，对寿命期较短的项目有利；社会折现率低，对寿命期较长的项目有利。因此，适当的社会折现率有利于合理利用建设资金，促进资金在短期和长期项目之间的合理分配，调整产业结构。社会折现率应根据我国在一定时期内的收益水平、资金机会成本、资金供求状况、合理的投资规模等来确定并定期修正。社会折现率的确定应体现国家的经济发展目标和宏观调控政策。

四、土地的影子价格

1. 土地费用的计算原则

项目占用土地，国民经济要付出代价，这一代价就是土地费用，也就是土地的影子价格。一般来说，土地的影子价格包括两个部分：①土地用于建设项目而使社会放弃的原有效益；②土地用于建设项目而使社会增加的资源消耗。

项目所占用的土地，可以归纳为以下三种类型：

第一种是荒地或不毛之地，土地的影子价格为零。也就是说，项目占用了这样的土地，国家不受任何损失。

第二种是经济用地，不管原来是用于农业、工业还是商业，项目占用之后都会引起经济损失。这时应该用机会成本的观点考察土地费用，计算社会被迫放弃的效益。对于农业，应计算项目占用土地导致的农业净收益的损失。

第三种是居住用地或其他生产性建筑、非营利单位的用地。项目占用之后要引起社会效益的损失，但又很难用价值量计量。这时主要应该考察：如果土地被项目占用，而原有的社会效益又必须保持，那么要使国民经济增加多少资源消耗。假如原来有住户，首先要为原住户购置新的居住地，其费用是新居住地土地的机会成本；其次要使原住户获得不低于以前的居住条件，其代价是实际花费的搬迁费用。两项费用之和，就是项目所占用居住用地的影子价格。

2. 土地费用的计算方法

项目占用农村地区的土地，可以根据土地的农业生产率来计算其影子价格。该地的总产值减去上年实现这一产出的成本（包括影子劳动力成本）的差额就是该地的租金（地租）。已知租金，根据经营土地的资本收益率可以推算出地块的影子价格。其公式为

$$\text{土地的影子价格}=\text{租金}/\text{土地报酬率} \tag{8-8}$$

项目占用城市地区的土地，就不宜用上述方法估价。城市地块的机会成本更可能取决于它在某个可供选择的非农业用途上的生产率，一般来说，大大高于农村地区的租金，而且差别很大。大多数城市项目的发展初期占用农业土地，地价比较低，随着人口的增多，地价会不断地上升，因此，典型的城市地区的地价含有历史的因素，不可能用一个简单的公式作为估价基础。

上述分析和处理，对于自然资源地区土地的估价也是适用的。一个荒山的矿物资源，初始开发时的地价可能为零。矿山建成发展以后，地价会上升，矿区都市化以后，矿区的地价应按某个非农业用途上的生产率来推算。

五、经济内部收益率（EIRR）

经济内部收益率是指项目方案寿命期内的累计经济净现值等于零时的折现率，它是反映

项目方案国民经济投资效率的相对指标。其表达式为

$$\sum_{t=0}^{n}[(\mathrm{CI}-\mathrm{CO})_t-(1+\mathrm{EIRR})^{-t}=0 \tag{8-9}$$

式中　CI——用影子价格计量的现金流入；

CO——用影子价格计量的现金流出；

n——项目方案的寿命期；

EIRR——经济内部收益率。

对于单一项目方案，如果计算出的经济内部收益率大于或等于社会折现率，则项目从国民经济角度看是可以被接受的；否则，应被拒绝。

经济内部收益率用于互斥方案经济效果的比较与选择时，首先要进行各方案绝对经济效果检验，凡是 EIRR≥i_s（社会折现率）的方案均通过绝对经济效果检验；凡是 EIRR＜i_s 的方案应予以淘汰；其次是对通过绝对经济效果检验的各方案进行相对经济效果检验。在进行方案间相对经济效果检验时，要计算两方案的增量经济内部收益率（Δ_{EIRR}），若互斥方案的寿命相等，则 Δ_{EIRR} 的表达式为

$$\sum_{t=0}^{n}[(\mathrm{CI_A}-\mathrm{CO_A})_t-(1+\Delta_{\mathrm{EIRR}})^{-t}-\sum_{t=0}^{n}[(\mathrm{CI_B}-\mathrm{CO_B})_t-(1+\Delta_{\mathrm{EIRR}})^{-t}=0 \tag{8-10}$$

若互斥方案的寿命不相等，则 Δ_{EIRR} 的表达式为

$$\begin{aligned}&\sum_{t=0}^{nA}[(\mathrm{CI}_A-\mathrm{CO}_A)_t-(1+\Delta_{\mathrm{EIRR}})^{-t}-(A/P,\Delta_{\mathrm{EIRR}},n_A)\\&-\sum_{t=0}^{nA}[(\mathrm{CI}_B-\mathrm{CO}_B)_t-(1+\Delta_{\mathrm{EIRR}})^{-t}-(A/P,\Delta_{\mathrm{EIRR}},n_B)=0\end{aligned} \tag{8-11}$$

将计算出的增量经济内部收益率同社会折现率相比较，若 $\Delta_{\mathrm{EIRR}}>i_s$，则投资额或年均净现金流量大的方案优；若 ΔEIRR＜i_s，则投资额或年均净现金流量小的方案优。方案多于两个时可采用环比法相互比较。

六、经济净现值（ENPV）

经济净现值是指将项目方案寿命期内各年的净收益用社会折现率折算到项目方案建设起点的现值之和，它是反映项目方案对国民经济所做贡献的绝对指标。其表达式为

$$\mathrm{ENPV}=\sum_{t=0}^{n}[(\mathrm{CI}-\mathrm{CO})_t(1+i_s)^{-t} \tag{8-12}$$

式中　i_s——社会折现率，其余符号同上。

对于单一项目方案，若 ENPV≥0，则项目可以接受；否则应予以拒绝。

经济净现值用于互斥方案经济效果的比较与选择时，若互斥方案的寿命相等，则在经济净现值大于零的方案中选择一个经济净现值最大的方案作为最优方案；若互斥方案的寿命不相等，则应取各方案寿命的最小公倍数作为经济净现值计算的时间基础，然后在经济净现值大于零的方案中选择一个经济净现值最大的方案即为最优方案，或者将寿命不等的方案的经济净现值转换成年值，在年值的基础上进行比较，这样相对简便。

七、投资净收益率

投资净收益率是指项目方案达到设计生产单力时的一个正常生产年份内的净收益与项目方案的全部投资的比率；它是反映项目方案投产后单位投资对国民经济所做的年净贡献的静

态指标。当项目方案寿命期内各年的净收益变化幅度较大时，应计算项目方案寿命期内的年平均净收益与全部投资的比率。表达式为

$$\text{投资净收益率} = \frac{\text{年净收益或年平均净收益}}{\text{全部投资额}} \times 100\% \qquad (8\text{-}13)$$

年净收益=年产品销售收入+年外部效益−年经营成本−年折旧费
−年技术转让费−年外部费用

一般情况下，计算出的投资净收益率大于社会折现率时，才能认为该项目方案是可行的。投资净收益率指标一般不用于多方案的比较。

八、经济外汇净现值（$\mathbf{ENPV}_F$）

经济外汇净现值是项目方案进行外汇效果分析的主要指标，是指按国民经济评价中效益、费用的划分原则，采用影子价格、影子工资、社会折现率，来分析、计算、评价项目方案实施后，对国家外汇收支影响的重要指标。表达式为

$$\mathrm{ENPV}_F = \sum_{t=0}^{n}[(\mathrm{FI}-\mathrm{FO})_t(1+i_s)^{-t} \qquad (8\text{-}14)$$

式中　FI——项目年外汇流入；

FO——项目年外汇流出；

i_s——社会折现率；

n——项目寿命期；

ENPV_F——经济外汇净现值。

当 ENPV_F＞0 时，说明项目方案对国家外汇有净贡献（创汇）；当 ENPV_F＜0 时，说明项目方案对国家外汇有净消耗（用汇）。当项目方案有产品替代进口时，经济外汇净现值可按实际外汇效果计算。

在项目方案的比较中，经济外汇净现值大的方案应予以优先考虑。

九、经济换汇（节汇）成本

经济换汇（节汇）成本是指用影子价格、影子工资和社会折现率计算的为生产出口产品或替代进口产品所耗费的国内资源价值的现值（人民币）与外汇净收益现值（美元）之比，即获取 1 美元外汇收入或节省 1 美元外汇消耗所需消耗的国内资源价值。计算公式为

$$\text{经济换汇（节汇）成本} = \frac{\sum_{t=0}^{n}\mathrm{DR}_t(1+i_s)^{-t}}{\sum_{t=0}^{n}(\mathrm{FI}-\mathrm{FO})_t(1+i_s)^{-t}} \qquad (8\text{-}15)$$

式中　DR_t——项目方案在第 t 年为生产出口产品或替代进口产品所投入的本国资源价值。

经济换汇（节汇）成本是分析、评价项目方案实施后，其产品在国际上的竞争能力的重要指标。当经济换汇（节汇）成本小于影子汇率时，说明该项目方案国际竞争力强；当经济换汇（节汇）成本大于影子汇率时，说明该项目方案国际竞争力弱。

以上介绍了项目方案国民经济评价的基本指标，它们反映了对国民经济评价基本目标的贡献。但是，项目方案的国民经济评价还有其辅助目标，需要通过辅助指标来反映对其辅助目标的贡献，常用的辅助指标有就业效果、分配效果等，这里不做介绍。

【例 8-8】 表 8-2 是某世界银行贷款项目在财务数据基础上，对费用和效益进行识别并用

影子价格计算之后得出的国内投资国民经济评价净现金流量。若社会折现率取 i_s=10%，试计算其经济净现值和经济内部收益率，并评价该项目方案。

表 8-2　　**国民经济评价净现金流量表**　　单位：万元

年份	第 1 年	第 2 年	第 3 年	第 4 年	第 5 年	第 6～14 年	第 15 年
净现金流量	−180	−240	−70	−10	50	170	315

解：根据项目方案国内投资国民经济评价净现金流量表计算的经济净现值和经济内部收益率如下

$$\begin{aligned}\text{ENPV}=&-180(P/F,\ 10\%,\ 1)-240(P/F,\ 10\%,\ 2)\\&-70(P/F,\ 10\%,\ 3)-10(P/F,\ 10\%,\ 4)+50(P/F,\ 10\%,\ 5)\\&+170(P/A,\ 10\%,\ 9)(P/F,\ 10\%,\ 5)+315(P/F,\ 10\%,\ 15)\\=&292.94\text{（万元）}\end{aligned}$$

令 EIRR=r，由下式求 r：

$$-180(1+r)^{-1}-240(1+r)^{-2}-70(1+r)^{-3}-10(1+r)^{-4}-50(1+r)^{-5}$$

$$+170\sum_{t=6}^{14}(1+r)^{-t}+315(1+r)^{-15}=0$$

用线性内插法求得

$$\text{EIRR}=r=18.64\%$$

由于项目方案国内投资的经济净现值大于零，经济内部收益率大于社会折现率（i_s=10%），所以该项目方案在国民经济评价上是可行的。

价值引领

习近平总书记在党的二十大报告中指出：“治国有常，利民为本。为民造福是立党为公、执政为民的本质要求。必须坚持在发展中保障和改善民生，鼓励共同奋斗创造美好生活，不断实现人民对美好生活的向往。”

所有经济社会发展目标都需要清晰的思路和具体可行的政策措施来推动实现。国民经济是一个大系统，项目建设是这个大系统中的一个子系统，国民经济评价就是要分析项目从国民经济中所吸取的投入以及项目产出对国民经济这个大系统的经济目标的影响，从而选择对大系统目标最有利的项目或方案。国民经济评价是宏观上合理配置国家有限资源的需要，我们需要从国家整体利益的角度来考虑，借助国民经济评价，真实反映项目对国民经济的净贡献，国民经济评价是投资决策科学化的需要。

党的二十大擘画了全面建成社会主义现代化强国的宏伟蓝图和实践路径，就未来五年党和国家事业发展制定了大政方针、做出了全面部署，是中国共产党团结带领全国各族人民夺取新时代中国特色社会主义新胜利的政治宣言和行动纲领。

思考与启示

在我国，不少商品的价格不能反映其价值，即所谓的价格“失真”。在这样的条件下，按现行价格来考察项目的投入或产出，不能确切地反映项目建设给国民经济带来的效益和费用。通过国民经济评价进行价格调整，运用能反映资源真实价值的价格来计算建设项目的费用和效益，以便得出该项目的建设是否有利于国民经济总目标的结论。

本章主要介绍了工程项目方案国民经济评价的概念、国民经济评价中费用与效益识别的原则和方法、影子价格及其确定、国民经济评价的指标体系和方法。

工程项目方案的国民经济评价就是从国家整体或全社会的角度出发，考察项目方案的费用与效益，计算、分析项目方案给国民经济带来的净效果，评价方案在经济上的可行性。国民经济评价与企业财务评价一起，共同组成了建设项目可行性研究的主要内容。国民经济评价与企业财务评价相比，在评价的角度和目标、费用与效益划分的范围和含义、采用的价格、折现率和汇率方面存在不同。在我国，国民经济评价的结论是决定项目方案是否可行的主要依据。

国民经济评价中费用与效益识别的基本原则，一是要把握系统的边界是整个国家（国民经济），而不是项目方案本身；二是要牢记追踪的对象是社会资源，而不是货币。任何一个项目方案的实施，除了会给其自身带来直接效果（内部效果）外，还会给社会其他部门或单位带来间接效果（外部效果）；除了会产生有形效果外，还会产生无形效果。转移支付是社会实体间纯粹货币性的转移，并不引起社会资源的增减变动，它不是国民经济评价中的费用或效益。无形效果也是项目方案真实存在的，在国民经济评价中应当加以考虑。无形效果不能用货币计量的，应做定性描述。

影子价格是社会资源可用量的任一边际变化对国民经济增长目标的贡献值，用影子价格计量项目方案的费用和效益，正确反映了项目方案国民经济评价的目标。影子价格的确定通常先将货物区分为贸易货物和非贸易货物两大类，然后根据项目方案的各种投入和产出对国民经济的影响分别处理。贸易货物确定影子价格的基础是国际市场价格（口岸价格）；非贸易货物影子价格的确定没有一定的基础，情况较复杂，应对不同情况做具体分析。特殊投入物主要有劳动力、土地和资金等。劳动力影子价格（影子工资）的确定主要是根据劳动力的充裕程度和技术熟练程度而定；土地影子价格的确定主要是根据土地的边际产出价值或支付意愿而定；资金影子价格要根据社会折现率来定。

思 考 题

1．什么是国民经济评价？它与企业财务评价有何异同？

2．什么是外部效益和外部费用？

3．项目的外部效果分为哪几种类型？

4．什么是影子工资、影子汇率、社会折现率？

5．什么是影子价格？贸易货物的影子价格如何确定？

第九章 价值工程及其应用

思政育人目标：

深刻理解习近平总书记“综合国力竞争说到底是创新的竞争。要深入实施创新驱动发展战略，推动科技创新、产业创新、企业创新、市场创新、产品创新、业态创新、管理创新等，加快形成以创新为主要引领和支撑的经济体系和发展模式”的论述。

运用价值工程原理，诠释社会主义核心价值观的意义，揭示人们为了“有效性”不断进取、不断创新、不断发展的历史进程，感悟从局部入手到系统推进的哲学思想、系统观点、整体思路，从把握功能分析这个价值工程核心中，学会工作优化的系统的观点、哲学思维和整体方案。学习抓住主要矛盾或矛盾的主要方面，步步深入、研究、设计、创新，从平凡到卓越。

课程教学目标：

学习、借鉴工作研究、工作设计、工作创新的思路历程，关注质量与成本的匹配、全面提升价值（VE）的“全面解决方案”。准确理解和把握价值管理的核心、目标和基本工作流程，能用系统的观点、思维和方法进行工作优化，以提升工作效能和价值。

第一节 价值工程概述

价值工程既是一种现代化的管理理论，又是一种操作性很强的管理技术，它是技术与经济相结合的重要结晶。价值工程自20世纪40年代在美国产生至今，已传到世界各国，它的理论、方法、规范和标准都得到了不断发展和完善，其应用范围也已从材料代用、产品开发，扩展到工程建设、项目组织管理等各个方面。国内外大量事实证明，通过价值工程的功能分析可以实现节约资源和降低成本的目的。

一、价值工程与其他管理技术的区别

价值工程是一门管理技术，又不同于一般的工业工程和全面质量管理技术。诞生于20世纪初的工业工程，着重于研究作业、工序、时间等从材料到工艺流程等问题，这种管理技术主要是降低加工费用。20世纪20年代创始的全面质量管理是按照设计图纸把产品可靠地制造出来，是从结果分析问题原因帮助消除不良产品的一种管理技术。但它们都是以产品设计图纸已给定的技术条件为前提，因此，降低产品成本具有一定局限性。而价值工程改变过去以物品或结构为中心的思考方法，从产品的功能出发，在设计过程中，重新审核设计图纸，对产品作设计改进，把与用户需求功能无关的构配件消除掉，更改具有过剩功能的材质和构配件，设计出价值更高的产品。由于它冲破了原来设计图纸的界限，故能大幅地降低成本。

价值工程与一般的投资决策理论也不同。一般的投资决策理论研究的是项目的投资效果，强调的是项目的可行性，而价值工程是研究如何以最少的人力、物力、财力和时间获得

必要功能的技术经济分析方法，强调的是产品的功能分析和功能改进。

价值工程是采用系统的工作方法，通过各相关领域的协作，对所研究对象功能与成本、效益与费用进行系统分析，不断创新，旨在提高所研究对象价值的思想方法和管理技术。

二、价值工程的概念

（一）价值工程的含义

价值工程中的价值，是指某一事物的功能与实现它的全部费用之比。假设评价对象的功能为 F，成本为 C，价值为 V，则价值的计算公式为

$$V=\frac{F}{C} \tag{9-1}$$

价值的大小取决于功能与费用之比。比值越大，价值越高；比值越小，价值越低。价值工程是以提高产品（或作业）价值和有效利用资源为目的，通过有组织的创造性工作，寻求用最低的寿命周期成本，可靠地实现使用者所需功能，获得最佳的综合效益的一种管理技术。价值工程中“工程”的含义是指为实现提高价值的目标，所进行的一系列分析研究的活动。价值工程中所述的“价值”也是一个相对的概念，是指作为某种产品（或作业）所具有的功能与获得该功能的全部费用的比值。它既不是对象的使用价值，也不是对象的交换价值，而是对象的比较价值，是作为评价事物有效程度的一种尺度。

（二）功能的定义和分类

功能，是指对象能够满足某种需求的一种属性，即功用、效用和能力。任何劳务和产品都有功能。例如汽车的功能除了“代步”，还可以提供音乐；手表的功能除了“显示时间”，还可以起到装饰效果。一种产品的功能的含义是多方面的，为了便于分析，我们还需要对功能进行分类。

1. 基本功能和辅助功能

功能按重要程度分为基本功能和辅助功能。基本功能就是要达到这种产品的用途所必不可少的功能，是产品的主要功能，如果没有这种功能，该产品就失去了原有的意义。辅助功能是为了更有效地实现基本功能而附加的功能，是次要功能，有时可能是多余功能。

例如，台灯的基本功能是照明，其次要求美观。如果将台灯作为摆设，那么台灯从本质上成为装饰品，美观则成了基本功能。

2. 使用功能和美观功能

按功能的性质分类，功能可以分为使用功能和美观功能。使用功能是指对象所具有的与技术经济用途直接相关的功能，从内涵上反映其使用属性。美学功能是与使用者的精神感觉、主观意识有关的功能，从产品外观上反映功能的艺术属性。对于某件产品来说，其往往既有使用功能又有美观功能。

3. 必要功能和不必要功能

按照功能的有用性，功能分为必要功能和不必要功能。必要功能是指为满足使用者的需要而必须具备的功能，使用功能、美学功能、基本功能、辅助功能均为必要功能；不必要功能是指对象所具有的、与满足使用者的需求无关的功能，包括多余的、重复的、过剩的功能。价值工程中的功能往往指产品的必要功能。

4. 过剩功能和不足功能

从数量满足需要的不同程度考虑，将功能分为过剩功能和不足功能。过剩功能是指某些

功能虽然必要，但是在数量上超过了用户的要求或标准功能水平。不足功能是相对于过剩功能而言，表现为功能水平在数量上不能完全满足用户需要，或低于标准功能水平。

（三）寿命周期的定义

产品的寿命周期是指产品从被研究开发、设计制造、用户使用直到报废为止的整个时期。寿命周期中消耗的所有产品成本，称为寿命周期成本，又称为总成本。

寿命周期成本即总成本 C 为设计、生产产品所需费用——生产成本 C_1 和用户在使用该产品过程中所支付的使用费用——使用成本 C_2 之和（见图 9-1）。

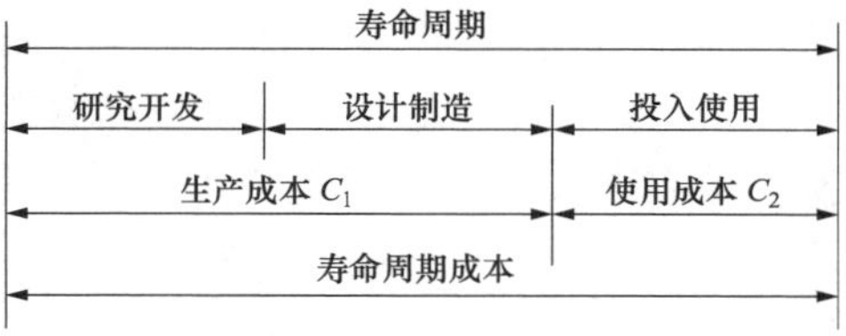

寿命周期
研究开发　设计制造　投入使用
生产成本 C_1　使用成本 C_2
寿命周期成本

图 9-1　寿命周期成本

寿命周期成本=生产成本+使用成本

即

$$C=C_1+C_2$$

产品的寿命周期成本与产品的功能有关。一般而言，生产成本与产品的功能成正比，功能越强大，生产成本越高；使用成本与产品的功能成反比，产品的功能越强大，使用成本越低。例如，一个电动玩具所使用的电池有充电电池和一次性电池之分，如果购买了充电电池，生产成本高，但是使用起来只需要给电池充电，使用成本较低。

三、提高价值的途径

价值是对象所具有的功能与获得该功能需要的全部费用之比，即价值取决于功能与费用两个因素。通常提高价值有五个途径：

（1）节约型——在保持产品功能不变的前提下，通过降低成本达到提高价值的目的。从发展趋势上说，科学技术水平以及劳动生产率是在不断提高的，因此消耗在某种功能水平上的产品或系统的费用应不断降低。新设计、新材料、新结构、新技术、新的施工方法和新型高效管理方法，无疑会提高劳动生产率，在功能不发生变化的条件下，能够降低产品或系统的费用。例如，某电影院采用人防地道风降温系统替代机械制冷系统，该系统实施后，在满足电影院空调要求的前提下，不仅降低了造价，而且节约了运行费和维修费。表达式为

$$\frac{F\rightarrow}{C\downarrow}=V\uparrow$$

（2）改进型——在产品成本不变的条件下，通过改进设计，提高产品的功能，提高利用资源的成果或效用（如提高产品的性能、可靠性、寿命、维修性），增加某些用户希望的功能，达到提高产品价值的目的。例如，将人防工程平时利用为地下商场、地下停车场等。这些都大幅提高了人防工程的功能，并增加了经济效益。表达式为

$$\frac{F\uparrow}{C\downarrow}=V\uparrow$$

（3）投资型——产品功能有较大幅度提高，产品成本有较少提高。即成本虽然增加了一些，但功能的提高超过了成本的提高，因此价值还是提高了。例如，电视塔的主要功能是发射电视和广播节目，若只考虑其单一功能，塔身及内部设备维护和更新成本高，经济效益差。但从价值工程应用来看，若利用塔的高度增加综合利用机房，可为气象、环保、交通、消防、通信等部门服务；增加观景厅和旋转餐厅等。工程造价虽增加了一些，但功能大增，每年的

综合服务和游览收入显著增加。表达式为

$$\frac{F\uparrow\uparrow}{C\uparrow}=V\uparrow$$

（4）牺牲型——在产品功能略有下降、产品成本大幅降低的情况下，也可达到提高产品价值的目的。这是一种灵活的企业经营策略，去除一些用户不需要的功能，从而较大幅度地降低费用。例如，老年人手机，在保证接听拨打电话这一基本功能的基础上，根据老年人的实际需求，采用保留或增加有别于普通手机的大字体、大按键、大音量、一键亲情拨号、收音机、一键求救、手电筒、监护定位、助听等功能，减少普通手机的办公、游戏、拍照、多媒体娱乐、数据应用等功能，从总体来看，老年手机功能比普通手机降低了一些，但仍能满足老年顾客对手机特定功能的要求，而整体生产成本却大幅地降低了。在实际中，对这种牺牲型途径要持慎重态度。表达式为

$$\frac{F\downarrow}{C\downarrow\downarrow}=V\uparrow$$

（5）双向型——在提高产品功能的同时降低产品成本，这是提高价值最为理想的途径，也是对资源最有效的利用。但对生产者要求较高，往往要借助技术的突破和管理的改善才能实现。例如，重庆轻轨项目打破国外长期以来采用“先墩后梁”的模式组织建设的常规，成功运用了“墩梁并举”的技术与管理模式，大幅缩短了工期，各项精度水平均有大幅提高，确保了建设质量，减少了资金积压时间，降低了工程融资成本，降低了工程总造价；同时，减少了占用城市道路施工的时间，方便了市民出行，减少了堵车，既节省宝贵的资源，又降低了环境污染。表达式为

$$\frac{F\uparrow}{C\downarrow}=V\uparrow\uparrow$$

四、价值工程的特点

价值工程是以最低的寿命期费用获得产品或劳务的必要功能，并着重于产品或劳务的功能研究的有组织的活动。这里的产品是指材料、制成品、机械及设备、工具、土木建筑产品等；劳务则是指工艺、工序、作业、组织机构等。实践证明，价值工程可以成功地应用于这些领域以及其他更广阔的领域。价值工程的特点有以下几点。

（1）价值工程的目的是以最低的总成本可靠地实现必要的功能。一般来说，要提高产品的功能就要增加生产费用，但提高功能会使日常使用费用降低，这样，生产费用和使用费用之和必然存在一个最小值。价值工程的目的就在于寻求不同的方案，以使这项费用达到最低。

（2）价值工程是一项有组织、有领导的集体活动。因为任何一项产品价值的提高都需要各方面人员的共同努力。如建筑工程要提高功能、降低费用，就要依靠科研、勘察设计、施工安装、物资供应、管理等多方面的共同努力。

（3）价值工程的核心是对产品进行功能成本分析。任何一种产品都有其特定功能。如作为建筑构件的梁和柱，其功能是承受并传递荷载；房屋建筑的基本功能是提供居住场所等生活条件。通过功能分析，可以找出用户所要求的必要功能和不必要功能。如一般居室的层高为 2.8～3.0m，如过分加高，对用户并无必要，反而导致费用增加。功能分析的目的就在于确保必要的功能，消除不必要的功能。

第二节　价值工程的实施步骤及方法

一、价值工程的工作程序

价值工程应用范围广，其活动形式也不尽相同。在实际应用中，可参照表 9-1，根据对象的具体情况，应用价值工程的基本原理和思想方法，考虑具体的实施措施和步骤。

表 9-1　　价值工程一般工作程序

价值工程工作阶段	设计程序	工作步骤		价值工程对应问题
		基本步骤	详细步骤	
准备阶段	制订工作计划	确定目标	1．对象选择	1．这是什么？
			2．组成工作小组	
			3．制订工作计划	
分析阶段	规定评价（功能要求事项实现程度的）标准	功能分析	4．信息搜集	2．这是干什么用的？
			5．功能定义	
			6．功能整理	
			7．功能成本分析	3．它的成本是多少？
		功能评价	8．功能评价	4．它的价值是多少？
			9．确定改进范围	5．有其他方法实现这一功能吗？
创新阶段	初步设计（提出各种设计方案）	制定改进方案	10．方案创新	
			11．概略评价	6．新方案的成本是多少？
	评价各设计方案，对方案进行改进、选优		12．调整完善	7．新方案能满足功能要求吗？
			13．详细评价	8．偏离目标了吗？
	书面化		14．提出提案	
实施阶段	检查实施情况并评价活动成果	实施评价成果	15．审批	
			16．实施与检查	
			17．成果鉴定	

1．准备阶段

第一步，对象选择。根据客观要求选择价值工程的对象，并明确价值工程活动的目标、限制条件和分析范围。

第二步，组成工作小组。根据不同的价值工程对象，确定价值工程活动的工作人数，组成工作小组。

第三步，制订工作计划。工作小组应制订具体的工作计划，包括具体执行人、执行日期、工作目标等。

2．分析阶段

第四步，信息搜集。由工作小组负责搜集整理与活动对象有关的一切信息资料，解决对象是什么的问题。信息搜集的工作贯穿于价值工程活动的全过程。

第五步，功能分析。通过分析信息资料，按功能定义的方法正确地表达各对象的功能，明确功能特性的要求并绘制功能系统图。

第六步，功能评价。评价为完成此项功能所付出的代价是多少。功能评价包括原有对象的功能评价和创新对象的功能评价。

3. 创新阶段

第七步，方案创新。针对应改进的具体目标，依据已建立的功能系统图、功能特性和功能目标成本，通过创造性的思维活动，提出各种不同的实现功能的方案。

第八步，方案评价。从技术、经济和社会等方面评价新方案的成本，看其是否能实现规定的目标，然后从中选出最佳方案。

第九步，提案编写。将选出的最佳方案及有关的技术经济资料和预测效益编写成正式提案，以考查新方案能否满足需要。

4. 实施阶段

第十步，审批。主管部门应对提案进行审查，并由负责人根据审查结果签署是否实施的意见。

第十一步，实施与检查。根据具体条件及提案内容，制订实施计划，组织实施，并指定专人在实施过程中跟踪检查，记录全过程的有关数据资料。必要时，可再次召集价值工程工作小组提出新的方案。

第十二步，成果鉴定。根据提案实施后的技术经济效果，进行成果鉴定。

应用价值工程的过程，就是不断发现问题、分析问题和解决问题的过程，即准备、分析、综合评价阶段。所谓准备，就是为后续分析评价问题做好铺垫，选择对象，并且收集与之相关的信息。所谓分析，就是确定问题的定义，明确这是什么样的问题。所谓综合，就是为已经确定的问题制定解决方案。所谓评价，就是对提出的解决方案进行优选，以确定最理想的解决方式。

总之，基本步骤、详细步骤都是围绕以下七个问题进行的：

（1）研究什么？

（2）研究有何用途？

（3）研究成本有多少？

（4）研究价值有多少？

（5）有其他方法能实现这个功能吗？

（6）其他方法的成本是多少？

（7）其他方法能满足功能要求吗？

这几个问题的解决过程，本身就是价值工程的运用过程。

二、选择价值工程对象的原则和方法

（一）选择价值工程对象的原则

在工程建设中，并不是对所有的工程产品（或作业）都进行价值分析，而是根据企业的发展方向、市场预测、用户反映、存在问题、薄弱环节以及提高劳动生产率、提高质量、降低成本等来选择分析对象。因此，价值工程的对象选择过程就是收缩研究范围的过程，最后明确分析研究的目标即主攻方向。一般情况下，从以下几个方面考虑价值工程对象的选择：

1. 投资额大的工程项目

对于投资额大的工程项目，从可行性研究、编制设计文件、施工准备到组织施工，都可以开展价值工程活动。在保持预定功能，即固定资产投资或施工成本减少的条件下，资金节约也将是十分显著的。

2. 面广量大的建筑产品

例如，住宅、单层工业厂房、中小学校、商店和医院等建筑物，每个项目的投资额不一定很大，但从全国范围来说，建造面广而量大，价值工程在一个工程项目上取得的成果可以推广到其他项目上，其总的效益将会很大。

3. 结构复杂、建筑自重大、稀缺材料用量多的项目

工程结构越复杂，简化的潜力就越大，可能取消的辅助功能就越多；建筑自重过大，则改进结构节约投资的潜力也就大，若稀缺材料用量多，则应尽量减少使用，节约挖潜。

4. 能耗大、能量转换率低的工程项目

合理使用能源和节约能源是我国现代化建设中的一个突出问题，关键是能量转换率低。因此，把这类工程项目列为价值工程对象，有利于节约能源，促进能源科学技术水平的提高。

5. 污染严重的工程项目

经济合理处理废水、废渣、噪声，甚至变废为宝是价值工程需要研究的重要对象。

6. 用户意见多的建筑产品

用户认为功能不足或售价过高的建筑产品应是价值工程活动的对象。

（二）选择价值工程对象的方法

根据对象选择原则，综合考虑各种因素，就可以具体选择某个或几个产品、零部件、工序、环节等作为价值工程对象。具体包括定性分析方法和定量分析方法两类。选择价值工程工作对象的基本方法有以下几种：

1. 经验分析法

经验分析法又称为因素分析法，它是利用实践经验丰富的设计人员、施工人员以及企业的专业技术人员和管理人员对产品中存在问题的直接感受，经过主观判断，选择价值工程对象的方法。

经验分析法属于定性分析方法。它的优点是简便易行，不需要特殊的人员培训，利用工程人员工作的经验及感受往往可以找到问题的所在，有时是解决困难，有时是找到提高效率的方法。这是目前我们广泛采用的方法。缺点是缺乏定量分析，在分析人员经验不足时准确程度降低，受人员知识、技能和工作敬业程度的影响较大。

经验分析法广泛用于对象粗选阶段或时间紧迫时。一般具有下列特点的一些产品或零部件可以作为价值分析的重点对象：

（1）产品设计年代已久，技术已显陈旧；

（2）重量、体积很大，增加材料用量和工作量；

（3）质量差、用户意见大或销售量大、市场竞争激烈的产品；

（4）成本高、利润低的产品；

（5）组件或加工复杂，影响产量的零部件；

（6）成本占总费用比重大，功能不重要而成本高者。

2. 百分比分析法

百分比分析法是通过分析产品对两个或两个以上的技术经济指标的影响程度大小来确定价值工程对象的方法。

百分比分析法从本质上讲是一种因素分析法，它是对事先选定的某几项技术经济指标，进行各产品影响程度的定量分析。

3. 价值指数法

价值指数法是根据价值表达式 $V=F/C$ 在产品成本已知的基础上，将产品功能定量化，从而计算产品价值的方法。在应用该法选择价值工程的对象时，应当综合考虑价值指数偏离 1 的程度和改善幅度，优先选择 $V<1$ 且改进幅度大的产品或零部件。

（1）$V<1$，此时功能现实成本大于功能评价值。这表明评价对象的现实成本偏高，而功能要求不高，一种可能是存在过剩的功能，另一种可能是功能虽无过剩，但实现功能的条件或方法不佳，以致使实现功能的成本大于功能的实际需要，应作为研究对象。

（2）$V>1$，说明该评价对象的功能比较重要，但分配的成本较少，即功能现实成本低于功能评价值。应具体分析，可能功能与成本分配已较理想，或者有不必要的功能，或者应该提高成本。

（3）$V=1$，表示功能评价值等于功能现实成本。这表明评价对象的功能现实成本与实现功能所必需的最低成本大致相当，说明评价对象的价值为最佳，一般无须改进。

（4）$V=0$，如果是不必要的功能，则取消该评价对象；但如果是最不重要的必要功能，要根据实际情况处理。

4. ABC 分析法

ABC 分析法是根据研究对象对某项目技术经济指标的影响程度和研究对象数量的比例大小两方面因素，把所有研究对象划分成主次有别的 A、B、C 三类的方法。通过以上划分，我们明确了关键的少数因素和一般的多数因素，从而能够准确地选择价值工程对象。

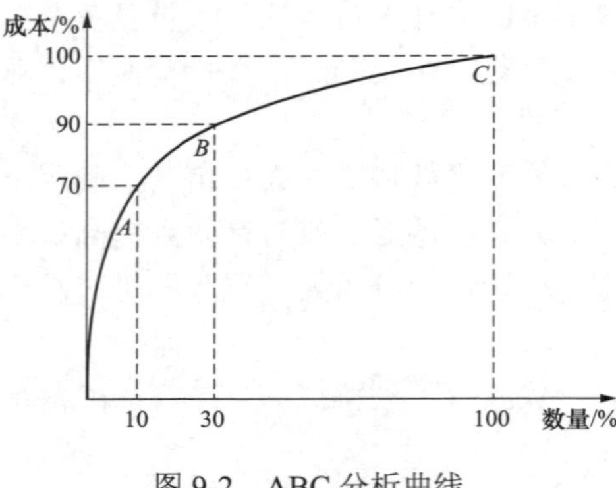

图 9-2 ABC 分析曲线

对于建筑产品来说，其各个分部、分项工程的成本分配也存在类似现象。例如，在住宅建筑造价中，结构工程占有较大的比重，虽然不到总成本的 80%，也应是价值工程的主要分析对象；在某些建造项目中，设备工程有可能取代结构工程成为价值工程的主要分析对象（见图 9-2）。

ABC 分析法能够较直观地显示出产品成本这一因素中的主要问题。其不足之处是并未联系功能的因素来考虑。因此，有可能造成忽略那些占成本比重虽然不大但功能亟待改进的对象。

下面两种是针对功能改进型目标的选择确定方法。

5. 价值系数法

价值系数法是通过对各产品的功能进行评价，得出每个零件的功能评价系数后，对各功能的现实成本进行分析，从而求得每个零件的成本系数，以求出价值系数的方法。

$$价值系数=\frac{功能评价系数}{成本系数}$$

$$成本系数=\frac{零件成本}{总成本}$$

具体示例见表 9-2。

表 9-2　　价值系数计算

评价对象 ①	功能评价系数 ②	现实成本 ③	成本系数 ④=③/1129	价值系数 ⑤=②/④	功能改善目标 ⑥
F_1	0.51	562	0.498	1.02	
F_2	0.26	298	0.264	0.98	
F_3	0.17	153	0.136	1.25	
F_4	0.06	116	0.103	0.58	应选目标
合计	1.00	1129			

6. 最合适区域法

该方法选择价值工程工作对象的办法是确定一个价值系数的最合适区域。

我们取成本系数为横坐标 X，功能系数为纵坐标 Y，则 $X=Y$ 直线为理想价值线（$V=1$）。围绕该线有一个朝向原点的喇叭形区域，为最合适区域。凡落在该区域的价值系数点，其功能与成本是适应的，可以不作为重点改善目标。$V>1$ 的点落在喇叭形区域的左上方，$V<1$ 的点落在喇叭形区域的右下方。这些点均是改善目标。

喇叭形区域的确定方法是：设任意价值系数点 M（x，y），M 距原点的距离为 L，M 距 V 直线的距离为 R。由价值系数法可知，价值系数越小，目标越应得到改善。价值系数与功能评价系数成正比，与成本系数成反比。如图 9-3 可知，M 离原点越远，即 L 越大，功能及成本系数的绝对量越大，改善的余地就越大，所以应该得到改善。同理，M 距离理想价值线的距离 R 越大，表示与理想价值线的偏离程度越大，改进的余地也就越大，应作为重点改善目标。因此，我们用 $L\times R$ 综合反映 M 点的这两个因素。

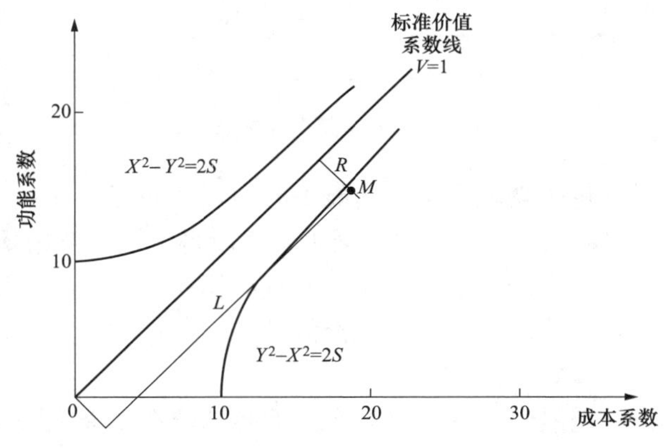

图 9-3　功能成本控制最适合区域

设 $L\times R=S$，S 为某正常数，则喇叭形区域边界线为 $X^2-Y^2=2S$，$X^2-Y^2=2S$。式中 S 的取值大小决定了最合适区域的宽窄。因为 S 由我们确定，S 越大，表示我们要求的距离需要改善状况的偏离程度越大，需要改善的目标越少；反之，当我们要求得越精确，能够容忍的偏差越小时，S 的取值就越小。

三、功能分析与评价

（一）功能分析

功能分析是价值工程的核心和基本内容，包括功能定义和功能整理。其目的就是在满足用户基本功能的基础上，确保和增加产品的必要功能，剔除或减少不必要功能。

1. 功能定义

功能定义是对价值工程对象及其组成部分的功能所做的明确表述。功能定义的目的在于定义产品及零部件的功能，明确各自的相应成本代价；便于功能评价，确定价值低的功能和有问题的功能；改进产品和零部件的设计方案。

功能定义常采用“两词法”（动宾词组法）来简明扼要地表述功能的本质特性。例如，电梯的功能是“运输重量”。

需要注意的是，一项功能只能下一个定义。

2. 功能整理

功能整理是对定义出的功能进行系统分析、整理，明确功能之间的关系，分清功能类别，建立功能系统图。功能整理是为了确认真正要求的功能，发现不必要的功能，确认功能定义的正确性，认识功能领域，并为定量分析奠定基础。

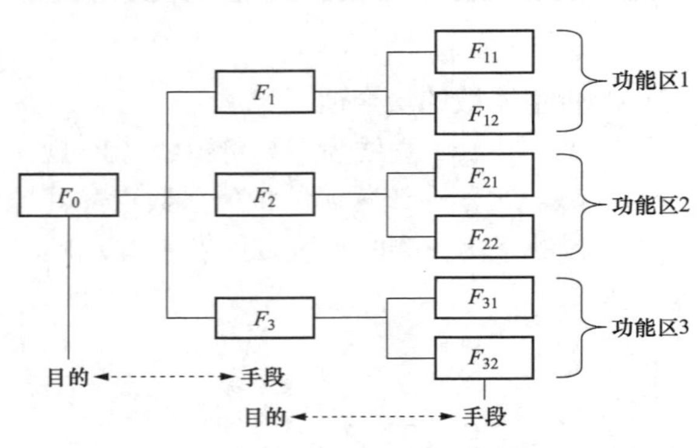

图 9-4 功能系统图基本模式

通常功能整理的步骤如下：

（1）分析产品的基本功能和辅助功能；

（2）明确功能的上下位和并列关系；

（3）建立功能系统图。

如图 9-4 所示，F_0 相对于 F_1、F_2、F_3 来说是目的，F_1、F_2、F_3 是手段。我们把作为目的的功能称为上位功能，作为手段的功能称为下位功能，上位功能和下位功能具有相对性。同位功能是指功能系统图中与同一上位功能相连的若干下位功能。

通过绘制功能系统图，我们可以清楚地看出每个功能在全部功能中的地位和作用，使各功能之间的相互关系系统化。价值工程的原理之一就是“目的是主要的，手段是可以广泛选择的”，根据这一原理并结合功能系统图就可以从上位功能出发，抛开原有结构，广泛设想实现这一功能的各种途径，并且便于发现不必要的功能，提高产品的价值。

（二）功能评价

功能评价是对对象实现的各功能在功能系统中的重要程度进行定量估计。它实际上是对功能价值进行测定，在产品功能中引进数量化概念。

其工作程序如下：

（1）求算功能的现实成本，即计算功能的现实成本；

（2）求功能评价值，即评定功能的价值；

（3）算出功能价值和改善期望值，选择价值低的功能作为改善对象。

功能评价的评价方法有：

1. “01”评分法——重要者得 1 分，不重要者得 0 分

假设有 5 个零件，我们找到 10 位对该产品熟悉的人员各自参加功能评价。我们任选两个零件，对它们的功能重要性进行比较，重要的一个零件得 1 分，不重要的得 0 分。依次算出功能评价系数，见表 9-3。

表 9-3　　第一个人用“01”评分法进行功能评价系数表

零件功能	一对一比较结果					得分	功能评价系数
	A	B	C	D	E		
A	×	1	0	1	1	3	0.3
B	0	×	0	1	1	2	0.2
C	1	1	×	1	1	4	0.4
D	0	0	0	×	0	0	0
E	0	0	0	1	×	1	0.1
合计						10	1.0

同理，我们可以得到其他 9 个人的功能评价系数表，进行汇总，可以得到平均功能评价系数，见表 9-4。

表 9-4　　平均功能评价系数计算表

零件功能	1	2	3	4	5	6	7	8	9	10	各零件得分	功能评价系数
A	0.3	0.3	0.2	0.2	0.3	0.3	0.1	0.2	0.3	0.2	2.4	0.24
B	0.2	0.2	0.2	0.2	0.3	0.2	0.2	0.2	0.2	0.2	2.1	0.21
C	0.4	0.3	0.4	0.4	0.3	0.4	0.4	0.3	0.4	0.4	3.7	0.37
D	0	0.1	0.1	0	0	0	0.1	0	0.1	0.1	0.5	0.05
E	0.1	0.1	0.1	0.2	0.1	0.1	0.2	0.3	0	0.1	1.3	0.13
合计	1.0	1.0	1.0	1.0	1.0	1.0	1.0	1.0	1.0	1.0	10.0	1.0

2. 直接评分法——由专业人员对各功能直接打分

直接评分法是请几位对目标熟悉的人员对各目标零件的功能直接打分，评价时规定总分标准，每个参评人员对目标零件功能的评分之和必须等于总分。举例见表 9-5。

表 9-5

零件功能	1	2	3	4	5	6	7	8	9	10	各零件得分	功能评价系数
A	3	3	2	2	3	3	1	2	3	2	24	0.24
B	2	2	2	2	3	2	2	2	2	2	21	0.21
C	4	3	4	4	3	4	4	3	4	4	37	0.37
D	0	1	1	0	0	0	1	0	1	1	5	0.05
E	1	1	1	2	1	1	2	3	0	1	13	0.13
合计	10	10	10	10	10	10	10	10	10	10	100	1.0

3. “04”评分法

“04”评分法在“01”评分法的基础上加以改进，更能反映出目标功能间的真实差别。采用“04”评分法进行一一比较时，分为四种情况：

（1）非常重要的功能得 4 分，很不重要的功能得 0 分；

（2）比较重要的功能得 3 分，不太重要的功能得 1 分；

（3）两个功能重要程度相同时各得 2 分；

（4）自身对比不得分。

举例见表 9-6。

表 9-6 **“04”评分法功能评价系数表**

零件功能	一对一比较结果					得分	功能评价系数
	A	B	C	D	E		
A	×	3	1	4	4	12	0.3
B	1	×	3	1	4	9	0.225
C	3	1	×	3	0	7	0.175
D	0	3	1	×	3	7	0.175
E	0	0	4	1	×	5	0.125
合计						40	1.0

同“01”评分法，再由其他人员得出评分，通过平均功能评价系数表得出最重要目标。

4. 倍比法

倍比法是利用评价对象之间的相关性进行比较来定出功能评价系数（见表 9-7）。步骤有：

（1）按照各评价目标功能的重要程度由高到低排序；

（2）从上至下按倍数比较相邻两个评价目标；

（3）令最后一个评价对象得分为 1，按上述各相对比值计算其他对象的得分；

（4）计算各个评价对象的功能评价系数。

表 9-7 **倍比法计算功能重要性系数表**

评价对象	相对比值	得分	功能评价系数
F_1	$F_1/F_2=2$	9	0.51
F_2	$F_2/F_3=1.5$	4.5	0.26
F_3	$F_3/F_4=3$	3	0.17
F_4		1	0.06
合计		17.5	1.00

5. DARE 法

DARE 法又称为功能重要性系数法或决定方案比率评价法。该方法有以下三个特点。

（1）按照功能的任意排列顺序，两两逐次对比其重要性，并按前项功能为后项功能重要性的倍数而给前项功能初步打分。例如表 9-8 中，用 DARE 法评分，A 是 B 功能重要性的 2.5 倍，依此类推，结果列于表中。

（2）对暂定重要性系数进行修正，把最下面一项功能定为 1.0，并按反顺序依次修正前面各项功能得分，结果列于表中。

（3）将各功能的修正重要性系数除以全部功能得分总数 9.68，得出功能的重要性系数，结果列于表中。

表 9-8

功能领域	评价人数		
	暂定重要性系数（重要性互比值）	修正重要性系数	功能重要性系数
A	2.5	2.5×1.68=4.20	0.43
B	0.6	0.6×2.8=1.68	0.17
C	2.8	2.8×1.0=2.80	0.29
D	—	1.00	0.11
合计		9.68	1.00

这种求算功能重要性系数的方法比“01”评分法、“04”评分法更合理，用较少的判断次数即可做出评价，因而应用较多。这种方法常用于比较对象项目较多时。

四、方案创造与评价

1. 方案创造

方案创造是指在确定了功能改善对象后，根据已建立的功能系统图、功能特征和功能目标成本，通过创造性的思维活动，提出实现功能的各种不同的方案并进行比较，以选出具体可行的方案。方案创造通常选用以下三种方法：

（1）头脑风暴法

头脑风暴法是 1939 年美国 BBDO 广告公司奥斯本博士首先提出的一种创造方法，也是启发创意较早的一种方法。其基本点可以归纳成 12 个字：“积极思考、互相启发、集思广益”，即以开小组会的方式进行。具体做法是：由熟悉产品的 5～10 人参加会议，并事先通知议题，开会时要求应邀参加会议的各方专业人员自由思考，提出不同方案，多多益善，但不评价别人的方案，并且希望与会者在听取别人提出的建议方案的基础上进行改进，提出自己的新方案。

这种方法的优点是，鼓励大家发挥自己的智慧，能够得到更多的方案，并且因为大家听取别人的方案，还可以改进自己的方案，从而得到更优方案。缺点是，无法避免权威专家对其他人的影响，这是一种干扰因素。

（2）模糊目标法（哥顿法）

这种方法的指导思想是把所研究的问题适当分细或抽象，以利于开阔思路。在研究创新方案时，会议主持人开始时并不把要解决的问题全部摊开，只对大家做一番抽象笼统的介绍，要求海阔天空地提出各种设想，以激发出有价值的改进方案。待讨论到一定程度后才把中心议题指出来，以作进一步研究。

例如，要研究建筑物的“屋面隔热”的改进方案，开始时，会议主持人只是提出“如何进行隔热”的概念，让大家围绕这一问题提出方案，在充分发表意见的基础上，会议主持人再具体提出“屋面隔热”的问题，从而在各种方案中比选各种组合方案。

这种方法的优点是，大家提出笼统的设想时，不会受到项目本身或其他因素的影响。缺点是，抽象笼统的介绍的难度比较大，如果介绍不清楚或者偏离原意，那么讨论就是在浪费时间。

（3）专家函询法（德尔菲法）

这种方法是不采用开会的形式，而是由主管人员或部门将已构思好的方案以信函方式分发给有关人员，征询他们的意见。然后将得到的意见汇总、统计及总结，再次分发出去，请各专业人员再次做修改补充。如此反复直到得到满意的方案。

这种方法的优点是避免了专家间的干扰，缺点是程序复杂，需要做多次的信息发送、收集、整理工作，时间比较长。

2. 方案评价

方案评价是在方案创造的基础上对新构思方案的技术、经济和社会效果等方面进行的评估，以便选择最佳方案。技术评价是围绕“功能”进行的评价，内容是新方案能否实现所需“功能”及实现程度；经济评价是围绕方案的经济效果进行的评价，内容主要是以成本为代表的经济可行性；社会评价是针对方案给社会带来的利益或影响进行评价。

方案评价分为概略评价和详细评价两个阶段。概略评价是对已创造出来的方案从技术、经济和社会三个方面进行初步研究。其目的是从众多方案中进行粗略筛选，使精力集中于优秀方案的评价。详细评价是对概略评价所得的比较抽象的方案进行调查和信息收集，使其在材料、结构、功能等方面进一步具体化，最终对它们做以审查和评价。

下面我们简单介绍几种对创新方案的详细评价方法。

（1）加法评分法

加法评分法是在列出评价项目的等级及评分标准的基础上，由专业人员对各创新方案进行评分，然后对各创新方案在各评价项目上的得分进行相加，得出各创新方案的总评价值，最后根据各创新方案总评价值的大小确定优劣顺序，选择最优创新方案的一种评价方法。例如，对 A、B、C、D 四个创新方案分别在产品功能、产品成本、产品销路、产品方向四个评价项目上进行评分，评价项目的等级和评分标准见表 9-9。

表 9-9　　评价项目等级和评分标准

评价项目		创新方案				
内容	评价等级	评分标准	A	B	C	D
产品功能	（1）满足用户要求	3	3			
	（2）基本满足用户要求	2		2		2
	（3）仅能满足用户最低要求	1			1	
产品成本	（1）低于外企业同类产品成本	3		3		
	（2）低于本企业原有产品成本	2	2		2	2
	（3）与本企业原有产品成本相等	1				
产品销路	（1）未来市场销路很大	3	3		3	3
	（2）市场销路大，但竞争产品多	2		2		
	（3）市场销路不大	1				
产品方向	（1）符合国家及企业目标	3	3			
	（2）符合当前要求	2		2		
	（3）不符合国家长远规划	1			1	1
加法合计		4～12	11	9	7	8

由表 9-9 可以看出，各创新方案评分的加法总得分的优劣顺序是 A、B、D、C，创新方案 A 是最优方案。

（2）连乘评分法

连乘评分法与加法评分法的评分原则和方法是一样的，不同点只是将各创新方案在各评价项目上的评分值直接相乘，按连乘积的大小来确定创新方案的优劣顺序，选择最优方案。例如，以上四个创新方案评分值的连乘积分别是 A=54、B=24、C=6、D=12。其优劣顺序是 A、B、D、C，A 为最优方案。连乘评分法的优点是各创新方案的总评分差距拉大了，灵敏度高，便于识别。但若某方案在某评价项目上的评分值为零，则总评分值也是零，这相当于“一票否决制”。

（3）加权评分法

加权评分法是以各评价项目在总项目中的比重作为权数，计算各创新方案在各评价项目上的评分值的加权平均值作为创新方案总评价值，从而确定各创新方案的优劣顺序，选择最优方案的一种评价方法。

例如，若上例中评价项目中产品功能、产品成本、产品销路和产品方向的比重分别是0.4、0.4、0.1、0.1，则四个创新方案的总评价值分别是

$$A=3\times0.4+2\times0.4+3\times0.1+3\times0.1=2.6$$
$$B=2\times0.4+3\times0.4+2\times0.1+2\times0.1=2.4$$
$$C=1\times0.4+2\times0.4+3\times0.1+1\times0.1=1.6$$
$$D=2\times0.4+2\times0.4+3\times0.1+1\times0.1=2.0$$

其优劣顺序是A、B、D、C。A为最优方案。

需要说明的是，由于加权评分法对各评价项目使用了不同的比重，各创新方案的优劣顺序不一定与加法评分法和乘法评分法一致，所选择的最优方案也不一定相同。对创新方案的详细评价，除了评分法外，还有相关评价法、技术经济价值法等，在实际应用中应视具体情况选用。

第三节　价值工程应用

【例9-1】 某路桥公司承接了改善越江交通状况的工程，提出以下两个方案：

方案1：在原桥基础上加固、扩建。该方案预计投资40000万元，建成后可通行20年。这期间每年需维护费1000万元。每10年需进行一次大修，每次大修费用为3000万元，运营20年后报废时没有残值。

方案2：拆除原桥，在原址建一座新桥。该方案预计投资120000万元，建成后可通行60年。这期间每年需维护费1500万元。每20年需进行一次大修，每次大修费用为5000万元，运营60年后报废时可回收残值5000万元。

不考虑两方案建设期的差异，基准收益率为6%。

主管部门聘请专家对该桥应具备的功能进行了深入分析，认为应从F_1、F_2、F_3、F_4、F_5五个方面对功能进行评价。表9-10是专家采用“04”评分法对五个功能进行评分的部分结果，表9-11是专家对两个方案的五个功能的评分结果。

表9-10　　**功能评分表**

功能	F_1	F_2	F_3	F_4	F_5	得分	权重
F_1	1	2	3	4	4		
F_2			3	4	4		
F_3				3	4		
F_4					3		
F_5							
合计							

表 9-11　　方案功能评分结果

功能	方案 1	方案 2
F_1	6	10
F_2	7	9
F_3	6	7
F_4	9	8
F_5	9	9

问题：

1．在表 9-10 中计算各功能的权重（权重计算结果保留三位小数）。

2．列式计算两方案的年费用（计算结果保留两位小数）。

3．若采用价值工程方法对两方案进行评价，分别列式计算两方案的成本指数（以年费用为基础）、功能指数和价值指数，并根据计算结果确定最终应入选的方案（计算结果保留三位小数）。

4．该桥梁未来将通过收取车辆通行费的方式收回投资和维持运营，若预计该桥梁的机动车年通行量不会少于 1500 万辆，分别列式计算两个方案每辆机动车的平均最低收费额（计算结果保留两位小数）。（注：计算所需系数参见表 9-12。）

表 9-12　　时间价值系数表

n	10	20	30	40	50	60
（P/F，6%，n）	0.5584	0.3118	0.1741	0.0972	0.0543	0.0303
（A/P，6%，n）	0.1359	0.0872	0.0726	0.0665	0.0634	0.0619

解：

1．计算各功能的权重，见表 9-13。

表 9-13　　功能分析

功能	F_1	F_2	F_3	F_4	F_5	得分	权重
F_1		2	3	4	4	13	0.325
F_2	2		3	4	4	13	0.325
F_3	1	1		3	4	9	0.225
F_4	0	0	1		3	4	0.100
F_5	0	0	0	1		1	0.025
合计						40	1.000

2．方案 1 的年费用=1000+40000(A/P，6%，20)+3000(P/F，6%，10)(A/P，6%，20)

= 1000+40000×0.0872+3000×0.5584×0.0872=4634.08（万元）

方案 2 的年费用=1500+120000(A/P，6%，60)+5000(P/F，6%，20)(A/P，6%，60) + 5000(P/F，6%，40)(A/P，6%，60) −5000(P/F，6%，60)(A/P，6%，60)

=1500+120000×0.0619+5000×0.3118×0.0619+5000×0.0972×0.0619−5000×0.0303×0.0619=9045.20（万元）

3．方案 1 的成本指数：4634.08/(4634.08+9045.20)=0.339

方案 2 的成本指数：9045.20/(4634.08+9045.20)=0.661

方案 1 的功能得分：

$$6\times0.325+7\times0.325+6\times0.225+9\times0.100+9\times0.025=6.700$$

方案 2 的功能得分：

$$10\times0.325+9\times0.325+7\times0.225+8\times0.100+9\times0.025=8.775$$

方案 1 的功能指数：6.700/(6.700+8.775)=0.433

方案 2 的功能指数：8.775/(6.700+8.775)=0.567

方案 1 的价值指数：0.433/0.339=1.277

方案 2 的价值指数：0.567/0.661=0.858

因为方案 1 的价值指数大于方案 2 的价值指数，所以应选择方案 1。

4．方案 1 的最低收费：4634.08/1500=3.09（元/辆）

方案 2 的最低收费：9045.20/1500=6.03（元/辆）

【例 9-2】 某房地产公司对某公寓项目的开发征集到若干设计方案，经筛选后对其中较为出色的四个设计方案做进一步的技术经济评价。有关专家决定从五个方面（分别用 F_1～F_5 表示）对四个方案的功能进行评价，并对各功能的重要性达成以下共识：F_2 和 F_3 同样重要，F_4 和 F_5 同样重要，F_4 相对于 F_3 很重要，F_1 相对于 F_2 较重要；此后，各专家对该四个方案的功能满足程度分别打分，其结果见表 9-14。

表 9-14　方案功能得分

功能	方案功能得分			
	A	B	C	D
F_1	9	10	9	8
F_2	10	10	8	9
F_3	9	9	10	9
F_4	8	8	8	7
F_5	9	7	9	6

据造价工程师估算，A、B、C、D 四个方案的单方造价（每平方米）分别为 1420 元、1230 元、1150 元、1360 元。试计算各功能的重要性系数并用价值指数法选择最佳设计方案。

解： 本例主要考核“04”评分法的运用。

（1）根据资料所给的条件功能重要性系数计算如表 9-15 所示。

表 9-15　功能重要性系数计算

	F_1	F_2	F_4	F_4	F_5	得分	功能重要性系数
F_1		3	3	4	4	14	14/40=0.350
F_2	1		2	3	3	9	9/40=0.225
F_3	1	2		3	3	9	9/40=0.225
F_4	0	1	1		2	4	4/40=0.100
F_5	0	1	1	2		4	4/40=0.100
合计						40	1.00

（2）分别计算各方案的功能指数、成本指数、价值指数如下：

1）计算功能指数。

将各方案的各功能得分分别与该功能的重要性系数相乘，然后汇总即为该方案的功能加权得分。各方案的功能加权得分为

$$W_A=9\times0.350+10\times0.225+9\times0.225+8\times0.100+9\times0.100=9.125$$

$$W_B=10\times0.350+10\times0.225+9\times0.225+8\times0.100+7\times0.100=9.275$$

$$W_C=9\times0.350+8\times0.225+10\times0.225+8\times0.100+9\times0.100=8.900$$

$$W_D=8\times0.350+9\times0.225+9\times0.225+7\times0.100+6\times0.100=8.150$$

各方案功能的总加权得分为

$$\mathrm{W}=W_A+W_B+W_C+W_D=9.125+9.275+8.900+8.150=35.45$$

因此，各方案的功能指数为

$$F_A=9.125/35.45=0.257$$

$$F_B=9.275/35.45=0.262$$

$$F_C=8.900/35.45=0.251$$

$$F_D=8.150/35.45=0.230$$

2）计算各方案的成本指数。

各方案的成本指数为

$$C_A=1420/(1420+1230+1150+1360)=1420/5160=0.275$$

$$C_B=1230/5160=0.238$$

$$C_C=1150/5160=0.223$$

$$C_D=1360/5160=0.264$$

3）计算各方案的价值指数。

各方案的价值指数为

$$V_A=F_A/C_A=0.257/0.275=0.935$$

$$V_B=F_B/C_B=0.262/0.238=1.101$$

$$V_C=F_B/C_B=0.251/0.223=1.126$$

$$V_D=F_D/C_D=0.230/0.264=0.871$$

由于 C 方案的价值指数最大，所以 C 方案为最佳方案。

价值引领

国产“大丝束”开启碳纤维产业新蓝海

大丝束碳纤维的每一根丝束都有 4.8 万根纤维，每一根纤维的直径只有头发丝直径的 1/8～1/7。上海石化研发生产的大丝束碳纤维，是一种含碳量在 95%以上的高强度新型纤维材料。其力学性能优异，比重不到钢的 1/4，强度却是钢的 7～9 倍，并且具有耐腐蚀的特性。碳纤维被称为“新材料之王”“黑黄金”，可广泛应用于航空航天、能源装备、交通运输、体育休闲等领域。按丝束规格的不同，可以将其分为小丝束碳纤维和大丝束碳纤维。长期以来，我国主要在小丝束碳纤维方面实现了突破，大丝束碳纤维生产技术主要掌握在美国、德国、日本的几家大公司手中。

2022 年 10 月 10 日，我国首个万吨级 48K 大丝束碳纤维工程第一套国产线在中国石油化工集团有限公司上海石化碳纤维产业基地投料开车，并生产出性能媲美国外同级别产品的合格产品，我国大丝束碳纤维也从关键技术突破、工业试生产、产业化，成功走向规模化和关键设备国产化，一举破除了我国碳纤维生产和装备受制于人的被动局面。中国石化是国内第一家、全球第四家掌握大丝束碳纤维技术的企业。

为了在大丝束碳纤维制备中真正用上“中国技术”，中国石化从装备到工艺，为大丝束碳纤维量身定制了专用生产线，如根据大丝束碳纤维的生产要求自行设计氧化炉、碳化炉，不仅成功掌握了控制温度场的关键技术，而且进行了节能型设计，可实现能源综合利用。

思考与启示

碳纤维技术有着极高的技术壁垒，从技术壁垒中坚持自主创新，用“中国技术”生产性能优异的碳纤维，是碳纤维技术研发人员孜孜以求的梦想。国内首条大丝束碳纤维生产线的建成，破除了我国碳纤维生产和装备受制于人的被动局面。大丝束碳纤维生产线的建成，展现了碳纤维产业人的创新精神、团队合作精神、大国工匠精神、爱国精神、社会责任意识。

本章小结

价值工程是一种通过对产品或作业进行功能分析，力求以最低的寿命周期成本，可靠地实现产品或作业的必要功能的有组织活动。价值工程的目标是提高产品价值，核心是功能分析，基础是有组织的团队性创造活动。

价值是指某一事物的功能与实现它的全部费用之比。假设对象的功能为 F，成本为 C，价值为 V，价值的计算公式为 $V=F/C$。功能与费用比值越大，价值越高；比值越小，价值越低。功能是指对象能够满足某种需求的一种属性，即功用、效用和能力。任何劳务和产品都有功能。功能的种类：基本功能和辅助功能、使用功能和美观功能、必要功能和不必要功能、过剩功能和不足功能。

产品的寿命周期是指产品从被研究开发、设计制造、用户使用直到报废为止的整个时期。寿命周期中消耗的所有产品成本，称为寿命周期成本，又称为总成本。设生产成本为 C_1，使用成本为 C_2，则寿命周期成本=生产成本+使用成本，即 $C=C_1+C_2$。

价值工程中的“价值”是指事物的有益程度，它反映了功能和成本的关系。提高价值的途径有五种：①在产品功能不变的情况下，降低成本，提高价值；②在产品成本不变的情况下，提高功能，提高价值；③产品功能提高而成本下降，价值会大幅提高；④成本略有提高，而功能大幅提高，同样可以提高产品的价值；⑤产品的功能略有下降，可以导致产品成本的大幅下降，提高价值。

在价值工程中，功能具有特定的含义。对于产品来说，就是指产品的用途或使用价值；对进行的某种服务的作业来说，是指它发挥的作用。功能按重要程度分为基本功能和辅助功能；按功能的作用分为使用功能和美观功能；按用户用途分为必要功能和不必要功能。

价值工程中的“成本”是指实现功能所支付的全部费用。通常是指产品寿命周期成本。寿命周期成本是根据用户对产品所要求的必要功能，在寿命周期内所花费的全部费用。

价值、功能、成本（寿命周期成本）称为价值工程的三个基本要素。

价值工程对象的选择一般应从设计、生产、市场销售、成本等方面考虑。对象选择的方法有 ABC 分析法、百分比分析法等。信息收集是价值工程活动的重要环节，信息的主要内容包括用户信息、技术信息、市场信息、经济信息、环境保护信息、外协信息等。

功能分析是价值工程的核心，就是对价值工程对象的功能进行具体分类、描述和整理，并进行系统分析研究，科学地确定其必要功能。功能分析包括功能定义、功能整理。

功能定义就是把产品或服务的功能用准确、简洁的语言加以描述，其目的是明确产品和零部件的功能，便于功能评价；功能整理就是用系统的观点将已定义了的功能加以系统化，找出功能之间的逻辑关系。

方案创造是指在确定了功能改善对象后，根据已建立的功能系统图、功能特征和功能目标成本，通过创造性的思维活动，提出实现功能的各种不同的方案并进行比较，以选出具体可行的方案的过程。方案创造通常选用头脑风暴法、模糊目标法、专家函询法三种方法。

方案评价是在方案创造的基础上对新构思方案的技术、经济和社会效果等方面进行的评估，以便选择最佳方案。创新方案的详细评价方法有加法评分法、连乘评分法、加权评分法。对创新方案的详细评价，除了评分法外，还有相关评价法、技术经济价值法等，在实际应用中应视具体情况选用。

1．什么是价值工程？
2．提高价值的途径有哪些？
3．价值工程的特点是什么？
4．什么是功能？功能是如何分类的？
5．什么是功能分析，包括哪些内容？
6．选择价值工程工作对象的基本方法有哪些？
7．方案创造的方法有哪些？

一、单选题

1．某工程由六个分部工程组成，采用价值工程分析得到各分部工程功能指数和成本指数如下表所示，则首先应进行价值工程改进的是（　　）。

	分部一	分部二	分部三	分部四	分部五	分部六
功能指数	0.20	0.30	0.20	0.15	0.10	0.05
成本指数	0.21	0.29	0.19	0.17	0.10	0.04

A．分部二　　B．分部四　　C．分部五　　D．分部六

2．下面关于价值系数论述正确的是（　　）。

A．价值系数越大，说明该零件的重要性越大

B．价值系数越小，说明该零件实现的功能水平越低

C．价值系数的大小，反映了零件单位费用所实现的功能水平的高低

D．价值系数越小，说明该零件的成本费用越高

3．在建设产品生产中应用价值工程原理时，应（　　）。

A．在分析结构、材质等问题的同时，对产品的必要功能进行定义

B．首先确定建筑产品的设计方案，然后进行功能分析和评价

C．在分析功能的基础上，再去研究结构、材质等问题

D．在分析结构、施工工艺的基础上确定建筑产品的功能

4．下列关于价值工程中功能的价值系数说法，正确的是（　　）。

A．价值系数越大越好

B．价值系数大于 1，表示评价对象存在多余功能

C．价值系数等于 1，表示评价对象的价值为最佳

D．价值系数小于 1，表示现实成本较低，而功能要求较高

5．四个互斥方案的功能系数和成本系数如下表所示，从价值工程角度来看最优的方案是（　　）。

方案	甲	乙	丙	丁
功能系数	1.20	1.25	1.05	1.15
成本系数	1.15	1.01	1.05	1.20

A．甲　　B．乙　　C．丙　　D．丁

6．价值工程中方案创造的理论依据是（　　）。

A．产品功能具有系统性　　B．功能载体具有替代性

C．功能载体具有排他性　　D．功能实现程度具有差异性

7．某工程施工方案的计划工期为 350 天，运用价值工程原理对方案进行优化，优化后工期缩短了 10 天，可实现同样的功能，并降低了工程费用。根据工程价值原理，该价值提升的途径属于（　　）。

A．功能提高，成本降低　　B．功能提高，成本不变

C．功能不变，成本降低　　D．功能不变，成本不变

8．在一定范围内，产品生产成本与使用及维护成本的关系是（　　）。

A．随着产品功能水平的提高，产品的生产成本增加，使用及维护成本降低

B．随着产品功能水平的提高，产品的生产成本减少，使用及维护成本降低

C．随着产品功能水平的降低，产品的生产成本增加，使用及维护成本提高

D．随着产品功能水平的降低，产品的生产成本减少，使用及维护成本提高

9．价值工程中关于功能和成本之间关系的说法，错误的是（　　）。

A．处理好功能与成本的对立统一关系　　B．主要追求高功能、多功能水平

C．提高功能与成本之间的比值水平　　D．研究产品功能和成本的最佳配置

10．对于价值工程对象的选择，从施工生产方面看，应该选择的工程产品是（　　）。

A．结构简单、性能和技术指标好　　B．体积和重量大

C．工序繁杂、工艺复杂　　D．竞争力差或成本占比小

11．某地面工程原设计造价为 50 万元以上，后经分析更换地面材料，既保持了原有的坚实的功能，又节省投资 10 万元。根据价值工程原理，该方案提高价值的途径是（　　）。

A．功能提高，成本不变　　B．功能不变，成本降低

C．功能和成本都提高　　D．功能提高，成本降低

12．建设工程应用价值工程的重点阶段是（　　）。

A．决策和规划　　B．设计和施工

C．规划与设计　　D．决策与施工

13．在对工程甲、乙、丙、丁进行成本评价时，它们的成本改善期望值分别为 $\Delta C_{甲}$=–20，$\Delta C_{乙}$=–10，$\Delta C_{丙}$=10，$\Delta C_{丁}$=20，则优先改进的对象是（　　）。

A．工程甲　　B．工程乙　　C．工程丙　　D．工程丁

14．应用功能成本法计算功能价值 V，测得实现应有功能所必须消耗的最低成本，同时计算为实现应有功能所耗费的现实成本，若 $V<1$，表明评价对象有可能（　　）。

A．功能不足　　B．现实成本偏低

C．成本支出与功能相当　　D．现实成本偏高

15．价值工程废弃了会计制度上沿用的计算成本办法，采用以产品功能为核心的分析成本的方法。该方法属于（　　）。

A．对比分析法　　B．事前成本计算法

C．因素分析法　　D．事后成本计算法

二、多选题

1．造成价值工程活动对象的价值系数 V 小于 1 的可能原因有（　　）。

A．评价对象的现实成本偏低　　B．功能现实成本大于功能评价值

C．可能存在不足的功能　　D．实现功能的条件或方法不佳

E．可能存在过剩的功能

2．价值工程分析阶段的工作有（　　）。

A．对象选择　　B．功能定义　　C．功能整理　　D．功能评价

E．方案评价

3．某施工企业对建筑物的外墙进行功能分析的说法，正确的有（　　）。

A．承重外墙的基本功能是承受荷载　　B．防风挡雨是外墙的过剩功能

C．分隔空间是外墙的上位功能　　D．隔热保温是外墙的辅助功能

E．造型美观是外墙的美学功能

4．下列关于价值工程特点的说法，正确的有（　　）。

A．价值工程的核心是对产品进行功能分析

B．价值工程的目标是以最低的寿命周期成本使产品具备最大功能

C．价值工程并不单纯追求降低产品的生产成本

D．价值工程的主要工作是用传统的方法获得产品稳定的技术经济效益

E．价值工程要求将产品的功能定量化

5．价值工程分析中，将功能按用户的需求分类有必要功能和不必要功能，下列功能中，属于不必要的功能有（　　）。

A．美学功能　B．辅助功能　C．多余功能　D．重复功能

E．过剩功能

6．运用价值工程原理提高产品价值的途径有（　　）。

A．通过采用新方案，既提高产品功能，又降低产品成本

B．通过设计优化，在产品成本不变的前提下，提高产品功能

C．在保证产品功能不变的前提下，通过组织管理措施降低产品成本

D．适当增加产品成本，同时大幅提高产品功能和适用性

E．采用新材料，在保证产品功能不变的前提下，成本略有增加

7．价值工程涉及价值、功能和寿命周期成本三个基本要素，下列关于价值工程特点的说法，正确的有（　　）。

A．价值工程的目标是以最低的寿命周期成本，使产品具备它所必须具备的功能

B．价值工程的核心是对产品进行价值分析

C．价值工程将产品价值、功能和成本作为一个整体同时来考虑

D．价值工程强调功能最大化

E．价值工程是以集体智慧开展的有计划、有组织、有领导的管理活动

8．在价值工程中，提高产品价值的途径有（　　）。

A．产品成本不变，提高功能水平　B．产品功能不变，降低成本

C．降低产品成本，提高功能水平　D．产品功能下降，提高成本

E．功能小提高，成本大提高

9．对产品进行价值分析，就是使产品每个构配件的价值系数尽可能趋近于1。为此，确定的改进对象包括（　　）。

A．F/C 值低的功能　B．ΔC 值大的功能

C．复杂的功能　D．问题多的功能

E．辅助的功能

10．价值工程实施的创新阶段，方案创造的方法有很多，主要包括（　　）。

A．头脑风暴法　B．模糊目标法　C．对比分析法　D．德尔菲法

E．专家检查法

第十章 工程项目后评估

思政育人目标：

后评价平台的使用，使评价过程和结果具有透明性和公开性，能客观、公正地评价项目活动成绩和失误的主客观原因，比较公正地、客观地确定项目决策者、管理者和建设者的工作业绩和存在的问题，从而进一步提高项目各方的责任心和工作水平。

投资项目的后评估在提高项目决策的科学化水平和项目管理能力、监督项目的正常生产经营、降低投资项目的风险等方面发挥着非常重要的作用。

课程教学目标：

通过评价系统的分析功能，为项目投入运营中出现的问题提出改进意见和建议，协助项目相关单位查找项目成败的原因，总结经验教训，提高未来新项目的决策和管理水平，提高投资效益。

第一节 工程项目后评估的特点作用

一、工程项目后评估的含义

工程项目后评估是指在项目建成投产并达到设计生产能力后，通过对项目前期工作、项目实施、项目运营情况的综合研究，衡量和分析项目的实际情况及其与预测情况的差距，确定有关项目预测和判断是否正确，并分析其原因，从项目完成过程中吸取经验教训，为今后提高投资项目的决策水平创造条件，并为提高项目投资效益提出切实可行的对策措施。

二、工程项目后评估的特点

与可行性研究和前评估相比，工程项目后评估的特点有：

（一）现实性

工程项目后评估分析研究项目的实际情况，依据现实发生的真实数据或依据实际情况重新预测的数据进行研究。而项目的可行性研究和前评估都是依据预测数据。

（二）全面性

工程项目后评估既分析投资过程，又分析经营过程，既分析投资经济效益，还分析经营管理的状况。工程项目后评估注重分析项目的综合实力，强调全面性。

（三）探索性

工程项目后评估分析企业现状，注重发现问题的同时研究企业或项目的发展方向，因此要求项目后评估人员具有较高的素质和创造性，能够把握影响项目效益的主要因素，提出切实可行的改进措施。

（四）反馈性

工程项目后评估的目的在于为有关部门反馈信息，为今后的项目管理、投资计划制订和投资决策积累经验，并用来检测项目投资决策正确与否，因此工程项目后评估具有反馈性。

（五）合作性

工程项目后评估需要专职技术经济人员、项目经理、企业经营管理人员、投资项目主管部门等多方的合作。只有各方融洽合作，项目后评估工作才能有效开展。

从以上特点可以看出，项目后评估与项目可行性研究、项目前评估有较大的差别：

首先，在项目建设中所处的阶段不同。项目可行性研究和前评估属于项目前期工作，它们决定项目是否可以开展。而后评估评价的是项目竣工投产并达到设计生产能力后对项目进行的再评价，它体现项目执行的有效性。

其次，它们比较的标准不同。项目可行性研究和项目前评估是依据国家、部门颁布的定额标准、国家参数来衡量建设项目的必要性和可行性。而项目后评估主要是对比项目成果与项目前评估的预测情况，以及对比与国内外其他同类项目情况，检测项目实际情况与预期情况的差距，分析原因，提出改进意见。

再次，它们在投资决策中的作用不同。项目可行性研究和项目前评估直接用于进行项目决策。项目后评估则是间接作用于项目投资决策，后评估直接将比较信息提供给决策部门，以供其改进项目，使项目决策科学化。

复次，它们评价的内容不同。项目可行性研究和项目前评估主要研究项目的建设条件、工程设计方案、项目的实施计划以及项目的经济社会效果。后评估的主要内容除前评价内容外，还包括对项目决策、项目实施效率等进行评价以及对项目实际运营状况进行较深入的分析。

最后，它们在组织实施上不同。项目可行性研究和前评估主要由投资主体或投资计划部门组织实施。后评估则由投资运行的监督管理机关或单独设立的后评估机构进行。

三、工程项目后评估的作用

后评估是在项目投资完成以后，通过对项目目的、执行过程、效益、作用和影响所进行的全面系统的分析，总结正反两方面的经验教训，使项目的决策者和建设者学习到更加科学合理的方法和策略，提高决策、管理和建设水平。后评估是增强投资活动工作者责任心的重要手段。后评估主要是为投资决策服务的，即通过后评估建议的反馈，完善和调整相关方针、政策和管理程序，提高决策者的能力和水平，进而达到提高和改善投资效益的目的，具体地说，后评估的作用主要表现在：

（1）总结项目管理的经验教训，提高项目管理的水平。

工程建设项目管理是一项非常复杂的活动，它涉及银行、计划、主管部门、企业、物资供应、施工单位等许多部门，因此项目能否顺利完成的关键就在于这些部门的配合与协作。通过工程项目后评估，我们可以对已经完成的项目进行分析研究，有利于指导今后的管理活动，提高管理水平。经过项目后评估，如果前面的工程施工单位完成得比较理想，在后面的项目选择施工单位时会邀请老客户继续投标，对于小型项目也会选择直接与老客户签订合同。因此，项目后评估对业主来说是一种总结。

（2）提高项目决策科学化水平。

我们往往通过项目后评估来确定前评估所做出的预测的准确性。通过建立完善的项目后评估制度和科学的方法体系，一方面有利于增强前评估人员的责任感，提高项目预测的准确性；另一方面可以通过项目后评估的反馈信息，及时纠正项目决策中存在的问题，使项目决策科学化。

（3）为国家投资计划、政策的制定提供依据。

项目后评估能够发现国家宏观投资管理中的不足，及时修正不适合的技术经济政策，修订过时的指标参数。同时，根据项目后评估的反馈信息，国家可以确定合理的投资规模和投资流向，协调各产业、各部门之间的比例关系，为投资计划、政策的制定提供依据。

（4）为银行部门及时调整信贷政策提供依据。

工程项目后评估可以及时发现项目建设资金使用中存在的问题，分析研究贷款项目成功或失败的原因，为银行部门调整信贷政策提供依据。

（5）可以对企业经营管理进行“诊断”，促使项目运营状态正常化。

项目后评估是在项目运营阶段进行，因而可以分析和研究项目投产初期和达产时期的实际情况，比较实际情况与预测情况的偏差，探索产生偏差的原因，提出切实可行的措施，从而使项目运营状态正常化。

第二节　工程项目后评估的内容、程序和方法

一、项目后评估的内容

（一）项目后评估的基本内容

项目后评估的基本内容有四个方面：

1. 项目立项决策的后评估

项目立项决策的后评估，就是根据国民经济发展规划和国家制定的产业政策以及区域经济优势，结合项目的实际情况，检验项目建议书、可行性研究报告和项目评估报告的编制是否合理，如果项目实施结果偏离预测目标较远，要分析产生偏差的原因并提出相应补救措施。

2. 项目生产建设条件的后评估

生产建设条件的后评估着重分析项目实施过程的建设条件，以及建成投产后的生产条件与当初项目评估决策时主要条件的变化情况，以此做出定性与定量分析，剖析产生重要差别的原因，提出诊断建议。

3. 项目技术方案的后评估

项目技术方案的后评估是对工程设计方案、项目实施方案的再评价，用以确认技术方案的先进性和适用性。

4. 项目经济后评估

项目经济后评估是对项目分别进行项目财务后评估和项目国民经济后评估。

（二）项目分段后评估的内容

从评估阶段的角度可将项目后评估分为以下三个方面：

1. 项目前期工作的后评估

主要包括项目立项条件再评价、项目决策程序和方法的再评价、项目勘察设计的再评价、项目前期工作管理的再评价。

2. 项目实施阶段的后评估

主要包括项目实施管理的再评价、项目施工准备工作的再评价、项目施工方式和施工项目管理的再评价、项目竣工验收和试生产的再评价、项目生产准备的再评价等。

3. 项目运营阶段的后评估

主要包括生产经营管理的再评价、项目生产条件的再评价、项目达产情况的再评价、项目产出的再评价和项目经济后评价等。

二、项目后评估的程序

我国建设项目后评估按照其实施顺序可大致分为确定后评价对象、组织后评估机构、收集资料、分析研究、编制后评估报告五个阶段。

（一）确定后评价对象

原则上我们所有竣工投产的投资项目都要进行后评估，但在实际工作中，因为各种条件的限制，往往只能选择部门项目进行项目后评估。现阶段，我们选择项目进行后评估时优先考虑以下类型的项目：

（1）投产后本身经济效益明显不好的项目。如投产后一直亏损的项目。

（2）国家急需发展的短线产业部门的投资项目，其中主要是国家重点投资项目。如能源、通信等项目。

（3）国家限制发展的长线产业部门的投资项目。如某些家电投资项目。

（4）投资巨大、对国计民生有重大影响的项目。如某些钢铁、铁路项目。

（5）特殊项目。如国家重点投资的新技术开发项目等。

（二）组织后评估机构

项目后评估机构是从事项目后评估的主体，理论上说，项目后评估机构既不应是项目原可行性研究单位和前评估单位，也不应是项目实施过程的项目管理机构。项目后评估机构的基本要求是：

（1）满足客观性、公正性要求

项目后评估机构只有具有客观性、公正性，才能保证项目后评估的客观性、公正性。

（2）具有反馈检查功能

后评估组织结构与计划决策部门具有通畅的反馈回路，后评估信息才能及时反馈到决策部门。

（三）收集资料

项目后评估需要大量的实际数据和资料作为依据，因此这些资料数据一定是真实的，也尽可能是准确的。一般由项目后评估人员亲自调查整理。需要收集的资料一般有：

（1）档案资料。

主要有建设项目的规划方案、项目建议书和批文、可行性研究报告、评估报告、设计任务书、初步设计材料和批文、施工图设计和批文、竣工验收报告、工程大事记、各种协议书和合同及有关厂址选择、工艺方案选择、设备方案选择的论证材料等。

（2）项目生产经营资料。

主要是生产、销售、供应、技术、财务、劳动工资等部门的统计年度报告。

（3）分析预测用基础资料。

主要是建设项目开工以来的有关利率、汇率、价格、税种、税率等有关资料。

（4）与项目有关的其他资料。

比如国家及地方的产业结构调整政策、发展战略和长远规划；国家和地方颁布的规定和法律文件等。

（四）分析研究

对所收集的数据资料进行汇总、加工、分类和整理，对需要调整的数据和资料进行调整。

（五）编制后评估报告

编制各种评价报表和计算评价指标，与前评估进行对比分析，找出差异及原因，由评估组编制后评估报告上报给组织后评估的部门。

后评估的做法根据国家计委要求按三段式开展工作，即先由建设单位进行自我评价，写出自评报告报上级主管部门，上级主管部门组织力量对自评报告进行补审，写出初审意见报国家计委，国家计委委托中国国际工程咨询公司组织专家对自评报告和初审意见进行复审，最后写出该项目的复审意见报国家计委。开展项目后评估，对于提高投资决策水平、加强投资项目管理和制约项目参与各方的行为具有重要意义，是加强政府投资管理和项目监管的一项重要工具。

三、项目后评估的方法

编制后评估报告必须以建设项目的实际情况和各阶段的正式文件为依据，以提高社会效益为中心，以科学数据为基础，根据项目决策、设计、施工管理及生产营运阶段的主要指标，对比分析建设规模、工程概算、经济效益、财务效益等各项技术经济指标的变化及其原因，判断其变化是否科学、合理。为此，要建立建设项目营运考核机制。建设项目从验收投产到评估工作开始的几年内，企业内部要对投产项目实行单独的统计、会计核算，为项目的评估提供营运方面的可靠依据。项目后评估基本上可概括为四种：影响评价、效益评价、持续性评价和过程评价。项目后评估的具体方法主要有对比法（一般是有无对比法）、逻辑框架法和综合评价方法。下面简单介绍两种方法。

（一）有无对比法

有无对比法，是在后评估的同一时点上，将有此项目时实际发生的情况与无此项目时可能发生的情况进行对比，以度量此项目的真实效益、影响和作用。这种对比用于项目的效益评价和影响评价，是后评估的一个重要方法。对比的关键是要求投入的代价与产出的效果口径一致，即所度量的效果要真正归因于有此项目。有无对比法需要大量可靠的数据，最好有系统的项目监测资料，也可引用当地有效的统计资料。在进行对比时，先要确定评价内容和主要指标，选择可比的对象，通过建立对比表，用科学的方法收集资料。

（二）逻辑框架法

逻辑框架法是美国国际开发署在1970年开发并使用的一种设计、计划和评价的工具，目前已有2/3的国际组织把该方法应用于援助项目的计划管理和后评估。建立项目后评价的组织应依据有关资料，确立目标层次间的逻辑关系，用以分析项目的效率性、效果性、影响和持续性。其基本模式见表10-1。

表10-1　　逻辑框架法的模式

层次描述	客观验证指标	验证方法	重要外部条件
目标	目标指标	监测和监督手段及方法	实现目标的主要条件
目的	目的指标	监测和监督手段及方法	实现目的的主要条件
产出	产出物定量指标	监测和监督手段及方法	实现产出的主要条件
投入	投入物定量指标	监测和监督手段及方法	实现投入的主要条件

第三节 项目运营后评估

项目运营后评估从项目投产持续到项目生命期末的全过程。由于项目后评估的时机一般选择在项目达到设计能力1～2年内，距离项目生命期末尚有一段较长的距离，项目的实际投资效益也不能充分体现出来。所以，项目运营后评估除了对项目实际运营状况进行分析和评价外，还需要根据投产后的实际数据来推测未来发展状况，需要对项目未来发展趋势进行科学的预测。

项目运营后评估的内容主要包括以下几个方面。

一、企业经营管理状况的评估

（1）企业投产后的经营管理机构设置及调整情况；

（2）企业管理领导班子情况；

（3）企业管理人员配备情况；

（4）企业经营管理的主要策略、实施效果情况；

（5）企业现行管理规章制度情况；

（6）企业承包责任制情况；

（7）企业经营管理经验、教训及改进建议等。

二、项目产品方案的评估

（1）项目投产后到项目后评估时的产品规格和品种的变化情况；

（2）产品方案调整对发挥项目投资效益的影响及调整成本情况；

（3）现行产品对市场、消费者的适应情况及相应的调整幅度情况；

（4）产品销售方式的选择。

三、项目达产年限的评估

项目达产年限是指投产的建设项目从投产之日起到其生产产量达到设计生产能力时所经历的全部时间，一般用年表示。项目达产年限分为设计达产年限和实际达产年限。设计达产年限是指在设计文件或可行性研究报告中所规定的项目达产年限；实际达产年限是指从项目投产起到实际产量达到设计生产能力时所经历的时间。项目达产年限评估内容和步骤是：

（1）计算项目实际达产年限；

（2）计算实际达产年限的变化情况；

（3）分析实际达产年限与设计达产年限项目发生变化的原因；

（4）计算项目达产年限变化所带来的实际效益或损失；

（5）对项目达产年限进行评价。

四、项目产品生产成本的评估

产品生产成本是反映产品生产过程中物资资料和劳动力消耗的一个主要指标，是企业在一定时期内为研制、生产和销售一定数量的产品所支出的全部费用。项目产品生产成本的高低对项目投资效益的发挥会产生显著作用，生产成本高，则项目销售利润减少，项目投资效益降低；生产成本低，则项目销售利润增多，项目投资效益增多。项目产品生产成本评估的内容和步骤是：

（1）计算项目实际产品生产成本；

（2）分析总成本的构成及其变化情况；

（3）分析实际单位生产成本的构成及其变化情况；

（4）计算实际生产成本变化率；

（5）项目实际生产成本发生变化对项目投资效益的影响程度有多大，降低项目实际生产成本的有效措施。

五、项目产品销售利润的评估

销售利润是综合反映项目投资效益的指标。对其进行评估的目的在于考核项目的实际产品销售利润和投产后各年产品销售利润额的变化情况，比较和分析实际产品销售利润与项目前评估或可行性研究中预测销售利润的偏离程度及其原因，提出进一步提高项目产品销售利润，从而提高项目投资效益的有效措施。产品销售利润评估的内容和程度是：

（1）计算投产后历年实际产品销售利润，考虑各年的变化情况，分析其变化原因；

（2）计算实际产品销售利润变化率；

（3）分析项目实际产品销售利润偏离预测产品销售利润的原因，计算各种因素对实际产品销售利润的影响程度；

（4）提高实际产品销售利润的对策和建议。

六、项目经济后评估

项目经济后评估是项目后评估的核心内容之一，其目的是衡量项目投资的实际经济效果，比较和分析项目实际投资效益与预测投资效益的偏离程度及其原因；通过信息反馈，为今后提高项目决策科学化水平服务。经济后评估分为项目财务后评估和国民经济后评估两方面的内容。

七、对项目可行性研究水平进行综合评估

项目运营阶段是项目实际投资效益发挥的时期，通过项目运营后评估，尤其是通过项目经济后评估，才能具体计算出项目的实际投资效益指标。项目可行性研究水平评估的内容主要是对项目可行性研究中的内容和深度进行评估。其评估的内容和步骤是：

（1）考核项目实施过程的实际情况与预测情况的偏差；

（2）考核项目预测因素的实际变化与预测情况的偏离程度；

（3）考核可行性研究各种假设条件与实际情况的偏差；

（4）考核实际投资效益指标与预测投资效益指标的偏离程度；

（5）考核项目实际敏感性因素和敏感性水平；

（6）对可行性研究深度进行总体评估。

 **价值引领**

华为的“责任中心制”

华为的责任中心，是在财务集中管理的前提下，确立以项目为核心的经营单元，即经营管理的最小颗粒度是项目，通过两纵、四横、四层的预算核算关联，实现目标互锁，落实经营责任。华为建立责任中心的核心目标是确保整个组织力出一孔，利出一孔。在目标制定过程中，市场部门有产品选择权、客户选择权和合同决策权，市场部门可以对研发部门和产品线部门问责，迫使研发部门开发符合客户需要的产品，把研发逼向“以客户为中心”。产品和服务确定下来，市场部门也不能随意去满足客户需求，必须将产品和服务控制在销售清单范围内。区域组织和产品线都有销售收入的考核指标，不同的是，区域组织是对总销售额负责，而产品线是对各自产品实现的销售收入负责。

在目标分解时，华为赋予了各区域组织和产品线相应的“奖金包”的分配权，当产品线想要推广自己的新产品时，可以对区域组织设立“奖金包”，区域组织拿到“奖金包”后就有了推广新产品的动力；同样，当区域组织希望将特定的产品推给客户时，可以对产品线设立“奖金包”，激励产品线按时间、按要求交付产品。虽然各区域组织和产品线考核的是同一个销售指标，但这个指标是通过互相交流确定的，而且不同的部门之间可以设立“奖金包”进行交叉激励，使各个部门之间形成合力。

在华为，“拧麻花”力量的交织点是项目，即最小的经营单元。当一个项目合同签署完成，项目未来预期的收入、利润和现金流就尘埃落定，唯一能做的，就是各方力量都汇集到这个点上，全力支持项目经营目标的实现。

思考与启示

责任中心管理的本质是把整个公司的经营责任，根据组织在公司的经营职责定位，合理地分解到各个组织中，通过经营指标的牵引，形成组织间的目标协同，是力出一孔的运作机制。华为创造性地提出通过“拧麻花”建立责任中心，体现了华为爱岗敬业、勇于创新的企业精神，这是华为销售、研发、生产等作战部门及财务管理、人力资源等平台部门协同一致，保持超强战斗力的机制保障。

本章小结

本章主要讲述了工程项目后评估的相关内容，总结如下：

工程项目后评估的概念：是指在项目建成投产并达到设计生产能力后，通过对项目前期工作、项目实施、项目运营情况的综合研究，衡量和分析项目的实际情况及其与预测情况的差距，确定有关项目预测和判断是否正确，并分析其原因，从项目完成过程中吸取经验教训，为今后提高投资项目的决策水平创造条件，并为提高项目投资效益提出切实可行的对策措施。

工程项目后评估的特点：现实性、全面性、探索性、反馈性、合作性。

工程项目后评估的作用：第一，总结项目管理的经验教训，提高项目管理的水平；第二，提高项目决策科学化水平；第三，为国家投资计划、政策的制定提供依据；第四，为银行部门及时调整信贷政策提供依据；第五，可以对企业经营管理进行“诊断”，促使项目运营状态正常化。

项目后评估的内容：项目立项决策的后评估、项目生产建设条件的后评估、项目技术方案的后评估、项目经济后评估。

项目后评估的程序：大致分为确定后评价对象、组织后评估机构、收集资料、分析研究、编制后评估报告五个阶段。

项目后评估的方法：有无对比法、逻辑框架法。

项目运营后评估的主要内容：企业经营管理状况的评估、项目产品方案的评估、项目达产年限的评估、项目产品生产成本的评估、项目产品销售利润的评估、项目经济后评估、对项目可行性研究水平进行综合评估。

思 考 题

1．试述工程项目后评估的概念及特点。
2．工程项目后评估的特点是什么？
3．试述工程项目后评估的基本内容。
4．项目后评估的程序是怎样的？
5．项目运营后评估主要包括哪些内容？

第十一章　设备更新的经济分析

思政育人目标：

目前，我国国民经济虽然已具备雄厚的物质基础，但是依赖外延扩充的发展路径面临挑战。充分利用现有资源，挖掘潜力，加强企业现有设备更新和技术改造，成为当前国家经济管理的一个重点。研究设备更新，对于提升企业技术创新能力、产品开发能力，增强企业市场竞争能力，建设创新型国家具有重要的意义。

课程教学目标：

通过设备经济寿命的计算，研究设备更新的时机，比选设备租赁和购买方案，选择最佳方案进行设备更新改造。

第一节　设备更新概述

随着新工艺、新技术、新机具、新材料的不断涌现，工程施工在更大的深度和广度上实现了机械化，施工机械设备已成为施工企业生产力不可缺少的重要组成部分。因此，建筑施工企业都存在如何使企业的技术结构合理化，如何使企业设备利用率、机械效率和设备运营成本等指标保持在良好状态的问题，这就必须对设备磨损的类型及补偿方式、设备更新方案的比选进行科学的技术经济分析。

一、设备更新的概念

设备更新是指在设备的使用过程中，由于有形磨损和无形磨损的作用，致使其功能受到一定的影响，有所降低，因而需要用新的、功能类似的设备去进行替代。即用新的设备或技术先进的设备，去更换在技术上或经济上不宜继续使用的设备。从广义上讲，设备更新包括设备大修、设备更换、设备更新和设备的现代化改装。设备大修是指通过零件更换与修复，全部或大部分恢复设备的原有性能；设备更换是以与原有设备性能相同的设备更换旧设备；设备更新是以结构更先进、功能更完善、性能更可靠、生产效率更高、产品质量更好及能降低产品成本的新设备代替原有的不能继续使用或继续使用在经济上、环境上已不合理的设备；而设备的现代化改装是指通过设备现代化改造，改善原性能，提高生产能力和劳动生产率，降低使用费等。从狭义上讲，设备更新仅指以结构更先进、功能更完善、性能更可靠、生产效率更高、产品质量更好及能降低产品成本的新设备代替原有的不能继续使用或继续使用在经济上、环境上已不合理的设备。

二、设备更新的原因分析

设备更新源于设备的磨损。磨损分为有形磨损和无形磨损，设备磨损是有形磨损和无形磨损共同作用的结果。

1. 有形磨损

设备在使用或闲置过程中发生的实体磨损，称为有形磨损，也称为物理磨损。设备在使用过程中因摩擦、振动、疲劳而产生的有形磨损称为第一种有形磨损；受自然力作用而产生的有形磨损称为第二种有形磨损，如金属件生锈、腐蚀、橡胶件老化等。有形磨损会使设备精度降低、效能下降，日常维修量及经营成本上升。

2. 无形磨损

设备无形磨损不是由生产过程中使用或自然力的作用造成的，而是由于社会经济环境变化造成的设备价值贬值，是技术进步的结果。无形磨损有两种形式。设备的技术结构和性能并没有变化，但由于技术进步，设备制造工艺不断改进，社会劳动生产率水平提高，同类设备的再生产价值降低，因而设备的市场价格也降低了，致使原设备相对贬值，这种磨损称为第一种无形磨损，这种无形磨损的后果只是现有设备原始价值部分贬值，设备本身的技术特性和功能即使用价值并未发生变化，故不会影响现有设备的使用，因此，不产生提前更换现有设备的问题。

第二种无形磨损是由于科学技术的进步，不断创新出结构更先进、性能更完善、效率更高、耗费原材料和能源更少的新型设备，使原有设备相对陈旧落后，其经济效益相对降低而发生贬值。第二种无形磨损不仅使原有设备价值降低，而且由于技术上更先进的新设备的发明和应用会使原有设备的使用价值局部或全部丧失，这就产生了是否用新设备代替现有陈旧落后设备的问题。

有形和无形两种磨损都引起设备原始价值的贬值，这一点两者是相同的。不同的是，遭受有形磨损的设备，特别是有形磨损严重的设备，在修理之前，常常不能工作；而遭受无形磨损的设备，并不表现为设备实体的变化和损坏，即使无形磨损很严重，其固定资产物质形态却可能没有磨损，仍然可以使用，只不过继续使用它在经济上是否合算，需要分析研究。

3. 综合磨损

设备的综合磨损是指同时存在有形磨损和无形磨损的损坏和贬值的综合情况。对任何特定的设备来说，这两种磨损必然同时发生和同时互相影响。某些方面的技术要求可能会加快设备有形磨损的速度，例如高强度、高速度、大负荷技术的发展，必然使设备的物质磨损加剧。同时，某些方面的技术进步又可提供耐热、耐磨、耐腐蚀、耐振动、耐冲击的新材料，使设备的有形磨损减缓，但是其无形磨损加快。

三、设备磨损的补偿方式

设备综合磨损的形式不同，所以补偿磨损的方式也不同。补偿分为局部补偿和完全补偿。设备有形磨损的局部补偿是修理，设备无形磨损的局部补偿是现代化技术改造。设备有形和无形磨损的完全补偿是设备更新。设备大修理是更换部分已磨损的零部件和调整设备，以恢复设备的生产功能和效率为主；设备现代化改造是对设备的结构作局部的改进和技术上的革新，如增添新的、必需的零部件，以增加设备的生产功能和效率为主；更新是对整个设备进行更换。设备磨损形式与其补偿方式的相互关系如图 11-1 所示。

对于陈旧落后的设备，即消耗高、性能差、使用操作条件不好、对环境污染严重的设备，应当用较先进的设备尽早替代；对整机性能尚可，有局部缺陷，个别技术经济指标落后的设备，应选择适应技术进步的发展需要，吸收国内外的新技术，不断地加以改造和现代化改装。在设备磨损补偿工作中，最好的方案是有形磨损期与无形磨损期相互接近，这是一种理想的

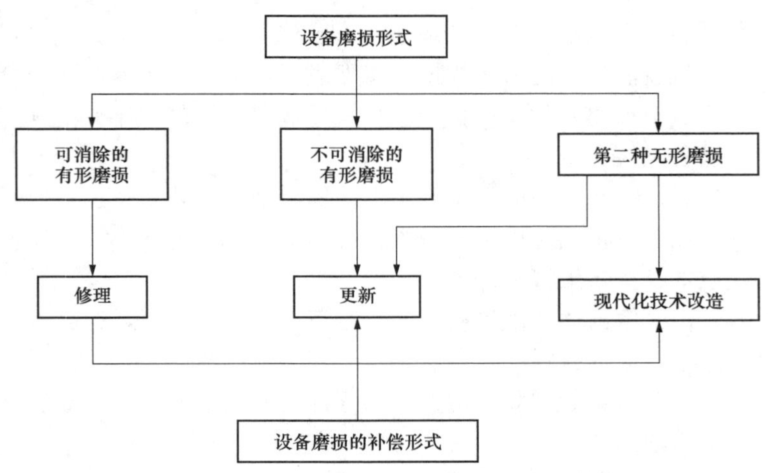

图 11-1　设备磨损与其补偿方式关系

“无维修设计”（也就是说，当设备需要进行大修理时，恰好到了更换的时刻）。但是大多数的设备，通常通过修理可以使有形磨损期达到 20～30 年甚至更长，无形磨损期却比较短。在这种情况下，就存在如何对待已经无形磨损但物质上还可使用的设备的问题。此外还应看到，第二种无形磨损虽使设备贬值，但它是社会生产力发展的反映，这种磨损越大，表示社会技术进步越快。因此，应当充分重视对设备磨损规律性的研究，加速技术进步的步伐。

第二节　设备更新方案的比选原则

一、设备更新的概念

设备更新是对旧设备的整体更换，就其本质来说，可分为原型设备更新和新型设备更新。原型设备更新是简单更新，就是用结构相同的新设备去更换有形磨损严重而不能继续使用的旧设备。这种更新主要是解决设备的损坏问题，不具有更新技术的性质。新型设备更新是以结构更先进、技术更完善、效率更高、性能更好、能源和原材料消耗更少的新型设备来替换那些技术上陈旧、在经济上不宜继续使用的旧设备。通常所说的设备更新主要是指后一种，它是技术发展的基础。因此，就实物形态而言，设备更新是用新的设备替换陈旧落后的设备；就价值形态而言，设备更新是设备在运动中消耗掉的价值的重新补偿。设备更新是消除设备有形磨损和无形磨损的重要手段，目的是提高企业生产的现代化水平，尽快地形成新的生产能力。

二、设备更新策略

设备更新分析是企业生产发展和技术进步的客观需要，对企业的经济效益有着重要的影响。过早的设备更新，无论是由于设备暂时出故障就报废的草率决定，还是片面追求现代化购买最新式设备的决定，都将造成资金的浪费，失去其他的收益机会；对资金紧张的企业可能走向另一个极端，拖延设备的更新，这将造成生产成本的迅速上升，失去竞争的优势。因此，设备是否更新，何时更新，选用何种设备更新，既要考虑技术发展的需要，又要考虑经济方面的效益。

设备更新策略应在系统全面了解企业现有设备的性能、磨损程度、服务年限、技术进步等情况后，分轻重缓急，有重点、有区别地对待。凡修复比较合理的，不应过早更新；可以修中有改进，通过改进就能使设备满足生产技术要求的不要急于更新；更新个别关键零部件就可达到要求的，不必更换整台设备；更换单机就能满足要求的，不必更换整条生产线。通常优先考虑更新的设备是：

（1）设备损耗严重，大修后性能、精度仍不能满足规定工艺要求的；

（2）设备耗损虽在允许范围之内，但技术已经陈旧落后，能耗高、使用操作条件不好、对环境污染严重，技术经济效果很不好的；

（3）设备役龄长，大修虽然能恢复精度，但经济效果上不如更新的。

三、设备更新方案的比选原则

设备更新方案比选的基本原理和评价方法与互斥方案比选相同。但在实际设备更新方案比选时，应遵循以下原则：

（1）设备更新分析应站在客观的立场分析问题。

以局外人的观点进行更新分析，而不是站在旧设备所有者的立场上考虑问题。第三者立场或局外人观点认为，旧设备的现行市场价值是使设备继续使用下去时所需要的投资。而且，设备更新分析中只考虑其现在和将来发生的现金流，而不考虑以前发生的现金流与沉没成本，它们属于不可恢复费用，从而与更新决策无关而不参与经济计算。若要保留旧设备，首先要付出相当于旧设备当前市场价值的投资，才能取得旧设备的使用权。

（2）不考虑沉没成本。

沉没成本是企业过去投资决策发生的、非现在决策能改变（或不受现在决策影响）、已经计入过去投资费用回收计划的费用。由于沉没成本是已经发生的费用，不管企业生产什么和生产多少，这项费用都不可避免地发生，因此现在的决策对它不起作用。在进行设备更新方案比选时，原设备的价值应按目前实际价值计算，而不考虑其沉没成本。例如，某设备 4 年前的原始成本是 80000 元，目前的账面价值是 30000 元，现在的市场价值仅为 18000 元。在进行设备更新分析时，旧设备往往会产生一笔沉没成本，即

$$沉没成本=设备账面价值-当前市场价值 \tag{11-1}$$

或

$$沉没成本=设备原值-历年折旧费-当前市场价值 \tag{11-2}$$

则本例中旧设备的沉没成本为 12000（30000–18000）元，是过去投资决策发生的而与现在更新决策无关，目前该设备的价值等于市场价值 18000 元。

（3）逐年滚动比较。

该原则是指在确定最佳更新时机时，应首先计算比较现有设备的剩余经济寿命和新设备的经济寿命，然后利用逐年滚动计算方法进行比较。

第三节　设备更新时机的确定方法

设备在使用过程中，由于有形磨损和无形磨损的共同作用，在设备使用到一定期限时，就需要利用新设备进行更新。这种更新取决于设备使用寿命的效益或成本的高低。

一、设备寿命的概念

（一）设备的自然寿命

设备的自然寿命，是指设备从投入使用开始，直到因物质磨损严重而不能继续使用、报

废为止所经历的全部时间。它主要是由设备的有形磨损所决定的。做好设备维修和保养可延长设备的物质寿命，但不能从根本上避免设备的磨损，任何一台设备磨损到一定程度时，都必须进行更新。因为随着设备使用时间的延长，设备不断老化，维修所支出的费用也逐渐增加，从而出现恶性使用阶段，即经济上不合理的使用阶段，因此，设备的自然寿命不能成为设备更新的估算依据。

（二）设备的技术寿命

由于科学技术迅速发展，一方面，对产品的质量和精度的要求越来越高；另一方面，也不断涌现出技术上更先进、性能更完善的机械设备，这就使得原有设备虽还能继续使用，但已不能保证产品的精度、质量和技术要求而被淘汰。因此，设备的技术寿命就是指设备从投入使用到因技术落后而被淘汰所延续的时间，即设备在市场上维持其价值的时间，故又称为有效寿命。例如一台电脑，即使完全没有使用过，它的功能也会被更为完善、技术更为先进的电脑取代，这时它的技术寿命可以认为等于零。由此可见，技术寿命主要是由设备的无形磨损所决定的，它一般比自然寿命要短，而且科学技术进步越快，技术寿命越短。所以，在估算设备寿命时，必须考虑设备技术寿命期限的变化特点及其使用的制约或影响。

（三）设备的经济寿命

设备的经济寿命是指设备从投入使用开始，到继续使用在经济上不合理而被更新所经历的时间。它是由设备维护费用的提高和使用价值的降低决定的。设备使用年限越长，所分摊的设备年资产消耗成本越少。但是随着设备使用年限的增加，一方面需要更多的维修费维持原有功能；另一方面设备的操作成本及原材料、能源耗费也会增加，年运行时间、生产效率、质量将下降。因此，年资产消耗成本的降低，会被年度运行成本的增加或收益的下降抵消。在整个变化过程中存在某一年份，设备年平均使用成本最低，经济效益最好。我们称设备从开始使用到其年平均使用成本最小（或年盈利最高）的使用年限为设备的经济寿命。所以，设备的经济寿命就是从经济观点（成本观点或收益观点）确定的设备更新的最佳时刻（图 11-2）。

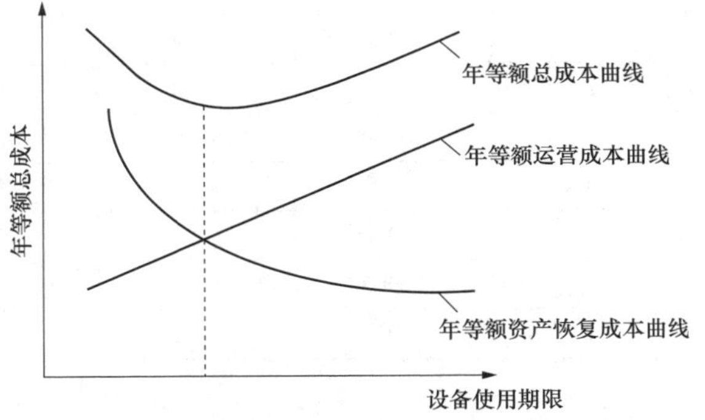

图 11-2　设备年度费用曲线

二、设备经济寿命的估算

（一）设备经济寿命的确定原则

（1）使设备在经济寿命内平均每年净收益达到最大；

（2）使设备在经济寿命内一次性投资和各种经营费总和达到最小。

（二）设备经济寿命的确定方法

确定设备经济寿命的方法可以分为静态模式和动态模式两种。下面仅介绍静态模式下设备经济寿命的确定方法。静态模式下设备经济寿命的确定方法，就是在不考虑资金时间价值的基础上计算设备年平均使用成本 $\overline{C}_N$ 。使 $\overline{C}_N$ 为最小的 N_0 就是设备的经济寿命。

$$\overline{C}_N = \frac{P - L_N}{N} + \frac{1}{N}\sum_{t=1}^{N} C_t \quad (11\text{-}3)$$

式中　C_N——N 年内设备的年平均使用成本；

P——设备目前实际价值，如果是新设备包括购置费和安装费，如果是旧设备包括旧设备现在的市场价值和继续使用旧设备追加的投资；

C_t——第 t 年的设备运行成本，包括人工费、材料费、能源费、维修费、停工损失、废次品损失等；

L_N——第 N 年年末的设备净残值。

在式（11-3）中，$\frac{P-L_N}{N}$ 为设备的平均年度资产消耗成本，$\frac{1}{N}\sum_{t=1}^{N}C_t$ 为设备的平均年度运行成本。如果使用年限 N 为变量，则当 N_0（$0<N_0\leqslant N$）为经济寿命时，应满足 $\bar{C}_N$ 最小。

【例 11-1】 某设备目前实际价值为 30000 元，有关资料见表 11-1，求其经济寿命。

表 11-1　设 备 有 关 资 料　单位：元

	继续使用年限 t						
	1	2	3	4	5	6	7
年运行成本	5000	6000	7000	9000	11500	14000	17000
年末残值	15000	7500	3750	1875	1000	1000	1000

解：该设备在不同使用年限时的年平均成本见表 11-2。

表 11-2　设备在不同使用年限时的静态年平均成本　单位：元

使用年限 N	资产消耗成本 $P-L_N$	平均年资产消耗成本	年度运行成本 C_t	运行成本累计 $\sum C_t$	平均年度运行成本	年平均使用成本 $\bar{C}_N$
(1)	(2)	(3)=(2)/(1)	(4)	(5)	(6)=(5)/(1)	(7)=(3)+(6)
1	15000	15000	5000	5000	5000	20000
2	22500	11250	6000	11000	5500	16750
3	26250	8750	7000	18000	6000	14750
4	28125	7031	9000	27000	6750	13781
5	29000	5800	11500	38500	7700	13500
6	29000	4833	14000	52500	8750	13583
7	29000	4143	17000	69500	9929	14072

由计算可以看出，该设备在使用 5 年时，其平均使用成本 13500 元为最低。因此，该设备的经济寿命为 5 年。

用设备的年平均使用成本 $\bar{C}_N$ 估算设备的经济寿命的过程是：在已知设备现金流量的情况下，逐年计算出从寿命 1 年到 N 年全部使用期的年平均使用成本 $\bar{C}_N$，从中找出年平均使用成本 $\bar{C}_N$ 的最小值及其所对应的年限，从而确定设备的经济寿命。

由于设备使用时间越长，设备的有形磨损和无形磨损越加剧，从而导致设备的维护修理费用增加越多，这种逐年递增的费用 ΔC_t 称为设备的低劣化。用低劣化数值表示设备损耗的方法称为低劣化数值法。如果每年设备的劣化增量是均等的，即 $\Delta C_t=\lambda$，每年劣化呈线性增长。这样则可以简化经济寿命的计算。

第 T 年时的运行成本 C_t 为

$$C_t = C_1 + (T-1)\lambda$$

式中　C_1 ——运行成本的初始值，即第一年的运行成本：

T ——设备的使用年数。

则 T 年内设备的运行成本的平均值为

$$C_1 + \frac{T-1}{2}\lambda$$

除运行成本外，在设备的年均总费用中还有每年分摊的设备购置费用，即资金恢复费用或年资产消耗成本：

$$\frac{P-L_T}{T}$$

则设备的年均总费用为

$$\bar{C}_T = C_1 + \frac{T-1}{2}\lambda + \frac{P-L_T}{T}$$

设备的经济寿命为其年均费用最小的年数，即求当 $\bar{C}_T$ 最小时的年数 T 值。

$$\frac{\mathrm{d}(\bar{C}_T)}{\mathrm{d}T} = \frac{\lambda}{2} - \frac{P-L_T}{T^2} = 0$$

$$T_0 = \sqrt{\frac{2(P-L_T)}{\lambda}} \tag{11-4}$$

式中　T_0——设备的经济寿命；

λ——设备的低劣化值；

L_T——设备预计残值

【例 11-2】 某设备的原始价值为 7200 元，第 1 年的使用成本费为 800 元，以后每年递增 650 元，预计残值为 0，试用静态分析法确定其经济寿命。

解：

$$T_0 = \sqrt{\frac{2\times(7200-0)}{650}} = 4.71\text{（年）}$$

即经济寿命期为 4.71 年。

对应的最小成本为

$$\bar{C}_T = 800 + \frac{650\times(4.71-1)}{2} + \frac{7200-0}{4.71} = 3536\text{（元/年）}$$

三、设备更新时机的确定

设备更新方案的比选就是对新设备方案与旧设备方案进行比较分析，也就是决定现在马上购置新设备、淘汰旧设备，还是至少保留使用旧设备一段时间，再用新设备替换旧设备。新设备原始费用高，营运费和维修费低；旧设备目前净残值低，营运费和维修费高。必须进行权衡判断，才能做出正确的选择，一般情况下要进行逐年比较。在静态模式下进行设备更新方案比选时，可按以下步骤进行：

（1）计算新旧设备方案不同使用年限的静态年平均使用成本和经济寿命。

（2）确定设备更新时机。

设备更新即便在经济上是有利的，却也未必应该立即更新。换言之，设备更新分析还包括更新时机选择的问题。现有已用过一段时间的旧设备究竟在什么时机更新最经济？

（1）如果旧设备继续使用1年的年平均使用成本低于新设备的年平均使用成本，即

$$\overline{C}_N(旧)<\overline{C}_N(新)$$

此时，不更新旧设备，继续使用旧设备1年。

（2）当新旧设备方案出现

$$\overline{C}_N(旧)>\overline{C}_N(新)$$

此时，应更新现有设备，这便是设备更新的时机。

【例11-3】 某企业在7年前购买一台设备，估计尚能使用3年。现又有一种更先进的新设备，其价值为60000元，其寿命为12年，残值为6000元，年经营成本为13750元。现有设备的现时残值估计为10000元，若再继续使用，其残值和年经营成本见表11-3。试确定旧设备的最优更新期，设年利率为15%。

表11-3　　旧设备残值与年等额经营成本　　单位：万元

年份	残值	年等额经营成本	年份	残值	年经营成本
0	10000		2	5500	23500
1	7500	18500	3	3500	28500

首先计算新设备的费用净年值：

$$\overline{C}_N(新)=[60000-6000(P/F，15\%，12)](A/P，15\%，12)+13750=24613（元）$$

然后计算继续使用现有设备时的费用净年值：

继续使用1年：

$$\overline{C}_N(1)_{旧}=[10000-7500(P/F，15\%，1)](A/P，15\%，1)+18500=22500（元）<24613元$$

继续使用2年：

$$\overline{C}_N(2)_{旧}=[10000-5500(P/F，15\%，2)](A/P，15\%，2)+23500=27093（元）>24613元$$

继续使用3年：

$$\overline{C}_N(3)_{旧}=[10000-3500(P/F，15\%，3)](A/P，15\%，3)+28500=31871（元）>24613元$$

若继续使用现有设备，其第1年的费用净年值小于新设备的费用净年值，但从第2年开始便大于新设备的费用净年值。因此，现有设备只能再继续使用1年便需更新。

第四节　设备租赁与购买方案的比选分析

一、设备租赁的概念

设备租赁是设备使用者（承租人）按照合同规定，按期向设备所有者（出租人）支付一定费用而取得设备使用权的一种经济活动。设备租赁一般有融资租赁和经营租赁两种方式。在融资租赁中，租赁双方承担确定时期的租让和付费义务，而不得任意中止和取消租约，贵重的设备（如重型机械设备等）宜采用这种方法；而在经营租赁中，租赁双方的任何一方可以随时以一定方式在通知对方后的规定期限内取消或中止租约，临时使用的设备（如车辆、仪器等）通常采用这种方式。

由于租赁具有把融资和融物结合起来的特点，这使得租赁能够提供及时而灵活的资金融通方式，是企业取得设备进行生产经营的一种重要手段。

1. 设备租赁的优越性

（1）在资金短缺的情况下，既可用较少资金获得生产急需的设备，也可以引进先进设备，加速技术进步的步伐；

（2）可获得良好的技术服务；

（3）可以保持资金的流动状态，也不会使企业资产负债状况恶化；

（4）可避免通货膨胀和利率波动的冲击，减少投资风险；

（5）设备租金可在所得税前扣除，能享受税费上的利益。

2. 设备租赁的不足

（1）在租赁期间承租人对租用设备无所有权，只有使用权，故承租人无权随意对设备进行改造，不能处置设备，也不能用于担保、抵押贷款；

（2）承租人在租赁期间所交的租金总额一般比直接购置设备的费用要高；

（3）长年支付租金，形成长期负债；

（4）融资租赁合同规定严格，毁约要赔偿损失，罚款较多。

二、影响设备租赁与购买的主要因素

企业在决定进行设备租赁或购买之前，必须进行多方面考虑。这是因为，决定企业租赁或购买的关键在于能否为企业节约尽可能多的支出费用，实现最好的经济效益。为此，首先需要考虑影响设备租赁或购买的因素。

（一）设备租赁或购买都需要考虑的影响因素

（1）技术方案的寿命期；

（2）企业是需要长期占有设备，还是只希望短期占有这种设备；

（3）设备的技术性能和生产效率；

（4）设备对工程质量（产品质量）的保证程度，对原材料、能源的消耗量，以及设备生产的安全性；

（5）设备的成套性、灵活性、耐用性、环保性和维修的难易程度；

（6）设备的经济寿命；

（7）技术过时风险的大小；

（8）设备的资本预算计划、资金可获量（包括自有资金和融通资金），融通资金时借款利息或利率高低；

（9）提交设备的进度。

（二）设备租赁考虑的影响因素

对于设备租赁的，除考虑上述因素外，还应考虑以下影响因素：

（1）租赁期长短；

（2）设备租金额，包括总租金额和每租赁期租金额；

（3）租金的支付方式，包括租赁期起算日、支付日期、支付币种和支付方法等；

（4）企业经营费用减少与折旧费和利息减少的关系；

（5）租赁的节税优惠；

（6）预付资金（定金）、租赁保证金和租赁担保费用；

（7）维修方式，即是由企业自行维修，还是由租赁机构提供维修服务；

（8）租赁期满，资产的处理方式；

（9）租赁机构的信用度、经济实力，与承租人的配合情况。

（三）设备购买考虑的影响因素

对于设备购买的，除考虑前述（一）的因素外，也应考虑以下影响因素：

（1）设备的购置价格、设备价款的支付方式、支付币种和支付利率等；

（2）设备的年运转费用和维修方式、维修费用；

（3）保险费，包括购买设备的运输保险费、设备在使用过程中的各种财产保险费。

三、设备方案的比选

设备方案的采用取决于备选方案在技术经济上的比较，比较的原则和方法与一般的互斥方案的比选方法相同。

（一）设备方案比选的步骤

1. 提出设备配置建议

根据企业生产经营目标和技术状况，提出设备配置的建议。

2. 拟订设备配置方案

拟订若干设备配置方案，包括购置（有一次性付款和分期付款购买）方案和租赁方案（有融资租赁和经营租赁两种方式）。

3. 定性分析筛选方案

定性分析包括企业财务能力分析和设备方案技术分析。

（1）企业财务能力分析

主要分析企业的支付能力，如果企业不能一次筹集并支付全部设备价款，则去掉一次付款购置方案。

（2）设备方案技术分析

①设备的配置方案，要根据生产工艺技术和生产能力研究选用主要设备，主要设备之间与其他设备之间应相互适应；要进行设备软件和硬件在内的专有技术和专利技术比较。

②要研究设备在生产工艺上使用的成熟可靠性、技术上的先进性和稳定性，对关键设备特别是新设备要研究其在试用项目中的使用情况，充分考虑设备零配件的供应以及超限设备运输的可能性。

③设备选用要与技术方案建设进度相匹配，应符合安全、节能、环保的要求，尽可能选择节能环保设备。

④对二手设备的选用要慎重。经论证确实需要二手设备时，需要说明对二手设备的考察情况、选用理由，二手设备的技术水平、能耗水平、环保及安全指标、利用改造措施及投资，并与当时水平的同类设备进行经济技术比较。

⑤设备选用应考虑管理与操作的适应性。考虑设备的日常维护与保养，以及零部件的更换和维修的方便性。

总之，定性分析的方法是设备选择中常用的主要方法。在分析时，对技术过时风险大、保养维护复杂、使用时间短的设备，可以考虑经营租赁方案；对技术过时风险小、使用时间长的大型专用设备，则融资租赁方案或购置方案均是可以考虑的方式。

4. 定量分析并优选方案

定量分析一般根据设备方案的投资和运营消耗，通过计算寿命周期费用现值和投资回收期等指标，结合其他因素（如设备参数、性能、物耗和能耗、环保、对原料的适应性、对产品质量的保证程度、备品备件保证程度、安装技术服务等），择优选取设备方案。

（二）设备方案的经济比选方法

对于设备租赁来说，就是在不同的租赁方案间比选，决定租赁方案。对于设备更新来说，既有可能是在不同设备购买方案之间比选，也有可能是在不同设备租赁方案之间比选，还有可能是在设备租赁方案与设备购买方案之间比选。但无论哪类设备方案的经济比选，都是互斥方案选优的问题，一般寿命相同时可以采用财务净现值（或费用现值）法，设备寿命不同时可以采用财务净年值（或年成本）法。

设备租赁由于租金可在税前扣除，所以和购置设备方案在现金流量上的比较主要区别在于所得税和租赁费以及设备购置费上。

（1）设备租赁的净现金流量。采用设备租赁的方案，没有资金恢复费用，租赁费可以直接进入成本，其净现金流量为

净现金流量=销售收入–经营成本–租赁费用–所得税税率×（销售收入–经营成本–租赁费用）（11-5）

其中租赁费用主要包括租赁保证金、租金、担保费。

（2）购买设备的净现金流量。与租赁相同条件下购买设备方案的净现金流量为

净现金流量=销售收入–经营成本–设备购置费–所得税税率×(销售收入–经营成本–折旧)（11-6）

【例 11-4】 现有两种设备更新方案，一是购置，购置费为 8000 元，预计使用 10 年，残值为零；二是租赁，年租金为 1600 元，设备每年的运行费为 1200 元，所得税税率为 25%，折现率为 12%，以直线法计提折旧，企业应采用哪种方案？

解：可以用年成本法进行比较。

企业采用购置方案，年折旧费为 8000÷10=800 元，计入总成本，而租赁方案租金每年 1600 元计入总成本，因此后者每年的税金少付金额为(1600–800)×25%=200（元）。

设备购置的年均费用=8000×(A/P，12%，10)+1200=2616（元）

设备租赁的年均费用=1600+1200–200=2600（元）

显然，租赁方案的年均费用小于购置方案，在设备的经济效益相同的情况下，选择设备租赁方案作为更新设备的最佳方案。

 价值引领

中国式现代化为人类实现现代化提供了新的选择

当今世界，很多国家都在努力建设现代化，中国式现代化不依赖外部力量、不照搬外国模式、不跟在他国后面亦步亦趋，用几十年时间走过了发达国家几百年走过的工业化历程，破解了人类社会发展的诸多难题，既发展自身又造福世界，为人类对更好社会制度的探索提供了中国方案。党的十八大以来，我国经济总量从 53.9 万亿元增长至 114.4 万亿元，占世界经济的比重由 11.3%提升到 18.5%，对世界经济增长的平均贡献率达到 38.6%，超过 G7 国家贡献率的总和；我国世界第二大经济体、第二大消费市场、制造业第一大国、货物贸易第一大国的地位持续巩固和加强，给世界各国发展带来新机遇；共建“一带一路”成为深受欢迎的国际公共产品和国际合作平台，让共建国家和民众共享我国现代化建设成果。实践证明，

我们党领导人民成功推进中国式现代化，创造了人类文明新形态，拓展了发展中国家走向现代化的途径，为解决人类面临的共同问题提供了中国智慧、中国方案、中国力量，给世界上那些既希望加快发展又希望保持自身独立性的国家和民族提供了全新选择。

习近平总书记在党的二十大报告中强调，从现在起，中国共产党的中心任务就是团结带领全国各族人民全面建成社会主义现代化强国、实现第二个百年奋斗目标，以中国式现代化全面推进中华民族伟大复兴。

思考与启示

习近平总书记在党的二十大报告中深刻阐述了中国式现代化的中国特色和本质要求。中国式现代化，是中国共产党领导的社会主义现代化，既有各国现代化的共同特征，更有基于自己国情的中国特色。全面建设社会主义现代化国家、以中国式现代化全面推进中华民族伟大复兴，必须切实把握好中国式现代化的中国特色和本质要求。

本章小结

在现代的建筑生产过程中，主要的生产活动如土石方工程、起重吊装工程、混凝土工程、木加工制作工程、装饰装修工程、运输装卸工程等都是由建筑机械设备来完成的。加强机械设备管理，提高管理水平，能够为施工企业建立正常的生产秩序，为建筑生产均衡连续地进行创造有利条件。这对施工企业全面完成建设任务，减轻工人的劳动强度，提高劳动生产率，保证工程质量，降低工程成本，缩短工程建设周期，使施工企业获得良好的经济效果和社会效果皆具有重要的意义。

建筑机械设备的管理是对机械设备的选购、使用、维护修理、改造更新和报废处理全过程的管理工作。在购置机械设备时，必须从技术、经济以及使用维修等多方面综合进行考虑，认真选择和评价，要对比各种方案，从中选出最优方案，使有限的机械设备投资发挥最大的效益。

机械合理装备的前提是提高机械设备的利用率、合理利用资金，使完成的竣工面积的数量和劳动生产率与机械装备水平同步增长。自有机械设备有利于保证使用，一次性投资大，不利于施工企业随时采用先进合理的机械设备以及灵活多变地承包各种各样建筑工程施工任务；对机械设备实行租赁，有利于加强专业化分工和生产责任制的落实，也有利于机械设备的加速周转，提高整个机械设备的使用效率和完好程度。

通常，新机械设备的特点是原始费用高，但运行和维修费用低；而旧机械设备恰恰相反。为了决定机械设备是否需要更新，就应权衡利弊，全面比较，以经济效果的高低作为判断的依据。为此，要掌握机械设备更新方案的比较、特点及遵循的原则。

机械设备更新方案的比较又分为两种情况，一是寿命不等的更新方案的比较；二是以经济寿命为依据的更新方案的比较。机械设备需要更新的原因很多，大致有能力不适应、使用费过多、生产效率降低、精神磨损等。

1．设备磨损类型及特点？

2．阐述设备寿命的概念和分类。

3．经济寿命的定义及意义

4．建筑机械设备的选择应考虑的因素有哪些？

5．何谓机械设备更新？设备更新方案的比较的特点与遵循的原则是什么？

6．设备的经济寿命及计算方法如何？

7．机械设备需要更新的原因有哪些？

一、单选题

1．设备的无形磨损是（　　）的结果。

A．错误操作　　B．技术进步　　C．自然力侵蚀　　D．超负荷使用

2．设备融资租赁与经营租赁的主要不同点是（　　）。

A．租金的支付方式　　B．可用于租赁的设备

C．租赁双方的根本目的　　D．租赁双方承担义务的约束力

3．某设备 6 年前的原始成本为 90000 元，目前的账面价值为 30000 元，现在的市场价值为 16000 元，则该设备的沉没成本为（　　）元。

A．10000　　B．14000　　C．44000　　D．60000

4．下列关于设备技术寿命的说法，正确的是（　　）。

A．完全未使用的设备技术寿命不可能等于零

B．设备的技术寿命一般短于自然寿命

C．科学技术进步越快，设备的技术寿命越长

D．设备的技术寿命主要由其有形磨损决定

5．某设备在不同使用年限（1～7 年）时的平均年度资产消耗成本和平均年度运行成本如下表所示。则该设备在静态模式下的经济寿命为（　　）年。

	使用年限/年						
	1	2	3	4	5	6	7
平均年度资产消耗成本/万元	140	110	90	75	65	60	58
平均年度运行成本/万元	15	20	30	40	55	70	85

A．3　　B．4　　C．5　　D．6

6．某设备目前的账面价值为 50000 元，预计净残值为 5000 元，第 1 年设备运行成本为 500 元，此后每年运行成本均等递增 400 元，则该设备的经济寿命为（　　）年。

A．10　　B．8　　C．15　　D．12

7．家庭的半自动洗衣机，经过多次维修也无法使用，准备购买全自动的新洗衣机，这一措施属于对（　　）。

A．有形磨损的局部补偿　　B．有形磨损的完全补偿

C．无形磨损的局部补偿　　D．无形磨损的完全补偿

8．下列关于设备租赁的说法，错误的是（　　）。

A．融资租赁通常适用于长期使用的贵重设备

B．临时使用的设备适宜采用经营租赁方式

C．经营租赁的任一方可以以一定方式在通知对方后的规定期限内取消租约

D．租赁期内，融资租赁的承租人拥有租赁设备的所有权

9．某设备在不同使用年限时的平均年度资产消耗成本和平均年度运行成本数据见下表。该设备的经济寿命为（　　）年。

	使用年限/年						
	1	2	3	4	5	6	7
平均年度资产消耗成本/万元	90	50	35	23	20	18	15
平均年度运行成本/万元	30	35	30	35	40	45	60

A．7　　B．5　　C．4　　D．3

10．某设备目前的实际价值为 8000 元，预计残值为 800 元，第一年设备运行成本为 600 元，每年设备的劣化增量是均等的，年劣化值为 300 元，则该设备的经济寿命是（　　）年。

A．5　　B．6　　C．7　　D．8

11．某设备 3 年前的原始成本是 5 万元，目前的账面价值是 2 万元，现在的净残值为 1 万元，则在进行设备更新分析时，该设备的价值为（　　）万元。

A．1　　B．2　　C．3　　D．4

12．某企业 5 年前投资 6 万元购买一台设备，目前账面价值为 1.6 万元，如现在出售这台设备可得到 1 万元，该设备还可使用 8 年，8 年年末的估计价值为 0.1 万元，则该设备的沉没成本为（　　）万元。

A．0.1　　B．0.6　　C．1　　D．1.6

13．若旧设备继续使用 1 年的年成本低于新设备的年成本，则应采取的措施是（　　）。

A．更新或继续使用旧设备均可

B．不更新旧设备，继续使用旧设备 1 年

C．更新旧设备

D．继续使用旧设备

14．企业做出是否租赁与购买决定的关键在于（　　）。

A．能否避免设备的第一种无形磨损

B．是否享受税费上的利益

C．能否避免设备的第二种无形磨损

D．技术经济上的比较

15．在进行设备租赁与设备购置的选择时，设备租赁与购置的经济比选是互斥方案的选优问题。寿命期相同时，可以采用的比选指标是（　　）。

A．净现值指数　　B．财务内部收益率　　C．投资回收期　　D．财务净现值

二、多选题

1．下列关于设备技术寿命的说法，正确的有（　　）。

A．设备的技术寿命是指设备年平均维修费用最低的使用年限

B．设备的技术寿命一般长于设备的自然寿命
C．设备的技术寿命受产品质量和精度要求的影响
D．设备的技术寿命主要是由设备的有形磨损决定的
E．一般情况下，科学技术进步越快，设备的技术寿命越短

2．对于承租人来说，经营性租赁设备与购买设备相比的优越性体现在（　　）。
A．在资金短缺时可用较少资金获得急需的设备
B．可获得良好的技术服务
C．可降低投资风险
D．在租赁期间可以将设备用于抵押贷款
E．租金可以在税前扣除，能享受税费上的优惠

3．下列关于设备寿命的说法，正确的是（　　）。
A．设备经济寿命是从经济观点确定的设备更新的最佳时间
B．设备的使用年限越长，设备的经济性越好
C．设备的合理维修和保养可以避免设备的无形磨损
D．设备的技术寿命主要是由设备的无形磨损决定的
E．设备的自然寿命是由设备的综合磨损决定的

4．下列导致现有设备贬值的情形中，属于设备无形磨损的有（　　）。
A．设备连续使用导致零部件磨损
B．设备长期闲置导致金属件锈蚀
C．同类设备的再生产价值降低
D．性能更好、耗费更低的代替设备出现
E．设备使用期限过长引起橡胶件老化

5．某设备 5 年前的原始成本为 10 万元，目前的账面价值为 4 万元，现在的市场价值为 3 万元，同型号新设备的购置价格为 8 万元。现进行新旧设备更新分析和方案比选，正确的做法有（　　）。
A．采用新设备的方案，投资按 10 万元计算
B．继续使用旧设备的方案，投资按 3 万元计算
C．新旧设备现在的市场价值差额为 4 万元
D．新旧设备方案比选不考虑旧设备的沉没成本 1 万元
E．新设备和旧设备的经济寿命和运行成本相同

6．造成设备第一种无形磨损的原因主要有（　　）。
A．技术进步
B．社会劳动生产率水平提高
C．受自然力的作用产生磨损
D．同类设备的再生产价值降低
E．使用磨损

7．下列关于设备磨损补偿方案的说法，正确的有（　　）。
A．对于陈旧落后的设备，应当用较先进的设备尽早替代
B．对于个别技术经济指标落后的设备，应不断地加以改造和现代化改装
C．最好的方案是有形磨损期与无形磨损期相互接近
D．大多数设备通过修理可使有形磨损期达到 20～30 年甚至更长，无形磨损期也较长

E．第二种无形磨损越大，表示社会技术进步越快

8．对于设备购买的，除了设备租赁或购买都需考虑的影响因素外，还需考虑的影响因素有（　　）。

A．设备的购置价格、设备价款的支付方式、支付币种和支付利率等

B．企业经营费用减少与折旧费和利息减少的关系

C．设备的年运转费用和维修方式、维修费用

D．保险费，包括购买设备的运输保险费、设备在使用过程中的各种财产保险费

E．维修方式，是由企业自行维修还是由租赁机构提供维修服务

9．设备方案选择的定量分析一般根据设备方案的投资和运营消耗，通过计算寿命周期费用现值和投资回收期等指标，结合其他因素，择优选取设备方案。其他因素主要包括（　　）。

A．设备参数、性能、物耗和能耗　　B．环保、对原料的适应性

C．对产品质量的保证程度　　D．备品备件保证程度

E．管理和操作的实用性

10．购买设备方案现金流量表中，现金流出包括设备购置费、经营成本、贷款利息以及（　　）。

A．进项税额　　B．应纳增值税　　C．税金及附加　　D．所得税

E．销项税额

第十二章　技术经济预测

思政育人目标：

经济预测不是靠经验、凭直觉的预言或猜测，而是以科学的理论和方法、可靠的资料、精密的计算及对客观规律性的认识所做出的分析和判断。因为有人的意志和活动参与在经济预测过程中，所以经济预测不可能总是准确的，它的准确性有一个逐步提高的过程，不能因为预测的结果不准确就轻率地否定预测的作用，也不能以预测只提供参考为借口，错误地认为预测的准确性差是心安理得的事情。正确的态度应该是从分析预测误差入手，找出预测失误或质量不高的原因，改进资料、理论、模型与方法、计算技术等各个环节及其相互协调，努力提高预测的准确程度，在提高预测准确性的基础上，逐步增强对经济预测的信任感。

课程教学目标：

根据经济发展过程的历史和现状，运用科学的预测方法，揭示经济现象的发展规律及各类经济现象之间的相互联系，指出经济现象未来发展趋势和可能达到的水平。经济预测的内容十分广泛，包括国内经济形势的预测，例如生产发展趋势，增长速度，经济结构，价格变化趋势，人口就业，财政收支变化，各种产品的供、产、销情况等；同时要预测国际经济形势，如国际经济波动情况、国际市场的变化趋势等。

第一节　技术经济预测概述

我们通常所说的预测是指对未来的预计和推测。朴素的预测思想人人皆有，自古就有。人们在每个有目的的行动之前总是要想一想，这个“想”就包含着预测。

近些年，预测逐渐成为一门科学，而且广泛应用于经济、技术领域。我们现在所要研究的预测是在对现实和历史进行调查研究的基础上，找出事物发展的客观规律，对未来事件状态的科学分析。预测的主要特点是：

（1）预测是把过去、现在和未来视为不可截然分开的整体，根据现在和过去预计未来，根据已知推断未知。人们的实践、实验及统计数据等都是过去和现在的“已知”，预测就是通过对“已知”的研究来科学推测“未知”。

（2）预测本身不是目的，而是一种手段，它的功能在于提供关于未来的信息，提高人们的决策水平，以便人们去追求和努力争取实现有利的未来，尽力减少或避免不利的未来所带来的损失。探索关乎未来的永恒真理，不是也绝不可能是预测工作的目标。

（3）预测结果具有近似性和随机性的特点，预测的对象是现实事件的未来状态和未来发生的事件。显然这些事件与状态具有不确定性，因此预测的结果往往带有随机性。预测结果往往会与实际发生的结果有偏差，所以人们不能奢求预测结果百分之百准确。虽然随着人们对客观世界的认识能力不断提高，随着数学方法与计算工具的完善，预测结果的准确度会不断提高，但不可能完全避免预测结果的近似性和随机性。

（4）预测工作具有科学性，也具有艺术性。预测的科学性表现在预测工作要基于能指导实践的理论、详尽的调查研究、系统而可靠的资料、科学的方法和计算工具等。预测的艺术性则表现在预测工作的质量在很大程度上取决于预测工作者进行调查研究、收集资料、分析数据、提出假设、选择方法、建立模型、推理判断的技巧以及预测工作者自身的素质、经验及能力。任何预测方法都不是灵丹妙药，成功的预测绝不是仅仅靠数学模型所能办到的。

一、预测分类

预测是一门实用性很强的应用科学，不同领域、不同层次的技术经济工作都离不开预测。预测从不同角度可做多种分类。

（一）按预测对象应用领域分类

1. 社会发展预测

社会发展预测主要研究并预测与社会发展有关的未来问题，目的在于选择、控制和创造达到未来理想社会的途径和手段。社会发展预测的主要对象是由于社会发展而产生的种种社会问题，例如人口问题、就业问题、教育问题及生态环境等方面的未来发展状况。

2. 政治军事预测

政治军事预测是指对有关未来政治军事形势或事件的研究和预测。其目的在于向决策者提供各种政治军事信息，为制定正确的政治军事决策服务。例如对国际政治局势的预测、对有关国家可能采取的方针政策及军事行动的预测等。

3. 科学预测

科学预测是指人们对科学（自然科学、社会科学）的未来发展趋势，事先提出的一种有根据的预见。科学预测是用科学的方法来研究现代科学各个领域、各个学科的发展规律与内在联系，寻求科学的发展趋势与目标，从而为制定中长期科学发展规划提供重要的信息。

4. 技术预测

技术预测是指人们对技术发展、技术发明、技术应用及其对社会、经济等方面的发展所产生的影响（包括有利影响与不利影响），事先提出的一种有根据的预见。

5. 经济预测

经济预测是指人们对所从事的社会经济活动可能产生的经济后果及其发展趋势，事先提出的一种有根据的、比较符合发展规律的预见，为制定经济发展规划提供科学依据。

6. 市场预测

市场预测是经济预测的一个组成部分，由于它对国家与企业经济决策的重要作用，以及该范畴的特殊规律和方法，通常把它从经济预测中单列出来。市场预测主要是指对市场商品需求及供给的发展变化趋势事先提出一种有根据的比较符合发展规律的预见。

所谓技术经济预测，通常包括科学预测、技术预测、经济预测及市场预测。

（二）按预测问题涉及范围的大小分类

1. 宏观预测

宏观预测通常是指对涉及整个宇宙、整个人类社会或整个国家的有关问题的预测，如对世界范围内的新技术革命到来时机的预测、对我国未来能源结构的预测、对我国未来某年人均国民收入水平的预测等。

2. 微观预测

微观预测是指相对于宏观预测涉及范围较小的有关问题的预测。如对北京市人口增长速度的预测，对某行业对外贸易总额的预测，对工程项目投资、成本及收益的预测等。

（三）按对预测结果的要求分类

1. 定性预测

定性预测是指对预测对象未来状态（如事物的总体趋势、事物发生和发展的各种可能性及其后果）所作的定性的分析与判断。这类预测主要凭借预测者的主观经验和逻辑推理能力。

2. 定量预测

定量预测是指对预测对象的未来状态所做出的定量描述。如对某商品需求数量的预测、对国家人口增长率的预测、对某项新技术应用于生产上的时间的预测等。这类预测往往要借助教学模型和现代计算工具。

在许多情况下，定量预测与定性预测要结合进行。

（四）按预测期限长短分类

按预测期限长短可分为短期预测、中期预测、长期预测。

对于不同的预测对象和预测目标，短期、中期与长期的时间划分是不一样的。例如对科学技术预测来说，5 年以内为短期，5～15 年为中期，15 年以上为长期；而对市场预测，一般是半年以内为短期，半年到 3 年为中期，3 年以上为长期。

二、技术经济预测的步骤

预测的程序因预测对象、预测目标的不同而各不相同，一般的技术经济预测工作有以下几个步骤：

1. 确定预测目标

预测是为决策服务的，所以要根据决策所提出的要求来确定预测的目标。具体包括预测内容、精确度要求和预测期限。

2. 收集、分析资料

资料是作预测的依据，应根据预测目标的要求收集各种有关资料。其中应该包括预测对象本身发展的历史资料、对预测对象发展变化有影响的各种因素的历史和现状的资料、有关的历史背景资料等。要尽量使收集的资料系统而全面。同时，对已收集来的各种资料要进行分析，判别其真实性与可靠性，剔除不可靠的对预测没有用处的资料。

3. 选择预测方法

预测方法有许多种，对于所面临的预测问题，往往可以用多种方法得到预测结果。由于预测方法各有特点，有的适用于短期预测，有的适用于长期预测；有的要求有系统的历史资料，有的对资料要求不高；有的预测精度高，有的预测精度低。所以，实际工作中需要根据预测目标的要求和具体的工作条件，本着效果好、经济、实用的原则选择合适的预测方法。

4. 建立预测模型

5. 分析情况作预测

有相当一部分预测方法是利用数学模型得到预测结果的。由于建立数学模型不可避免地要对问题加以简化，所以有必要根据具体情况对预测结果作进一步分析和修正。

下面介绍几种常用的技术经济预测方法。

第二节 抽样调查法

一、抽样调查法的种类

抽样调查的抽样方法有两大类：一是随机抽样；二是非随机抽样。随机抽样的根据是被抽查的总体（抽查对象的全体）的每个个体被抽查到的可能性是相等的。只要将被查的对象一一编号，然后抽签抽取即可。这种抽样，其优点是避免了人的主观因素，如感情、倾向、知识、论断等的影响，而且所得到的数据具有统计推断的功能，能估算出样本的代表性程度。而非随机抽样则不具备这种功能，因而其代表性差，然而并非毫无用处，当抽查的总体过于庞大且复杂、不适于随机抽样时，就必须采用非随机抽样。

上述两类抽样方法，还可根据具体对象运用更为具体的抽样方法。这些方法见表 12-1。

表 12-1 随机抽样与非随机抽样分类

类型	抽样方法
随机抽样	单纯随机抽样
	分层随机抽样
	分群随机抽样
非随机抽样	便利抽样
	判断抽样
	配额抽样

1. 单纯随机抽样

这种方法是通过抽签方式或查随机数表抽取样本。这种取样方法比较客观，完全排除了调查人员的主观选择，在数学上可以严格证明，在被抽样的总体中，每个个体被抽到的可能性完全相等。因此，此种抽样被称为机会均等的抽样。

2. 分层随机抽样

这种抽样是首先将抽样总体按某种特征或属性分为若干层，然后在各层中用单纯随机抽样的方法，抽取所需的样本。例如，调查某地居民每户人均收入情况，先按户人均收入的高低分为高、中、低三个层次，然后从这三个不同的层次中，分别按单纯随机抽样的方法，按事先规定的样本数抽取样本。

3. 分群随机抽样

这种抽样是将抽样的总体分为若干个群体，使每个群体中都包含了总体中各种类型的个体。例如，以某高校为一群体，这个群体中有教师、干部、工人、大学生、个体经营者等。

分层随机抽样与分群随机抽样二者是有区别的。前者要求各分层的子母体之间有明显的差异性。相反地，分群随机抽样的子母体之间，则要求具有相同性。例如，分层随机抽样中的高收入阶层，每户的人均收入都较高。但是，在分群随机抽样中，不论是高校的群体还是企业群体，按户的人均收入，均有高、中、低三个档次，呈现出群体之间的相同性。

4. 便利抽样

这种抽样是随调查者的方便选取样本。例如，调查人员进行市场调查，在商店里遇到谁就问谁，其选取样本的原则是以便利调查为标准。此法的特点是应用方便，但误差大，使用价值低，缺乏严格的科学性。

5. 判断抽样

判断抽样又称为主观抽样，是根据专家或调查人的判断来选取样本。例如，在编制物价指数时，有关产品项目的选择以及样本地区的决定常用此法。

6. 配额抽样

按各类代表人物都配以一定的比例抽取样本。例如，规定选择 20 人，按性别分男 11 人、女 9 人；按社会分工不同选择干部 2 人、工人 14 人、农民 4 人；按年龄分 18～28 岁 6 人、29～44 岁 8 人、45～54 岁 4 人、55 岁以上 2 人。依据上述原则得到配额抽样表，见表 12-2。

表 12-2　　**配　额　抽　样**　　单位：人

<table>
<tr><td colspan="2" rowspan="2"></td><td colspan="2">干部</td><td colspan="2">工人</td><td colspan="2">农民</td><td rowspan="2">合计</td></tr>
<tr><td>男</td><td>女</td><td>男</td><td>女</td><td>男</td><td>女</td></tr>
<tr><td rowspan="4">年龄</td><td>18～28 岁</td><td></td><td></td><td>3</td><td>2</td><td></td><td>1</td><td>6</td></tr>
<tr><td>29～44 岁</td><td>1</td><td></td><td>3</td><td>2</td><td>1</td><td>1</td><td>8</td></tr>
<tr><td>45～54 岁</td><td></td><td>1</td><td>1</td><td>2</td><td></td><td></td><td>4</td></tr>
<tr><td>55 岁以上</td><td></td><td></td><td>1</td><td></td><td>1</td><td></td><td>2</td></tr>
<tr><td colspan="2" rowspan="2">小　计</td><td>1</td><td>1</td><td>8</td><td>6</td><td>2</td><td>2</td><td rowspan="2">20</td></tr>
<tr><td colspan="2">2</td><td colspan="2">14</td><td colspan="2">4</td></tr>
</table>

二、抽样调查的误差分析及样本大小的确定

抽样调查只是调查了总体的一部分，以此去推断总体，未免产生误差。产生误差的原因有二：一是由抽样产生的，称为抽样误差，这是一种不可避免的误差；二是非抽样误差，称为人为误差或伪误差。例如，对调查员训练不够、调查员责任心不强、记录数据产生差错，以及调查访问不得法等。此外，还有另一种误差，就是被调查者不说真话。因此，提高调访技术，避免这种人为的误差，是一项比较重要的工作。

一般来说，抽样越多，调查的结果越准确，也就是抽样产生的误差越小。但抽样越多，相应的人力、物力就越大。因此，欲两全其美是困难的。究竟要抽多少样本才有代表性呢？不能一概而论，要具体问题具体分析。例如，调查个人消费支出时，如高低悬殊，差距很大，混合在一起计算平均消费支出，就需较多的样本；如果差距不大，则样本可以少一些。总之，样本数目大小的确定，必须以保证抽样误差不超过允许的范围为前提。样本的数目通常是在抽样之前根据允许的抽样误差确定的。

在单纯随机重复抽样的条件下，估计母体均值所需的样本数，可按下述公式计算：

$$n = \frac{t^2\sigma^2}{\varDelta^2} \tag{12-1}$$

式中　n——抽取的样本数；

t——在置信水平下的概率分布临界值；

σ^2——总体方差；

$\varDelta$——允许误差范围。

在单纯随机不重复抽样的条件下，估计母体平均数所需的样本数为

$$n=\frac{t^2N\sigma^2}{N\varDelta^2+t^2\sigma^2} \tag{12-2}$$

式中 N——总体的个体总数。

一般来说，在抽样调查时，σ^2是未知的，通常用过去做过调查或试验性调查所得到的σ^2来代替。如果过去有若干个σ^2的值可供参考，则宜选取最大的σ^2值。因为σ^2越大，抽取的样本数就越多，就越能保证调查的精度。

【例 12-1】 某厂对其所生产的 20000 只灯泡进行寿命检验。根据以往正常生产的经验，灯泡寿命的方差为σ^2=25（小时），现采用不重复抽样方式进行抽样调查，要求在 95.45%的概率保证下，允许误差不超过 2 小时，问至少要抽多少样本？

根据不重复抽样中估计母体平均数所需样本数的计算公式，得到样本数为

$$n=\frac{t^2N\sigma^2}{N\Delta^2+t^2\sigma^2}=\frac{4\times20000\times25}{20000\times4+4\times25}=25$$

这里的 t 值是在 95.45%的置信水平下，其概率分布的临界值为 2，允许误差 $\varDelta$=2，代人计算公式得到 n=25。

第三节 专家调查法

所谓专家调查，是指运用一定方法，将专家们个人分散的经验和知识汇集成群体的经验和知识，从而对事物的未来做出主观预测。这里的“专家”是指对预测问题的有关领域或学科有一定专长或有丰富实践经验的人。对专家做调查和索取信息所采取的具体方式有许多种，常用的有专家个人判断、专家会议和德尔菲法。

1. 专家个人判断

早期的专家调查主要是请专家个人判断和召开专家会议。个别专家分析判断的主要优点是可以最大限度地发挥专家个人的能力，但容易受到专家具有的知识面、知识深度和占有信息的多少，专家的经验以及对预测的问题是否感兴趣等因素的影响，易带片面性。

2. 专家会议

召开专家会议时，可以互相启发，通过讨论或辩论，互相取长补短，求同存异，同时由于会议参加人数多，占有信息多，考虑的因素会比较全面，有利于得出较为正确的结论。专家会议的缺点是，在专家们面对面讨论时，容易受到一些心理因素的影响，如屈服于权威和大多数人的意见、受劝说性意见的影响，以及不愿意公开修正已发表的意见，这些都不利于得出合理的预测结论。

3. 德尔菲法

德尔菲法是在专家个人判断和专家会议基础上发展起来的一种专家调查法。它最早出现于 20 世纪 50 年代末期，美国兰德公司首次将德尔菲法应用于预测中。此后这一方法便被各国预测人员广泛采用。

德尔菲法是采用匿名函询的方法，通过一系列简明的调查征询表向专家们进行调查，并通过有控制的反馈，使分散的意见趋向集中，呈现出收敛的趋势，对事物的未来做出预测。德

尔菲法简单易行，用途广泛，费用较低，在大多数情况下可以得到比较准确的预测结果。在缺乏足够资料的领域中，例如对某些长期的复杂的社会、经济、技术问题的预测，对某些无先例事件和突发事件的预测等，数学模型往往无能为力，只能使用德尔菲法这一类专家预测方法。

德尔菲法预测是建立在专家主观判断的基础之上的，因此专家的学识、兴趣和心理状态对预测结果影响较大，从而使预测结论不够稳定。采用函询方式调查，客观上使调查组与专家之间的信息交流受到一定限制，可能会影响预测进度与预测结论的准确性。采用匿名方式调查，有不利于激励创新的一面。

第四节　回归分析法

各种事物之间都存在直接的或间接的联系。任何事物的发生变化都不是孤立的，都与其他事物的发展变化存在或大或小的相互影响、相互制约的关系。在经济领域中，这种关系也是普遍存在的。事物发展变化过程中的这种相互关系称为相关关系。

相关关系有多种表现形式，其中最重要的、应用最广的是因果关系。因果关系是事物之间普遍联系和相互作用的形式之一，它的特点是原因在前，结果在后，并且原因与结果之间常常具有类似函数的密切联系，这就为利用因果关系建立数学模型进行预测提供了方便。

社会经济现象之间的相关关系往往难以用确定性的函数关系来描述，它们大多是随机性的，要通过统计观察才能找出其中的规律。回归分析是利用统计学原理描述随机变量间相关关系的一种重要方法。回归分析法预测是利用回归分析方法，根据一个或一组自变量的变动情况预测与其有相关关系的某随机变量的未来值。进行回归分析需要建立描述变量间相关关系的回归方程。根据自变量的个数，可以是一元回归，也可以是多元回归。根据所研究问题的性质，可以是线性回归，也可以是非线性回归。下面主要介绍一元线性回归预测法。

一、一元线性回归预测程序

一元线性回归预测法适用于预测对象主要受一个相关变量影响且两者间呈线性关系的预测问题。一元线性回归预测的工作程序如下：

（1）建立一元回归模型。设有一组反映预测对象与某变量之间因果关系的样本数据：

$$x_1 \cdots\ x_2 \cdots\ x_i \cdots\ x_n$$

$$y_1 \cdots\ y_2 \cdots\ y_i \cdots\ y_n$$

根据经验判断或观察分析（如通过作散点图观察），两者之间确有较明显的线性相关关系，则可建立如下一元回归模型：

$$y=a+bx \tag{12-3}$$

式中　y——因变量（预测对象）；

x——自变量；

a，b——回归系数。

（2）由已知样本数据根据最小二乘法原理求出回归系数。计算公式为

$$b=\frac{\sum(x_i-\overline{x})(y_i-\overline{y})}{\sum(x_i-\overline{x})^2} \tag{12-4}$$

$$a=\frac{\sum y_i-b\sum x_i}{n} \tag{12-5}$$

式中　n——样本数据点数目，最好不少于 20；

x_i，y_i——样本数据。

样本数据应经过分析筛选，去掉不可靠和明显不正常的数据点。

（3）计算相关系数 r，进行相关系数的显著性检验。

因为一元线性回归方程讨论的是变量 X 与变量 Y 之间的线性关系，所以用变量 X 与 Y 之间的相关系数来检验回归方程的显著性，用相关系数来反映 X 与 Y 的线性关系的密切程度。

$$r=\frac{\sum(x_i-\overline{x})(y_i-\overline{y})}{\sqrt{\sum(x_i-\overline{x})^2\sum(y_i-\overline{y})^2}} \tag{12-6}$$

$0\leqslant|r|\leqslant1$，$|r|$越接近 1，说明 x 与 y 的相关性越大，预测结果的可信程度越高。一般可用计算出的相关系数 r 与相关系数临界值 r_0 相比较，r_0 由样本数 n 和显著性水平α两个参数决定，实际工作中可由相关系数临界值表（见表 12-3）查出。α表示用线性方程在一定区间描述 x 与 y 的相关关系不可靠的概率。$1-\alpha$ 称为置信度，表示在一定区间用线性方程描述 x 与 y 的关系令人置信的程度。只有当$|r|>r_0$ 时，预测模型（回归方程）在统计范围内才具有显著性，用回归方程描述 y 和 x 的关系才有意义。

表 12-3　　相关系数临界值

α	$n-2$		α	$n-2$	
	0.05	0.01		0.05	0.01
1	0.997	1.000	21	0.413	0.526
2	0.950	0.990	22	0.404	0.515
3	0.878	0.959	23	0.396	0.505
4	0.811	0.917	24	0.388	0.496
5	0.754	0.874	25	0.381	0.487
6	0.707	0.834	26	0.374	0.478
7	0.666	0.798	27	0.367	0.470
8	0.632	0.765	28	0.361	0.463
9	0.602	0.735	29	0.355	0.456
10	0.576	0.708	30	0.349	0.449
11	0.553	0.684	35	0.325	0.418
12	0.532	0.661	40	0.304	0.393
13	0.514	0.641	45	0.288	0.372
14	0.497	0.623	50	0.273	0.354
15	0.482	0.606	60	0.250	0.325
16	0.468	0.590	70	0.232	0.302
17	0.456	0.575	80	0.217	0.283
18	0.444	0.561	90	0.205	0.267
19	0.433	0.549	100	0.195	0.254
20	0.423	0.537	200	0.138	0.181

（4）求置信区间。由于回归方程中自变量 x 与因变量 y 之间的关系并不是确定性的，所以对于任意的 $x=x_0$，我们无法确切地知道相应的 y_0 值，只能通过求置信区间判定在给定概率

下 y_0 实际值的取值范围。在样本数为 n，置信度为 $1-\alpha$ 的条件下，y_0 的置信区间为

$$\hat{y}_0 \pm t(\alpha/2, n-2)S(y) \tag{12-7}$$

式中　$\hat{y}_0$ ——与 x_0 相对应的根据回归方程计算的 y_0 的估计值；

$t(\alpha/2, n-2)$ ——自由度为 n–2，置信度为 $1-\alpha$ 时 t 分布的临界值，可参考有关文献由 t 分布表查出；

$S(y)$ ——经过修正的因变量 y 的标准差。

$$S(y) = \hat{\sigma}\sqrt{1+\frac{1}{n}+\frac{(x_0-\bar{x})^2}{\sum(x_i-\bar{x})^2}} \tag{12-8}$$

式中

$$\hat{\sigma} = \sqrt{\frac{\sum(y_i-\hat{y}_i)^2}{n-2}}$$

$$\bar{x} = \frac{1}{n}\sum x_i \tag{12-9}$$

在实际的预测工作中，如果样本数足够大，式中的根式近似地等于1。当置信度取 $1-\alpha=0.95$ 时，t（$\alpha/2$，n–2）约等于 2，y_0 的置信区间近似为 $y_0 \pm 2\sigma$，这意味着 $y_0-2\sigma$ 的实际值发生在（$y_0-2\sigma$，$y_0+2\sigma$）区间内的概率为 95%。当置信度取 $1-\alpha=0.99$ 时，t（$a/2$，n–2）约等于 3，y_0 的置信区间近似为 $y_0 \pm 3\sigma$。

（5）分析情况做预测。回归方程是根据历史数据建立的，利用回归方程做预测的前提是确认预测对象与所选自变量的关系及影响预测对象的环境条件未来没有重大变化，因此必须对变量间的关系及环境因素的变化作认真的分析，必要时应对预测模型作适当的修正。在此基础上才可根据求得的回归方程进行预测。

二、一元线性回归预测示例

【例 12-2】 有关部门曾用一元线性回归分析法对我国卫生陶瓷的销售进行预测。根据对已收集数据的分析，历年卫生陶瓷的销售量与同期全国竣工城镇楼房住宅面积有相关关系，经过筛选后的 19 对有关历史数据见表 12-4。

表 12-4　［例 12-2］的原始数据

年份	卫生陶瓷销售量/万件	竣工城镇楼房面积/万平方米	年份	卫生陶瓷销售量/万件	竣工城镇楼房面积/万平方米
1	46.6	939.4	11	71.2	1073.9
2	61.3	928.9	12	111.4	1209.3
3	46.3	1012.2	13	59.5	1440.0
4	53.4	1971.2	14	105.8	2164.0
5	79.9	1849.4	15	146.5	2055.2
6	102.9	2272.2	16	222.1	2215.2
7	141.1	2285.3	17	202.4	2178.0
8	109.1	963.9	18	242.0	2880.0
9	49.2	537.6	19	227.8	3377.3
10	51.4	706.2			

设卫生陶瓷销售量为 y，同期全国竣工城镇楼房住宅面积为 x，回归方程为 $y=a+bx$。

求回归系数：

$$b=\frac{\sum(x_i-\overline{x})(y_i-\overline{y})}{\sum(x_i-\overline{x})^2}=0.0686$$

$$a=\frac{\sum y_i-b\sum x_i}{n}=-3.6223$$

由此可得

$$y=-3.6223+0.0686x$$

求相关系数：

已知 $n-2=17$，取 $\alpha=0.05$，查得相关系数临界值 $r_0=0.456$，

$$r=\frac{\sum(x_i-\overline{x})(y_i-\overline{y})}{\sqrt{\sum(x_i-\overline{x})^2\sum(y_i-\overline{y})^2}}<r_0$$

说明本例中的回归模型具有显著性，可用于预测。

求置信区间：

$$\hat{\sigma}=\sqrt{\frac{\sum(y_i-\hat{y}_i)^2}{n-2}}=40.9645$$

对于给定的 $x=x_0$，

$$S(y)=\hat{\sigma}\sqrt{1+\frac{1}{n}+\frac{(x_0-\overline{x})^2}{\sum(x_i-\overline{x})^2}}=40.9654\times\sqrt{1+\frac{1}{n}+\frac{(x_0-1687.3263)^2}{11031139.8}}$$

置信度取 $1-\alpha=0.95$ 时，y_0 的置信区间近似为 $\hat{y}\pm 2S$（y）。

由上述回归方程和置信区间计算公式，根据全国城镇住宅建设规划即可对未来若干年内我国卫生陶瓷的销售量做出预测。例如，按照规划某年全国城镇楼房住宅竣工面积为 $x_0=7500$ 万平方米，代入回归方程可求得

$$\hat{y}=-3.6223+0.0686\times7500=510.88\text{（万件）}$$

置信区间为

$$\hat{y}\pm2S(y)=510.88\pm166.2$$

也就是说，有 95%的可能性，该年份卫生陶瓷的销售量为 510.88±166.2（万件）。

第五节 时间序列法

时间序列法是根据预测对象的时间序列数据，找出预测对象的时间推移的变化规律，通过趋势外推预测未来的一种方法。所谓时间序列数据，是指某一经济变量按照时间顺序排列起来的一组连续的观察值，且相邻观测值的时间间隔是相等的。例如，我国电度表销售量 11 年的时间序列数据如表 12-5 所示。

表 12-5

	时间周期/年										
	1	2	3	4	5	6	7	8	9	10	11
电度表销售量/万只	120	142	153	221	299	293	282	310	399	609	1240

通过对大量时间序列数据的变动作分解，可以认为一般经济变量时间序列数据的变动包含随机变动、周期性变动和体现长期发展趋势的线性或非线性变动。其中随机变动是不规则的，周期性变动与长期趋势是有规律性的（见图 12-1 和图 12-2）。用时间序列法做预测，首先需要进行数据处理，设法消除随机变动，找出预测对象的长期发展趋势和周期性变动的规律，并建立相应的预测模型。

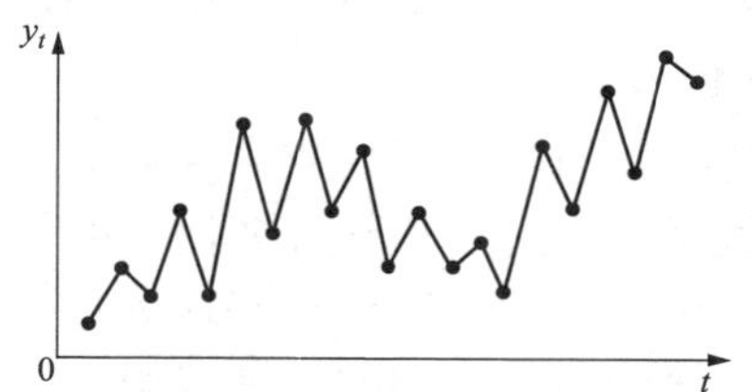

图 12-1　未分解的原时间序列数据变动情况

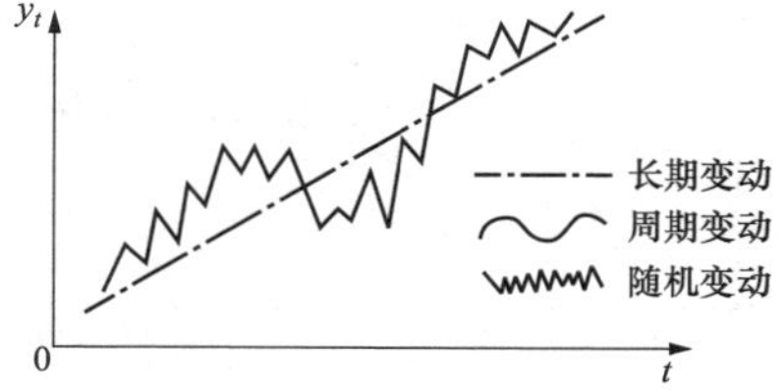

图 12-2　经分解的时间序列数据的各种变动

移动平均法是用分段逐点推移的平均方法对时间序列数据进行处理，找出预测对象的历史变动规律，并据此建立预测模型的一种时间序列预测方法。

用移动平均法平滑处理的具体做法是每次取一定数量的时间序列数据加以平均，按照时间序列由前向后递推，每推进一个单位时间，就舍去对应于最前面一个单位时间的数据，再进行平均，直至全部数据处理完毕，最后得到一个由移动平均值组成的新的时间序列。视需要这种移动平均处理过程可多次进行。

1. 一次移动平均值的计算

设实际的预测对象时间序列数据为 y_y（t=1，2，…，m），一次移动平均值的计算公式为

$$M_{t-1}^{[1]}=\frac{1}{n}(y_{t-1}+y_{t-2}+\cdots+y_{t-n})$$

$$M_t^{[1]}=\frac{1}{n}(y_t+y_{t-1}+\cdots+y_{t-n+1})=M_{t-1}^{[1]}+\frac{1}{n}(y_t-y_{t-n}) \tag{12-10}$$

式中　$M_t^{[1]}$——第 t 周期的一次移动平均值；

n——计算移动平均值所取的数据个数。

当 n=1 时，$M_t^{[1]}=y_t$，移动平均值序列就是原数据的实际序列；当 n 等于全部数据的个数 m 时，移动平均值即为全部数据的算术平均值。可以看出，n 的大小对平滑效果影响很大，n 取得小，平滑曲线灵敏度高，但抗随机干扰的性能差；n 取得大，抗随机干扰的性能好，但灵敏度低，对新的变化趋势不敏感。所以，n 的选择是用好移动平均法的关键，针对具体的预测问题，选择 n 时，应考虑预测对象时间序列数据点的多少及预测限期的长短。通常 n 的取值范围为 3～20。

【例 12-3】 已知某产品 15 个月内每月的销售量（见表 12-6），因时间序列数据点少，取 n=3，计算一次移动平均值。

表 12-6　　单位：万件

	月序 t														
	1	2	3	4	5	6	7	8	9	10	11	12	13	14	15
销售量 y_t	10	15	8	20	10	16	18	20	22	24	20	26	27	29	29
$M_t^{[1]}$（n=3）	—	—	11.0	14.3	12.7	15.3	14.7	18.0	20.0	22.0	22.0	22.3	24.3	21.3	28.3

解：

$$M_3^{[1]}=\frac{1}{3}(y_3+y_2+y_1)=\frac{1}{3}\times(8+15+10)=11.0$$

$$M_4^{[1]}=M_3^{[1]}+\frac{1}{3}(y_4-y_1)=11.0+\frac{1}{3}\times(20-10)=14.3$$

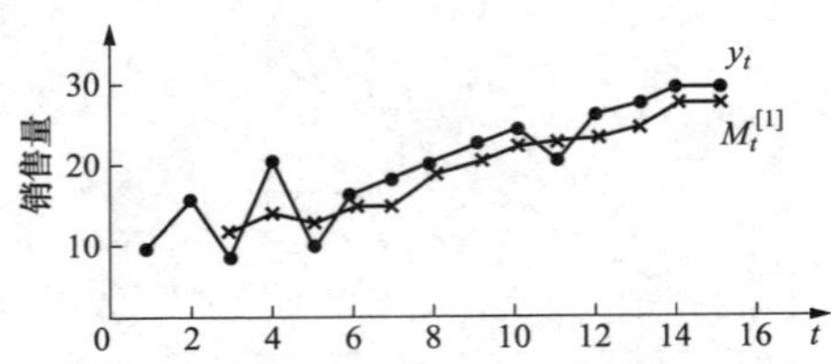

图 12-3　实际数据序列与一次移动平均值序列的对比

依次类推，可得出一个移动平均值序列（见表 12-6 的第三行）。

将实际的时间序列数据与计算出的移动平均值序列绘到一个坐标图上（见图 12-3），可以看出，通过一次移动平均处理，削弱了随机干扰的影响，较明显地反映出了预测对象的历史变化趋势。但应该注意到，当实际数据随时间推移发生变化时，一次移动平均值的变化总是落后于实际数据的变化，存在滞后偏差，n 取得越大，滞后偏差越大。

2. 二次移动平均值的计算

二次移动平均值要在一次移动平均值序列的基础上计算，计算公式为

$$\begin{aligned}M_t^{[2]}&=\frac{1}{n}(M_t^{[1]}+M_{t-1}^{[1]}+\cdots+M_{t-n+1}^{[1]})\\&=M_{t-1}^{[2]}+\frac{1}{n}(M_t^{[1]}-M_{t-n}^{[1]})\end{aligned}\tag{12-11}$$

式中　$M_t^{[2]}$——第 t 周期的二次移动平均值。

【例 12-4】 根据例 12-3 中表 12-6 的数据，取 n=3，计算二次移动平均值。

解：

$$M_5^{[2]}=\frac{1}{n}(M_5^{[2]}+M_4^{[2]}+M_3^{[2]})=\frac{1}{3}\times(12.7+14.3+11.0)=12.7$$

$$M_6^{[2]}=M_6^{[2]}+\frac{1}{3}(M_6^{[2]}-M_3^{[1]})=12.7+\frac{1}{3}\times(15.3-11.0)=14.1$$

依次类推，可得出一个二次移动平均值序列（表 12-7）。

实际数据序列与一次、二次移动平均值序列的对比见图 12-4。

表 12-7　　单位：万件

	月序 t														
	1	2	3	4	5	6	7	8	9	10	11	12	13	14	15
销售量	10	15	8	20	10	16	18	20	22	24	20	26	27	29	29
$M_t^{[1]}$（n=3）	—	—	11.0	14.3	12.7	15.3	14.7	18.0	20.0	22.0	22.0	22.3	24.3	21.3	28.3
$M_t^{[2]}$（n=3）	—	—	—	—	12.7	14.1	14.2	16.0	17.6	20.0	21.3	22.4	23.3	25.0	26.6

由图 12-4 可以看出，二次移动平均值序列的线型比一次移动平均值序列的线型更加平滑，同时，二次移动平均值序列对一次移动平均值序列也有一个滞后偏差。

3. 利用移动平均值序列作预测

如果实际的时间序列数据没有明显的周期变动，近期的移动平均值序列没有明显的增长

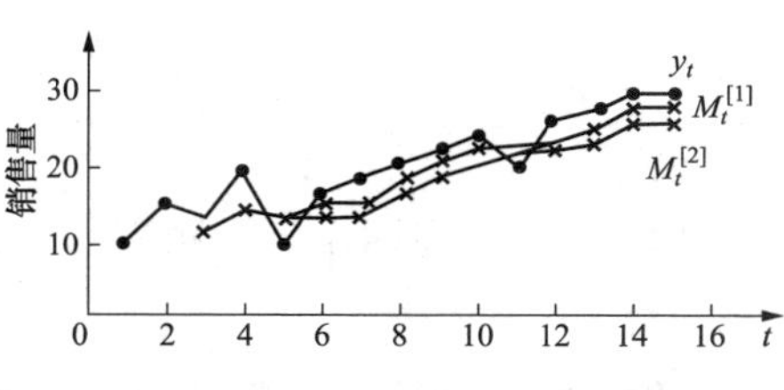

图 12-4　实际数据序列与一次、二次移动平均值序列的对比

或下降趋势，可以直接用最近一个周期的一次移动平均值，作为下一周期的预测值。也就是说，当最近一个周期为 t 时，可以认为 $\hat{y}_{t+1}=M_t^{[1]}$，如果实际的时间序列数据有明显的周期变动，近期的移动平均值序列有明显的增长或下降趋势，就不能直接用一次移动平均值作预测。这是因为，移动平均值的变化总是滞后于实际数据的变化，当预测对象有明显的增长趋势时，直接用一次移动平均值作预测会使预测值偏低，当预测对象有明显的下降趋势时，直接用一次移动平均值作预测会使预测值偏高。在这种情况下，如果预测对象的变化趋势呈线性，可以通过建立线性预测模型作预测。

线性预测模型的一般形式为

$$\hat{y}_{t+T}=a_t+b_tT \tag{12-12}$$

式中　t——目前的周期序号；

T——由目前序列预测周期的周期间隔数；

$\hat{y}_{t+T}$——第 $t+T$ 周期的预测值；

a_t——线性预测模型的截距；

b_t——线性预测模型的斜率，即每周期预测值的变化量。

$$a_t=2M_t^{[1]}-M_t^{[2]} \tag{12-13}$$

$$b_t=\frac{2}{n-1}(M_t^{[1]}-M_t^{[2]}) \tag{12-14}$$

a_t 与 b_t 的计算利用了移动平均处理中存在滞后偏差这种现象。

当一次移动平均值序列 $M_t^{[2]}$ 的近期数据呈线性增长或线性下降时，相应的 $M_t^{[2]}$ 也应呈线性增长或线性下降，$M_t^{[2]}$ 滞后于 $M_t^{[2]}$。由公式

$$M_t^{[2]}=\frac{1}{n}(M_t^{[1]}+M_{t-1}^{[1]}+\cdots+M_{t-n+1}^{[1]})$$

可知，$M_t^{[2]}$ 相对于 $M_t^{[1]}$ 的滞后时间为

$$\frac{t-(t-n+1)}{2}=\frac{n-1}{2}$$

设 $M_t^{[2]}$ 于 $M_t^{[2]}$ 的单位时间增量均为 b_i，则 $M_t^{[2]}$ 相对于 $M_t^{[1]}$ 的滞后值为

$$M_t^{[1]}-M_t^{[2]}=\frac{n-1}{2}b_t$$

则有
$$b_t=\frac{2}{n-1}(M_t^{[1]}-M_t^{[2]})$$

a_t 为线性预测模型的截距，也就是预测趋势线的起始点。若用实际观察值 y_t 作 a_t，则受偶然性因素的影响较大，若用一次移动平均值 $M_t^{[1]}$ 作 a_t，又存在滞后偏差。故设想由于 $M_t^{[1]}$ 近期数据变动呈线性，根据预测模型得出的预测值近期也有线性变动趋势。$M_t^{[1]}$ 滞后于 $\hat{y}_t$，滞后时间为 $\frac{n-1}{2}$ 个周期，滞后值为

$$\hat{y}_t - M_t^{[1]} = \frac{n-1}{2}b_t = M_t^{[1]} - M_t^{[2]}$$

故有

$$\hat{y}_t = 2M_t^{[1]} - M_t^{[2]}$$

如果把第 t 周期作为预测方程的起始周期，$\hat{y}_t$ 也就是方程的截距 a_t，即

$$a_t = 2M_t^{[1]} - M_t^{[2]}$$

【例 12-5】 根据表 12-6 的数据建立预测模型，预测第 17 个月的销售量，目前的月序为 15。

$$a_{15} = 2M_{15}^{[1]} - M_{15}^{[2]} = 2\times28.3-26.6=30.0$$

$$b_{15} = \frac{2}{n-1}(M_{15}^{[1]} - M_{15}^{[2]}) = \frac{2}{3-1}(28.3-26.6) = 1.7$$

故可得线性预测模型

$$\hat{y}_{15+T} = 30.0 + 1.7T$$

第 17 个月销售量的预测值为

$$\hat{y}_{17} = y_{15+2} = 30.0 + 1.7\times2 = 33.4\text{（万件）}$$

 **价值引领**

中兴通讯的全面预算管理实践

中兴通讯成立于 1985 年，是我国最大的上市通信设备商、全球四大主流通信设备供应商之一。业务覆盖全球 160 多个国家和地区，服务全球 1/4 以上的人口。企业准确把握新思维、新动能、新模式等新时代的主要特征，并据此制定了六大核心举措，分别聚焦战略方向选择、销售预测偏差可控、现金收款为王、成本领先战略、业绩与资源联动以及风险端到端管控。中兴通讯通过建立流程机制，加强业财融合，提供前瞻性洞察，做到对市场的迅速响应，提升抗风险及盈利能力。

党的二十大报告从战略和全局的高度，明确了进一步深化财税体制改革的重点举措，提出“健全现代预算制度”，为做好新时代新征程财政预算工作指明了方向、提供了遵循。我们要全面贯彻习近平新时代中国特色社会主义思想，认真学习贯彻党的二十大精神，坚决落实好健全现代预算制度各项任务，为全面建设社会主义现代化国家提供坚实财力保障和强大物质基础。

思考与启示

“凡事预则立，不预则废。”做任何事情，预先有规划才能做到有的放矢，稳扎稳打；有计划，才能胸中有全局，行动有目标，工作有程序；才能减少盲目性，调动积极性。对于技术导向型企业来说，必须对充满不确定性的市场环境运用科学的方法做出预测，在理论框架下因地制宜，及时地调整预测管理方法。

本章小结

本章主要介绍预测的概念。预测是把过去、现在和未来视为不可截然分开的整体，根据现在和过去预计未来，根据已知推断未知。人们的实践、实验及统计数据等都是过去和现在

的“已知”，预测就是通过对“已知”的研究来科学推测“未知”的。预测成为一门科学，而且广泛应用于经济、技术领域还是近几十年的事。我们现在所要研究的预测是在对现实和历史进行调查研究的基础上，找出事物发展的客观规律，对未来事件状态的科学分析。

技术经济预测的步骤：（1）确定预测目标；（2）收集、分析资料；（3）选择预测方法；（4）建立预测模型；（5）分析情况作预测。

抽样调查法。抽样方法有两大类：一是随机抽样；二是非随机抽样。随机抽样的根据是被抽查的总体（抽查对象的全体）的每个个体被抽查到的可能性是相等的。只要将被查的对象一一编号，然后抽签抽取即可。这种抽样，其优点是避免了人的主观因素，如感情、倾向、知识、论断等的影响，而且所得到的数据具有统计推断的功能，能估算出样本的代表性程度。而非随机抽样则不具备这种功能，因而其代表性差，然而并非毫无用处，当抽查的总体过于庞大且复杂、不适于随机抽样时，就必须采用非随机抽样。

专家调查法。所谓专家调查，是指运用一定方法，将专家们个人分散的经验和知识汇集成群体的经验和知识，从而对事物的未来做出主观预测。这里的“专家”是指对预测问题的有关领域或学科有一定专长或有丰富实践经验的人。对专家作调查和索取信息所采取的具体方式有许多种，常用的有专家个人判断、专家会议和德尔菲法。

回归分析法。社会经济现象之间的相关关系往往难以用确定性的函数关系来描述，它们大多是随机性的，要通过统计观察才能找出其中的规律。回归分析是利用统计学原理描述随机变量间相关关系的一种重要方法。回归分析法预测是利用回归分析方法，根据一个或一组自变量的变动情况预测与其有相关关系的某随机变量的未来值。进行回归分析需要建立描述变量间相关关系的回归方程。根据自变量的个数，可以是一元回归，也可以是多元回归。根据所研究问题的性质，可以是线性回归，也可以是非线性回归。

时间序列法。时间序列法是根据预测对象的时间序列数据，找出预测对象的时间推移的变化规律，通过趋势外推预测未来的一种方法。所谓时间序列数据，是指某一经济变量按照时间顺序排列起来的一组连续的观测值，且相邻观测值的时间间隔是相等的。

思考题

1．根据预测的特点和技术经济预测的一般步骤，影响技术经济预测精确度的主要因素有哪些？

2．简述德尔菲法预测的实施步骤。设计德尔菲法预测调查表应注意什么问题？试就某一项预测问题设计一个调查表。

3．什么情况下可以采用一元线性回归预测法？什么情况下可以采用多元线性回归预测法？一元线性回归中的相关系数和多元线性回归中的全相关系数意义何在？如何确定预测值的置信区间？

4．用时间序列法作预测的假设前提是什么？

5．移动平均法中参数 n 的大小对预测结果有何影响？选择参数 n 应考虑哪些问题？

6．在什么情况下要进行季节变动指数分析？简述季节变动指数分析的基本步骤。

7．举出一个其发展规律可用 S 形曲线描述的事例，简述用戈珀兹曲线和逻辑曲线拟合时间序列数据的步骤。

附录一 复利系数表

复利系数表
（1%）

年份 n	一次收付		等额系列			
	终值系数 （F/P，i，n）	现值系数 （P/F，i，n）	终值系数 （F/A，i，n）	偿债基金系数 （A/F，i，n）	资金回收系数 （A/P，i，n）	现值系数 （P/A，i，n）
1	（1.0100）	（0.9901）	（1.0000）	（1.0000）	（1.0100）	（0.9901）
2	（1.0201）	（0.9803）	（2.0100）	（0.4975）	（0.5075）	（1.9704）
3	（1.0303）	（0.9706）	（3.0301）	（0.3300）	（0.3400）	（2.9410）
4	（1.0406）	（0.9610）	（4.0604）	（0.2463）	（0.2563）	（3.9020）
5	（1.0510）	（0.9515）	（5.1010）	（0.1960）	（0.2060）	（4.8534）
6	（1.0615）	（0.9420）	（6.1520）	（0.1625）	（0.1725）	（5.7955）
7	（1.0721）	（0.9327）	（7.2135）	（0.1386）	（0.1486）	（6.7282）
8	（1.0829）	（0.9235）	（8.2857）	（0.1207）	（0.1307）	（7.6517）
9	（1.0937）	（0.9143）	（9.3685）	（0.1067）	（0.1167）	（8.5660）
10	（1.1046）	（0.9053）	（10.4622）	（0.0956）	（0.1056）	（9.4713）
11	（1.1157）	（0.8963）	（11.5668）	（0.0865）	（0.0965）	（10.3676）
12	（1.1268）	（0.8874）	（12.6825）	（0.0788）	（0.0888）	（11.2551）
13	（1.1381）	（0.8787）	（13.8093）	（0.0724）	（0.0824）	（12.1337）
14	（1.1495）	（0.8700）	（14.9474）	（0.0669）	（0.0769）	（13.0037）
15	（1.1610）	（0.8613）	（16.0969）	（0.0621）	（0.0721）	（13.8651）
16	（1.1726）	（0.8528）	（17.2579）	（0.0579）	（0.0679）	（14.7179）
17	（1.1843）	（0.8444）	（18.4304）	（0.0543）	（0.0643）	（15.5623）
18	（1.1961）	（0.8360）	（19.6147）	（0.0510）	（0.0610）	（16.3983）
19	（1.2081）	（0.8277）	（20.8109）	（0.0481）	（0.0581）	（17.2260）
20	（1.2202）	（0.8195）	（22.0190）	（0.0454）	（0.0554）	（18.0456）
21	（1.2324）	（0.8114）	（23.2392）	（0.0430）	（0.0530）	（18.8570）
22	（1.2447）	（0.8034）	（24.4716）	（0.0409）	（0.0509）	（19.6604）
23	（1.2572）	（0.7954）	（25.7163）	（0.0389）	（0.0489）	（20.4558）
24	（1.2697）	（0.7876）	（26.9735）	（0.0371）	（0.0471）	（21.2434）
25	（1.2824）	（0.7798）	（28.2432）	（0.0354）	（0.0454）	（22.0232）
26	（1.2953）	（0.7720）	（29.5256）	（0.0339）	（0.0439）	（22.7952）
27	（1.3082）	（0.7644）	（30.8209）	（0.0324）	（0.0424）	（23.5596）
28	（1.3213）	（0.7568）	（32.1291）	（0.0311）	（0.0411）	（24.3164）
29	（1.3345）	（0.7493）	（33.4504）	（0.0299）	（0.0399）	（25.0658）
30	（1.3478）	（0.7419）	（34.7849）	（0.0287）	（0.0387）	（25.8077）

复利系数表
（2%）

年份 n	一次收付		等额系列			
	终值系数 （F/P，i，n）	现值系数 （P/F，i，n）	终值系数 （F/A，i，n）	偿债基金系数 （A/F，i，n）	资金回收系数 （A/P，i，n）	现值系数 （P/A，i，n）
1	（1.0200）	（0.9804）	（1.0000）	（1.0000）	（1.0200）	（0.9804）
2	（1.0404）	（0.9612）	（2.0200）	（0.4950）	（0.5150）	（1.9416）
3	（1.0612）	（0.9423）	（3.0604）	（0.3268）	（0.3468）	（2.8839）
4	（1.0824）	（0.9238）	（4.1216）	（0.2426）	（0.2626）	（3.8077）
5	（1.1041）	（0.9057）	（5.2040）	（0.1922）	（0.2122）	（4.7135）
6	（1.1262）	（0.8880）	（6.3081）	（0.1585）	（0.1785）	（5.6014）
7	（1.1487）	（0.8706）	（7.4343）	（0.1345）	（0.1545）	（6.4720）
8	（1.1717）	（0.8535）	（8.5830）	（0.1165）	（0.1365）	（7.3255）

续表

复利系数表
（2%）

年份 n	一次收付		等额系列			
	终值系数（F/P，i，n）	现值系数（P/F，i，n）	终值系数（F/A，i，n）	偿债基金系数（A/F，i，n）	资金回收系数（A/P，i，n）	现值系数（P/A，i，n）
9	（1.1951）	（0.8368）	（9.7546）	（0.1025）	（0.1225）	（8.1622）
10	（1.2190）	（0.8203）	（10.9497）	（0.0913）	（0.1113）	（8.9826）
11	（1.2434）	（0.8043）	（12.1687）	（0.0822）	（0.1022）	（9.7868）
12	（1.2682）	（0.7885）	（13.4121）	（0.0746）	（0.0946）	（10.5753）
13	（1.2936）	（0.7730）	（14.6803）	（0.0681）	（0.0881）	（11.3484）
14	（1.3195）	（0.7579）	（15.9739）	（0.0626）	（0.0826）	（12.1062）
15	（1.3459）	（0.7430）	（17.2934）	（0.0578）	（0.0778）	（12.8493）
16	（1.3728）	（0.7284）	（18.6393）	（0.0537）	（0.0737）	（13.5777）
17	（1.4002）	（0.7142）	（20.0121）	（0.0500）	（0.0700）	（14.2919）
18	（1.4282）	（0.7002）	（21.4123）	（0.0467）	（0.0667）	（14.9920）
19	（1.4568）	（0.6864）	（22.8406）	（0.0438）	（0.0638）	（15.6785）
20	（1.4859）	（0.6730）	（24.2974）	（0.0412）	（0.0612）	（16.3514）
21	（1.5157）	（0.6598）	（25.7833）	（0.0388）	（0.0588）	（17.0112）
22	（1.5460）	（0.6468）	（27.2990）	（0.0366）	（0.0566）	（17.6580）
23	（1.5769）	（0.6342）	（28.8450）	（0.0347）	（0.0547）	（18.2922）
24	（1.6084）	（0.6217）	（30.4219）	（0.0329）	（0.0529）	（18.9139）
25	（1.6406）	（0.6095）	（32.0303）	（0.0312）	（0.0512）	（19.5235）
26	（1.6734）	（0.5976）	（33.6709）	（0.0297）	（0.0497）	（20.1210）
27	（1.7069）	（0.5859）	（35.3443）	（0.0283）	（0.0483）	（20.7069）
28	（1.7410）	（0.5744）	（37.0512）	（0.0270）	（0.0470）	（21.2813）
29	（1.7758）	（0.5631）	（38.7922）	（0.0258）	（0.0458）	（21.8444）
30	（1.8114）	（0.5521）	（40.5681）	（0.0246）	（0.0446）	（22.3965）

复利系数表
（3%）

年份 n	一次收付		等额系列			
	终值系数（F/P，i，n）	现值系数（P/F，i，n）	终值系数（F/A，i，n）	偿债基金系数（A/F，i，n）	资金回收系数（A/P，i，n）	现值系数（P/A，i，n）
1	（1.0300）	（0.9709）	（1.0000）	（1.0000）	（1.0300）	（0.9709）
2	（1.0609）	（0.9426）	（2.0300）	（0.4926）	（0.5226）	（1.9135）
3	（1.0927）	（0.9151）	（3.0909）	（0.3235）	（0.3535）	（2.8286）
4	（1.1255）	（0.8885）	（4.1836）	（0.2390）	（0.2690）	（3.7171）
5	（1.1593）	（0.8626）	（5.3091）	（0.1884）	（0.2184）	（4.5797）
6	（1.1941）	（0.8375）	（6.4684）	（0.1546）	（0.1846）	（5.4172）
7	（1.2299）	（0.8131）	（7.6625）	（0.1305）	（0.1605）	（6.2303）
8	（1.2668）	（0.7894）	（8.8923）	（0.1125）	（0.1425）	（7.0197）
9	（1.3048）	（0.7664）	（10.1591）	（0.0984）	（0.1284）	（7.7861）
10	（1.3439）	（0.7441）	（11.4639）	（0.0872）	（0.1172）	（8.5302）
11	（1.3842）	（0.7224）	（12.8078）	（0.0781）	（0.1081）	（9.2526）
12	（1.4258）	（0.7014）	（14.1920）	（0.0705）	（0.1005）	（9.9540）
13	（1.4685）	（0.6810）	（15.6178）	（0.0640）	（0.0940）	（10.6350）
14	（1.5126）	（0.6611）	（17.0863）	（0.0585）	（0.0885）	（11.2961）
15	（1.5580）	（0.6419）	（18.5989）	（0.0538）	（0.0838）	（11.9379）
16	（1.6047）	（0.6232）	（20.1569）	（0.0496）	（0.0796）	（12.5611）
17	（1.6528）	（0.6050）	（21.7616）	（0.0460）	（0.0760）	（13.1661）
18	（1.7024）	（0.5874）	（23.4144）	（0.0427）	（0.0727）	（13.7535）
19	（1.7535）	（0.5703）	（25.1169）	（0.0398）	（0.0698）	（14.3238）
20	（1.8061）	（0.5537）	（26.8704）	（0.0372）	（0.0672）	（14.8775）
21	（1.8603）	（0.5375）	（28.6765）	（0.0349）	（0.0649）	（15.4150）
22	（1.9161）	（0.5219）	（30.5368）	（0.0327）	（0.0627）	（15.9369）

续表

复利系数表
（3%）

年份 n	一次收付		等额系列			
	终值系数 (F/P, i, n)	现值系数 (P/F, i, n)	终值系数 (F/A, i, n)	偿债基金系数 (A/F, i, n)	资金回收系数 (A/P, i, n)	现值系数 (P/A, i, n)
23	(1.9736)	(0.5067)	(32.4529)	(0.0308)	(0.0608)	(16.4436)
24	(2.0328)	(0.4919)	(34.4265)	(0.0290)	(0.0590)	(16.9355)
25	(2.0938)	(0.4776)	(36.4593)	(0.0274)	(0.0574)	(17.4131)
26	(2.1566)	(0.4637)	(38.5530)	(0.0259)	(0.0559)	(17.8768)
27	(2.2213)	(0.4502)	(40.7096)	(0.0246)	(0.0546)	(18.3270)
28	(2.2879)	(0.4371)	(42.9309)	(0.0233)	(0.0533)	(18.7641)
29	(2.3566)	(0.4243)	(45.2189)	(0.0221)	(0.0521)	(19.1885)
30	(2.4273)	(0.4120)	(47.5754)	(0.0210)	(0.0510)	(19.6004)

复利系数表
（4%）

年份 n	一次收付		等额系列			
	终值系数 (F/P, i, n)	现值系数 (P/F, i, n)	终值系数 (F/A, i, n)	偿债基金系数 (A/F, i, n)	资金回收系数 (A/P, i, n)	现值系数 (P/A, i, n)
1	(1.0400)	(0.9615)	(1.0000)	(1.0000)	(1.0400)	(0.9615)
2	(1.0816)	(0.9246)	(2.0400)	(0.4902)	(0.5302)	(1.8861)
3	(1.1249)	(0.8890)	(3.1216)	(0.3203)	(0.3603)	(2.7751)
4	(1.1699)	(0.8548)	(4.2465)	(0.2355)	(0.2755)	(3.6299)
5	(1.2167)	(0.8219)	(5.4163)	(0.1846)	(0.2246)	(4.4518)
6	(1.2653)	(0.7903)	(6.6330)	(0.1508)	(0.1908)	(5.2421)
7	(1.3159)	(0.7599)	(7.8983)	(0.1266)	(0.1666)	(6.0021)
8	(1.3686)	(0.7307)	(9.2142)	(0.1085)	(0.1485)	(6.7327)
9	(1.4233)	(0.7026)	(10.5828)	(0.0945)	(0.1345)	(7.4353)
10	(1.4802)	(0.6756)	(12.0061)	(0.0833)	(0.1233)	(8.1109)
11	(1.5395)	(0.6496)	(13.4864)	(0.0741)	(0.1141)	(8.7605)
12	(1.6010)	(0.6246)	(15.0258)	(0.0666)	(0.1066)	(9.3851)
13	(1.6651)	(0.6006)	(16.6268)	(0.0601)	(0.1001)	(9.9856)
14	(1.7317)	(0.5775)	(18.2919)	(0.0547)	(0.0947)	(10.5631)
15	(1.8009)	(0.5553)	(20.0236)	(0.0499)	(0.0899)	(11.1184)
16	(1.8730)	(0.5339)	(21.8245)	(0.0458)	(0.0858)	(11.6523)
17	(1.9479)	(0.5134)	(23.6975)	(0.0422)	(0.0822)	(12.1657)
18	(2.0258)	(0.4936)	(25.6454)	(0.0390)	(0.0790)	(12.6593)
19	(2.1068)	(0.4746)	(27.6712)	(0.0361)	(0.0761)	(13.1339)
20	(2.1911)	(0.4564)	(29.7781)	(0.0336)	(0.0736)	(13.903)
21	(2.2788)	(0.4388)	(31.9692)	(0.0313)	(0.0713)	(14.0292)
22	(2.3699)	(0.4220)	(34.2480)	(0.0292)	(0.0692)	(14.4511)
23	(2.4647)	(0.4057)	(36.6179)	(0.0273)	(0.0673)	(14.8568)
24	(2.5633)	(0.3901)	(39.0826)	(0.0256)	(0.0656)	(15.2470)
25	(2.6658)	(0.3751)	(41.6459)	(0.0240)	(0.0640)	(15.6221)
26	(2.7725)	(0.3607)	(44.3117)	(0.0226)	(0.0626)	(15.9828)
27	(2.8834)	(0.3468)	(47.0842)	(0.0212)	(0.0612)	(16.3296)
28	(2.9987)	(0.3335)	(49.9676)	(0.0200)	(0.0600)	(16.6631)
29	(3.1187)	(0.3207)	(52.9663)	(0.0189)	(0.0589)	(16.9837)
30	(3.2434)	(0.3083)	(56.0849)	(0.0178)	(0.0578)	(17.2920)

复利系数表
（5%）

年份 n	一次收付		等额系列			
	终值系数 (F/P, i, n)	现值系数 (P/F, i, n)	终值系数 (F/A, i, n)	偿债基金系数 (A/F, i, n)	资金回收系数 (A/P, i, n)	现值系数 (P/A, i, n)
1	(1.0500)	(0.9524)	(1.0000)	(1.0000)	(1.0500)	(0.9524)

续表

复利系数表
（5%）

年份 n	一次收付		等额系列			
	终值系数 (F/P，i，n)	现值系数 (P/F，i，n)	终值系数 (F/A，i，n)	偿债基金系数 (A/F，i，n)	资金回收系数 (A/P，i，n)	现值系数 (P/A，i，n)
2	(1.1025)	(0.9070)	(2.0500)	(0.4878)	(0.5378)	(1.8594)
3	(1.1576)	(0.8638)	(3.1525)	(0.3172)	(0.3672)	(2.7232)
4	(1.2155)	(0.8227)	(4.3101)	(0.2320)	(0.2820)	(3.5460)
5	(1.2763)	(0.7835)	(5.5256)	(0.1810)	(0.2310)	(4.3295)
6	(1.3401)	(0.7462)	(6.8019)	(0.1470)	(0.1970)	(5.0757)
7	(1.4071)	(0.7107)	(8.1420)	(0.1228)	(0.1728)	(5.7864)
8	(1.4775)	(0.6768)	(9.5491)	(0.1047)	(0.1547)	(6.4632)
9	(1.5513)	(0.6446)	(11.0266)	(0.0907)	(0.1407)	(7.1078)
10	(1.6289)	(0.6139)	(12.5779)	(0.0795)	(0.1295)	(7.7217)
11	(1.7103)	(0.5847)	(14.2068)	(0.0704)	(0.1204)	(8.3064)
12	(1.7959)	(0.5568)	(15.9171)	(0.0628)	(0.1128)	(8.8633)
13	(1.8856)	(0.5303)	(17.7130)	(0.0565)	(0.1065)	(9.3936)
14	(1.9799)	(0.5051)	(19.5986)	(0.0510)	(0.1010)	(9.8986)
15	(2.0789)	(0.4810)	(21.5786)	(0.0463)	(0.0963)	(10.3797)
16	(2.1829)	(0.4581)	(23.6575)	(0.0423)	(0.0923)	(10.8378)
17	(2.2920)	(0.4363)	(25.8404)	(0.0387)	(0.0887)	(11.2741)
18	(2.4066)	(0.4155)	(28.1324)	(0.0355)	(0.0855)	(11.6896)
19	(2.5270)	(0.3957)	(30.5390)	(0.0327)	(0.0827)	(12.0853)
20	(2.6533)	(0.3769)	(33.0660)	(0.0302)	(0.0802)	(12.4622)
21	(2.7860)	(0.3589)	(35.7193)	(0.0280)	(0.0780)	(12.8212)
22	(2.9253)	(0.3418)	(38.5052)	(0.0260)	(0.0760)	(13.1630)
23	(3.0715)	(0.3256)	(41.4305)	(0.0241)	(0.0741)	(13.4886)
24	(3.2251)	(0.3101)	(44.5020)	(0.0225)	(0.0725)	(13.7986)
25	(3.3864)	(0.2953)	(47.7271)	(0.0210)	(0.0710)	(14.0939)
26	(3.5557)	(0.2812)	(51.1135)	(0.0196)	(0.0696)	(14.3752)
27	(3.7335)	(0.2678)	(54.6691)	(0.0183)	(0.0683)	(14.6430)
28	(3.9201)	(0.2551)	(58.4026)	(0.0171)	(0.0671)	(14.8981)
29	(4.1161)	(0.2429)	(62.3227)	(0.0160)	(0.0660)	(15.1411)
30	(4.3219)	(0.2314)	(66.4388)	(0.0151)	(0.0651)	(15.3725)

复利系数表
（6%）

年份 n	一次收付		等额系列			
	终值系数 (F/P，i，n)	现值系数 (P/F，i，n)	终值系数 (F/A，i，n)	偿债基金系数 (A/F，i，n)	资金回收系数 (A/P，i，n)	现值系数 (P/A，i，n)
1	(1.0600)	(0.9434)	(1.0000)	(1.0000)	(1.0600)	(0.9434)
2	(1.1236)	(0.8900)	(2.0600)	(0.4854)	(0.5454)	(1.8334)
3	(1.1910)	(0.8396)	(3.1836)	(0.3141)	(0.3741)	(2.6730)
4	(1.2625)	(0.7921)	(4.3746)	(0.2286)	(0.2886)	(3.4651)
5	(1.3382)	(0.7473)	(5.6371)	(0.1774)	(0.2374)	(4.2124)
6	(1.4185)	(0.7050)	(6.9753)	(0.1434)	(0.2034)	(4.9173)
7	(1.5036)	(0.6651)	(8.3938)	(0.1191)	(0.1791)	(5.5824)
8	(1.5938)	(0.6274)	(9.8975)	(0.1010)	(0.1610)	(6.2098)
9	(1.6895)	(0.5919)	(11.4913)	(0.0870)	(0.1470)	(6.8017)
10	(1.7908)	(0.5584)	(13.1808)	(0.0759)	(0.1359)	(7.3601)
11	(1.8983)	(0.5268)	(14.9716)	(0.0668)	(0.1268)	(7.8869)
12	(2.0122)	(0.4970)	(16.8699)	(0.0593)	(0.1193)	(8.3838)
13	(2.1329)	(0.4688)	(18.8821)	(0.0530)	(0.1130)	(8.8527)
14	(2.2609)	(0.4423)	(21.0151)	(0.0476)	(0.1076)	(9.2950)
15	(2.3966)	(0.4173)	(23.2760)	(0.0430)	(0.1030)	(9.7122)

续表

复利系数表
（6%）

年份 n	一次收付		等额系列			
	终值系数（F/P，i，n）	现值系数（P/F，i，n）	终值系数（F/A，i，n）	偿债基金系数（A/F，i，n）	资金回收系数（A/P，i，n）	现值系数（P/A，i，n）
16	（2.5404）	（0.3936）	（25.6725）	（0.0390）	（0.0990）	（10.1059）
17	（2.6928）	（0.3714）	（28.2129）	（0.0354）	（0.0954）	（10.4773）
18	（2.8543）	（0.3503）	（30.9057）	（0.0324）	（0.0924）	（10.8276）
19	（3.0256）	（0.3305）	（33.7600）	（0.0296）	（0.0896）	（11.1581）
20	（3.2071）	（0.3118）	（36.7856）	（0.0272）	（0.0872）	（11.4699）
21	（3.3996）	（0.2942）	（39.9927）	（0.0250）	（0.0850）	（11.7641）
22	（3.6035）	（0.2775）	（43.3923）	（0.0230）	（0.0830）	（12.0416）
23	（3.8197）	（0.2618）	（46.9958）	（0.0213）	（0.0813）	（12.3034）
24	（4.0489）	（0.2470）	（50.8156）	（0.0197）	（0.0797）	（12.5504）
25	（4.2919）	（0.2330）	（54.8645）	（0.0182）	（0.0782）	（12.7834）
26	（4.5494）	（0.2198）	（59.1564）	（0.0169）	（0.0769）	（13.0032）
27	（4.8223）	（0.2074）	（63.7058）	（0.0157）	（0.0757）	（13.2105）
28	（5.1117）	（0.1956）	（68.5281）	（0.0146）	（0.0746）	（13.4062）
29	（5.4184）	（0.1846）	（73.6398）	（0.0136）	（0.0736）	（13.5907）
30	（5.7435）	（0.1741）	（79.0582）	（0.0126）	（0.0726）	（13.7648）

复利系数表
（7%）

年份 n	一次收付		等额系列			
	终值系数（F/P，i，n）	现值系数（P/F，i，n）	终值系数（F/A，i，n）	偿债基金系数（A/F，i，n）	资金回收系数（A/P，i，n）	现值系数（P/A，i，n）
1	（1.0700）	（0.9346）	（1.0000）	（1.0000）	（1.0700）	（0.9346）
2	（1.1449）	（0.8734）	（2.0700）	（0.4831）	（0.5531）	（1.8080）
3	（1.2250）	（0.8163）	（3.2149）	（0.3111）	（0.3811）	（2.6243）
4	（1.3108）	（0.7629）	（4.4399）	（0.2252）	（0.2952）	（3.3872）
5	（1.4026）	（0.7130）	（5.7507）	（0.1739）	（0.2439）	（4.1002）
6	（1.5007）	（0.6663）	（7.1533）	（0.1398）	（0.2098）	（4.7665）
7	（1.6058）	（0.6227）	（8.6540）	（0.1156）	（0.1856）	（5.3893）
8	（1.7182）	（0.5820）	（10.2598）	（0.0975）	（0.1675）	（5.9713）
9	（1.8385）	（0.5439）	（11.9780）	（0.0835）	（0.1535）	（6.5152）
10	（1.9672）	（0.5083）	（13.8164）	（0.0724）	（0.1424）	（7.0236）
11	（2.1049）	（0.4751）	（15.7836）	（0.0634）	（0.1334）	（7.4987）
12	（2.2522）	（0.4440）	（17.8885）	（0.0559）	（0.1259）	（7.9427）
13	（2.4098）	（0.4150）	（20.1406）	（0.0497）	（0.1197）	（8.3577）
14	（2.5785）	（0.3878）	（22.5505）	（0.0443）	（0.1143）	（8.7455）
15	（2.7590）	（0.3624）	（25.1290）	（0.0398）	（0.1098）	（9.1079）
16	（2.9522）	（0.3387）	（27.8881）	（0.0359）	（0.1059）	（9.4466）
17	（3.1588）	（0.3166）	（30.8402）	（0.0324）	（0.1024）	（9.7632）
18	（3.3799）	（0.2959）	（33.9990）	（0.0294）	（0.0994）	（10.0591）
19	（3.6165）	（0.2765）	（37.3790）	（0.0268）	（0.0968）	（10.3356）
20	（3.8697）	（0.2584）	（40.9955）	（0.0244）	（0.0944）	（10.5940）
21	（4.1406）	（0.2415）	（44.8652）	（0.0223）	（0.0923）	（10.8355）
22	（4.4304）	（0.2257）	（49.0057）	（0.0204）	（0.0904）	（11.0612）
23	（4.7405）	（0.2109）	（53.4361）	（0.0187）	（0.0887）	（11.2722）
24	（5.0724）	（0.1971）	（58.1767）	（0.0172）	（0.0872）	（11.4693）
25	（5.4274）	（0.1842）	（63.2490）	（0.0158）	（0.0858）	（11.6536）
26	（5.8074）	（0.1722）	（68.6765）	（0.0146）	（0.0846）	（11.8258）
27	（6.2139）	（0.1609）	（74.4838）	（0.0134）	（0.0834）	（11.9867）
28	（6.6488）	（0.1504）	（80.6977）	（0.0124）	（0.0824）	（12.1371）
29	（7.1143）	（0.1406）	（87.3465）	（0.0114）	（0.0814）	（12.2777）
30	（7.6123）	（0.1314）	（94.4608）	（0.0106）	（0.0806）	（12.4090）

续表

复利系数表
（8%）

年份 n	一次收付		等额系列			
	终值系数 (F/P，i，n)	现值系数 (P/F，i，n)	终值系数 (F/A，i，n)	偿债基金系数 (A/F，i，n)	资金回收系数 (A/P，i，n)	现值系数 (P/A，i，n)
1	(1.0800)	(0.9259)	(1.0000)	(1.0000)	(1.0800)	(0.9259)
2	(1.1664)	(0.8573)	(2.0800)	(0.4808)	(0.5608)	(1.7833)
3	(1.2597)	(0.7938)	(3.2464)	(0.3080)	(0.3880)	(2.5771)
4	(1.3605)	(0.7350)	(4.5061)	(0.2219)	(0.3019)	(3.3121)
5	(1.4693)	(0.6806)	(5.8666)	(0.1705)	(0.2505)	(3.9927)
6	(1.5869)	(0.6302)	(7.3359)	(0.1363)	(0.2163)	(4.6229)
7	(1.7138)	(0.5835)	(8.9228)	(0.1121)	(0.1921)	(5.2064)
8	(1.8509)	(0.5403)	(10.6366)	(0.0940)	(0.1740)	(5.7466)
9	(1.9990)	(0.5002)	(12.4876)	(0.0801)	(0.1601)	(6.2469)
10	(2.1589)	(0.4632)	(14.4866)	(0.0690)	(0.1490)	(6.7101)
11	(2.3316)	(0.4289)	(16.6455)	(0.0601)	(0.1401)	(7.1390)
12	(2.5182)	(0.3971)	(18.9771)	(0.0527)	(0.1327)	(7.5361)
13	(2.7196)	(0.3677)	(21.4953)	(0.0465)	(0.1265)	(7.9038)
14	(2.9372)	(0.3405)	(24.2149)	(0.0413)	(0.1213)	(8.2442)
15	(3.1722)	(0.3152)	(27.1521)	(0.0368)	(0.1168)	(8.5595)
16	(3.4259)	(0.2919)	(30.3243)	(0.0330)	(0.1130)	(8.8514)
17	(3.7000)	(0.2703)	(33.7502)	(0.0296)	(0.1096)	(9.1216)
18	(3.9960)	(0.2502)	(37.4502)	(0.0267)	(0.1067)	(9.3719)
19	(4.3157)	(0.2317)	(41.4463)	(0.0241)	(0.1041)	(9.6036)
20	(4.6610)	(0.2145)	(45.7620)	(0.0219)	(0.1019)	(9.8181)
21	(5.0338)	(0.1987)	(50.4229)	(0.0198)	(0.0998)	(10.0168)
22	(5.4365)	(0.1839)	(55.4568)	(0.0180)	(0.0980)	(10.2007)
23	(5.8715)	(0.1703)	(60.8933)	(0.0164)	(0.0964)	(10.3711)
24	(6.3412)	(0.1577)	(66.7648)	(0.0150)	(0.0950)	(10.5288)
25	(6.8485)	(0.1460)	(73.1059)	(0.0137)	(0.0937)	(10.6748)
26	(7.3964)	(0.1352)	(79.9544)	(0.0125)	(0.0925)	(10.8100)
27	(7.9881)	(0.1252)	(87.3508)	(0.0114)	(0.0914)	(10.9352)
28	(8.6271)	(0.1159)	(95.3388)	(0.0105)	(0.0905)	(11.0511)
29	(9.3173)	(0.1073)	(103.9659)	(0.0096)	(0.0896)	(11.1584)
30	(10.0627)	(0.0994)	(113.2832)	(0.0088)	(0.0888)	(11.2578)

复利系数表
（9%）

年份 n	一次收付		等额系列			
	终值系数 (F/P，i，n)	现值系数 (P/F，i，n)	终值系数 (F/A，i，n)	偿债基金系数 (A/F，i，n)	资金回收系数 (A/P，i，n)	现值系数 (P/A，i，n)
1	(1.0900)	(0.9174)	(1.0000)	(1.0000)	(1.0900)	(0.9174)
2	(1.1881)	(0.8417)	(2.0900)	(0.4785)	(0.5685)	(1.7591)
3	(1.2950)	(0.7722)	(3.2781)	(0.3051)	(0.3951)	(2.5313)
4	(1.4116)	(0.7084)	(4.5731)	(0.2187)	(0.3087)	(3.2397)
5	(1.5386)	(0.6499)	(5.9847)	(0.1671)	(0.2571)	(3.8897)
6	(1.6771)	(0.5963)	(7.5233)	(0.1329)	(0.2229)	(4.4859)
7	(1.8280)	(0.5470)	(9.2004)	(0.1087)	(0.1987)	(5.0330)
8	(1.9926)	(0.5019)	(11.0285)	(0.0907)	(0.1807)	(5.5348)
9	(2.1719)	(0.4604)	(13.0210)	(0.0768)	(0.1668)	(5.9952)
10	(2.3674)	(0.4224)	(15.1929)	(0.0658)	(0.1558)	(6.4177)
11	(2.5804)	(0.3875)	(17.5603)	(0.0569)	(0.1469)	(6.8052)
12	(2.8127)	(0.3555)	(20.1407)	(0.0497)	(0.1397)	(7.1607)
13	(3.0658)	(0.3262)	(22.9534)	(0.0436)	(0.1336)	(7.4869)
14	(3.3417)	(0.2992)	(26.0192)	(0.0384)	(0.1284)	(7.7862)

续表

复利系数表
（9%）

年份 n	一次收付		等额系列			
	终值系数（F/P，i，n）	现值系数（P/F，i，n）	终值系数（F/A，i，n）	偿债基金系数（A/F，i，n）	资金回收系数（A/P，i，n）	现值系数（P/A，i，n）
15	（3.6425）	（0.2745）	（29.3609）	（0.0341）	（0.1241）	（8.0607）
16	（3.9703）	（0.2519）	（33.0034）	（0.0303）	（0.1203）	（8.3126）
17	（4.3276）	（0.2311）	（36.9737）	（0.0270）	（0.1170）	（8.5436）
18	（4.7171）	（0.2120）	（41.3013）	（0.0242）	（0.1142）	（8.7556）
19	（5.1417）	（0.1945）	（46.0185）	（0.0217）	（0.1117）	（8.9501）
20	（5.6044）	（0.1784）	（51.1601）	（0.0195）	（0.1095）	（9.1285）
21	（6.1088）	（0.1637）	（56.7645）	（0.0176）	（0.1076）	（9.2922）
22	（6.6586）	（0.1502）	（62.8733）	（0.0159）	（0.1059）	（9.4424）
23	（7.2579）	（0.1378）	（69.5319）	（0.0144）	（0.1044）	（9.5802）
24	（7.9111）	（0.1264）	（76.7898）	（0.0130）	（0.1030）	（9.7066）
25	（8.6231）	（0.1160）	（84.7009）	（0.0118）	（0.1018）	（9.8226）
26	（9.3992）	（0.1064）	（93.3240）	（0.0107）	（0.1007）	（9.9290）
27	（10.2451）	（0.0976）	（102.7231）	（0.0097）	（0.0997）	（10.0266）
28	（11.1671）	（0.0895）	（112.9682）	（0.0089）	（0.0989）	（10.1161）
29	（12.1722）	（0.0822）	（124.1354）	（0.0081）	（0.0981）	（10.1983）
30	（13.2677）	（0.0754）	（136.3075）	（0.0073）	（0.0973）	（10.2737）

复利系数表
（10%）

年份 n	一次收付		等额系列			
	终值系数（F/P，i，n）	现值系数（P/F，i，n）	终值系数（F/A，i，n）	偿债基金系数（A/F，i，n）	资金回收系数（A/P，i，n）	现值系数（P/A，i，n）
1	（1.1000）	（0.9091）	（1.0000）	（1.0000）	（1.1000）	（0.9091）
2	（1.2100）	（0.8264）	（2.1000）	（0.4762）	（0.5762）	（1.7355）
3	（1.3310）	（0.7513）	（3.3100）	（0.3021）	（0.4021）	（2.4869）
4	（1.4641）	（0.6830）	（4.6410）	（0.2155）	（0.3155）	（3.1699）
5	（1.6105）	（0.6209）	（6.1051）	（0.1638）	（0.2638）	（3.7908）
6	（1.7716）	（0.5645）	（7.7156）	（0.1296）	（0.2296）	（4.3553）
7	（1.9487）	（0.5132）	（9.4872）	（0.1054）	（0.2054）	（4.8684）
8	（2.1436）	（0.4665）	（11.4359）	（0.0874）	（0.1874）	（5.3349）
9	（2.3579）	（0.4241）	（13.5795）	（0.0736）	（0.1736）	（5.7590）
10	（2.5937）	（0.3855）	（15.9374）	（0.0627）	（0.1627）	（6.1446）
11	（2.8531）	（0.3505）	（18.5312）	（0.0540）	（0.1540）	（6.4951）
12	（3.1384）	（0.3186）	（21.3843）	（0.0468）	（0.1468）	（6.8137）
13	（3.4523）	（0.2897）	（24.5227）	（0.0408）	（0.1408）	（7.1034）
14	（3.7975）	（0.2633）	（27.9750）	（0.0357）	（0.1357）	（7.3667）
15	（4.1772）	（0.2394）	（31.7725）	（0.0315）	（0.1315）	（7.6061）
16	（4.5950）	（0.2176）	（35.9497）	（0.0278）	（0.1278）	（7.8237）
17	（5.0545）	（0.1978）	（40.5447）	（0.0247）	（0.1247）	（8.0216）
18	（5.5599）	（0.1799）	（50.5992）	（0.0219）	（0.1219）	（8.2014）
19	（6.1159）	（0.1635）	（51.1591）	（0.0195）	（0.1195）	（8.3649）
20	（6.7275）	（0.1486）	（57.2750）	（0.0175）	（0.1175）	（8.5136）
21	（7.4002）	（0.1351）	（64.0025）	（0.0156）	（0.1156）	（8.6487）
22	（8.1403）	（0.1228）	（71.4027）	（0.0140）	（0.1140）	（8.7715）
23	（8.9543）	（0.1117）	（79.5430）	（0.0126）	（0.1126）	（8.8832）
24	（9.8497）	（0.1015）	（88.4973）	（0.0113）	（0.1113）	（8.9847）
25	（10.8347）	（0.0923）	（98.3471）	（0.0102）	（0.1102）	（9.0770）
26	（11.9182）	（0.0839）	（109.1818）	（0.0092）	（0.1092）	（9.1609）
27	（13.1100）	（0.0763）	（121.0999）	（0.0083）	（0.1083）	（9.2372）
28	（14.4210）	（0.0693）	（134.2099）	（0.0075）	（0.1075）	（9.3066）
29	（15.8631）	（0.0630）	（148.6309）	（0.0067）	（0.1067）	（9.3696）
30	（17.4494）	（0.0573）	（164.4940）	（0.0061）	（0.1061）	（9.4269）

续表

复利系数表
（11%）

年份 n	一次收付		等额系列			
	终值系数 (F/P, i, n)	现值系数 (P/F, i, n)	终值系数 (F/A, i, n)	偿债基金系数 (A/F, i, n)	资金回收系数 (A/P, i, n)	现值系数 (P/A, i, n)
1	(1.1100)	(0.9009)	(1.0000)	(1.0000)	(1.1100)	(0.9009)
2	(1.2321)	(0.8116)	(2.1100)	(0.4739)	(0.5839)	(1.7125)
3	(1.3676)	(0.7312)	(3.3421)	(0.2992)	(0.4092)	(2.4437)
4	(1.5181)	(0.6587)	(4.7097)	(0.2123)	(0.3223)	(3.1024)
5	(1.6851)	(0.5935)	(6.2278)	(0.1606)	(0.2706)	(3.6959)
6	(1.8704)	(0.5346)	(7.9129)	(0.1264)	(0.2364)	(4.2305)
7	(2.0762)	(0.4817)	(9.7833)	(0.1022)	(0.2122)	(4.7122)
8	(2.3045)	(0.4339)	(11.8594)	(0.0843)	(0.1943)	(5.1461)
9	(2.5580)	(0.3909)	(14.1640)	(0.0706)	(0.1806)	(5.5370)
10	(2.8394)	(0.3522)	(16.7220)	(0.0598)	(0.1698)	(5.8892)
11	(3.1518)	(0.3173)	(19.5614)	(0.0511)	(0.1611)	(6.2065)
12	(3.4985)	(0.2858)	(22.7132)	(0.0440)	(0.1540)	(6.4924)
13	(3.8833)	(0.2575)	(26.2116)	(0.0382)	(0.1482)	(6.7499)
14	(4.3104)	(0.2320)	(30.0949)	(0.0332)	(0.1432)	(6.9819)
15	(4.7846)	(0.2090)	(34.4054)	(0.0291)	(0.1391)	(7.1909)
16	(5.3109)	(0.1883)	(39.1899)	(0.0255)	(0.1355)	(7.3792)
17	(5.8951)	(0.1696)	(44.5008)	(0.0225)	(0.1325)	(7.5488)
18	(6.5436)	(0.1528)	(50.3959)	(0.0198)	(0.1298)	(7.7016)
19	(7.2633)	(0.1377)	(56.9395)	(0.0176)	(0.1276)	(7.8393)
20	(8.0623)	(0.1240)	(64.2028)	(0.0156)	(0.1256)	(7.9633)
21	(8.9492)	(0.1117)	(72.2651)	(0.0138)	(0.1238)	(8.0751)
22	(9.9336)	(0.1007)	(81.2143)	(0.0123)	(0.1223)	(8.1757)
23	(11.0263)	(0.0907)	(91.1479)	(0.0110)	(0.1210)	(8.2664)
24	(12.2392)	(0.0817)	(102.1742)	(0.0098)	(0.1198)	(8.3481)
25	(13.5855)	(0.0736)	(114.4133)	(0.0087)	(0.1187)	(8.4217)
26	(15.0799)	(0.0663)	(127.9988)	(0.0078)	(0.1178)	(8.4881)
27	(16.7386)	(0.0597)	(143.0786)	(0.0070)	(0.1170)	(8.5478)
28	(18.5799)	(0.0538)	(159.8173)	(0.0063)	(0.1163)	(8.6016)
29	(20.6237)	(0.0485)	(178.3972)	(0.0056)	(0.1156)	(8.6501)
30	(22.8923)	(0.0437)	(199.0209)	(0.0050)	(0.1150)	(8.6938)

复利系数表
（12%）

年份 n	一次收付		等额系列			
	终值系数 (F/P, i, n)	现值系数 (P/F, i, n)	终值系数 (F/A, i, n)	偿债基金系数 (A/F, i, n)	资金回收系数 (A/P, i, n)	现值系数 (P/A, i, n)
1	(1.1200)	(0.8929)	(1.0000)	(1.0000)	(1.1200)	(0.8929)
2	(1.2544)	(0.7972)	(2.1200)	(0.4717)	(0.5917)	(1.6901)
3	(1.4049)	(0.7118)	(3.3744)	(0.2963)	(0.4163)	(2.4018)
4	(1.5735)	(0.6355)	(4.7793)	(0.2092)	(0.3292)	(3.0373)
5	(1.7623)	(0.5674)	(6.3528)	(0.1574)	(0.2774)	(3.6048)
6	(1.9738)	(0.5066)	(8.1152)	(0.1232)	(0.2432)	(4.1114)
7	(2.2107)	(0.4523)	(10.0890)	(0.0991)	(0.2191)	(4.5638)
8	(2.4760)	(0.4039)	(12.2997)	(0.0813)	(0.2013)	(4.9676)
9	(2.7731)	(0.3406)	(14.7757)	(0.0677)	(0.1877)	(5.3282)
10	(3.1058)	(0.3220)	(17.5487)	(0.0570)	(0.1770)	(5.6502)
11	(3.4785)	(0.2875)	(20.6546)	(0.0484)	(0.1684)	(5.9377)
12	(3.8960)	(0.2567)	(24.1331)	(0.0414)	(0.1614)	(6.1944)
13	(4.3635)	(0.2292)	(28.0291)	(0.0357)	(0.1557)	(6.4235)
14	(4.8871)	(0.2046)	(32.3926)	(0.0309)	(0.1509)	(6.6282)

续表

复利系数表
（12%）

年份 n	一次收付		等额系列			
	终值系数 (F/P，i，n)	现值系数 (P/F，i，n)	终值系数 (F/A，i，n)	偿债基金系数 (A/F，i，n)	资金回收系数 (A/P，i，n)	现值系数 (P/A，i，n)
15	(5.4736)	(0.1827)	(37.2797)	(0.0268)	(0.1468)	(6.8109)
16	(6.1304)	(0.1631)	(42.7533)	(0.0234)	(0.1434)	(6.9740)
17	(6.8660)	(0.1456)	(48.8837)	(0.0205)	(0.1405)	(7.1196)
18	(7.6900)	(0.1300)	(55.7497)	(0.0179)	(0.1379)	(7.2497)
19	(8.6128)	(0.1161)	(63.4397)	(0.0158)	(0.1358)	(7.3658)
20	(9.6463)	(0.1037)	(72.0524)	(0.0139)	(0.1339)	(7.4694)
21	(10.8038)	(0.0926)	(81.6987)	(0.0122)	(0.1322)	(7.5620)
22	(12.1003)	(0.0826)	(92.5026)	(0.0108)	(0.1308)	(7.6446)
23	(13.5523)	(0.0738)	(104.6029)	(0.0096)	(0.1296)	(7.7184)
24	(15.1786)	(0.0659)	(118.1552)	(0.0085)	(0.1285)	(7.7843)
25	(17.0001)	(0.0588)	(133.3339)	(0.0075)	(0.1275)	(7.8431)
26	(19.0401)	(0.0525)	(150.3339)	(0.0067)	(0.1267)	(7.8957)
27	(21.3249)	(0.0469)	(169.3740)	(0.0059)	(0.1259)	(7.9426)
28	(23.8839)	(0.0419)	(190.6989)	(0.0052)	(0.1252)	(7.9844)
29	(26.7499)	(0.0374)	(214.5828)	(0.0047)	(0.1247)	(8.0218)
30	(29.9599)	(0.0334)	(241.3327)	(0.0041)	(0.1241)	(8.0552)

复利系数表
（13%）

年份 n	一次收付		等额系列			
	终值系数 (F/P，i，n)	现值系数 (P/F，i，n)	终值系数 (F/A，i，n)	偿债基金系数 (A/F，i，n)	资金回收系数 (A/P，i，n)	现值系数 (P/A，i，n)
1	(1.1300)	(0.8850)	(1.0000)	(1.0000)	(1.1300)	(0.8850)
2	(1.2769)	(0.7831)	(2.1300)	(0.4695)	(0.5995)	(1.6681)
3	(1.4429)	(0.6931)	(3.4069)	(0.2935)	(0.4235)	(2.3612)
4	(1.6305)	(0.6133)	(4.8498)	(0.2062)	(0.3362)	(2.9745)
5	(1.8424)	(0.5428)	(6.4803)	(0.1543)	(0.2843)	(3.5172)
6	(2.0820)	(0.4803)	(8.3227)	(0.1202)	(0.2502)	(3.9975)
7	(2.3526)	(0.4251)	(10.4047)	(0.0961)	(0.2261)	(4.4226)
8	(2.6584)	(0.3762)	(12.7573)	(0.0784)	(0.2084)	(4.7988)
9	(3.0040)	(0.3329)	(15.4157)	(0.0649)	(0.1949)	(5.1317)
10	(3.3946)	(0.2946)	(18.4197)	(0.0543)	(0.1843)	(5.4262)
11	(3.8359)	(0.2607)	(21.8143)	(0.0458)	(0.1758)	(5.6869)
12	(4.3345)	(0.2307)	(25.6502)	(0.0390)	(0.1690)	(5.9176)
13	(4.8980)	(0.2042)	(29.9847)	(0.0334)	(0.1634)	(6.1218)
14	(5.5348)	(0.1807)	(34.8827)	(0.0287)	(0.1587)	(6.3025)
15	(6.2543)	(0.1599)	(40.4175)	(0.0247)	(0.1547)	(6.4624)
16	(7.0673)	(0.1415)	(46.6717)	(0.0214)	(0.1514)	(6.6039)
17	(7.9861)	(0.1252)	(53.7391)	(0.0186)	(0.1486)	(6.7291)
18	(9.0243)	(0.1108)	(61.7251)	(0.0162)	(0.1462)	(6.8399)
19	(10.1974)	(0.0981)	(70.7494)	(0.0141)	(0.1441)	(6.9380)
20	(11.5231)	(0.0868)	(80.9468)	(0.0124)	(0.1424)	(7.0248)
21	(13.0211)	(0.0768)	(92.4699)	(0.0108)	(0.1408)	(7.1016)
22	(14.7138)	(0.0680)	(105.4910)	(0.0095)	(0.1395)	(7.1695)
23	(16.6266)	(0.0601)	(120.2048)	(0.0083)	(0.1383)	(7.2297)
24	(18.7881)	(0.0532)	(136.8315)	(0.0073)	(0.1373)	(7.2829)
25	(21.2305)	(0.0471)	(155.6196)	(0.0064)	(0.1364)	(7.3300)
26	(23.9905)	(0.0417)	(176.8501)	(0.0057)	(0.1357)	(7.3717)
27	(27.1093)	(0.0369)	(200.8406)	(0.0050)	(0.1350)	(7.4086)
28	(30.6335)	(0.0326)	(227.9499)	(0.0044)	(0.1344)	(7.4412)
29	(34.6158)	(0.0289)	(258.5834)	(0.0039)	(0.1339)	(7.4701)
30	(39.1159)	(0.0256)	(293.1992)	(0.0034)	(0.1334)	(7.4957)

续表

复利系数表
（14%）

年份 n	一次收付		等额系列			
	终值系数 (F/P，i，n)	现值系数 (P/F，i，n)	终值系数 (F/A，i，n)	偿债基金系数 (A/F，i，n)	资金回收系数 (A/P，i，n)	现值系数 (P/A，i，n)
1	(1.1400)	(0.8772)	(1.0000)	(1.0000)	(1.1400)	(0.8772)
2	(1.2996)	(0.7695)	(2.1400)	(0.4673)	(0.6073)	(1.6467)
3	(1.4815)	(0.6750)	(3.4396)	(0.2907)	(0.4307)	(2.3216)
4	(1.6890)	(0.5921)	(4.9211)	(0.2032)	(0.3432)	(2.9137)
5	(1.9254)	(0.5194)	(6.6101)	(0.1513)	(0.2913)	(3.4331)
6	(2.1950)	(0.4556)	(8.5355)	(0.1172)	(0.2572)	(3.8887)
7	(2.5023)	(0.3996)	(10.7305)	(0.0932)	(0.2332)	(4.2883)
8	(2.8526)	(0.3506)	(13.2328)	(0.0756)	(0.2156)	(4.6389)
9	(3.2519)	(0.3075)	(16.0853)	(0.0622)	(0.2022)	(4.9464)
10	(3.7072)	(0.2697)	(19.3373)	(0.0517)	(0.1917)	(5.2161)
11	(4.2262)	(0.2366)	(23.0445)	(0.0434)	(0.1834)	(5.4527)
12	(4.8179)	(0.2076)	(27.2707)	(0.0367)	(0.1767)	(5.6603)
13	(5.4924)	(0.1821)	(32.0887)	(0.0312)	(0.1712)	(5.8424)
14	(6.2613)	(0.1597)	(37.5811)	(0.0266)	(0.1666)	(6.0021)
15	(7.1379)	(0.1401)	(43.8424)	(0.0228)	(0.1628)	(6.1422)
16	(8.1372)	(0.1229)	(50.9804)	(0.0196)	(0.1596)	(6.2651)
17	(9.2765)	(0.1078)	(59.1176)	(0.0169)	(0.1569)	(6.3729)
18	(10.5752)	(0.0946)	(68.3941)	(0.0146)	(0.1546)	(6.4674)
19	(12.0557)	(0.0829)	(78.9692)	(0.0127)	(0.1527)	(6.5504)
20	(13.7435)	(0.0728)	(91.0249)	(0.0110)	(0.1510)	(6.6231)
21	(15.6676)	(0.0638)	(104.7684)	(0.0095)	(0.1495)	(6.6870)
22	(17.8610)	(0.0560)	(120.4360)	(0.0083)	(0.1483)	(6.7429)
23	(20.3616)	(0.0491)	(138.2970)	(0.0072)	(0.1472)	(6.7921)
24	(23.2122)	(0.0431)	(158.6586)	(0.0063)	(0.1463)	(6.8351)
25	(26.4619)	(0.0378)	(181.8708)	(0.0055)	(0.1455)	(6.8729)
26	(30.1666)	(0.0331)	(208.3327)	(0.0048)	(0.1448)	(6.9061)
27	(34.3899)	(0.0291)	(238.4993)	(0.0042)	(0.1442)	(6.9352)
28	(39.2045)	(0.0255)	(272.8892)	(0.0037)	(0.1437)	(6.9607)
29	(44.6931)	(0.0224)	(312.0937)	(0.0032)	(0.1432)	(6.9830)
30	(50.9502)	(0.0196)	(356.7868)	(0.0028)	(0.1428)	(7.0027)

复利系数表
（15%）

年份 n	一次收付		等额系列			
	终值系数 (F/P，i，n)	现值系数 (P/F，i，n)	终值系数 (F/A，i，n)	偿债基金系数 (A/F，i，n)	资金回收系数 (A/P，i，n)	现值系数 (P/A，i，n)
1	(1.1500)	(0.8696)	(1.0000)	(1.0000)	(1.1500)	(0.8696)
2	(1.3225)	(0.7561)	(2.1500)	(0.4651)	(0.6151)	(1.6257)
3	(1.5209)	(0.6575)	(3.4725)	(0.2880)	(0.4380)	(2.2832)
4	(1.7490)	(0.5718)	(4.9934)	(0.2003)	(0.3503)	(2.8550)
5	(2.0114)	(0.4972)	(6.7424)	(0.1483)	(0.2983)	(3.3522)
6	(2.3131)	(0.4323)	(8.7537)	(0.1142)	(0.2642)	(3.7845)
7	(2.6600)	(0.3759)	(11.0668)	(0.0904)	(0.2404)	(4.1604)
8	(3.0590)	(0.3269)	(13.7268)	(0.0729)	(0.2229)	(4.4873)
9	(3.5179)	(0.2843)	(16.7858)	(0.0596)	(0.2096)	(4.7716)
10	(4.0456)	(0.2472)	(20.3037)	(0.0493)	(0.1993)	(5.0188)
11	(4.6524)	(0.2149)	(24.3493)	(0.0411)	(0.1911)	(5.2337)
12	(5.3503)	(0.1869)	(29.0017)	(0.0345)	(0.1845)	(5.4206)
13	(6.1528)	(0.1625)	(34.3519)	(0.0291)	(0.1791)	(5.5831)
14	(7.0757)	(0.1413)	(40.5047)	(0.0247)	(0.1747)	(5.7245)

续表

复利系数表
（15%）

年份 n	一次收付		等额系列			
	终值系数（F/P，i，n）	现值系数（P/F，i，n）	终值系数（F/A，i，n）	偿债基金系数（A/F，i，n）	资金回收系数（A/P，i，n）	现值系数（P/A，i，n）
15	（8.1371）	（0.1229）	（47.5804）	（0.0210）	（0.1710）	（5.8474）
16	（9.3576）	（0.1069）	（55.7175）	（0.0179）	（0.1679）	（5.9542）
17	（10.7613）	（0.0929）	（65.0751）	（0.0154）	（0.1654）	（6.0472）
18	（12.3755）	（0.0808）	（75.8364）	（0.0132）	（0.1632）	（6.1280）
19	（14.2318）	（0.0703）	（88.2118）	（0.0113）	（0.1613）	（6.1982）
20	（16.3665）	（0.0611）	（102.4436）	（0.0098）	（0.1598）	（6.2593）
21	（18.8215）	（0.0531）	（118.8101）	（0.0084）	（0.1584）	（6.3125）
22	（21.6447）	（0.0462）	（137.6316）	（0.0073）	（0.1573）	（6.3587）
23	（24.8915）	（0.0402）	（159.2764）	（0.0063）	（0.1563）	（6.3988）
24	（28.6252）	（0.0349）	（184.1678）	（0.0054）	（0.1554）	（6.4338）
25	（32.9190）	（0.0304）	（212.7930）	（0.0047）	（0.1547）	（6.4641）
26	（37.8568）	（0.0264）	（245.7120）	（0.0041）	（0.1541）	（6.4906）
27	（43.5353）	（0.0230）	（283.5688）	（0.0035）	（0.1535）	（6.5135）
28	（50.0656）	（0.0200）	（327.1041）	（0.0031）	（0.1531）	（6.5335）
29	（57.5755）	（0.0174）	（377.1697）	（0.0027）	（0.1527）	（6.5509）
30	（66.2118）	（0.0151）	（434.7451）	（0.0023）	（0.1523）	（6.5660）

复利系数表
（16%）

年份 n	一次收付		等额系列			
	终值系数（F/P，i，n）	现值系数（P/F，i，n）	终值系数（F/A，i，n）	偿债基金系数（A/F，i，n）	资金回收系数（A/P，i，n）	现值系数（P/A，i，n）
1	（1.1600）	（0.8621）	（1.0000）	（1.0000）	（1.1600）	（0.8621）
2	（1.3456）	（0.7432）	（2.1600）	（0.4630）	（0.6230）	（1.6052）
3	（1.5609）	（0.6407）	（3.5056）	（0.2853）	（0.4453）	（2.2459）
4	（1.8106）	（0.5523）	（5.0665）	（0.1974）	（0.3574）	（2.7982）
5	（2.1003）	（0.4761）	（6.8771）	（0.1454）	（0.3054）	（3.2743）
6	（2.4364）	（0.4104）	（8.9775）	（0.1114）	（0.2714）	（3.6847）
7	（2.8262）	（0.3538）	（11.4139）	（0.0876）	（0.2476）	（4.0386）
8	（3.2784）	（0.3050）	（14.2401）	（0.0702）	（0.2302）	（4.3436）
9	（3.8030）	（0.2630）	（17.5185）	（0.0571）	（0.2171）	（4.6065）
10	（4.4114）	（0.2267）	（21.3215）	（0.0469）	（0.2069）	（4.8332）
11	（5.1173）	（0.1954）	（25.7329）	（0.0389）	（0.1989）	（5.0286）
12	（5.9360）	（0.1685）	（30.8502）	（0.0324）	（0.1924）	（5.1971）
13	（6.8858）	（0.1452）	（36.7862）	（0.0272）	（0.1872）	（5.3423）
14	（7.9875）	（0.1252）	（43.6720）	（0.0229）	（0.1829）	（5.4675）
15	（9.2655）	（0.1079）	（51.6595）	（0.0194）	（0.1794）	（5.5755）
16	（10.7480）	（0.0930）	（60.9250）	（0.0164）	（0.1764）	（5.6685）
17	（12.4677）	（0.0802）	（71.6730）	（0.0140）	（0.1740）	（5.7487）
18	（14.4625）	（0.0691）	（84.1407）	（0.0119）	（0.1719）	（5.8178）
19	（16.7765）	（0.0596）	（98.6032）	（0.0101）	（0.1701）	（5.8775）
20	（19.4608）	（0.0514）	（115.3797）	（0.0087）	（0.1687）	（5.9288）
21	（22.5745）	（0.0443）	（134.8405）	（0.0074）	（0.1674）	（5.9731）
22	（26.1864）	（0.0382）	（157.4150）	（0.0064）	（0.1664）	（6.0113）
23	（30.3762）	（0.0329）	（183.6014）	（0.0054）	（0.1654）	（6.0442）
24	（35.2364）	（0.0284）	（213.9776）	（0.0047）	（0.1647）	（6.0726）
25	（40.8742）	（0.0245）	（249.2140）	（0.0040）	（0.1640）	（6.0971）
26	（47.4141）	（0.0211）	（290.0883）	（0.0034）	（0.1634）	（6.1182）
27	（55.0004）	（0.0182）	（337.5024）	（0.0030）	（0.1630）	（6.1364）
28	（63.8004）	（0.0157）	（392.5028）	（0.0025）	（0.1625）	（6.1520）
29	（74.0085）	（0.0135）	（456.3032）	（0.0022）	（0.1622）	（6.1656）
30	（85.8499）	（0.0116）	（530.3117）	（0.0019）	（0.1619）	（6.1772）

续表

复利系数表
（17%）

年份 n	一次收付		等额系列			
	终值系数 (F/P，i，n)	现值系数 (P/F，i，n)	终值系数 (F/A，i，n)	偿债基金系数 (A/F，i，n)	资金回收系数 (A/P，i，n)	现值系数 (P/A，i，n)
1	(1.1700)	(0.8547)	(1.0000)	(1.0000)	(1.1700)	(0.8547)
2	(1.3689)	(0.7305)	(2.1700)	(0.4608)	(0.6308)	(1.5852)
3	(1.6016)	(0.6244)	(3.5389)	(0.2826)	(0.4526)	(2.2096)
4	(1.8739)	(0.5337)	(5.1405)	(0.1945)	(0.3645)	(2.7432)
5	(2.1924)	(0.4561)	(7.0144)	(0.1426)	(0.3126)	(3.1993)
6	(2.5652)	(0.3898)	(9.2068)	(0.1086)	(0.2786)	(3.5892)
7	(3.0012)	(0.3332)	(11.7720)	(0.0849)	(0.2549)	(3.9224)
8	(3.5115)	(0.2848)	(14.7733)	(0.0677)	(0.2377)	(4.2072)
9	(4.1084)	(0.2434)	(18.2847)	(0.0547)	(0.2247)	(4.4506)
10	(4.8068)	(0.2080)	(22.3931)	(0.0447)	(0.2147)	(4.6586)
11	(5.6240)	(0.1778)	(27.1999)	(0.0368)	(0.2068)	(4.8364)
12	(6.5801)	(0.1520)	(32.8239)	(0.0305)	(0.2005)	(4.9884)
13	(7.6987)	(0.1299)	(39.4040)	(0.0254)	(0.1954)	(5.1183)
14	(9.0075)	(0.1110)	(47.1027)	(0.0212)	(0.1912)	(5.2293)
15	(10.5387)	(0.0949)	(56.1101)	(0.0178)	(0.1878)	(5.3242)
16	(12.3303)	(0.0811)	(66.6488)	(0.0150)	(0.1850)	(5.4053)
17	(14.4265)	(0.0693)	(78.9792)	(0.0127)	(0.1827)	(5.4746)
18	(16.8790)	(0.0592)	(93.4056)	(0.0107)	(0.1807)	(5.5339)
19	(19.7484)	(0.0506)	(110.2846)	(0.0091)	(0.1791)	(5.5845)
20	(23.1056)	(0.0433)	(130.0329)	(0.0077)	(0.1777)	(5.6278)
21	(27.0336)	(0.0370)	(153.1385)	(0.0065)	(0.1765)	(5.6648)
22	(31.6293)	(0.0316)	(180.1721)	(0.0056)	(0.1756)	(5.6964)
23	(37.0062)	(0.0270)	(211.8013)	(0.0047)	(0.1747)	(5.7234)
24	(43.2973)	(0.0231)	(248.8076)	(0.0040)	(0.1740)	(5.7465)
25	(50.6578)	(0.0197)	(292.1049)	(0.0034)	(0.1734)	(5.7662)
26	(59.2697)	(0.0169)	(342.7627)	(0.0029)	(0.1729)	(5.7831)
27	(69.3455)	(0.0144)	(402.0323)	(0.0025)	(0.1725)	(5.7975)
28	(81.1342)	(0.0123)	(471.3778)	(0.0021)	(0.1721)	(5.8099)
29	(94.9271)	(0.0105)	(552.5121)	(0.0018)	(0.1718)	(5.8204)
30	(111.0647)	(0.0090)	(647.4391)	(0.0015)	(0.1715)	(5.8294)

复利系数表
（18%）

年份 n	一次收付		等额系列			
	终值系数 (F/P，i，n)	现值系数 (P/F，i，n)	终值系数 (F/A，i，n)	偿债基金系数 (A/F，i，n)	资金回收系数 (A/P，i，n)	现值系数 (P/A，i，n)
1	(1.1800)	(0.8475)	(1.0000)	(1.0000)	(1.1800)	(0.8475)
2	(1.3924)	(0.7182)	(2.1800)	(0.4587)	(0.6387)	(1.5656)
3	(1.6430)	(0.6086)	(3.5724)	(0.2799)	(0.4599)	(2.1743)
4	(1.9388)	(0.5158)	(5.2154)	(0.1917)	(0.3717)	(2.6901)
5	(2.2878)	(0.4371)	(7.1542)	(0.1398)	(0.3198)	(3.1272)
6	(2.6996)	(0.3704)	(9.4420)	(0.1059)	(0.2859)	(3.4976)
7	(3.1855)	(0.3139)	(12.1415)	(0.0824)	(0.2624)	(3.8115)
8	(3.7589)	(0.2660)	(15.3270)	(0.0652)	(0.2452)	(4.0776)
9	(4.4355)	(0.2255)	(19.0859)	(0.0524)	(0.2324)	(4.3030)
10	(5.2338)	(0.1911)	(23.5213)	(0.0425)	(0.2225)	(4.4941)
11	(6.1759)	(0.1619)	(28.7551)	(0.0348)	(0.2148)	(4.6560)
12	(7.2876)	(0.1372)	(34.9311)	(0.0286)	(0.2086)	(4.7932)
13	(8.5994)	(0.1163)	(42.2187)	(0.0237)	(0.2037)	(4.9095)
14	(10.1472)	(0.0985)	(50.8180)	(0.0197)	(0.1997)	(5.0081)

续表

复利系数表
（18%）

年份 n	一次收付		等额系列			
	终值系数 (F/P，i，n)	现值系数 (P/F，i，n)	终值系数 (F/A，i，n)	偿债基金系数 (A/F，i，n)	资金回收系数 (A/P，i，n)	现值系数 (P/A，i，n)
15	(11.9737)	(0.0835)	(60.9653)	(0.0164)	(0.1964)	(5.0916)
16	(14.1290)	(0.0708)	(72.9390)	(0.0137)	(0.1937)	(5.1624)
17	(16.6722)	(0.0600)	(87.0680)	(0.0115)	(0.1915)	(5.2223)
18	(19.6733)	(0.0508)	(103.7403)	(0.0096)	(0.1896)	(5.2732)
19	(23.2144)	(0.0431)	(123.4135)	(0.0081)	(0.1881)	(5.3162)
20	(27.3930)	(0.0365)	(146.6280)	(0.0068)	(0.1868)	(5.3527)
21	(32.3238)	(0.0309)	(174.0210)	(0.0057)	(0.1857)	(5.3837)
22	(38.1421)	(0.0262)	(206.3448)	(0.0048)	(0.1848)	(5.4099)
23	(45.0076)	(0.0222)	(244.4868)	(0.0041)	(0.1841)	(5.4321)
24	(53.1090)	(0.0188)	(289.4945)	(0.0035)	(0.1835)	(5.4509)
25	(62.6686)	(0.0160)	(342.6035)	(0.0029)	(0.1829)	(5.4669)
26	(73.9490)	(0.0135)	(405.2721)	(0.0025)	(0.1825)	(5.4804)
27	(87.2598)	(0.0115)	479.2211)	(0.0021)	(0.1821)	(5.4919)
28	(102.9666)	(0.0097)	(566.4809)	(0.0018)	(0.1818)	(5.5016)
29	(121.5005)	(0.0082)	(669.4475)	(0.0015)	(0.1815)	(5.5098)
30	(143.3706)	(0.0070)	(790.9480)	(0.0013)	(0.1813)	(5.5168)

复利系数表
（19%）

年份 n	一次收付		等额系列			
	终值系数 (F/P，i，n)	现值系数 (P/F，i，n)	终值系数 (F/A，i，n)	偿债基金系数 (A/F，i，n)	资金回收系数 (A/P，i，n)	现值系数 (P/A，i，n)
1	(1.1900)	(0.8403)	(1.0000)	(1.0000)	(1.1900)	(0.8403)
2	(1.4161)	(0.7062)	(2.1900)	(0.4566)	(0.6466)	(1.5465)
3	(1.6852)	(0.5934)	(3.6061)	(0.2773)	(0.4673)	(2.1399)
4	(2.0053)	(0.4987)	(5.2913)	(0.1890)	(0.3790)	(2.6386)
5	(2.3864)	(0.4190)	(7.2966)	(0.1371)	(0.3271)	(3.0576)
6	(2.8398)	(0.3521)	(9.6830)	(0.1033)	(0.2933)	(3.4098)
7	(3.3793)	(0.2959)	(12.5227)	(0.0799)	(0.2699)	(3.7057)
8	(4.0214)	(0.2487)	(15.9020)	(0.0629)	(0.2529)	(3.9544)
9	(4.7854)	(0.2090)	(19.9234)	(0.0502)	(0.2402)	(4.1633)
10	(5.6947)	(0.1756)	(24.7089)	(0.0405)	(0.2305)	(4.3389)
11	(6.7767)	(0.1476)	(30.4035)	(0.0329)	(0.2229)	(4.4865)
12	(8.0642)	(0.1240)	(37.1802)	(0.0269)	(0.2169)	(4.6105)
13	(9.5964)	(0.1042)	(45.2445)	(0.0221)	(0.2121)	(4.7147)
14	(11.4198)	(0.0876)	(54.8409)	(0.0182)	(0.2082)	(4.8023)
15	(13.5895)	(0.0736)	(66.2607)	(0.0151)	(0.2051)	(4.8759)
16	(16.1715)	(0.0618)	(79.8502)	(0.0125)	(0.2025)	(4.9377)
17	(19.2441)	(0.0520)	(96.0218)	(0.0104)	(0.2004)	(4.9897)
18	(22.9005)	(0.0437)	(115.2659)	(0.0087)	(0.1987)	(5.0333)
19	(27.2516)	(0.0367)	(138.1664)	(0.0072)	(0.1972)	(5.0700)
20	(32.4294)	(0.0308)	(165.4180)	(0.0060)	(0.1960)	(5.1009)
21	(38.5910)	(0.0259)	(197.8474)	(0.0051)	(0.1951)	(5.1268)
22	(45.9233)	(0.0218)	(236.4385)	(0.0042)	(0.1942)	(5.1486)
23	(54.6487)	(0.0183)	(282.3618)	(0.0035)	(0.1935)	(5.1668)
24	(65.0320)	(0.0154)	(337.0105)	(0.0030)	(0.1930)	(5.1822)
25	(77.3881)	(0.0129)	(402.0425)	(0.0025)	(0.1925)	(5.1951)
26	(92.0918)	(0.0109)	(479.4306)	(0.0021)	(0.1921)	(5.2060)
27	(109.5893)	(0.0091)	(571.5224)	(0.0017)	(0.1917)	(5.2151)
28	(130.4112)	(0.0077)	(681.1116)	(0.0015)	(0.1915)	(5.2228)
29	(155.1893)	(0.0064)	(811.5228)	(0.0012)	(0.1912)	(5.2292)
30	(184.6753)	(0.0054)	(966.7122)	(0.0010)	(0.1910)	(5.2347)

续表

复利系数表
（20%）

年份 n	一次收付		等额系列			
	终值系数（F/P，i，n）	现值系数（P/F，i，n）	终值系数（F/A，i，n）	偿债基金系数（A/F，i，n）	资金回收系数（A/P，i，n）	现值系数（P/A，i，n）
1	（1.2000）	（0.8333）	（1.0000）	（1.0000）	（1.2000）	（0.8333）
2	（1.4400）	（0.6944）	（2.2000）	（0.4545）	（0.6545）	（1.5278）
3	（1.7280）	（0.5787）	（3.6400）	（0.2747）	（0.4747）	（2.1065）
4	（2.0736）	（0.4823）	（5.3680）	（0.1863）	（0.3863）	（2.5887）
5	（2.4883）	（0.4019）	（7.4416）	（0.1344）	（0.3344）	（2.9906）
6	（2.9860）	（0.3349）	（9.9299）	（0.1007）	（0.3007）	（3.3255）
7	（3.5832）	（0.2791）	（12.9159）	（0.0774）	（0.2774）	（3.6046）
8	（4.2998）	（0.2326）	（16.4991）	（0.0606）	（0.2606）	（3.8372）
9	（5.1598）	（0.1938）	（20.7989）	（0.0481）	（0.2481）	（4.0310）
10	（6.1917）	（0.1615）	（25.9587）	（0.0385）	（0.2385）	（4.1925）
11	（7.4301）	（0.1346）	（32.1504）	（0.0311）	（0.2311）	（4.3271）
12	（8.9161）	（0.1122）	（39.5805）	（0.0253）	（0.2253）	（4.4392）
13	（10.6993）	（0.0935）	（48.4966）	（0.0206）	（0.2206）	（4.5327）
14	（12.8392）	（0.0779）	（59.1959）	（0.0169）	（0.2169）	（4.6106）
15	（15.4070）	（0.0649）	（72.0351）	（0.0139）	（0.2139）	（4.6755）
16	（18.4884）	（0.0541）	（87.4421）	（0.0114）	（0.2114）	（4.7296）
17	（22.1861）	（0.0451）	（105.9306）	（0.0094）	（0.2094）	（4.7746）
18	（26.6233）	（0.0376）	（128.1167）	（0.0078）	（0.2078）	（4.8122）
19	（31.9480）	（0.0313）	（154.7400）	（0.0065）	（0.2065）	（4.8435）
20	（38.3376）	（0.0261）	（186.6880）	（0.0054）	（0.2054）	（4.8696）
21	（46.0051）	（0.0217）	（225.0256）	（0.0044）	（0.2044）	（4.8913）
22	（55.2061）	（0.0181）	（271.0307）	（0.0037）	（0.2037）	（4.9094）
23	（66.2474）	（0.0151）	（326.2369）	（0.0031）	（0.2031）	（4.9245）
24	（79.4968）	（0.0126）	（392.4842）	（0.0025）	（0.2025）	（4.9371）
25	（95.3962）	（0.0105）	（471.9811）	（0.0021）	（0.2021）	（4.9476）
26	（114.4755）	（0.0087）	（567.3773）	（0.0018）	（0.2018）	（4.9563）
27	（137.3706）	（0.0073）	（681.8528）	（0.0015）	（0.2015）	（4.9636）
28	（164.8447）	（0.0061）	（819.2233）	（0.0012）	（0.2012）	（4.9697）
29	（197.8136）	（0.0051）	（984.0680）	（0.0010）	（0.2010）	（4.9747）
30	（237.3763）	（0.0042）	（1181.8816）	（0.0008）	（0.2008）	（4.9789）

复利系数表
（21%）

年份 n	一次收付		等额系列			
	终值系数（F/P，i，n）	现值系数（P/F，i，n）	终值系数（F/A，i，n）	偿债基金系数（A/F，i，n）	资金回收系数（A/P，i，n）	现值系数（P/A，i，n）
1	（1.2100）	（0.8264）	（1.0000）	（1.0000）	（1.2100）	（0.8264）
2	（1.4641）	（0.6830）	（2.2100）	（0.4525）	（0.6625）	（1.5095）
3	（1.7716）	（0.5645）	（3.6741）	（0.2722）	（0.4822）	（2.0739）
4	（2.1436）	（0.4665）	（5.4457）	（0.1836）	（0.3936）	（2.5404）
5	（2.5937）	（0.3855）	（7.5892）	（0.1318）	（0.3418）	（2.9260）
6	（3.1384）	（0.3186）	（10.1830）	（0.0982）	（0.3082）	（3.2446）
7	（3.7975）	（0.2633）	（13.3214）	（0.0751）	（0.2851）	（3.5079）
8	（4.5950）	（0.2176）	（17.1189）	（0.0584）	（0.2684）	（3.7256）
9	（5.5599）	（0.1799）	（21.7139）	（0.0461）	（0.2561）	（3.9054）
10	（6.7275）	（0.1486）	（27.2738）	（0.0367）	（0.2467）	（4.0541）
11	（8.1403）	（0.1228）	（34.0013）	（0.0294）	（0.2394）	（4.1769）
12	（9.8497）	（0.1015）	（42.1416）	（0.0237）	（0.2337）	（4.2784）
13	（11.9182）	（0.0839）	（51.9913）	（0.0192）	（0.2292）	（4.3624）
14	（14.4210）	（0.0693）	（63.9095）	（0.0156）	（0.2256）	（4.4317）

续表

复利系数表
（21%）

年份 n	一次收付		等额系列			
	终值系数（F/P，i，n）	现值系数（P/F，i，n）	终值系数（F/A，i，n）	偿债基金系数（A/F，i，n）	资金回收系数（A/P，i，n）	现值系数（P/A，i，n）
15	（17.4494）	（0.0573）	（78.3305）	（0.0128）	（0.2228）	（4.4890）
16	（21.1138）	（0.0474）	（95.7799）	（0.0104）	（0.2204）	（4.5364）
17	（25.5477）	（0.0391）	（116.8937）	（0.0086）	（0.2186）	（4.5755）
18	（30.9127）	（0.0323）	（142.4413）	（0.0070）	（0.2170）	（4.6079）
19	（37.4043）	（0.0267）	（173.3540）	（0.0058）	（0.2158）	（4.6346）
20	（45.2593）	（0.0221）	（210.7584）	（0.0047）	（0.2147）	（4.6567）
21	（54.7637）	（0.0183）	（256.0176）	（0.0039）	（0.2139）	（4.6750）
22	（66.2641）	（0.0151）	（310.7813）	（0.0032）	（0.2132）	（4.6900）
23	（80.1795）	（0.0125）	（377.0454）	（0.0027）	（0.2127）	（4.7025）
24	（97.0172）	（0.0103）	（457.2249）	（0.0022）	（0.2122）	（4.7128）
25	（117.3909）	（0.0085）	（554.2422）	（0.0018）	（0.2118）	（4.7213）
26	（142.0429）	（0.0070）	（671.6330）	（0.0015）	（0.2115）	（4.7284）
27	（171.8719）	（0.0058）	（813.6759）	（0.0012）	（0.2112）	（4.7342）
28	（207.9651）	（0.0048）	（985.5479）	（0.0010）	（0.2110）	（4.7390）
29	（251.6377）	（0.0040）	（1193.5129）	（0.0008）	（0.2108）	（4.7430）
30	（304.4816）	（0.0033）	（1445.1507）	（0.0007）	（0.2107）	（4.7463）

复利系数表
（22%）

年份 n	一次收付		等额系列			
	终值系数（F/P，i，n）	现值系数（P/F，i，n）	终值系数（F/A，i，n）	偿债基金系数（A/F，i，n）	资金回收系数（A/P，i，n）	现值系数（P/A，i，n）
1	（1.2200）	（0.8197）	（1.0000）	（1.0000）	（1.2200）	（0.8197）
2	（1.4884）	（0.6719）	（2.2200）	（0.4505）	（0.6705）	（1.4915）
3	（1.8158）	（0.5507）	（3.7084）	（0.2697）	（0.4897）	（2.0422）
4	（2.2153）	（0.4514）	（5.5242）	（0.1810）	（0.4010）	（2.4936）
5	（2.7027）	（0.3700）	（7.7396）	（0.1292）	（0.3492）	（2.8636）
6	（3.2973）	（0.3033）	（10.4423）	（0.0958）	（0.3158）	（3.1669）
7	（4.0227）	（0.2486）	（13.7396）	（0.0728）	（0.2928）	（3.4155）
8	（4.9077）	（0.2038）	（17.7623）	（0.0563）	（0.2763）	（3.6193）
9	（5.9874）	（0.1670）	（22.6700）	（0.0441）	（0.2641）	（3.7863）
10	（7.3046）	（0.1369）	（28.6574）	（0.0349）	（0.2549）	（3.9232）
11	（8.9117）	（0.1122）	（35.9620）	（0.0278）	（0.2478）	（4.0354）
12	（10.8722）	（0.0920）	（44.8737）	（0.0223）	（0.2423）	（4.1274）
13	（13.2641）	（0.0754）	（55.7459）	（0.0179）	（0.2379）	（4.2028）
14	（16.1822）	（0.0618）	（69.0100）	（0.0145）	（0.2345）	（4.2646）
15	（19.7423）	（0.0507）	（85.1922）	（0.0117）	（0.2317）	（4.3152）
16	（24.0856）	（0.0415）	（104.9345）	（0.0095）	（0.2295）	（4.3567）
17	（29.3844）	（0.0340）	（129.0201）	（0.0078）	（0.2278）	（4.3908）
18	（35.8490）	（0.0279）	（158.4045）	（0.0063）	（0.2263）	（4.4187）
19	（43.7358）	（0.0229）	（194.2535）	（0.0051）	（0.2251）	（4.4415）
20	（53.3576）	（0.0187）	（237.9893）	（0.0042）	（0.2242）	（4.4603）
21	（65.0963）	（0.0154）	（291.3469）	（0.0034）	（0.2234）	（4.4756）
22	（79.4175）	（0.0126）	（356.4432）	（0.0028）	（0.2228）	（4.4882）
23	（96.8894）	（0.0103）	（435.8607）	（0.0023）	（0.2223）	（4.4985）
24	（118.2050）	（0.0085）	（532.7501）	（0.0019）	（0.2219）	（4.5070）
25	（144.2101）	（0.0069）	（650.9551）	（0.0015）	（0.2215）	（4.5139）
26	（175.9364）	（0.0057）	（795.1653）	（0.0013）	（0.2213）	（4.5196）
27	（214.6424）	（0.0047）	（971.1016）	（0.0010）	（0.2210）	（4.5243）
28	（261.8637）	（0.0038）	（1185.7440）	（0.0008）	（0.2208）	（4.5281）
29	（319.4737）	（0.0031）	（1447.6077）	（0.0007）	（0.2207）	（4.5312）
30	（389.7579）	（0.0026）	（1767.0813）	（0.0006）	（0.2206）	（4.5338）

续表

复利系数表
（23%）

年份 n	一次收付		等额系列			
	终值系数 (F/P, i, n)	现值系数 (P/F, i, n)	终值系数 (F/A, i, n)	偿债基金系数 (A/F, i, n)	资金回收系数 (A/P, i, n)	现值系数 (P/A, i, n)
1	(1.2300)	(0.8130)	(1.0000)	(1.0000)	(1.2300)	(0.8130)
2	(1.5129)	(0.6610)	(2.2300)	(0.4484)	(0.6784)	(1.4740)
3	(1.8609)	(0.5374)	(3.7429)	(0.2672)	(0.4972)	(2.0114)
4	(2.2889)	(0.4369)	(5.6038)	(0.1785)	(0.4085)	(2.4483)
5	(2.8153)	(0.3552)	(7.8926)	(0.1267)	(0.3567)	(2.8035)
6	(3.4628)	(0.2888)	(10.7079)	(0.0934)	(0.3234)	(3.0923)
7	(4.2593)	(0.2348)	(14.1708)	(0.0706)	(0.3006)	(3.3270)
8	(5.2389)	(0.1909)	(18.4300)	(0.0543)	(0.2843)	(3.5179)
9	(6.4439)	(0.1552)	(23.6690)	(0.0422)	(0.2722)	(3.6731)
10	(7.9259)	(0.1262)	(30.1128)	(0.0332)	(0.2632)	(3.7993)
11	(9.7489)	(0.1026)	(38.0388)	(0.0263)	(0.2563)	(3.9018)
12	(11.9912)	(0.0834)	(47.7877)	(0.0209)	(0.2509)	(3.9852)
13	(14.7491)	(0.0678)	(59.7788)	(0.0167)	(0.2467)	(4.0530)
14	(18.1414)	(0.0551)	(74.5280)	(0.0134)	(0.2434)	(4.1082)
15	(22.3140)	(0.0448)	(92.6694)	(0.0108)	(0.2408)	(4.1530)
16	(27.4462)	(0.0364)	(114.9834)	(0.0087)	(0.2387)	(4.1894)
17	(33.7588)	(0.0296)	(142.4295)	(0.0070)	(0.2370)	(4.2190)
18	(41.5233)	(0.0241)	(176.1883)	(0.0057)	(0.2357)	(4.2431)
19	(51.0737)	(0.0196)	(217.7116)	(0.0046)	(0.2346)	(4.2627)
20	(62.8206)	(0.0159)	(268.7853)	(0.0037)	(0.2337)	(4.2786)
21	(77.2694)	(0.0129)	(331.6059)	(0.0030)	(0.2330)	(4.2916)
22	(95.0413)	(0.0105)	(408.8753)	(0.0024)	(0.2324)	(4.3021)
23	(116.9008)	(0.0086)	(503.9166)	(0.0020)	(0.2320)	(4.3106)
24	(143.7880)	(0.0070)	(620.8174)	(0.0016)	(0.2316)	(4.3176)
25	(176.8593)	(0.0057)	(764.6054)	(0.0013)	(0.2313)	(4.3232)
26	(217.5369)	(0.0046)	(941.4647)	(0.0011)	(0.2311)	(4.3278)
27	(267.5704)	(0.0037)	(1159.0016)	(0.0009)	(0.2309)	(4.3316)
28	(329.1115)	(0.0030)	(1426.5719)	(0.0007)	(0.2307)	(4.3346)
29	(404.8072)	(0.0025)	(1755.6835)	(0.0006)	(0.2306)	(4.3371)
30	(497.9129)	(0.0020)	(2160.4907)	(0.0005)	(0.2305)	(4.3391)

复利系数表
（24%）

年份 n	一次收付		等额系列			
	终值系数 (F/P, i, n)	现值系数 (P/F, i, n)	终值系数 (F/A, i, n)	偿债基金系数 (A/F, i, n)	资金回收系数 (A/P, i, n)	现值系数 (P/A, i, n)
1	(1.2400)	(0.8065)	(1.0000)	(1.0000)	(1.2400)	(0.8065)
2	(1.5376)	(0.6504)	(2.2400)	(0.4464)	(0.6864)	(1.4568)
3	(1.9066)	(0.5245)	(3.7776)	(0.2647)	(0.5047)	(1.9813)
4	(2.3642)	(0.4230)	(5.6842)	(0.1759)	(0.4159)	(2.4043)
5	(2.9316)	(0.3411)	(8.0484)	(0.1242)	(0.3642)	(2.7454)
6	(3.6352)	(0.2751)	(10.9801)	(0.0911)	(0.3311)	(3.0205)
7	(4.5077)	(0.2218)	(14.6153)	(0.0684)	(0.3084)	(3.2423)
8	(5.5895)	(0.1789)	(19.1229)	(0.0523)	(0.2923)	(3.4212)
9	(6.9310)	(0.1443)	(24.7125)	(0.0405)	(0.2805)	(3.5655)
10	(8.5944)	(0.1164)	(31.6434)	(0.0316)	(0.2716)	(3.6819)
11	(10.6571)	(0.0938)	(40.2379)	(0.0249)	(0.2649)	(3.7757)
12	(13.2148)	(0.0757)	(50.8950)	(0.0196)	(0.2596)	(3.8514)
13	(16.3863)	(0.0610)	(64.1097)	(0.0156)	(0.2556)	(3.9124)
14	(20.3191)	(0.0492)	(80.4961)	(0.0124)	(0.2524)	(3.9616)

续表

复利系数表
（24%）

年份 n	一次收付		等额系列			
	终值系数（F/P，i，n）	现值系数（P/F，i，n）	终值系数（F/A，i，n）	偿债基金系数（A/F，i，n）	资金回收系数（A/P，i，n）	现值系数（P/A，i，n）
15	(25.1956)	(0.0397)	(100.8151)	(0.0099)	(0.2499)	(4.0013)
16	(31.2426)	(0.0320)	(126.0108)	(0.0079)	(0.2479)	(4.0333)
17	(38.7408)	(0.0258)	(157.2534)	(0.0064)	(0.2464)	(4.0591)
18	(48.0386)	(0.0208)	(195.9942)	(0.0051)	(0.2451)	(4.0799)
19	(59.5679)	(0.0168)	(244.0328)	(0.0041)	(0.2441)	(4.0967)
20	(73.8641)	(0.0135)	(303.6006)	(0.0033)	(0.2433)	(4.1103)
21	(91.5915)	(0.0109)	(377.4648)	(0.0026)	(0.2426)	(4.1212)
22	(113.5735)	(0.0088)	(469.0563)	(0.0021)	(0.2421)	(4.1300)
23	(140.8312)	(0.0071)	(582.6298)	(0.0017)	(0.2417)	(4.1371)
24	(174.6306)	(0.0057)	(723.4610)	(0.0014)	(0.2414)	(4.1428)
25	(216.5420)	(0.0046)	(898.0916)	(0.0011)	(0.2411)	(4.1474)
26	(268.5121)	(0.0037)	(1114.6336)	(0.0009)	(0.2409)	(4.1511)
27	(332.9550)	(0.0030)	(1383.1457)	(0.0007)	(0.2407)	(4.1542)
28	(412.8642)	(0.0024)	(1716.1007)	(0.0006)	(0.2406)	(4.1566)
29	(511.9516)	(0.0020)	(2128.9648)	(0.0005)	(0.2405)	(4.1585)
30	(634.8199)	(0.0016)	(2640.9164)	(0.0004)	(0.2404)	(4.1601)

复利系数表
（25%）

年份 n	一次收付		等额系列			
	终值系数（F/P，i，n）	现值系数（P/F，i，n）	终值系数（F/A，i，n）	偿债基金系数（A/F，i，n）	资金回收系数（A/P，i，n）	现值系数（P/A，i，n）
1	(1.2500)	(0.8000)	(1.0000)	(1.0000)	(1.2500)	(0.8000)
2	(1.5625)	(0.6400)	(2.2500)	(0.4444)	(0.6944)	(1.4400)
3	(1.9531)	(0.5120)	(3.8125)	(0.2623)	(0.5123)	(1.9520)
4	(2.4414)	(0.4096)	(5.7656)	(0.1734)	(0.4234)	(2.3616)
5	(3.0518)	(0.3277)	(8.2070)	(0.1218)	(0.3718)	(2.6893)
6	(3.8147)	(0.2621)	(11.2588)	(0.0888)	(0.3388)	(2.9514)
7	(4.7684)	(0.2097)	(15.0735)	(0.0663)	(0.3163)	(3.1611)
8	(5.9605)	(0.1678)	(19.8419)	(0.0504)	(0.3004)	(3.3289)
9	(7.4506)	(0.1342)	(55.8023)	(0.0388)	(0.2888)	(3.4631)
10	(9.3132)	(0.1074)	(33.2529)	(0.0301)	(0.2801)	(3.5705)
11	(11.6415)	(0.0859)	(42.5661)	(0.0235)	(0.2735)	(3.6564)
12	(14.5519)	(0.0687)	(54.2077)	(0.0184)	(0.2684)	(3.7251)
13	(18.1899)	(0.0550)	(68.7596)	(0.0145)	(0.2645)	(3.7801)
14	(22.7374)	(0.0440)	(86.9495)	(0.0115)	(0.2615)	(3.8241)
15	(28.4217)	(0.0352)	(109.6868)	(0.0091)	(0.2591)	(3.8593)
16	(35.5271)	(0.0281)	(138.1085)	(0.0072)	(0.2572)	(3.8874)
17	(44.4089)	(0.0225)	(173.6357)	(0.0058)	(0.2558)	(3.9099)
18	(55.5112)	(0.0180)	(218.0446)	(0.0046)	(0.2546)	(3.9279)
19	(69.3889)	(0.0144)	(273.5558)	(0.0037)	(0.2537)	(3.9424)
20	(86.7362)	(0.0115)	(342.9447)	(0.0029)	(0.2529)	(3.9539)
21	(108.4202)	(0.0092)	(429.6809)	(0.0023)	(0.2523)	(3.9631)
22	(135.5253)	(0.0074)	(538.1011)	(0.0019)	(0.2519)	(3.9705)
23	(169.4066)	(0.0059)	(673.6264)	(0.0015)	(0.2515)	(3.9764)
24	(211.7582)	(0.0047)	(843.0329)	(0.0012)	(0.2512)	(3.9811)
25	(264.6978)	(0.0038)	(1054.7912)	(0.0009)	(0.2509)	(3.9849)
26	(330.8722)	(0.0030)	(1319.4890)	(0.0008)	(0.2508)	(3.9879)
27	(413.5903)	(0.0024)	(1650.3612)	(0.0006)	(0.2506)	(3.9903)
28	(516.9879)	(0.0019)	(2063.9515)	(0.0005)	(0.2505)	(3.9923)
29	(646.2349)	(0.0015)	(2580.9394)	(0.0004)	(0.2504)	(3.9938)
30	(807.7936)	(0.0012)	(3227.1743)	(0.0003)	(0.2503)	(3.9950)

续表

复利系数表
（26%）

年份 n	一次收付		等额系列			
	终值系数 (F/P，i，n)	现值系数 (P/F，i，n)	终值系数 (F/A，i，n)	偿债基金系数 (A/F，i，n)	资金回收系数 (A/P，i，n)	现值系数 (P/A，i，n)
1	(1.2600)	(0.7937)	(1.0000)	(1.0000)	(1.2600)	(0.7937)
2	(1.5876)	(0.6299)	(2.2600)	(0.4425)	(0.7025)	(1.4235)
3	(2.0004)	(0.4999)	(3.8476)	(0.2599)	(0.5199)	(1.9234)
4	(2.5205)	(0.3968)	(5.8480)	(0.1710)	(0.4310)	(2.3202)
5	(3.1758)	(0.3149)	(8.3684)	(0.1195)	(0.3795)	(2.6351)
6	(4.0015)	(0.2499)	(11.5442)	(0.0866)	(0.3466)	(2.8850)
7	(5.0419)	(0.1983)	(15.5458)	(0.0643)	(0.3243)	(3.0833)
8	(6.3528)	(0.1574)	(20.5876)	(0.0486)	(0.3086)	(3.2407)
9	(8.0045)	(0.1249)	(26.9404)	(0.0371)	(0.2971)	(3.3657)
10	(10.0857)	(0.0992)	(34.9449)	(0.0286)	(0.2886)	(3.4648)
11	(12.7080)	(0.0787)	(45.0306)	(0.0222)	(0.2822)	(3.5435)
12	(16.0120)	(0.0625)	(57.7386)	(0.0173)	(0.2773)	(3.6059)
13	(20.1752)	(0.0496)	(73.7506)	(0.0136)	(0.2736)	(3.6555)
14	(25.4207)	(0.0393)	(93.9258)	(0.0106)	(0.2706)	(3.6949)
15	(32.0301)	(0.0312)	(119.3465)	(0.0084)	(0.2684)	(3.7261)
16	(40.3579)	(0.0248)	(151.3766)	(0.0066)	(0.2666)	(3.7509)
17	(50.8510)	(0.0197)	(191.7345)	(0.0052)	(0.2652)	(3.7705)
18	(64.0722)	(0.0156)	(242.5855)	(0.0041)	(0.2641)	(3.7861)
19	(80.7310)	(0.0124)	(306.6577)	(0.0033)	(0.2633)	(3.7985)
20	(101.7211)	(0.0098)	(387.3887)	(0.0026)	(0.2626)	(3.8083)
21	(128.1685)	(0.0078)	(489.1098)	(0.0020)	(0.2620)	(3.8161)
22	(161.4924)	(0.0062)	(617.2783)	(0.0016)	(0.2616)	(3.8223)
23	(203.4804)	(0.0049)	(778.7707)	(0.0013)	(0.2613)	(3.8273)
24	(256.3853)	(0.0039)	(982.2511)	(0.0010)	(0.2610)	(3.8312)
25	(323.0454)	(0.0031)	(1238.6363)	(0.0008)	(0.2608)	(3.8342)
26	(407.0373)	(0.0025)	(1561.6818)	(0.0006)	(0.2606)	(3.8367)
27	(512.8670)	(0.0019)	(1968.7191)	(0.0005)	(0.2605)	(3.8387)
28	(646.2124)	(0.0015)	(2481.5860)	(0.0004)	(0.2604)	(3.8402)
29	(814.2276)	(0.0012)	(3127.7984)	(0.0003)	(0.2603)	(3.8414)
30	(1025.9267)	(0.0010)	(3942.0260)	(0.0003)	(0.2603)	(3.8424)

复利系数表
（27%）

年份 n	一次收付		等额系列			
	终值系数 (F/P，i，n)	现值系数 (P/F，i，n)	终值系数 (F/A，i，n)	偿债基金系数 (A/F，i，n)	资金回收系数 (A/P，i，n)	现值系数 (P/A，i，n)
1	(1.2700)	(0.7874)	(1.0000)	(1.0000)	(1.2700)	(0.7874)
2	(1.6129)	(0.6200)	(2.2700)	(0.4405)	(0.7105)	(1.4074)
3	(2.0484)	(0.4882)	(3.8829)	(0.2575)	(0.5275)	(1.8956)
4	(2.6014)	(0.3844)	(5.9313)	(0.1686)	(0.4386)	(2.2800)
5	(3.3038)	(0.3027)	(8.5327)	(0.1172)	(0.3872)	(2.5827)
6	(4.1959)	(0.2383)	(11.8366)	(0.0845)	(0.3545)	(2.8210)
7	(5.3288)	(0.1877)	(16.0324)	(0.0624)	(0.3324)	(3.0087)
8	(6.7675)	(0.1478)	(21.3612)	(0.0468)	(0.3168)	(3.1564)
9	(8.5948)	(0.1164)	(28.1287)	(0.0356)	(0.3056)	(3.2728)
10	(10.9153)	(0.0916)	(36.7235)	(0.0272)	(0.2972)	(3.3644)
11	(13.8625)	(0.0721)	(47.6388)	(0.0210)	(0.2910)	(3.4365)
12	(17.6053)	(0.0568)	(61.5013)	(0.0163)	(0.2863)	(3.4933)
13	(22.3588)	(0.0447)	(79.1066)	(0.0126)	(0.2826)	(3.5381)
14	(28.3957)	(0.0352)	(101.4654)	(0.0099)	(0.2799)	(3.5733)

续表

复利系数表
（27%）

年份 n	一次收付		等额系列			
	终值系数（F/P，i，n）	现值系数（P/F，i，n）	终值系数（F/A，i，n）	偿债基金系数（A/F，i，n）	资金回收系数（A/P，i，n）	现值系数（P/A，i，n）
15	（36.0625）	（0.0277）	（129.8611）	（0.0077）	（0.2777）	（3.6010）
16	（45.7994）	（0.0218）	（165.9236）	（0.0060）	（0.2760）	（3.6228）
17	（58.1652）	（0.0172）	（211.7230）	（0.0047）	（0.2747）	（3.6400）
18	（73.8698）	（0.0135）	（269.8882）	（0.0037）	（0.2737）	（3.6536）
19	（93.8147）	（0.0107）	（343.7580）	（0.0029）	（0.2729）	（3.6642）
20	（119.1446）	（0.0084）	（437.5726）	（0.0023）	（0.2723）	（3.6726）
21	（151.3137）	（0.0066）	（556.7173）	（0.0018）	（0.2718）	（3.6792）
22	（192.1683）	（0.0052）	（708.0309）	（0.0014）	（0.2714）	（3.6844）
23	（244.0538）	（0.0041）	（900.1993）	（0.0011）	（0.2711）	（3.6885）
24	（309.9483）	（0.0032）	（1144.2531）	（0.0009）	（0.2709）	（3.6918）
25	（393.6344）	（0.0025）	（1454.2014）	（0.0007）	（0.2707）	（3.6943）
26	（499.9157）	（0.0020）	（1847.8358）	（0.0005）	（0.2705）	（3.6963）
27	（634.8929）	（0.0016）	（2347.7515）	（0.0004）	（0.2704）	（3.6979）
28	（806.3140）	（0.0012）	（2982.6443）	（0.0003）	（0.2703）	（3.6991）
29	（1024.0187）	（0.0010）	（3788.9583）	（0.0003）	（0.2703）	（3.7001）
30	（1300.5038）	（0.0008）	（4812.9771）	（0.0002）	（0.2702）	（3.7009）

复利系数表
（28%）

年份 n	一次收付		等额系列			
	终值系数（F/P，i，n）	现值系数（P/F，i，n）	终值系数（F/A，i，n）	偿债基金系数（A/F，i，n）	资金回收系数（A/P，i，n）	现值系数（P/A，i，n）
1	（1.2800）	（0.7813）	（1.0000）	（1.0000）	（1.2800）	（0.7813）
2	（1.6384）	（0.6104）	（2.2800）	（0.4386）	（0.7186）	（1.3916）
3	（2.0972）	（0.4768）	（3.9184）	（0.2552）	（0.5352）	（1.8684）
4	（2.6844）	（0.3725）	（6.0156）	（0.1662）	（0.4462）	（2.2410）
5	（3.4360）	（0.2910）	（8.6999）	（0.1149）	（0.3949）	（2.5320）
6	（4.3980）	（0.2274）	（12.1359）	（0.0824）	（0.3624）	（2.7594）
7	（5.6295）	（0.1776）	（16.5339）	（0.0605）	（0.3405）	（2.9370）
8	（7.2058）	（0.1388）	（22.1634）	（0.0451）	（0.3251）	（3.0758）
9	（9.2234）	（0.1084）	（29.3692）	（0.0340）	（0.3140）	（3.1842）
10	（11.8059）	（0.0847）	（38.5926）	（0.0259）	（0.3059）	（3.2689）
11	（15.1116）	（0.0662）	（50.3985）	（0.0198）	（0.2998）	（3.3351）
12	（19.3428）	（0.0517）	（65.5100）	（0.0153）	（0.2953）	（3.3868）
13	（24.7588）	（0.0404）	（84.8529）	（0.0118）	（0.2918）	（3.4272）
14	（31.6913）	（0.0316）	（109.6117）	（0.0091）	（0.2891）	（3.4587）
15	（40.5648）	（0.0247）	（141.3029）	（0.0071）	（0.2871）	（3.4834）
16	（51.9230）	（0.0193）	（181.8677）	（0.0055）	（0.2855）	（3.5026）
17	（66.4614）	（0.0150）	（233.7907）	（0.0043）	（0.2843）	（3.5177）
18	（85.0706）	（0.0118）	（300.2521）	（0.0033）	（0.2833）	（3.5294）
19	（108.8904）	（0.0092）	（385.3227）	（0.0026）	（0.2826）	（3.5386）
20	（139.3797）	（0.0072）	（494.2131）	（0.0020）	（0.2820）	（3.5458）
21	（178.4060）	（0.0056）	（633.5927）	（0.0016）	（0.2816）	（3.5514）
22	（228.3596）	（0.0044）	（811.9987）	（0.0012）	（0.2812）	（3.5558）
23	（292.3003）	（0.0034）	（1040.3583）	（0.0010）	（0.2810）	（3.5592）
24	（374.1444）	（0.0027）	（1332.6586）	（0.0008）	（0.2808）	（3.5619）
25	（478.9049）	（0.0021）	（1706.8031）	（0.0006）	（0.2806）	（3.5640）
26	（612.9982）	（0.0016）	（2185.7079）	（0.0005）	（0.2805）	（3.5656）
27	（784.6377）	（0.0013）	（2798.7061）	（0.0004）	（0.2804）	（3.5669）
28	（1004.3363）	（0.0010）	（3583.3438）	（0.0003）	（0.2803）	（3.5679）
29	（1285.5504）	（0.0008）	（4587.6801）	（0.0002）	（0.2802）	（3.5687）
30	（1645.5046）	（0.0006）	（5873.2306）	（0.0002）	（0.2802）	（3.5693）

续表

复利系数表
（29%）

年份 n	一次收付		等额系列			
	终值系数（F/P，i，n）	现值系数（P/F，i，n）	终值系数（F/A，i，n）	偿债基金系数（A/F，i，n）	资金回收系数（A/P，i，n）	现值系数（P/A，i，n）
1	（1.2900）	（0.7752）	（1.0000）	（1.0000）	（1.2900）	（0.7752）
2	（1.6641）	（0.6009）	（2.2900）	（0.4367）	（0.7267）	（1.3761）
3	（2.1467）	（0.4658）	（3.9541）	（0.2529）	（0.5429）	（1.8420）
4	（2.7692）	（0.3611）	（6.1008）	（0.1639）	（0.4539）	（2.2031）
5	（3.5723）	（0.2799）	（8.8700）	（0.1127）	（0.4027）	（2.4830）
6	（4.6083）	（0.2170）	（12.4423）	（0.0804）	（0.3704）	（2.7000）
7	（5.9447）	（0.1682）	（17.0506）	（0.0586）	（0.3486）	（2.8682）
8	（7.6686）	（0.1304）	（22.9953）	（0.0435）	（0.3335）	（2.9986）
9	（9.8925）	（0.1011）	（30.6639）	（0.0326）	（0.3226）	（3.0997）
10	（12.7614）	（0.0784）	（40.5564）	（0.0247）	（0.3147）	（3.1781）
11	（16.4622）	（0.0607）	（53.3178）	（0.0188）	（0.3088）	（3.2388）
12	（21.2362）	（0.0471）	（69.7800）	（0.0143）	（0.3043）	（3.2859）
13	（27.3947）	（0.0365）	（91.0161）	（0.0110）	（0.3010）	（3.3224）
14	（35.3391）	（0.0283）	（118.4108）	（0.0084）	（0.2984）	（3.3507）
15	（45.5875）	（0.0219）	（153.7500）	（0.0065）	（0.2965）	（3.3726）
16	（58.8079）	（0.0170）	（199.3374）	（0.0050）	（0.2950）	（3.3896）
17	（75.8621）	（0.0132）	（258.1453）	（0.0039）	（0.2939）	（3.4028）
18	（97.8622）	（0.0102）	（334.0074）	（0.0030）	（0.2930）	（3.4130）
19	（126.2422）	（0.0079）	（431.8696）	（0.0023）	（0.2923）	（3.4210）
20	（162.8524）	（0.0061）	（558.1118）	（0.0018）	（0.2918）	（3.4271）
21	（210.0796）	（0.0048）	（720.9642）	（0.0014）	（0.2914）	（3.4319）
22	（271.0027）	（0.0037）	（931.0438）	（0.0011）	（0.2911）	（3.4356）
23	（349.5935）	（0.0029）	（1202.0465）	（0.0008）	（0.2908）	（3.4384）
24	（450.9756）	（0.0022）	（1551.6400）	（0.0006）	（0.2906）	（3.4406）
25	（581.7585）	（0.0017）	（2002.6156）	（0.0005）	（0.2905）	（3.4423）
26	（750.4685）	（0.0013）	（2584.3741）	（0.0004）	（0.2904）	（3.4437）
27	（968.1044）	（0.0010）	（3334.8426）	（0.0003）	（0.2903）	（3.4447）
28	（1248.8546）	（0.0008）	（4302.9470）	（0.0002）	（0.2902）	（3.4455）
29	（1611.0225）	（0.0006）	（5551.8016）	（0.0002）	（0.2902）	（3.4461）
30	（2078.2190）	（0.0005）	（7162.8241）	（0.0001）	（0.2901）	（3.4466）

复利系数表
（30%）

年份 n	一次收付		等额系列			
	终值系数（F/P，i，n）	现值系数（P/F，i，n）	终值系数（F/A，i，n）	偿债基金系数（A/F，i，n）	资金回收系数（A/P，i，n）	现值系数（P/A，i，n）
1	（1.3000）	（0.7692）	（1.0000）	（1.0000）	（1.3000）	（0.7692）
2	（1.6900）	（0.5917）	（2.3000）	（0.4348）	（0.7348）	（1.3609）
3	（2.1970）	（0.4552）	（3.9900）	（0.2506）	（0.5506）	（1.8161）
4	（2.8561）	（0.3501）	（6.1870）	（0.1616）	（0.4616）	（2.1662）
5	（3.7129）	（0.2693）	（9.0431）	（0.1106）	（0.4106）	（2.4356）
6	（4.8268）	（0.2072）	（12.7560）	（0.0784）	（0.3784）	（2.6427）
7	（6.2749）	（0.1594）	（17.5828）	（0.0569）	（0.3569）	（2.8021）
8	（8.1573）	（0.1226）	（23.8577）	（0.0419）	（0.3419）	（2.9247）
9	（10.6045）	（0.0943）	（32.0150）	（0.0312）	（0.3312）	（3.0190）
10	（13.7858）	（0.0725）	（42.6195）	（0.0235）	（0.3235）	（3.0915）
11	（17.9216）	（0.0558）	（56.4053）	（0.0177）	（0.3177）	（3.1473）
12	（23.2981）	（0.0429）	（74.3270）	（0.0135）	（0.3135）	（3.1903）
13	（30.2875）	（0.0330）	（97.6250）	（0.0102）	（0.3102）	（3.2233）
14	（39.3738）	（0.0254）	（127.9125）	（0.0078）	（0.3078）	（3.2487）

续表

复利系数表
（30%）

年份 n	一次收付		等额系列			
	终值系数（F/P，i，n）	现值系数（P/F，i，n）	终值系数（F/A，i，n）	偿债基金系数（A/F，i，n）	资金回收系数（A/P，i，n）	现值系数（P/A，i，n）
15	（51.1859）	（0.0195）	（167.2863）	（0.0060）	（0.3060）	（3.2682）
16	（66.5417）	（0.0150）	（218.4722）	（0.0046）	（0.3046）	（3.2832）
17	（86.5042）	（0.0116）	（285.0139）	（0.0035）	（0.3035）	（3.2948）
18	（112.4554）	（0.0089）	（371.5180）	（0.0027）	（0.3027）	（3.3037）
19	（146.1920）	（0.0068）	（483.9734）	（0.0021）	（0.3021）	（3.3105）
20	（190.0496）	（0.0053）	（630.1655）	（0.0016）	（0.3016）	（3.3158）
21	（247.0645）	（0.0040）	（820.2151）	（0.0012）	（0.3012）	（3.3198）
22	（321.1839）	（0.0031）	（1067.2796）	（0.0009）	（0.3009）	（3.3230）
23	（417.5391）	（0.0024）	（1388.4635）	（0.0007）	（0.3007）	（3.3254）
24	（542.8008）	（0.0018）	（1806.0026）	（0.0006）	（0.3006）	（3.3272）
25	（705.6410）	（0.0014）	（2348.8033）	（0.0004）	（0.3004）	（3.3286）
26	（917.3333）	（0.0011）	（3054.4443）	（0.0003）	（0.3003）	（3.3297）
27	（1192.5333）	（0.0008）	（3971.7776）	（0.0003）	（0.3003）	（3.3305）
28	（1550.2933）	（0.0006）	（5164.3109）	（0.0002）	（0.3002）	（3.3312）
29	（2015.3813）	（0.0005）	（6714.6042）	（0.0001）	（0.3001）	（3.3317）
30	（2619.9956）	（0.0004）	（8729.9855）	（0.0001）	（0.3001）	（3.3321）

附录二　标准正态分部表

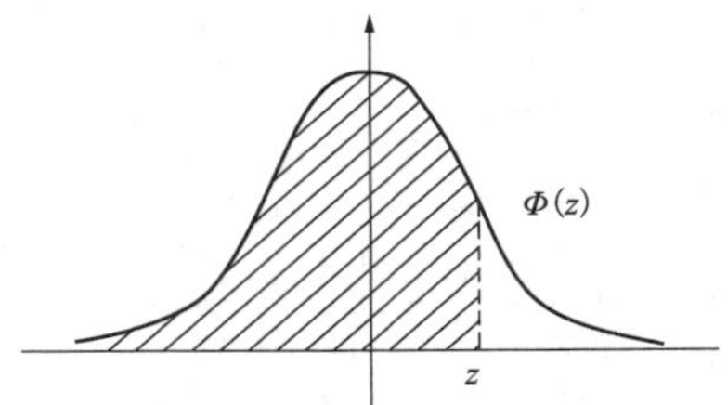

Z	0	1	2	3	4	5	6	7	8	9
3.0	0.0013	0.0010	0.0007	0.0005	0.0003	0.0002	0.0002	0.0001	0.0001	0.0000
−2.9	0.0019	0.0018	0.0017	0.0017	0.0016	0.0016	0.0015	0.0015	0.0014	0.0014
−2.6	0.0026	0.0025	0.0024	0.0023	0.0023	0.0022	0.0021	0.0021	0.0020	0.0019
−2.7	0.0035	0.0034	0.0033	0.0032	0.0031	0.0030	0.0029	0.0028	0.0027	0.0026
−2.6	0.0047	0.0045	0.0044	0.0043	0.0041	0.0040	0.0039	0.0038	0.0037	0.0036
−2.5	0.0062	0.0060	0.0059	0.0057	0.0055	0.0054	0.0052	0.0051	0.0049	0.0048
−2.4	0.0082	0.0080	0.0078	0.0075	0.0073	0.0071	0.0069	0.0068	0.0066	0.0064
−2.3	0.0107	0.0104	0.0102	0.0099	0.0096	0.0094	0.0091	0.0089	0.0087	0.0084
−2.2	0.0139	0.0136	0.0132	0.0129	0.0126	0.0122	0.0119	0.0116	0.0113	0.0110
−2.1	0.0179	0.0174	0.0170	0.0166	0.0162	0.0158	0.0154	0.0150	0.0146	0.0143
−2.0	0.0228	0.0222	0.0217	0.0212	0.0207	0.0202	0.0197	0.0192	0.0188	0.0183
−1.9	0.0287	0.0281	0.0274	0.0268	0.0262	0.0256	0.0250	0.0244	0.0238	0.0233
−1.8	0.0359	0.0352	0.0344	0.0336	0.0329	0.0322	0.0314	0.0307	0.0300	0.0294
−1.7	0.0446	0.0436	0.0427	0.0418	0.0409	0.0401	0.0392	0.0384	0.0375	0.0367
−1.6	0.0548	0.0537	0.0526	0.0516	0.0505	0.0495	0.0485	0.0475	0.0465	0.0455
−1.5	0.0668	0.0655	0.0643	0.0630	0.0618	0.0606	0.0594	0.0582	0.0570	0.0559
−1.4	0.0808	0.0793	0.0778	0.0764	0.0749	0.0735	0.0722	0.0708	0.0694	0.0681
−1.3	0.0968	0.0951	0.0934	0.0913	0.0901	0.0885	0.0869	0.0853	0.0838	0.0823
−1.2	0.1151	0.1131	0.1112	0.1093	0.1075	0.1056	0.1038	0.1020	0.1003	0.0985
−1.1	0.1357	0.1335	0.1314	0.1292	0.1271	0.1251	0.1230	0.1210	0.1190	0.1170
−1.0	0.1587	0.1562	0.1539	0.1515	0.1492	0.1469	0.1446	0.1423	0.1401	0.1379
−0.9	0.1841	0.1814	0.1788	0.1762	0.1736	0.1711	0.1685	0.1660	0.1635	0.1611
−0.8	0.2119	0.2090	0.2061	0.2033	0.2005	0.1977	0.1949	0.1922	0.1894	0.1867
−0.7	0.2420	0.2389	0.2358	0.2327	0.2297	0.2266	0.2236	0.2206	0.2177	0.2148
−0.6	0.2743	0.2709	0.2676	0.2643	0.2611	0.2578	0.2546	0.2514	0.2483	0.2451
−0.5	0.3085	0.3050	0.3015	0.2981	0.2946	0.2912	0.2877	0.2843	0.2810	0.2776
−0.4	0.3446	0.3409	0.3372	0.3336	0.3300	0.3264	0.3228	0.3192	0.3150	0.3121
−0.3	0.3821	0.3783	0.3745	0.3707	0.3669	0.3632	0.3594	0.3557	0.3520	0.3483
−0.2	0.4207	0.4168	0.4129	0.4090	0.4052	0.4013	0.3974	0.3930	0.3897	0.3859
−0.1	0.4602	0.4562	0.4522	0.4483	0.4443	0.4404	0.4364	0.4325	0.4286	0.4247
−0.0	0.5000	0.4960	0.4920	0.4880	0.4840	0.4801	0.4761	0.4721	0.4681	0.4641
0.0	0.5000	0.5040	0.5080	0.5120	0.5160	0.5199	0.5239	0.5279	0.5319	0.5359
0.1	0.5398	0.5438	0.5478	0.5517	0.5557	0.5596	0.5636	0.5675	0.5714	0.5753
0.2	0.5793	0.5832	0.5871	0.5910	0.5948	0.5987	0.6026	0.6064	0.6103	0.6141
0.3	0.6179	0.6217	0.6255	0.6293	0.6331	0.6368	0.6406	0.6443	0.6480	0.6517
0.4	0.6554	0.6591	0.6628	0.6664	0.6700	0.6736	0.6772	0.6808	0.6844	0.6879
0.5	0.6915	0.6950	0.6985	0.7019	0.7054	0.7088	0.7123	0.7157	0.7190	0.7224
0.6	0.7257	0.7291	0.7324	0.7357	0.7389	0.7422	0.7454	0.7486	0.7517	0.7549
0.7	0.7580	0.7611	0.7642	0.7673	0.7703	0.7734	0.7764	0.7794	0.7823	0.7852
0.8	0.7881	0.7910	0.7939	0.7967	0.7995	0.8023	0.8051	0.8078	0.8106	0.8133
0.9	0.8159	0.816	0.8212	0.8238	0.8264	0.8289	0.8315	0.8340	0.8365	0.8389
1.0	0.8413	0.8438	0.8461	0.8485	0.8508	0.8531	0.8554	0.8577	0.8599	0.8621
1.1	0.8643	0.8665	0.8686	0.8708	0.8729	0.8749	0.8770	0.8790	0.8810	0.8830
1.2	0.8849	0.8869	0.8888	0.8907	0.8925	0.8944	0.8962	0.8980	0.8997	0.9015

续表

Z	0	1	2	3	4	5	6	7	8	9
1.3	0.9032	0.9049	0.9066	0.9082	0.9099	0.9115	0.9131	0.9147	0.9162	0.9177
1.4	0.9192	0.9207	0.9222	0.9236	0.9251	0.9265	0.9278	0.9292	0.9306	0.9319
1.5	0.9332	0.9345	0.9357	0.9370	0.9382	0.9394	0.9406	0.9418	0.9430	0.9441
1.6	0.9452	0.9463	0.9472	0.9484	0.9495	0.9505	0.9515	0.9525	0.9535	0.9545
1.7	0.9554	0.9564	0.9573	0.9582	0.9591	0.9599	0.9608	0.9616	0.9625	0.9633
1.8	0.9641	0.9648	0.9656	0.9664	0.9671	0.9678	0.9686	0.9693	0.9700	0.9606
1.9	0.9713	0.9719	0.9726	0.9732	0.9738	0.9744	0.9750	0.9756	0.9762	0.9767
2.0	0.9772	0.9778	0.9783	0.9788	0.9793	0.9798	0.9803	0.9808	0.9812	0.9817
2.1	0.9821	0.9826	0.9830	0.9834	0.9838	0.9842	0.9846	0.9850	0.9854	0.9857
2.2	0.9861	0.9864	0.9868	0.9871	0.9874	0.9878	0.9881	0.9884	0.9887	0.9890
2.3	0.9893	0.9896	0.9898	0.9901	0.9904	0.9906	0.9909	0.9911	0.9913	0.9916
2.4	0.9918	0.9920	0.9922	0.9925	0.9927	0.9929	0.9931	0.9932	0.9934	0.9936
2.5	0.9938	0.9940	0.9941	0.9943	0.9945	0.9946	0.9948	0.9949	0.9951	0.9952
2.6	0.9953	0.9955	0.9956	0.9957	0.9959	0.9960	0.9961	0.9962	0.9963	0.9964
2.7	0.9965	0.9966	0.9967	0.9968	0.9969	0.9970	0.9971	0.9972	0.9973	0.9974
2.8	0.9974	0.9975	0.9976	0.9977	0.9977	0.9978	0.9979	0.9979	0.9980	0.9981
2.9	0.9981	0.9982	0.9982	0.9983	0.9984	0.9984	0.9985	0.9985	0.9986	0.9986
3.0	0.9987	0.9990	0.9993	0.9995	0.9997	0.9998	0.9998	0.9999	0.9999	0.1000

参 考 文 献

[1] 国家发改委，建设部．建设项目经济评价方法与参数［M］．3版．北京：中国计划出版社，2006.

[2] 刘亚臣．工程经济学［M］．大连：大连理工大学出版社，2005.

[3] 张文泉．企业技术经济学［M］．北京：中国电力出版社，2000.

[4] 本书编委会．建设工程可行性研究一本通［M］．武汉：华中科技大学出版社，2008.

[5] 吴添祖．技术经济学概论［M］．北京：高等教育出版社，2004.

[6] 任树清．建筑企业经济活动分析［M］．北京：中国环境科学出版社，1988.

[7] 杨克磊．工程经济学［M］．上海：复旦大学出版社，2007.

[8] 杨国梁．技术经济与管理［M］．北京：中国经济出版社，1998.

[9] 刘家顺，粟国敏．技术经济学［M］．北京：机械工业出版社，2003.

[10] 注册咨询工程师（投资）考试教材编写委员会．项目决策分析与评价［M］．北京：中国计划出版社，2007.

[11] 全国造价工程师职业资格考试培训教材编审委员会主编．工程造价管理基础理论与相关法规［M］．北京：中国计划出版社，2007.

[12] 陈伟，张凌，韩斌．技术经济学［M］．哈尔滨：哈尔滨工程大学出版社，2007.

[13] 傅家骥，仝允恒．工业技术经济学［M］．北京：清华大学出版社，1996.